21世纪高等教育审计精品教材

国家级特色专业

U0656955

财务审计

Financial Auditing

（第二版）

张永国　主编

东北财经大学出版社
Dongbei University of Finance & Economics Press
大连

图书在版编目（CIP）数据

财务审计 / 张永国主编 . —2 版 . —大连：东北财经大学出版社，
2015.8（2016.11 重印）
（21世纪高等教育审计精品教材）
ISBN 978 - 7 - 5654 - 2069 - 6

Ⅰ.财… Ⅱ.张… Ⅲ.财务审计-高等学校-教材 Ⅳ.F239.41

中国版本图书馆 CIP 数据核字(2015)第 186757 号

东北财经大学出版社出版
（大连市黑石礁尖山街 217 号 邮政编码 116025）
教学支持：(0411) 84710309
营 销 部：(0411) 84710711
总 编 室：(0411) 84710523
网 址：http://www.dufep.cn
读者信箱：dufep@dufe.edu.cn

大连雪莲彩印有限公司印刷 东北财经大学出版社发行
幅面尺寸：170mm×240mm 字数：403千字 印张：19.5 插页：1
2015 年 8 月第 2 版 2016 年 11 月第 5 次印刷
责任编辑：王 莹 周 慧 责任校对：那 欣 刘 洋
封面设计：张智波 版式设计：钟福建

定价：32.00 元

第二版前言

自20世纪80年代初我国开展审计工作以来，我国的审计事业发展迅速。无论是审计机构的设置与审计法规的建设，还是各种审计主体审计准则的制定与完善，都得到了前所未有的进步。审计教育事业也从无到有，并得到不断的发展与壮大。由于我国大学审计学本科专业在20世纪80年代中期开始设置，90年代末又被取消，直到21世纪初有关高校才陆续重新设置，因此，审计学专业的发展受到一定的影响，审计学专业课程教材的建设也相对薄弱。为了适应审计学专业教学的需要，我们于2012年根据最新颁布的相关审计准则编写了这部教材。

自2013年以来，中国注册会计师协会陆续发布了13项《中国注册会计师审计准则问题解答》，对现有审计准则中的有关问题和实际操作予以解答。本次修订主要是在原有结构和体系均不改变的前提下，结合中注协发布的问答及实务中的最新动态对书中的部分内容作以更新。

本书以介绍我国注册会计师财务报表审计为主，兼顾政府财务审计和内部财务审计的内容。本书按照被审计单位的经济业务循环安排章节顺序，这会使审计教学更贴近审计实务。对于性质相近的报表项目，由于审计的目标和程序基本相同，因此本书主要介绍有代表性的报表项目的审计程序，而不是面面俱到、不断重复。本书可用作高等学校审计学专业本科生、专科生的教学用书，也可用作高等院校会计及其他经济管理类专业学生学习财务报表审计的参考书籍，还可作为审计实务工作人员的参考资料。本教材此次修订仍由张永国教授任主编，并修订第一章和第七章；第二章由阮滢教授修订；第三章和第四章由董中超副教授修订；第五章由杨录强副教授修订；第六章由姚爱科副教授修订；第八章和第九章由赵璐讲师修订；第十章和第十一章由沈翠玲副教授修订。

本书的修订出版得到了东北财经大学出版社的大力支持和帮助，在此表示衷心感谢。

由于我们的水平有限，书中谬误之处在所难免，还望广大读者不吝批评指正。

编　者
2015年7月

目　录

第一章　财务报表审计概述

学习目标

1. 了解财务报表审计的起源与发展；
2. 了解财务报表审计的定义及对象；
3. 掌握财务报表审计的总目标与一般目标；
4. 掌握财务报表审计目标的实现过程。

第一节　　财务报表审计的起源与发展

一、财务报表审计的起源

任何一项社会学科的产生总离不开一定的社会环境，财务报表审计的产生同样如此。

民间财务报表审计最早的起源可以追溯到16世纪的意大利。在16世纪，地中海沿岸商业比较发达，尤以意大利的威尼斯最为发达。商业规模的不断扩大，使得单个商人难以提供巨大的资金，于是便产生了多人合伙经营，合伙企业由此诞生。这种新的经营方式不但提出了新的会计主体理念，同时也提出了另外一个问题，即财产的所有权及其分配问题。因为合伙人有的参与经营，有的不参与经营，如何让所有合伙人对经营的结果都认可呢?这就在客观上需要没有利害关系的第三方对经营结果发表意见。在这种情况下，人们开始聘请具有一定会计知识的专业人员进行账簿的检查与公证，可以说这是民间财务报表审计的起源。1581年，威尼斯会计协会在威尼斯成立了。

二、早期英国民间审计

尽管民间财务报表审计于16世纪在意大利已经出现，但对民间财务报表审计的发展并没有起多大的促进作用。对民间财务报表审计的最终形成产生积极影响的是18世纪的英国。

说起英国民间财务报表审计，我们就不得不提到1720年发生在英国的南海公司破产案[①]。南海公司成立于1710年，直到1719年，公司经营业绩平平。由于南海公司管理层在1720年的舞弊行为，南海公司的股价从1720年2月的129英镑涨到6月的890英镑，7月最高涨到1 050英镑，并且公司董事会在1720年6月决定发行500万英镑的股票，发行价定为每股1 000英镑。针对当时的炒股热潮，美国经济学家加尔布雷斯在其著作《大恐慌》中的描述再形象生动不过了，他在书中写道：

---

① 李若山.审计案例[M].沈阳:辽宁人民出版社，1998.

"政治家忘记了政治，律师忘记了法庭，商人放弃了买卖，医生丢弃了病人，店主关闭了铺子，教父离开了圣坛，甚至连高贵的夫人也忘了高傲和虚荣。"8月股价开始下跌，到11月回落到135英镑。股票的大起大落给南海公司股东和债权人造成了巨大的经济损失，并震动了英国朝野（当时英国上议院和下议院的半数议员都参加了这次全民炒股）。当时的英国议会成立了一个13人组成的特别调查委员会，该委员会在调查过程中发现南海公司的会计记录严重失实，于是特邀了一名叫查尔斯·斯奈尔（Charles Snell）的资深会计师，对南海公司的分公司"素布里奇商社"的会计账目进行检查。查尔斯·斯奈尔通过对南海公司账目的查询、审核，于1721年提交了一份名为"伦敦市车切斯特·莱恩学校的书法大师兼会计师查尔斯·斯奈尔对素布里奇商社的会计账簿进行检查"的意见书。

在此案例中，我们会发现18世纪之前没有的一种企业组织形式——股份公司。这是18世纪英国工业革命的结果。英国的工业革命使得原来以独立庄园为个体的私营经济无法满足日益扩大的工业化规模对于资金的需求。在此期间，资本主义得到迅猛发展，生产的社会化程度大大提高，劳动的社会分工也更加细化，企业的经营权与所有权进一步分离，企业所有者需要聘请独立的人员对经营者提供的经营结果进行审查，以确定经营者是否有贪污舞弊行为，因此就出现了一批以查账为职业的会计师。

1720年发生南海事件后，英国议会颁布了《泡沫公司取缔法》，股份公司基本被禁止，直到1825年，英国议会才废除了该法案，并在1844年颁布了《股份公司法》，该法案要求公司必须设监察人，负责审查公司的账目。第二年，议会又对《股份公司法》进行修订，规定公司的账目必须由公司董事以外的人员审计。英国的民间审计由此走上了快速发展的道路。1853年，爱丁堡成立了第一个注册会计师团体——爱丁堡会计师协会，它标志着注册会计师职业的正式诞生。1862年，英国《公司法》确定了注册会计师作为法定的破产清算人，由此奠定了注册会计师审计的法定地位。

自1844年至20世纪初，英国的民间审计得到快速发展，这与英国当时社会经济的快速发展是密切相关的。在这一时期，民间审计逐渐形成，对审计理论和方法也进行了有益的探索，这时的审计主要还是采用详细审计，即对所有的业务、凭证和报表进行审查。

三、美国民间审计

美国民间审计是对英国民间审计的继承和发展。19世纪末，美国工业化快速推进，英国大量的人员、资金和技术涌进美国，随之而来的还有注册会计师。1877年，美国公共会计师协会成立，之后各州相继成立了注册会计师协会。1896年，纽约州颁布了第一部注册会计师法。1902年，各州协会联合成立了美国注册会计师联合会（后改为美国注册会计师协会）。1917年，美国注册会计师协会制定了职业条例，并编制了《关于资产负债表的备忘录》（审计准则的雏形）。1921年，各州注册会计师实行统一资格考试。

1929年至1933年，资本主义社会发生了历史上最严重的经济危机，大量企业倒闭，投资者和债权人遭受了严重的经济损失。1933年美国颁布了《证券法》，要求上市公司的会计报表必须经过注册会计师审计并向社会公众公布审计报告，审计的对象开始转向资产负债表和利润表及相关财务资料。

第二次世界大战结束后，以美国为代表的经济发达国家采用经济扩张政策，推动本国企业向海外发展，跨国公司得到空前发展，同时会计师事务所无论是业务种类还是规模都得到快速发展，形成了20世纪80年代的"八大"会计师事务所。审计的方法和审计准则在这一时期得到不断的改进和完善，审计理论也有了长足的发展。

四、我国注册会计师审计的开展

我国注册会计师审计开始于民国初期，当时颁布了相关法律，却没有起到实质性作用。新中国成立后，由于我国借鉴苏联的计划经济模式，国家没有设置审计机构，也没有民间审计。改革开放后，出于引进外资和与国际经济接轨的需要，1980年财政部发布了《关于成立会计顾问处的暂行规定》，我国注册会计师制度开始恢复重建。1981年1月1日，上海会计师事务所成立，成为新中国首家由政府部门批准设立的会计师事务所。我国早期的会计师事务所主要为"三资企业"服务。1985年《中华人民共和国会计法》颁布，1986年《中华人民共和国注册会计师条例》颁布，从法律上确立了注册会计师的地位和法定的查账业务范围。1988年注册会计师协会成立，1993年《中华人民共和国注册会计师法》颁布。从此，我国会计师行业得到迅速发展。

第二节   财务报表审计的概念

一、财务报表审计的定义

财务报表审计，是由胜任的独立审计人员依据审计标准，为确定和报告被审计单位特定期间的会计报表及相关财务信息与既定会计标准间的符合程度，而收集和评价审计证据的过程。

这个定义包括以下几个方面的含义：

1.胜任的独立审计人员

审计人员必须具备其从事审计工作所具有的会计、审计、管理、相关经济法规等专业知识，并具有一定的分析问题的能力，同时还应具有理解审计标准的含义和具体应用的能力，以确定应收集证据的种类和数量。

审计人员同时还应保持其应有的独立性，以维护审计人员在审计业务过程中的权威和公证。无论是注册会计师、政府机关审计人员，还是内部审计人员，在业务过程中保持应有的独立性，是其从事和完成报表审计的基本前提。

2.既定会计标准

无论是政府部门，还是企业组织或事业单位，在进行会计业务处理时，都应遵循既定的会计标准——会计准则。尽管这些会计准则会随着经济的发展和社会条件的变化而变化，但在一定的期间是保持相对稳定的，这使得财务信息的处理方法相对稳定，这样相似组织产生的财务信息才具有可比性。但需要说明的是，政府部门、事业单位和公司采用的具体会计标准是不同的：政府部门和事业单位执行的是《行政单位会计制度》和《事业单位会计准则》；公司执行的是《企业会计准则》。具体到每个企业，可以在不违反会计准则的前提下制定符合自身情况的会计制度，因此不同的企业，其会计制度是不完全相同的。

3. 特定期间的会计报表及相关财务信息

就财务报表审计而言，无论审计人员对何单位或组织进行审计，首先应该确定的就是财务报表的审计期间，这将直接影响到审计证据的收集、审计判断标准的确定以及对其评价的结果。如果审计期间不能确定，审计人员将无法开展审计工作。特定期间的时间界限主要依据委托人的业务约定（注册会计师审计）或审计任务（政府审计和内部审计）来确定。其次要确定的是审计的财务信息范围，即会计报表及与会计报表相关的财务信息。例如，对公司进行年度报表审计时，所审计的会计报表通常应包括资产负债表、利润表和现金流量表，以及相关的附表、附注、说明、相关公告等。如果委托人或审计任务有特殊要求，被审计的财务信息范围也可能只是上述信息的一部分。

4. 审计标准

审计标准是审计人员从事审计业务活动必须遵循的行为规范和行为准则。不同的审计主体针对自身审计业务内容特征，制定了在本主体从业的审计人员应遵循的审计准则。在我国，有国家审计署颁布的《中华人民共和国国家审计准则》，有由中国注册会计师协会拟定、财政部颁布的《中国注册会计师执业准则》（包括基本准则、审计准则和其他业务准则三大部分）和中国内部审计协会颁布的《中国内部审计准则》。审计人员在从事审计业务活动时，应按照审计准则的要求制订审计计划、收集审计证据、出具审计报告。

5. 收集和评价证据

审计的过程就是收集证据和评价证据的过程。审计人员要确定特定主体编报的财务报表及相关信息与会计准则或会计制度的要求是否一致，就需要收集一定数量和质量的审计证据。审计证据的形式多种多样，审计人员获取审计证据的方法也是多种多样的，审计人员应对其获取的审计证据进行适当的评价，以保证这些审计证据能够对审计人员发表审计意见提供基础，并且确保这些审计证据与财务信息相关，能够支持审计人员所形成的意见。

6. 报告

审计人员对财务报表审计的结果，应该以适当的方式向财务报表使用者进行报告。审计报告的格式各不相同，主要依据不同的审计目的和报告对象而不同。在报告中，审计人员必须对财务报表的编制是否遵循会计制度或会计准则以及报表中是否不存在重大错报和漏报给出明确的结论。

二、财务报表审计的对象

财务报表审计的对象是指审计人员审计时，收集审计证据所要验证的财务信息范围和内容。财务报表审计的对象根据其表现形式和内容主要包含以下几个方面：

1.会计报表及其附注

会计报表及其附注是财务信息的集中表现，反映被审计单位在某一时点的整体财务状况和一定时期的经营成果及其现金流量，集中反映一个组织或单位以货币表现的经营业绩，是信息使用者获取财务信息的主要来源。由于它是审计人员审计的财务信息的重要表述形式，因此，自然成为审计的重要对象，具体包括报表的组成、编报的格式、信息披露的内容、报表的附注、编报遵循的具体会计政策、其他相关的财务信息等。

2.报表反映的实际经济业务

报表是被审计单位财务信息的集中揭示，它是对被审计单位在一个时期所发生的财务信息进行的分类和汇总。被审计单位一定时期内发生的影响报表结果的每个财务信息个体（每笔经济业务）自然就是审计人员应该审计的对象。这些财务信息在发生过程中会产生各种凭证和记录，这些凭证和记录是这些财务信息的外在表现形式，也是审计人员收集审计证据的重点对象，具体包括每笔经济业务发生时所产生的各种原始凭证、各种业务记录、相应的会计凭证以及记录这些财务信息的各种会计账簿、有关会计报表和业务报表等。

3.控制财务信息发生的各项内部控制

为了保证财务信息的准确、可靠，保证资金和财产物资的安全，每一个被审计单位都会建立一套符合自身经营管理特点的内部控制体系。内部控制体系是财务信息产生的环境基础，内部控制的健全和有效与否，将直接影响财务信息的可靠性，对审计人员判断报表信息是否不存在重大错报和漏报有着重要的影响。因此，审计人员审计财务信息时，对产生财务信息的环境必须进行检查。通过对编报单位内部控制的检查，审计人员可以评价影响报表信息编制的内部控制是否可靠，进而确定审计人员下一步审计工作的重点和程序。

一个组织或公司的内部控制的内容有很多，这些内部控制尽管都与组织或公司的管理有关，但并不是所有的内部控制都与财务信息的产生直接相关，因此，在评估内部控制时，如果没有特殊要求，审计人员通常只检查测试与财务信息的产生相关的那部分内部控制。

三、财务报表审计与其他鉴证业务

鉴证业务是指注册会计师对鉴证对象信息提出结论，以增强除责任方之外的预期使用者对鉴证对象信息信任程度的业务。鉴证业务包括历史财务信息审计业务（又称财务报表审计）、历史财务信息审阅业务（又称财务报表审阅）和其他鉴证业务三大类。

财务报表审计只是鉴证业务中的一种，它与其他鉴证业务的主要区别在于，不同鉴证业务遵循不同的鉴证准则。相对于其他鉴证业务而言，财务报表审计业务的要求是最严格的，我们通常所说的审计准则，都是针对财务报表审计制定的，审计人员从事财务报表审计时必须遵守审计准则。相对于其他鉴证业务准则而言，审计准则是最全面的，要求也是最严格的。

尽管财务报表审阅的对象与财务报表审计相同，但审阅的过程和收集证据的要求明显要少得多，所以审计人员提供的信息质量也较低，当然，审计人员所花费的成本也较低。

其他鉴证业务主要包括企业内部控制审计服务、预测性财务信息的审核等。

第三节　　财务报表审计目标

一、财务报表审计目标的变迁[①]

财务报表审计目标是指审计人员在财务报表审计业务过程中所应达到的对财务报表信息的确认，以满足社会需求的最终结果。

财务报表审计的目标主要受社会经济环境的影响。在不同的社会发展阶段，由于社会经济环境的不同，财务报表审计的目标也是不同的，也就是说，财务报表审计的目标是随着社会经济环境的变化而变化，并不是一成不变的。对财务报表影响最大的因素主要有三个方面：一是社会对财务报表审计的需求；二是审计人员满足这种需求的能力；三是法律法规对审计人员行为的制约。

财务报表审计目标的变化主要经过以下几个阶段：

（一）以查错揭弊为主的审计目标

在16世纪，地中海沿岸的商人们就将货物价款和实物清查的详细检查工作委托给民间查账员办理，这便是注册会计师审计的萌芽，而注册会计师审计的正式产生，则以1720年英国南海公司破产事件为标志。对南海公司的会计记录严重失实，存在明显蓄意篡改会计数据的舞弊行为，查尔斯·斯内尔主要是对南海公司的会计账目进行具体的检查以获取管理层舞弊的证据。工业革命带来了大规模的生产经营，与之相适应的组织形式——股份公司出现了，由此引起管理权与所有权分离，资产所有者关心其资产的保值增值性，社会对审计的需求主要是股东需要通过审计了解公司管理人员经管职能的履行情况，因此，审计的目标就是帮助股东来发现管理者所提供的相关记录信息是否有舞弊现象。1905年出版的《狄克西审计学》也将审计目标总结为："查找弊端，查找技术错误，查找原理错误。"1912年、1916年和1923年出版的蒙哥马利审计学中，也将查错揭弊作为审计的主要目标。与这一阶段的注册会计师审计目标相适应，审计人员的职责就是揭露差错和舞弊。可见，注册会计师审计目标的产生源于检查公司的会计记录是否存在舞弊行为，它直接迎合了当时社会公众的需求。由此，查错揭弊也就成了民间审计的最初目标，并一直持续到20世纪30年代。

---

① 刘明辉.高级审计研究[M].大连：东北财经大学出版社，2009.

（二）以验证财务报表真实公允性为主的审计目标

从20世纪30年代到80年代是财务报表审计阶段，注册会计师审计目标是验证财务报表的真实公允性。促使审计目标转换的原因主要是社会经济环境发生了巨大变化。20世纪以来，以美国为代表的资本主义经济开始迅速发展，特别是股份公司的大量涌现，使社会环境出现了三个新的变化：

1.企业管理者受托责任范围扩大

随着企业规模的不断扩大，企业管理人员的受托责任范围不再仅仅表现在与投资者和债权人的关系上，而且还扩大到与政府、员工等其他更多利益相关者的关系上。这些利益相关者需要通过企业的财务信息来了解企业管理层受托责任的履行情况，因而社会对企业财务信息的需求也随之增加，会计信息也就显得日益重要。

2.筹资渠道的多元化

以美国为代表的资本主义经济开始迅速发展，涌现出大批股份制公司。这一时期，证券市场已经发展成熟，公司的筹资方式不再局限于单独向银行贷款，而是更倾向于从证券市场上获取资金，企业的经营业绩直接关系到资本市场参与者的切身利益，整个社会对财务报表的关心程度超过了查错揭弊，而更多地关注财务报表所反映出的企业经营业绩是否真实可信，于是独立审计人员需要对整个财务报表进行审计，从而增强这些信息的可信性。随着社会公众参与资本市场的程度不断加深，审计对于保证财务信息可信性的重要性也不断增强。

3.法律的强制要求

20世纪30年代初世界经济危机爆发，无数投资者倾家荡产，使得美国政府认识到了会计信息真实性的重要性，先后颁布了1933年《证券法》和1934年《证券交易法》，强制上市公司必须委托注册会计师对其会计报表进行审计。这些规定使审计人员的职责更加明确，表明审计人员的职责不再以查错揭弊为主，而是对被审计的会计报表的真实性、公允性负责。

但是，审计能力是有限的。企业规模的扩大和经济业务的日益复杂，使得审计人员再对公司的会计记录进行全面检查，成本极高，股东难以支付。这导致股东只需要注册会计师对公司财务报告的整体公允性进行鉴证并表达意见，而无须进行详细检查。受审计能力的限制，审计行业为了避免审计风险，也极力把查错揭弊的责任推向企业管理部门，强调审计仅仅是对会计报表发表的意见，不是也不可能去揭露贪污盗窃和其他舞弊。20世纪30年代内部控制理论的发展使审计行业开始认为，欺诈舞弊可通过建立完善的内部控制制度来予以控制。这时，审计技术的发展也允许审计由详细审计转变为抽样审计，这就使得财务报表审计成为可能，使审计人员可以在抽查的基础上对会计报表的公允性发表意见，这种方法不仅可以提高审计效率，而且可以保证审计质量。上述两方面原因的共同作用使注册会计师审计目标向验证会计报表的公允性转换。验证会计报表的公允性便成为这一阶段的审计目标并一直持续到20世纪80年代。

（三）验证会计报表真实公允与查错揭弊并重的审计目标

20世纪80年代至21世纪初，注册会计师审计目标以验证会计报表的真实公允与查错揭弊并重。在这一阶段，审计人员对审计风险的认识也由被动接受向主动控制进行变化。促使查错揭弊成为与验证会计报表的真实公允并重的注册会计师审计目标的原因是多方面的：

首先，20世纪60年代中期以后，尤其21本世纪初，国外以"安然事件"为代表，国内以"银广夏事件"为代表的一系列公司舞弊案发生，企业管理人员欺诈舞弊案剧增，把注册会计师审计职业带入了未曾经历过的诉讼时代。以前，社会公众倾向于认为防止雇员舞弊是企业管理部门的职责，管理部门通过建立内部控制制度、运用各种措施来监督员工是否有错误和舞弊行为，而现在管理人员串通一气参与舞弊，或者其精心策划利用组织中内部控制的漏洞来为自己谋利益，企业的内部控制已很难控制这种情况所造成的差错和舞弊现象，因此，社会对独立的审计人员应承担查错揭弊的责任的呼声越来越强烈。但是，在这种串通舞弊的情况下，审计人员很难通过对内部控制实施控制测试来发现其中的问题。

其次，政府为保护投资者的利益，也倾向于满足社会公众的这种需求，对注册会计师施加压力。审计行业为了维护其生存和发展，也顺应这个需求揭露重大的舞弊和差错，以把审计风险降到社会可接受的水平之下，要求审计人员在财务报表审计中既要验证财务报表的公允反映，又要关注由于虚假财务报告和侵占资产所引起的舞弊。从上述社会需求的变化对注册会计师审计目标的影响过程中不难看出，审计作为一种服务，是以社会需求为导向的。但是，社会需求并不是影响注册会计师审计目标的唯一因素，审计能力的有限性也在影响着审计目标的可行性。

（四）降低信息风险的审计目标

这一审计目标的出现主要是以1995年AICPA发布的《改进企业报告》为标志的，以1996年公布的第78号审计准则公告《财务报表审计中对内部控制的考虑：对第55号审计准则公告的修订》转换完成，从此降低信息风险成为审计的主要目标。

促成审计目标转变的因素很多，但主要有以下几个方面：一是社会公众对信息的需求不断扩大，传统的会计信息已不能满足人们的需求，因此，审计人员不仅需要对会计信息进行验证，而且需要对非会计信息进行验证，以降低信息风险，满足社会公众的需要；二是经过长期实践，审计人员在技术上已经具备了评价除会计信息以外的管理信息的能力，其最主要的表现就是20世纪后期大量管理咨询业务的开展；三是随着经济的发展，审计人员（尤其是注册会计师）的法律责任日益扩大，但审计的建设性职能却在不断地缩小，而为了审计的生存与发展，适应社会对审计发展的需要，审计只有在自身技术条件许可的情况下，尽最大努力满足社会的需求，扩大自己的鉴证职能，对被审计单位的信息进行全面的评价，以降低其信息风险。

二、财务报表审计的总目标和一般审计目标

财务报表审计的目标包括两个层次,即财务报表审计的总目标和一般审计目标。

(一) 财务报表审计的总目标

财务报表审计的目的是提高财务报表预期使用者对财务报表的信赖程度。这一目的可以通过审计人员对财务报表是否在所有重大方面按照适用的财务报告编制基础编制发表审计意见得以实现。就大多数通用目的财务报告框架而言,审计人员针对财务报表是否在所有重大方面按照财务报告编制基础编制并实现公允反映发表审计意见。审计人员按照审计准则和相关职业道德要求执行审计工作,能够形成这样的意见。因此,审计人员在执行财务报表审计工作时,总体目标为:一是对财务报表整体是否不存在由于舞弊或错误导致的重大错报获取合理保证,使得注册会计师能够对财务报表是否在所有重大方面按照适用的财务报告编制基础编制发表审计意见;二是按照审计准则的规定,根据审计结果对财务报表出具审计报告,并与管理层和治理层沟通。

(二) 管理层的认定与财务报表审计的一般目标

1.管理层的认定

认定是管理层在财务报表中的各类交易、相关账户和披露作出的明确或隐含的表达,这些认定大多是暗示性的。例如,某公司在报表中列示银行存款 210 000 元。如果管理层在财务报表中不作任何说明,就表示这些银行存款全部属于普通人民币活期存款,其使用不受任何限制,同时还暗示,所有与银行存款有关的必须披露的内容都已正确披露。审计人员将管理层的认定用于考虑可能发生的不同类型的潜在错报。

管理层的认定与财务报表具体审计目标直接相关,审计人员对财务报表的审计,就是确认管理层有关财务报表的各组成要素的认定是否恰当。管理层对报表各要素的认定主要有以下几个方面:

(1) 与交易和事项相关的认定

针对交易和事项,管理层主要在以下几个方面作出认定:

①发生:记录于财务报表中的交易和事项在被审计期间确实发生,即记录的交易和事项都是真实的,没有虚假交易和事项。

②完整性:在被审计期间发生的所有应记录交易和事项均已记录,即真实发生的交易和事项都已记录,没有遗漏。

③准确性:对发生的交易和事项的金额及相关数据均恰当予以记录,即记录的金额和相关信息是准确的,符合有关准则和制度规定。

④截止:对于发生的交易和事项已记录于正确的会计期间,即没有提前或推迟记录交易和事项。

⑤分类:交易和事项已记录于恰当的账户,即账户的分类及相关记录是正确的。

（2）与账户余额相关的认定

针对账户余额，管理层主要在以下几个方面作出认定：

①存在：在账户中记录的资产、负债和所有者权益，在资产负债表日确实存在，即报表中的上述事项金额没有虚构的成分。

②完整性：所有应当记录的资产、负债和所有者权益均已记录，即没有遗漏应记录的上述事项。

③计价和分摊：资产、负债和所有者权益以恰当的金额包括在财务报表中，与之相关的计价或分摊调整已恰当记录，即资产是实际可实现的价值，负债是将来必须支付的金额，所有者权益是投资者实际应拥有的剩余权益，无论是资产、负债，还是所有者权益，其计价方法和成本分摊都是合理、合规的。

④权利和义务：记录的资产由被审计单位拥有或控制，记录的负债是被审计单位应当履行的偿还义务。

（3）与列报和披露相关的认定

随着公司规模的扩大和交易的日益复杂，财务报表上需要列报和披露的内容也越来越多，便于报表使用者对财务信息准确理解。针对列报和披露，管理层主要在以下几个方面作出认定：

①发生以及权利和义务：披露的交易、事项和其他情况已发生，且与被审计单位有关，即财务报表中所列示收入、费用等在报表期间确实发生，所列示的资产确实归被审计单位所有，所列示的负债确为被审计单位应承担的债务，并作相应的说明，没有虚构事项。

②完整性：所有应当包括在财务报表中的披露均已包括，即被审计单位当期所发生的收入、成本费用均在报表中反映，期末的资产、负债和所有者权益也都在报表中反映，并作相应的说明，没有遗漏事项。

③准确性和计价：财务信息和其他信息已公允披露，且金额恰当，即报表中的各项目的信息是准确的，各项目的计价方法是适当的，符合相关准则和制度的要求。

④分类和可理解性：财务信息已被恰当地列报和描述，且披露内容表述清楚，即财务报表中的项目分类是符合规定，并为一般报表使用者所熟知的，项目本身没有使用者不理解的特殊含义。针对报表项目的金额或组成，如果有影响报表使用者理解的情况，报表附注中都给予了应有的充分说明。

2.财务报表审计的一般审计目标

财务报表审计的一般审计目标与管理层的认定直接相关。审计人员了解了管理层的认定之后，就能够很容易确定不同审计对象的一般审计目标。由于管理层的认定包括三个方面，与此对应的一般审计目标也包括三个方面：

（1）与交易和事项相关的一般审计目标

①发生：确认已记录的交易确实存在。该目标是审计人员根据管理层对交易和事项中的发生认定而确定的。

②完整性：确认存在的交易均已记录。该目标是审计人员根据管理层对交易和事项中的完整性认定而确定的。

③准确性：确认已记录的交易已按正确的金额反映。该目标是审计人员根据管理层对交易和事项中的准确性认定而确定的。

④截止：确认已发生的交易和事项记录于正确的会计期间。该目标是审计人员根据管理层对交易和事项中的截止认定而确定的。

⑤分类：确认被审计单位账户中记录的交易已适当分类。该目标是审计人员根据管理层对交易和事项中的分类认定而确定的。

（2）与账户余额相关的一般审计目标

与账户余额相关的一般审计目标同上述与交易和事项相关的一般审计目标基本相同。不同的是，交易和事项针对的是当期的发生额，后者针对的是账户的期末余额。

①存在：确认在账户中记录的资产、负债和所有者权益，在资产负债表日确实存在。该目标是审计人员根据管理层对账户余额中的存在认定而确定的。

②完整性：确认所有的资产、负债和所有者权益均包括在账户中。该目标是审计人员根据管理层对账户余额中的完整性认定而确定的。

③计价和分摊：确认各账户的金额核算的适当性、成本费用分摊的合理性，包括资产的可变现净值、各项备抵计提、预计与摊销、费用分配等的合理性。该目标是审计人员根据管理层对账户余额中的计价和分摊认定而确定的。

④权利和义务：确认账户中的资产由被审计单位拥有或控制，负债是被审计单位应当偿还的义务。该目标是审计人员根据管理层对账户余额中的权利和义务认定而确定的。

（3）与列报和披露相关的一般审计目标

①发生以及权利和义务：确认报表中列报和披露的交易、事项和其他情况确实发生，且与被审计单位有关。该目标是审计人员根据管理层对列报和披露中的发生以及权利和义务认定而确定的。

②完整性：确认所有应当在财务报表中列报和披露的账户余额及相关事项均以适当的方式包括在内。该目标是审计人员根据管理层对列报和披露中的完整性认定而确定的。

③准确性和计价：确认财务信息和其他信息已公允披露，且金额恰当。该目标是审计人员根据管理层对列报和披露中的准确性和计价认定而确定的。

④分类和可理解性：确认财务信息已被恰当地列报和描述，且披露内容表述清楚。该目标是审计人员根据管理层对列报和披露中的分类和可理解性认定而确定的。

如同管理层的认定是对交易和事项、账户余额、列报和披露相关的各项目的每一个方面所做的说明一样，财务报表审计的一般审计目标同样是针对这些交易、账户和项目所做的一般性确认。如同上面所述，所有的交易和事项都包括五项一般审计目标，但针对具体的交易和事项，根据其经济业务性质以及对整个报表的影响程度，单个交易审计的具体目标可能包括上述五个方面，也可能只是上述五个方面中的一个或几个。例如，对销售业务进行审计时，我们对上述与交易和事项相关的一般审计目标都关注；而对现金支付业务进行审计时，审计人员可能就不太关注"完整性"目标，因为不太可能有人报销而不要钱，而出纳也不太可能付了现金而不记账；相反，对现金收入业务，审计人员对一般审计目标中的"发生"则不太关注，因为出纳人员不会没有收取现金而记录现金收入。

第四节　　财务报表审计的过程

审计人员要完成审计任务、实现审计目标，就必须采用一定的组织方式和工作方法。财务报表审计的过程大致可以分为以下五个阶段：

一、审计任务的确定

无论是政府审计、注册会计师审计，还是内部审计，审计人员首先需要明确财务报表审计的任务。由于不同审计组织的权限和管理方式不同，审计任务的确定也不相同。政府审计机构主要是按照年度审计工作计划来确定的，内部审计则是按照企业内部审计工作任务来确定的，两者任务的确定带有一定的主观性，对工作任务的完成在法律上没有约束，具有一定的灵活性。注册会计师审计则不同，它完全是依据注册会计师事务所与被审计单位签订的业务约定书来确定财务报表审计的任务，在任务完成的时间、财务报表审计的目的、审计报告的出具等方面都有具体而严格的要求，且具有法定约束力。

因此，对财务报表审计而言，不同审计组织的任务确定方式是不同的。

二、计划审计工作

一个完整、全面、可行的审计工作计划对完成财务报表审计任务无疑是有很好帮助的。对财务报表审计工作的计划主要包括两个方面：一是内部人员调配，包括针对具体的审计任务需要具有哪些方面经验和技能的人员及其数量，参与审计工作人员的具体工作时间要求，具体安排哪些人员参加审计工作，以及各人员之间的分工等。二是审计过程中具体审计计划的制订及执行，包括对被审计单位的初步了解、制定总体审计策略、制订具体审计计划等。审计计划一旦制订，审计人员必须按照审计计划执行审计。但审计计划并不是一成不变的，审计人员应根据在审计计划执行过程中发现的情况，不断调整完善审计计划。审计计划不是为制订而制订的，它是为了实现审计目标而制订的。审计人员为了实现审计目标，必须收集充分适当的审计证据，必须执行一定的审计程序，而这些收集审计证据的审计程序，应根据审计实际情况的变化而修订，以满足收集审计证据的需要。需要指出的是，如果对既定的审计程序进行修订，审计人员必须说明理由，并作书面记录。

三、实施风险评估程序

风险评估程序是指审计人员为了解被审计单位及其环境，以识别和评估财务报表层次和认定层次的重大错报风险而实施的审计程序。风险评估程序是审计人员尤其是外部审计人员执行财务报表审计时必须执行的审计程序。实行该程序的目的是识别和评估被审计单位财务报表中的重大错报风险,包括报表层次、各类交易和账户层次的重大错报风险两个方面。

四、实施控制测试和实质性测试

为了将重大错报风险降至合理水平,以提高审计人员工作效率,审计人员必须实施控制测试和实质性测试。控制测试是针对被审计单位内部控制的有效性进行的测试,其目的是验证被审计单位为了确保报表层次认定的真实、准确而采取的各种控制措施、程序和制度等是否得到一贯的有效执行。实质性测试是审计人员为验证财务报表中各项目一般审计目标是否实现而实施的审计程序,具体包括对被审计单位当期业务的发生、记录所做的交易的实质性测试和对期末账户余额的真实、准确性而进行的余额细节测试。通过实质性测试,审计人员可以收集证据将报表中的重大错报和漏报风险降至审计人员可以接受的合理水平,保证审计质量。由于控制测试、交易的实质性测试、余额细节测试的具体控制内容各不相同,我们将在以下章节中详细介绍。

五、完成审计工作并出具审计报告

审计人员完成财务报表中的每一项目的审计程序之后,必须将在审计过程中获取的全部信息综合起来,运用审计人员的专业判断,对财务报表整体形成审计意见。这一过程是一个非常主观的过程,高度依赖审计人员的专业判断,对审计人员的业务素质要求高。审计人员完成审计工作后,必须出具审计报告,并与所审计的财务报表及其附注一起向有关部门或人员报送,上市公司年报审计则应该按照规定向外公布。完成审计工作和审计报告的具体内容见第九章和第十章。

复习思考题

1.简述财务报表审计的起源与发展历程。

2.复述财务报表审计的定义,并简述其含义。

3.简述财务报表审计目标的变迁过程及影响因素。

4.简述管理层的认定与财务报表审计一般审计目标的关系。

5.与交易和事项相关的一般审计目标有哪些?

6.与账户余额相关的一般审计目标有哪些?

7.与列报和披露相关的一般审计目标有哪些?

8.简述审计目标实现的过程。

第二章 销售与收款循环审计

学习目标

1. 识别销售与收款循环涉及的账户和交易种类；
2. 描述本循环涉及的主要业务活动及相关凭证与记录；
3. 了解本循环的内部控制，设计与执行本循环的控制测试及销售交易的实质性测试；
4. 设计并执行主营业务收入的实质性测试；
5. 设计并执行应收账款等相关项目的实质性测试。

第一节　销售与收款循环涉及的主要业务活动及相关凭证与记录

本章研究销售与收款循环涉及的内部控制控制风险评估、控制测试及交易的实质性测试。在开始研究之前，需要论及三个问题：一是企业销售与收款循环交易的种类和账户；二是销售与收款循环涉及的主要业务活动；三是销售与收款循环审计涉及的主要凭证和记录。了解和理解销售与收款循环中典型的交易种类和账户、主要业务活动和可能使用到的典型凭证与记录是十分必要的。

一、销售与收款循环涉及的账户和交易种类

销售与收款循环所包括的典型账户在图2-1中用T形账户列出，这为本章内容的理解提供一个参考性框架，假定研究的对象为一家制造业企业。

图2-1表明了业务活动及相关会计信息在销售与收款循环各账户中的流向。从图中可知，销售与收款循环主要有以下五类交易：

1. 销售，包括现销与赊销。
2. 货币资金收入。
3. 销售退回、折扣与折让。
4. 坏账冲销。
5. 坏账损失。

二、销售与收款循环涉及的主要业务活动

企业的每一项销售业务均需经过若干步骤才能完成。企业的性质不同，销售与收款循环的具体业务环节也略有差异。了解企业在销售与收款循环中的主要业务活动，对该业务循环的审计十分必要。下面以赊销为例，说明销售与收款循环涉及的主要业务活动。

（一）处理顾客订单

顾客提出订货要求是整个销售与收款循环的起点。顾客的订单只有在符合企业管理层的授权标准时才能被接受。

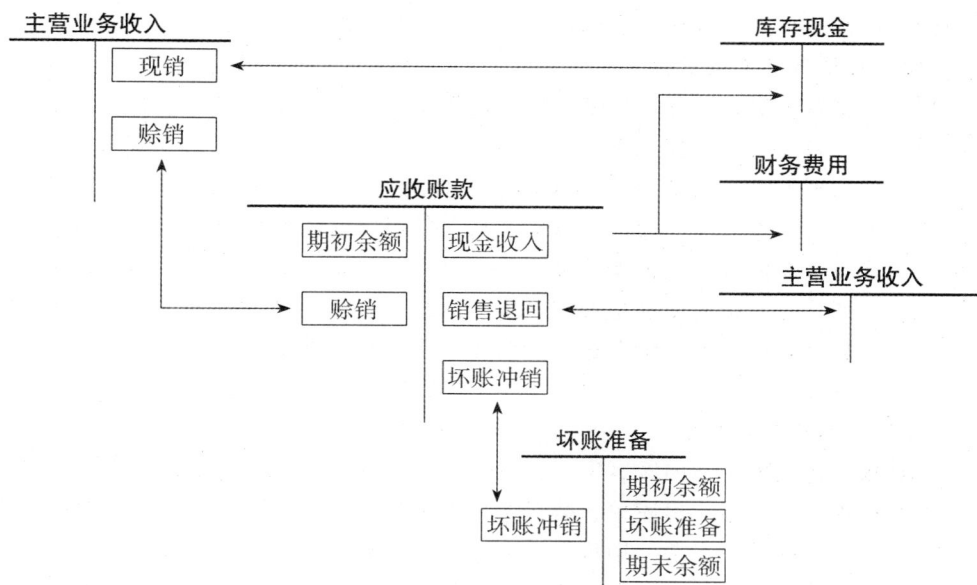

图2-1　销售与收款循环账户

企业收到客户订单后，应对订单的内容、数量、品种、规格、供货期限等进行审核批准，确定是否能接受订货，只有经过核准的订单，才能作为销售的依据，并以订单中的各项条件为依据，编制一式多联的销售单，作为信用审批、仓库、运输、财务等部门履行职责的依据。

销售单是证明销售交易"发生"认定的有效凭据之一，也是销售交易轨迹的起点。

（二）批准赊销

对于赊销业务，在发出商品之前，必须经过信用管理部门的批准。

信用管理部门在接到销售单后，应审查顾客的资信状况，根据管理层的赊销政策和授权决定是否批准赊销。尤其对于有赊销要求的新客户，要对其信用进行充分的调查，确立一个信用额度，并报主管人员核准。无论赊销是否批准，都要求信用部门人员在销售单上签署意见，然后将签署意见的销售单送回销售部门。

设置信用批准控制的目的是降低坏账风险，批准赊销工作的弱化经常导致过多的坏账和无法收回的应收账款。赊销批准的标记应被当作发货的一种标示。

这些控制与应收账款账面余额的"计价和分摊"认定有关。

（三）按销售单供货

企业管理层通常要求商品仓库只有在收到经过批准的销售单时才能供货。对大多数企业来说，在销售单上签字批准赊销的同时，也就批准了发货。仓库部门根据收到的经批准的销售单发货，并编制一式多联的发货凭证，如提货单、发货单、出库单等，作为装运部门、财务部门等履行职责的依据。

按销售单发货的目的是防止仓库在未经过授权的情况下擅自发货。因此，已批准的销售单送达仓库后即作为仓库供货和发货给装运部门的授权依据。

（四）按销售单装运货物

将"按销售单供货"与"按销售单装运货物"职责分离，有助于避免负责装运货物的职员在未经授权的情况下装运产品。

运输部门根据批准的销售单装运货物，并填制一式多联的装运凭证。在装运之前，装运人员必须进行独立验证，以确认从仓库提取的商品是否都有经过批准的销售单，并且商品的内容与销售单一致。

装运凭证是证明销售交易是否"发生"的另一有效凭据，而定期检查以确定在编制的每张装运凭证后均已附有相应的销售发票，则有助于保证销售交易的"完整性"认定的正确性。

（五）向顾客开具账单

开具账单包括编制和向顾客寄送连续编号的销售发票。开具销售发票之前，应在将顾客订单、销售单、出库单、装运单等凭证核对相符无误的基础上，向客户开出事先连续编号的销售发票。销售发票副联通常由财务部门设立专人负责。

这项功能所针对的主要问题包括：①是否对所有装运的货物都开具了账单（"完整性"认定）；②是否只对实际装运的货物开具账单，有无重复开具账单或虚构交易行为（"发生"认定）；③是否按已授权批准的商品价目表所列价格计价开具账单（"准确性"认定）。

为了降低开具账单过程中出现遗漏、重复、错误计价或其他差错的风险，应设立多项控制程序：①在编制每张发票之前，独立检查是否存在装运凭证和相应的经批准的销售单；②依据已授权批准的商品价目表编制销售发票；③独立检查销售发票计价和计算的正确性；④将装运凭证上的商品总数与相对应的销售发票上的商品总数进行比较。

（六）记录销售

开具销售发票之后，会计人员应编制相应的记账凭证，并负责登记相应的主营业务收入、应收账款、库存商品等明细账和总账，并定期与客户核对。

记录销售的控制与多项认定有关，审计人员主要关心的问题是销售发票是否记录正确，并归属于适当的会计期间。

（七）处理和记录库存现金、银行存款收入

这项业务活动涉及的是有关货款收回，库存现金、银行存款增加以及应收账款减少的活动。在办理和记录库存现金、银行存款收入时，最应考虑的是避免货币资金失窃的各种可能状况。

在收取货款时，最重要的是保证全部货币资金如数、及时存入银行，并记入库存现金、银行存款日记账和相关账户。在这方面，汇款通知单起着很重要的作用。

（八）处理和记录销售退回、折扣与折让

客户如果对商品不满意，销货企业一般会接受退货，或者给予客户一定的销售折让，客户如果提前支付货款，企业可能会给予一定的销货折扣。发生此类事项，有关部门要编制一式多联的贷项通知单，该单据必须经过授权批准，办理时，应该确保有关部门和人员各司其职，分别控制实物流程和会计处理。

（九）注销坏账

只要有赊销情况，不管企业如何控制风险，客户因宣告破产、死亡等原因而不支付货款的情况仍然有可能发生。对确实无法收回的应收账款，经过批准后作为坏账注销。

对这些坏账的正确处理方法应该是获取货款无法收回的确凿证据，经适当审批后及时作出会计调整。

（十）提取坏账准备

坏账准备的提取数额必须能够抵补企业以后无法收回的销货款。

年末，企业应根据应收账款的余额、账龄、本期销售收入来分析和确定本期应计提坏账准备的数额，计提方法应保持前后会计期间的一致性。

三、销售与收款循环涉及的相关凭证与记录

内部控制比较健全的企业，处理销售与收款业务通常需要使用很多凭证与会计记录。典型的销售与收款循环所涉及的主要凭证与会计记录有以下几种：

（一）顾客订货单

订货单是客户提出的书面购货要求。企业可以通过营销人员和其他途径（如采用电话、信函、传真、网络等方式）取得客户订单。

（二）销售通知单

销售通知单是记录客户所订商品的名称、规格、数量以及其他与客户订货有关资料的凭证，通常作为销售方内部处理客户订单的依据。

（三）发运凭证

发运凭证是在发运货物时编制的，用以反映发出商品的规格、数量和其他有关内容的凭据。发运凭证的一联送给客户，其余联由企业各部门保管。发运凭证可以作为向客户开票收款的依据。

（四）销售发票

销售发票是在销售业务发生时开具的记录已经销售商品的规格、数量、金额等内容的原始凭证。销售发票是登记销售业务的基本凭证。

（五）商品价目表

商品价目表是列示已经授权批准的、可供销售的各种商品的价格清单。

（六）贷项通知单

贷项通知单是一种用来表示由于销货退回或已经批准的折让而引起的应收销货款减少的凭证。贷项通知单的格式通常与销货发票的格式相同，其意义是表示应收账款的减少。

（七）客户对账单

客户对账单是一种定期寄送给客户的用于购销双方定期核对账目的凭证。对账单上应注明应收账款的月初余额、本期各项销售业务的金额，本月已经收到的货

款、各种贷项通知单的数额、月末余额等内容。

（八）汇款通知单

汇款通知单是与销售发票一起寄给客户、由客户在付款时再寄回销货单位的凭证。汇款通知单注明客户名称、销货发票号码、销货单位开户银行、账号、金额等内容。

（九）坏账审批表

坏账审批表是用来批准某些应收账款注销为坏账的、仅在企业内部使用的凭证。

（十）日记账和明细账

销售与收款循环所涉及的日记账和明细账主要包括库存现金日记账、银行存款日记账、应收账款明细账、预收款项明细账、应收票据明细账、长期应收款明细账、未确认融资费用明细账、主营业务收入明细账、其他业务收入明细账、营业税金及附加明细账、销售折扣与折让明细账、销售费用明细账、应交税费明细账、坏账准备明细账等。

（十一）总账

销售与收款循环所涉及的总账主要有库存现金、银行存款、预收款项、应收账款、应收票据、长期应收款、未确认融资费用、主营业务收入、其他业务收入、营业税金及附加、坏账准备、销售费用、应交税费等。

（十二）有关收款凭证和转账凭证

表2-1将销售与收款循环中的各种交易、涉及账户、业务活动、主要凭证与记录进行汇总，形成对照表，便于学习中理解与使用。

表2-1　销售与收款循环中的各种交易、涉及账户、业务活动、主要凭证与记录对照表

交易种类	账户	业务活动	主要凭证与记录
销售	销售收入	处理顾客订单	顾客订货单
		批准赊销	销售通知单、销售单
		按销售单供货	顾客订货单、销售单
		按销售单装运货物	发货单
	应收账款	向顾客开具账单	销售发票
		记录销售	记账凭证、应收账款明细账、主营业务收入明细账
			应收账款试算表、对账单
货币资金收入	银行存款	处理与记录货币资金收入	汇款通知单
	库存现金		货币资金收入清单、收据
	应收账款		库存现金日记账或清单
销售退回	主营业务收入	处理与记录销售退回	销售发票、应收账款明细账、主营业务收入明细账
	应收账款		
坏账冲销	应收账款	冲销无法收回的应收账款	坏账审批表
	坏账准备		总账

第二节   销售与收款循环的控制测试和交易的实质性测试

在实施控制测试和交易的实质性测试之前，应实施风险评估程序，以了解销售与收款循环的相关内部控制制度及可能的风险点，识别和评估财务报表层次和认定层次的重大错报风险。了解被审计单位销售与收款循环的内部控制，并实施风险评估程序，是设计并实施进一步审计程序的基础。

一、风险评估程序

风险评估程序，是审计人员为了解被审计单位及其环境，以识别和评估重大错报风险而实施的审计程序。在风险导向审计模式下，风险评估程序是审计人员尤其是外部审计人员执行财务报表审计时必须执行的审计程序。风险评估程序应当包括询问管理层以及被审计单位内部其他人员、分析程序、观察和检查程序。风险评估程序在承接业务之后就开始实施，风险评估程序包括识别财务报表层次的重大错报风险和认定层次的重大错报风险，其中识别财务报表层次的重大错报风险主要在审计计划阶段实施，本节主要关注认定层次的重大错报风险。

（一）了解销售与收款循环内部控制

销售与收款业务并不是简单的交易过程，而是分步骤的交易行为，即从收到客户的订单、洽谈交易事宜，到货物的交接、应收账款的产生，再到货款的催收与坏账的发生，还有退货和折让的发生等。在此过程中，企业不仅需要调查客户的信用，与客户展开激烈的价格谈判，全力组织客户需要的货物，灵活地处理销售折让和销售退回，而且还需要考虑应收账款的催收，分析应收账款账龄，考虑应收账款的可回收性等。所以，销售与收款循环的内部控制制度是一项复杂的系统工程。

审计人员可以获取并了解被审计单位的销售与收款循环的业务流程图，复核被审计单位的内部控制自我评价材料，编制内部控制调查表等并执行穿行测试，从而实现对销售与收款循环内部控制的了解。为避免重复，销售与收款循环涉及的主要内部控制及可能的风险点在稍后的控制测试中，将结合控制测试对照说明。

（二）实施风险评估程序

在销售与收款循环实施风险评估程序，对注册会计师识别与收入确认相关的舞弊风险至关重要。例如，注册会计师通过了解被审计单位生产经营的基本情况、销售模式和业务流程、与收入相关的生产技术条件、收入的来源和构成、收入交易的特性、收入确认的具体原则、所在行业的特殊事项、重大异常交易的商业理由、被审计单位的业绩衡量等，有助于其考虑收入虚假错报可能采取的方式，从而设计恰当的审计程序以发现此类错报。

注册会计师应当评价通过实施风险评估程序和执行其他相关活动获取的信息是否表明存在舞弊风险因素。例如，如果注册会计师通过实施风险评估程序了解到，被审计单位所处行业竞争激烈并伴随着利润率的下降，而管理层过于强调提高被审计单位利润水平的目标，则注册会计师需要警惕管理层通过实施舞弊高估收入从而高估利润的风险。舞弊风险迹象是舞弊风险的表现形式，是注册会计师在实施审计过程中发现的、需要引起对舞弊风险警觉的事实或情况。审计人员应以职业谨慎态度高度关注相关舞弊风险迹象。存在舞弊风险迹象并不必然表明发生了舞弊，但了解舞弊风险迹象，有助于注册会计师对审计过程中发现的异常情况产生警觉，从而更有针对性地采取应对措施。通常表明被审计单位在收入确认方面可能存在舞弊风险的迹象举例如下：

1. 注册会计师发现，被审计单位的客户是否付款取决于下列情况：（1）能否从第三方取得融资；（2）能否转售给第三方（如经销商）；（3）被审计单位能否满足特定的重要条件。

2. 未经客户同意，在销售合同约定的发货期之前发送商品。

3. 未经客户同意，将商品运送到销售合同约定地点以外的其他地点。

4. 被审计单位的销售记录表明，已将商品发往外部仓库或货运代理人，却未指明任何客户。

5. 在实际发货之前开具销售发票，或实际未发货而开具销售发票。

6. 对于期末之后的发货，在本期确认相关收入。

7. 实际销售情况与订单不符，或者根据已取消的订单发货或重复发货。

8. 已经销售给货运代理人的商品，在期后有大量退回。

9. 销售合同或发运单上的日期被更改，或者销售合同上加盖的公章并不属于合同所指定的客户。

10. 在接近期末时发生了大量或大额的交易。

11. 交易之后长期不进行结算。

12. 在被审计单位业务或其他相关事项未发生重大变化的情况下，询证函回函相符比例明显异于以前年度。

13. 发生异常大量的现金交易，或被审计单位有非正常的资金流转及往来，特别是有非正常现金收付的情况。

14. 应收款项收回时，付款单位与购买方不一致，存在较多代付款的情况。

15. 交易标的对交易对手而言不具有合理用途。

16. 主要客户自身规模与其交易规模不匹配。

二、销售与收款循环的内部控制和控制测试

表2-2为销售交易的控制目标、关键内部控制和测试一览表，将与销售交易有关的内部控制目标、关键内部控制以及常用的相应的控制测试和交易的实质性测试分类列示。目的在于帮助审计人员根据具体情况设计出能够实现审计目标的审计方案，但它既未包含销售交易所有的内部控制、控制测试和实质性测试，也并不意味着审计实务中必须按此顺序与方法一成不变。实际工作中，被审计单位所处行业不同、规模不一、内部控制的健全与执行情况不同，而且审计人员还要考虑成本效益原则，因此，应从实际出发，将一览表转换为更实用、更有效的审计计划。

表 2-2　　　　　　　销售交易的控制目标、关键内部控制和测试一览表

内部控制目标	关键内部控制	常用的控制测试	常用的交易实质性程序
登记入账的销售交易确系已经发货给真实的顾客(发生)	销售交易是以经过审核的发运凭证及经过批准的顾客订货单为依据登记入账的； 发货前，顾客的赊购已经被授权批准； 销售发票均经事先编号并已恰当地登记入账； 每月向顾客寄送对账单，对顾客提出的意见作专门追查	检查销售发票副联是否附有发运凭证(或提货单)及顾客订货单； 检查顾客的赊购是否经授权批准； 检查销售发票连续编号的完整性； 检查是否寄发对账单，并检查顾客回函档案	复核主营业务收入总账、明细账以及应收账款明细账中的大额或异常项目； 追查主营业务收入明细账中的分录至销售单、销售发票副联及发运凭证； 将发运凭证与存货永续记录中的发运记录进行核对； 将主营业务收入明细账中的分录与销售单中的赊销审批和发运审批进行核对
所有销售交易均已登记入账(完整性)	发运凭证(或提货单)均经事先编号并已经登记入账； 销售发票均经事先编号并已登记入账	检查发运凭证连续编号的完整性； 检查销售发票连续编号的完整性	将发运凭证与相关的销售发票和主营业务收入明细账及应收账款明细账中的分录进行核对
登记入账的销售数量确系已发货的数量，已正确开具账单并登记入账(计价和分摊)	销售价格、付款条件、运费和销售折扣的确定已经适当的授权批准； 由独立人员对销售发票的编制作内部核查	检查销售发票是否经适当的授权批准； 检查有关凭证上的内部核查标记	复算销售发票上的数据； 追查主营业务收入明细账中的分录至销售发票； 追查销售发票上的详细信息至发运凭证、经批准的商品价目表和顾客订货单
销售交易的分类恰当(分类)	采用适当的会计科目表； 内部复核和核查	检查会计科目是否适当； 检查有关凭证上内部复核和核查的标记	检查证明销售交易分类正确的原始证据
销售交易的记录及时(截止)	采用尽量能在销售发生时开具收款账单和登记入账的控制方法； 内部稽核	检查尚未开具收款账单的发货和尚未登记入账的销售交易； 检查有关凭证上内部核查的标记	将销售交易登记入账的日期与发运凭证的日期比较核对
销售交易已经正确地记入明细账，并经正确汇总(准确性、计价和分摊)	每月定期给顾客寄送对账单； 由独立人员对应收账款明细账作内部核查； 将应收账款明细账余额合计数与其总账余额进行比较	观察对账单是否已经寄出； 检查内部核查标记； 检查将应收账款明细账余额合计数与其总账余额进行比较的标记	将主营业务收入明细账加总，追查其至总账的过账

（一）销售与收款循环的内部控制

为使销售与收款循环中各个环节的工作能够有序进行，防止和揭露错误与舞弊，保证有关记录的真实可靠，减少坏账损失，企业需要建立健全销售与收款过程中的内部控制。销售与收款循环的内部控制主要包括以下几个方面：

1.适当的职责分离

适当的职责分离有利于防止各种有意的或无意的错误。将销售与收款循环过程中的各项业务进行明确的分工和职权的划分，使各项工作之间既相互联系又相互牵制。常见的职责分离有：

（1）企业的销售、发货、收款三项业务不能由同一部门或人员办理，应分别设立岗位。

（2）在销售合同订立前，应当指定专门人员就销售价格、信用政策、发货和收款方式等具体事项与客户进行谈判。谈判人员至少两人以上，并与订立合同的人员相分离。

（3）销售部门与赊销审批部门应分别设立，即销售职能与赊销批准职能要分离。

（4）编制销售单的人员与开具销售发票的人员要分离。

（5）销售退回与销售折扣、折让的审批职责与贷项通知单的签发职责要分离。

（6）应收票据的取得和贴现必须经过保管票据以外的主管人员的批准。

（7）主营业务收入明细账和应收账款明细账由不同的人员进行登记，同时由另一位不负责账簿记录的职员进行调节。

（8）负责主营业务收入和应收账款的记账人员不得经手现金。

2.正确的授权审批

销售业务的授权审批主要集中在以下五个关键点上：

（1）赊销信用审批。在赊销发生之前，赊销要经过信用部门正确审批。

（2）发货审批。没有经过正当审批，不得发出货物。

（3）销售政策审批。对销售价格、销售条件、退货、折扣等销售政策进行审批。

（4）坏账发生必须经有关人员审批。

（5）限定审批授权范围。审批人应当根据授权审批制度的规定，在授权范围内进行审批，不得超越审批权限。对于超过单位既定销售政策和信用政策规定范围的特殊销售业务，单位应当集体决策。

前两项控制的目的在于防止企业财产因向虚构的或者无力支付的客户发货而蒙受损失；销售政策控制和坏账控制的目的在于保证销货业务按照企业政策规定的价格开票收款，合理计提坏账；设定审批权限的目的在于防止因审批人决策失误而造成损失。

3.充分的凭证和记录

内部控制的控制效果有赖于凭证处理程序的正确合理，要有健全的凭证和凭证传递制度来记录发生的销售业务并将信息及时传递给销售部门、仓储部门、运输部门、财务部门和顾客。这样，整个循环中的业务有机联系和相互制约，可以达到控制的目的。

每个企业交易的产生、处理和记录等制度都有其特点，因此，很难评价各项控制是否足以发挥最大的作用。然而，只要有充分的记录手续，就有可能实现各项控制目标。

（1）销售与收款各环节应建立和健全凭证制度，如销售单、销售发票等。

（2）凭证的预先编号。与销售有关的客户订单、销售通知单、发运单、销货发票等重要原始凭证要事先连续编号，指定专人保管，定期严格清点。票据预先连续编号的目的有两个：一是防止销货后忘记向客户开具账单或登记入账，即漏开发票；二是防止重复开具发票或重复入账。

（3）销售与收款各环节应建立和健全账簿制度，及时登记账簿。

4.完善的检查控制

（1）按月寄出对账单。财务部门应与销售、信用管理部门配合，定期向应收账款明细账中涉及的顾客分送对账单，核对双方的账面记录，对双方账面记录结果的差异要及时调查调整。对账可以每月进行一次，由不负责现金出纳和销货及应收账款记账的人员按月向客户寄发对账单。

单位应当建立销货款的催收、应收账款账龄分析制度和逾期应收账款催收制度。对于已超过正常信用期限、长时间拖欠货款的顾客要以各种方式催促其尽快还款，对催收无效的逾期应收账款可通过法律程序予以解决。

不能及时收回的应收账款，应及时确认为坏账，已注销的坏账又收回的，应及时入账。

（2）定期核对应收账款等账户的总账和明细账。

（3）完善的收款制度。销售收入应及时入账，不得设置账外账，不得坐支现金。销售人员应当避免接触销售现款。应收票据的取得和贴现必须经过由保管票据以外的主管人员的书面批准。应收票据要有专人保管，对于即将到期的票据应及时向付款人提示付款；已贴现票据应在备查账簿中登记，以便日后追踪管理。

（4）内部核查制度。如果企业内部没有经常的检查评价机制，内部控制可能随着时间的迁移而发生变化，因此，内部审计人员或其他独立人员应经常核查销货业务的处理和记录，评价销售与收款业务各项内部控制的质量与效果，这是不可缺少的一项控制措施。《内部会计控制规范——销售与收款（试行）》中明确了销售与收款内部控制监督检查的主要内容，包括：①销售与收款业务相关岗位及人员的设置情况；②销售与收款业务授权审批制度的执行情况；③销售的管理情况；④收款的管理情况；⑤销售退回的管理情况。

（二）销售与收款循环的控制测试

控制测试是为了确定内部控制的设计和执行是否有效而实施的审计程序。控制测试对于销售和收款这个领域具有十分重要的意义，因为这里主要是一些常规交易，交易的数量和规模都很大，单凭一些抽样、发函等实质性程序，不足以发现可能的错误。

在对销售与收款循环内部控制了解的基础上，审计人员只对那些准备信赖的内部控制执行测试，并且只有当信赖内部控制而减少的实质性程序的工作量大于控制测试的工作量时，控制测试才是必要和经济的。销售与收款循环控制测试主要包括以下几个部分：

1.抽取一定数量的销售发票进行检查

（1）检查销售发票本上所有的发票存根联是否连续编号，开票人员是否按照顺序开具发票，作废的发票是否加盖"作废"戳记并与存根联一并保存。

（2）检查销售发票上的单价是否按批准的价目表执行，并将销售发票与相关的销售通知单、销售订单和出库单所载明的品名、规格、数量、价格相核对。销售通知单上应有信用部门的有关人员核准赊销的签字。

（3）检查销售发票中所列的数量、单价和金额是否正确，包括将销售发票中所列商品的单价与商品价目表的价格进行核对，验算发票金额的正确性。

（4）从销售发票追查至有关的记账凭证、应收账款明细账及主营业务收入明细账，确定被审计单位是否及时、正确地登记有关凭证、账簿。

2.抽取一定数量的出库单或提货单进行检查

与相关的发票相核对，检查已发出的商品是否均已向顾客开出发票。

3.抽取一定数量的销售调整业务的会计凭证进行检查

检查销售退回、折扣与折让的核准与会计核算，主要包括：

（1）确定销售退回、折扣与折让的批准与贷项通知单的签发职责是否分离。

（2）确定现金折扣是否经过适当授权，授权人与收款人的职责是否分离。

（3）检查销售退回、折扣与折让是否附有按顺序编号并经主管人员核准的贷项通知单。

（4）检查退回的商品是否具有仓库签发的退货验收报告（或入库单），并将验收报告的数量、金额与贷项通知单等核对。

（5）确定销售退回、折扣与折让的会计记录是否正确。

4.抽取一定数量的记账凭证、应收账款明细账进行检查

（1）从应收账款明细账中抽取一定的记录并与相应的记账凭证进行核对，比较二者登记的时间、金额是否一致。

（2）从应收账款明细账中抽查一定数量的坏账注销业务，并与相应的记账凭证、原始凭证进行核对，确定坏账的注销是否合乎有关法规的规定，企业主管人员是否核准等。

（3）确定被审计单位是否定期与顾客对账，在可能的情况下，将被审计单位一定期间的对账单与相应的应收账款明细账的余额进行核对，如有差异，则应进行追查。

5.检查主营业务收入明细账

从主营业务收入明细账中抽取一定数量的会计记录，并与有关的记账凭证、销

货发票相核对，以确定是否存在收入高估或低估的情况。

6.实地观察

（1）观察被审计单位是否按月寄发对账单，检查顾客回函档案。

（2）观察职工获得或接触资产、凭证和记录（包括存货、销售单、出库单、销售发票、账簿、现金及支票）的途径。

（3）观察职工在执行授权、发货、开票、记账等职责时的表现，确定被审计单位是否存在必要的职责分离，内部控制在执行过程中是否存在弊端。

在对销售与收款循环内部控制进行测试的基础上，审计人员应当对该循环内部控制的健全情况、执行情况和控制风险作出评价，以确定其可信赖程度及存在的薄弱环节，并确定实质性程序的性质、时间和范围。对控制薄弱的环节，可作为实质性程序的重点，以降低检查风险，将审计风险控制在可接受的水平。对测试过程中发现的问题还应当在工作底稿中作出记录，并以适当的形式告知被审计单位的管理层。

三、销售交易的实质性测试

有些交易的实质性测试取决于内部控制的健全程序和控制测试的结果与环境条件的关系极为密切，有些交易的实质性测试与环境条件关系不大，适用于各种审计项目，下面将较为详细地介绍针对销售交易的常用的实质性程序。需要说明的是，这些实质性程序并未包含销售交易全部的实质性程序；一些实质性程序可以实现多项控制目标，而非仅能实现一项控制目标。

（一）审计登记入账的销售交易的真实性

在财务报表舞弊审计案件中，销售交易的真实性问题，即销售收入确认已经成为审计的高风险领域。这就要求审计人员在销售交易审计中秉承职业谨慎态度，在识别和评估由于舞弊导致的重大错报风险时，应当假定销售收入确认存在舞弊风险，并以此假定为前提审计登记入账的销售交易的真实性，而不仅仅是以中立的观念进行复核。

对于销售的"真实性"目标，审计人员一般关心三类销售错误或舞弊情形（见表2-3）。尽管向虚构的顾客发货，并作为销售交易登记入账的情况不经常发生，但其后果却十分严重，这将直接导致高估资产和收入。

表2-3　　　　　　　　　　　**三类销售错误或舞弊情形**

销售错误情形	是否故意	风险因素	无意时发现手段
1.未曾发货却已将销售交易登记入账	不一定	较大	函证
2.销售交易重复入账	不一定	较大	函证
3.向虚构的顾客发货，并作为销售交易登记入账	故意	试图隐瞒，风险很大	

如何以恰当的实质性程序来发现不真实的销售呢?这取决于审计人员认为可能在何处发生错误或舞弊。对于"发生"这一目标而言,审计人员通常只在认为内部控制有明显弱点时,才实施实质性程序。因此,测试的性质取决于潜在的控制弱点的性质。

1.针对未曾发货却已将销售交易登记入账这类错误发生的可能性,审计人员可以从主营业务收入明细账中抽取若干笔分录,追查有无发运凭证及其他佐证,借以查明有无事实上没有发货却已登记入账的销售交易。如果对发运凭证等的真实性也有怀疑,就可能有必要进一步追查存货的永续盘存记录,测试存货余额有无减少。

2.针对销售交易重复入账这类错误发生的可能性,审计人员可以通过检查企业的销售交易记录清单来确定是否存在重号、缺号。

3.针对向虚构的顾客发货,并作为销售交易登记入账这类错误发生的可能性,审计人员应当检查主营业务收入明细账中与销售分录相应的销货单,以确定销售是否履行赊销批准手续和发货审批手续。

检查上述三类高估销售错误与舞弊的可能性的另一有效办法是追查应收账款明细账中的贷方发生额的记录。如果应收账款最终得以收回货款或者由于合理的原因收到退货,则记录入账的销售交易一开始通常是真实的;如果贷方发生额是注销坏账,或者直到审计时所欠货款仍未收回,就必须详细追查相应的发运凭证和顾客订货单,因为这些迹象往往表明可能存在虚构的销售交易。

另外,审计人员可以采用以下措施应对可能的虚假交易:

(1)向被审计单位负责销售和市场开发的人员询问临近期末的销售或发货情况,向被审计单位内部法律顾问询问临近期末签订的销售合同是否存在异常的合同条款或条件。

(2)对于通过电子方式自动生成、处理、记录的销售交易,实施控制测试以确定这些控制是否能够为所记录的收入交易已真实发生并得到适当记录提供保证。

(3)检查已记录的大额现金收入,关注其是否有真实的商业背景;检查银行对账单和大额现金交易,关注是否存在异常的资金流动。

(4)结合出库单及销售费用中的运输费等明细,检查货物运输单,关注货物的流动是否真实存在,从而确定交易的真实性。

(5)结合销售合同中与收款、验收相关的主要条款,对于大额应收账款长期未收回的客户,分析被审计单位仍向其进行销售的合理性和真实性。

(6)将临近期末发生的大额交易或异常交易与原始凭证相核对。

(7)检查临近期末执行的重要销售合同,以发现是否存在异常的定价、结算、发货、退货、换货或验收条款。对期后实施特定的检查,以发现是否存在改变或撤销合同条款的情况,以及是否存在退款的情况。

(8)浏览期后一定时间的总账和明细账,以发现是否存在销售收入冲回或大额销售退回的情况。

（二）审计已经发生的销售交易是否均已登记入账

"高估资产与收入"是被审计单位在粉饰财务状况和经营成果时惯用的伎俩，因此，销售交易的审计一般偏重于检查高估资产与收入的问题。但是，如果内部控制不健全，比如被审计单位没有由发运凭证追查至主营业务收入明细账这一独立内部核查程序，就有必要实施这项交易的实质性程序了。审计已经发生的销售交易是否均已登记入账这一程序主要是测试"完整性"，防止"低估"风险。例如，审计人员可以采用"分析和检查预收账款等账户期末余额，确定不存在应在本期确认收入而未确认的情况"，以应对可能的漏记。通常的程序是，从发货部门的档案中选取部分发运凭证，并追查至有关的销售发票副本和主营业务收入明细账，是测试未开票发货的一种有效程序。为使这一程序成为一项有意义的测试，审计人员必须能够确信全部发运凭证均已归档，这一点可以通过检查凭证的编号顺序来查明。

需要说明的是，在测试"发生"认定和"完整性"认定的目标时，测试的起点即方向十分重要。测试"发生"认定的目标时，起点是明细账，即从主营业务收入明细账中抽取一个发票号码样本，追查至销售发票存根、发运凭证以及顾客订货单；测试"完整性"认定的目标时，起点是发货凭证，即从发运凭证中选取样本，追查至销售发票存根和主营业务收入明细账，以测试是否存在遗漏事项。

在设计"发生"认定的目标和"完整性"认定的目标的审计程序时，确定追查凭证的起点即测试的方向很重要。如果追查的方向并不是关心的目标或者弄错追查方向，就属于严重的审计缺陷。关于这一点，在后面的主营业务收入的实质性程序中还将进一步说明。

另外，在测试其他目标时，方向一般无关紧要。例如，测试交易业务计价的准确性时，可以由销售发票追查至发运凭证，也可以反向追查。

（三）审计登记入账的销售交易均已正确计价

销售交易计价的准确性包括按订货数量发货、按发货数量准确地开具账单、将账单上的数额准确地记入会计账簿。对这三个方面，每次审计中一般都要实施实质性程序，以确保其准确无误。

复算会计记录中的数据是典型的实质性程序。一般以主营业务收入明细账中的会计分录为起点，将所选择的交易业务的合计数与应收账款明细账和销售发票存根进行比较核对。

销售发票存根上所列的单价，通常还要与经过批准的商品价目表进行比较核对，金额小计和合计数均要进行复算。

发票中列出的商品规格、数量和顾客代号等，则应与发运凭证进行比较。另外，往往还要审核顾客订货单和销售单中的同类数据。

将计价准确性目标中的控制测试和实质性程序所作的比较，便可作为例证来说明有效的内部控制如何节约了审计时间。在计价目标的控制测试中只需要审核一下签字或者其他内部核查的证据即可。由此可以证明一个事实：有效的内部控制可以极大地减少实质性测试工作量，降低审计成本。

（四）审计登记入账的销售交易分类恰当

如果把销售分为现销和赊销两种，应注意不要在现销时借记应收账款，也不要在收回应收账款时贷记主营业务收入，同样不要将营业资产的销售（例如固定资产销售）混为主营业务销售。对那些采用不止一种销售分类的企业（例如需要编制分部报表的企业）来说，正确的分类是极为重要的。

销售分类恰当的测试一般可与计价准确性测试一并进行。审计人员可以通过审核原始凭证确定具体交易业务的类别是否恰当，并以此与账簿的实际记录作比较。

（五）审计销售交易的记录是否及时

销售交易记录的及时，是指发货后应尽快开具账单并登记入账，以防止无意漏记销售交易，确保它们记入正确的会计期间。此程序可与计价准确性实质性程序同时进行，一般要将所选取的提货单或其他发运凭证的日期与相应的销售发票存根、主营业务收入明细账和应收账款明细账上的日期作比较，若发现重大差异，就可能存在销售截止期限的错误。

（六）审计销售交易已正确记入明细账并正确地汇总

在多数审计中，通常要加总主营业务收入明细账数，并将加总数和一些具体内容分别追查至主营业务收入总账和应收账款明细账或库存现金、银行存款日记账，以检查在销售过程中是否存在有意或无意的错报问题。

不过，这一测试的样本量要受内部控制的影响。从主营业务收入明细账追查至应收账款明细账，一般与为实现其他审计目标所作的测试一并进行，而将主营业务收入明细账数加总，并追查、核对加总数至其总账，则应作为单独的一项测试程序来执行。

第三节　　营业收入的实质性测试

在销售与收款循环中，主营业务收入是企业在销售商品、提供劳务等主要经营活动中所产生的收入，是企业的主要收入形式，是形成企业财务成果的主要项目，是财务报表审计中十分重要的内容。

一、主营业务收入的审计目标

1.确定记录的主营业务收入是否真实；

2.确定主营业务收入的记录是否完整；

3.确定与主营业务收入有关的金额及其他数据、会计处理是否已恰当记录；

4.确定主营业务收入是否记录于正确的会计期间；

5.确定主营业务收入的内容是否正确；

6.确定主营业务收入的披露是否恰当。

二、主营业务收入的实质性测试

（一）取得或编制主营业务收入明细表

取得或编制主营业务收入明细表，复核加计正确，并与总账和明细账合计数核对相符；同时，结合其他业务收入科目数额，与报表数核对相符。

（二）查明主营业务收入的确认原则、方法是否正确

注意是否符合企业会计准则和会计制度规定的收入实现条件，前后期是否一致。特别关注周期性、偶然性的收入是否符合既定的收入确认原则和方法。

1.采用交款提货方式，应于货款已收到或取得收取货款的权利，同时已将发票账单和提货单交给购货单位时确认收入的实现。对此，审计人员应着重检查被审计单位是否收到或取得收取货款的权利，发票账单和提货单是否已交付购货单位。应注意有无扣押结算凭证，将当期收入转入下期收入，或者虚记收入、开假发票、虚列购货单位，将当期未实现的收入虚转为收入记账，在下期给予冲销的现象。

2.采用预收账款销售方式，应于商品已经发出时，确认收入的实现。对此，审计人员应着重检查被审计单位是否收到了货款，商品是否已经发出。应注意是否存在对已收货款并已将商品发出的交易不入账、转入下期收入，或开具虚假出库凭证、虚增收入等现象。

3.采用托收承付结算方式，应于商品已经发出、劳务已经提供，并已将发票账单提交银行、办妥收款手续时确认收入的实现。对此，审计人员应着重检查被审计单位是否发货，托收手续是否办妥，货物发运凭证是否真实，托收承付结算回单是否正确。

4.委托其他单位代销商品的，如果代销单位采用视同买断方式，应于代销商品已经销售并收到代销单位代销清单时，按企业与代销单位的协议价确认收入的实现，对此，应注意查明有无商品未销售、编制虚假代销清单、虚增本期收入的现象；如果代销单位采用收取手续费方式，应在代销单位将商品销售后、企业已收到代销单位代销清单时确认收入的实现。

5.销售合同或协议明确销售价款的收取采用递延方式，实质上具有融资性质的，应当按照应收的合同或协议价款的公允价值确定销售商品收入金额。应收的合同或协议价款与其公允价值之间的差额，应当在合同或协议期间内采用实际利率法进行摊销，计入当期损益。

6.长期工程合同收入，如果合同的结果能够可靠估计，应当根据完工百分比法确认合同收入。审计人员应重点检查收入的计算、确认方法是否合乎规定，并核对应计收入与实际收入是否一致，注意查明有无随意确认收入、虚增或虚减本期收入的情况。

7.委托外贸代理出口、实行代理制方式的，应在收到外贸企业代办的发运凭证和银行交款凭证时确认收入。对此，审计人员应重点检查代办发运凭证和银行交款单是否真实，注意有无内外勾结、出具虚假发运凭证或虚假银行凭证的情况。

8.对外转让土地使用权和销售商品房的，通常应在土地使用权和商品房已经移交并将发票结算账单提交对方时确认收入。对此，审计人员应重点检查已办理的移交手续是否符合规定要求，发票账单是否已交对方。注意查明被审计单位有无编造虚假移交手续，采用"分层套写"、开具虚假发票的行为，防止其高价出售、低价入账，从中贪污货款。如果企业事先与买方签订了不可撤销合同，按合同要求开发房地产，则应按建造合同的处理原则处理。

当然，针对不同情况，审计人员可采用以下应对措施：

（1）如果被审计单位采用完工百分比法确认与提供劳务或建造合同相关的收入，注册会计师需要检查相关合同或其他文件，以发现确认完工百分比的方法是否合理，与从被审计单位内部获取的资料中的相关信息是否一致，以及完成的工作能否取得被审计单位客户的确认，能否得到监理报告、被审计单位与客户的结算单据等外部证据的验证，必要时可以利用专家的工作。

（2）如果被审计单位采用经销商的销售模式，注册会计师需要关注主要经销商与被审计单位之间是否存在关联方关系，并通过检查被审计单位与经销商之间的协议或销售合同、出库单、货运单、商品验收单等相关支持性凭证，以确定是否满足收入确认的条件。此外，注册会计师还可以关注经销商布局的合理性、被审计单位频繁发生经销商加入和退出的情况，以及被审计单位对不稳定经销商的收入确认是否适当、退换货损失的处理是否适当等。

（3）如果被审计单位采用代理商的销售模式，注册会计师需要检查被审计单位与代理商之间的协议或合同，确定是否确实存在委托与代理关系，并检查被审计单位收入确认是否有代理商的销售清单、货物最终销售的证明等支持性凭据。

（三）选择运用实质性分析程序

审计中应注意选择运用以下实质性分析程序：

1.将本期与上期的主营业务收入进行比较，分析产品销售的结构和价格的变动是否正常，并分析异常变动的原因。

2.比较本期各月各种主营业务收入的波动情况，分析其变动趋势是否正常，是否符合被审计单位季节性、周期性的经营规律，并查明异常现象和重大波动的原因。

3.计算本期重要产品的毛利率，分析比较本期与上期同类产品毛利率变化情况，注意收入与成本是否配比，并查清重大波动和异常情况的原因。

4.计算对重要客户的销售额及产品毛利率，分析比较本期与上期有无异常变化。

5.将销售收入变动幅度与销售商品及提供劳务收到的现金、应收账款、存货、税金等项目的变动幅度进行比较。

6.将销售毛利率、应收账款周转率、存货周转率等关键财务指标与可比期间数据、预算数或同行业其他企业数据进行比较。

7.分析销售收入等财务信息与投入产出率、劳动生产率、产能、水电能耗、运输数量等非财务信息之间的关系。

8.分析销售收入与销售费用之间的关系，包括销售人员的人均业绩指标、销售人员薪酬、差旅费用、运费，以及销售机构的设置、规模、数量、分布等。

9.将上述分析结果与同行业本期相关资料进行对比分析，检查是否存在异常。

审计人员通过实施分析程序，可能识别出未注意到的异常关系或难以发现的变动趋势，从而有目的、有针对性地关注可能发生重大错报风险的领域，有助于评估重大错报风险，为设计和实施应对措施提供基础。例如，如果审计人员发现被审计单位不断地为完成销售目标而增加销售量，或者大量销售因不能收现而导致应收账款大量增加，需要对销售收入的真实性予以额外关注；如果审计人员发现被审计单位临近期末销售量大幅增加，需要警惕将下期收入提前确认的可能性；如果审计人员发现单笔大额收入能够减轻被审计单位盈利方面的压力，或使被审计单位完成销售目标，需要警惕被审计单位虚构收入的可能性。

如果发现异常或偏离预期的趋势或关系，审计人员需要认真调查其原因，评价是否表明可能存在由于舞弊导致的重大错报风险。涉及期末收入和利润的异常关系尤其值得关注，例如在报告期的最后几周内记录了不寻常的大额收入或异常交易。审计人员可能采取的调查方法举例如下：（1）如果审计人员发现被审计单位的毛利率变动较大或与所在行业的平均毛利率差异较大，审计人员可以采用定性分析与定量分析相结合的方法，从行业及市场变化趋势、产品销售价格和产品成本要素等方面对毛利率变动的合理性进行调查。（2）如果审计人员发现应收账款余额较大，或其增长幅度高于销售收入的增长幅度，审计人员需要分析具体原因（如赊销政策和信用期限是否发生变化等），并在必要时采取恰当的措施，如扩大函证比例、增加截止测试和期后收款测试的比例等。（3）如果审计人员发现被审计单位的收入增长幅度明显高于管理层的预期，可以询问管理层的适当人员，并考虑管理层的答复是否与其他审计证据一致，例如，如果管理层表示收入增长是由于销售量增加所致，审计人员可以调查与市场需求相关的情况。

（四）审查主营业务收入确认与计量是否正确

在主营业务收入确认方面，前述销售交易的真实性审计是主营业务收入确认的前提，假定收入确认存在舞弊风险，审计人员应该考虑可能的收入确认舞弊手段。我们知道，被审计单位不同，管理层实施舞弊的动机或压力不同，其舞弊风险所涉及的具体认定也不同，一般总结为三类：高估收入的动机或压力；隐瞒收入而降低税负的动机；收入提前确认或推迟至下一年确认的动机等，因此，主营业务收入确认时主要以还原业务的真实情况为目标，设计不同的审计程序，发现可能在"真实性"、"完整性"和"截止"等认定方面存在的问题。

在主营业务收入计量的正确性方面，审计人员主要采用以下程序：

1.根据增值税发票申报表或普通发票，估算全年收入，与实际入账收入金额核对，并检查是否存在虚开发票或已销售但未开发票的情况。

2.获取产品价格目录，抽查售价是否符合定价政策，并注意销售给关联方或关系密切的重要客户的产品价格是否合理，有无低价或高价结算以转移收入和利润的现象。

3.抽取本期一定数量的销售发票，检查开票、记账、发货日期是否相符，品名、数量、单价、金额等是否与发运凭证、销售合同或协议、记账凭证等一致。

4.抽取本期一定数量的记账凭证，检查入账日期、品名、数量、单价、金额等是否与销售发票、发运凭证、销售合同或协议等一致。

如前所述，了解被审计单位通常采用的收入确认舞弊手段，有助于审计人员更加有针对性地实施审计程序。被审计单位通常采用的收入确认舞弊手段分为两类：

（1）为了达到粉饰财务报表的目的而虚增收入或提前确认收入。例如：①利用与未披露关联方之间的资金循环虚构交易。②通过未披露的关联方进行显失公允的交易。比如，以明显高于其他客户的价格向未披露的关联方销售商品。③通过出售关联方的股权，使之从形式上不再构成关联方，但仍与之进行显失公允的交易，或与未来或潜在的关联方进行显失公允的交易。④通过虚开商品销售发票虚增收入，而将货款挂在应收账款中，并可能在以后期间计提坏账准备，或在期后冲销。⑤为了虚构销售收入，将商品从某一地点移送至另一地点，凭出库单和运输单为依据记录销售收入。⑥在与商品相关的风险和报酬尚未全部转移给客户之前确认销售收入。比如，销售合同中约定被审计单位的客户在一定时间内有权无条件退货，而被审计单位隐瞒退货条款，在发货时全额确认销售收入。⑦通过隐瞒售后回购或售后租回协议，而将以售后回购或售后租回方式发出的商品作为销售商品确认收入。⑧采用完工百分比法确认劳务收入时，故意低估预计总成本或多计实际发生的成本，以通过高估完工百分比的方法实现当期多确认收入。⑨在采用代理商的销售模式时，在代理商仅向购销双方提供帮助接洽、磋商等中介代理服务的情况下，按照相关购销交易的总额而非净额（扣除佣金和代理费等）确认收入。⑩当存在多种可供选择的收入确认会计政策或会计估计方法时，随意变更所选择的会计政策或会计估计方法。⑪选择与销售模式不匹配的收入确认会计政策。

（2）为了达到报告期内降低税负或转移利润等目的而少计收入或延后确认收入。例如：①被审计单位将商品发出、收到货款并满足收入确认条件后，不确认收入，而将收到的货款作为负债挂账，或转入本单位以外的其他账户。②被审计单位采用以旧换新的方式销售商品时，以新旧商品的差价确认收入。③在提供劳务或建造合同的结果能够可靠估计的情况下，不在资产负债表日按完工百分比法确认收入，而推迟到劳务结束或工程完工时确认收入。

（五）实施销售的截止测试

对主营业务收入实施截止测试，其目的主要在于确定被审计单位主营业务收入的会计记录归属期是否正确，应计入本期或下期的主营业务收入有无被推延至下期或提前至本期。

根据收入确认的基本原则，审计人员在审计中应该注意把握三个与主营业务收入确认有着密切关系的日期：一是发票开具日期或收入日期；二是记账日期；三是发货日期（服务业则是提供劳务的日期）。这里的发票开具日期是指开具增值税专用发票或普通发票的日期；记账日期是指被审计单位确认主营业务实现并将该笔经济业务记入主营业务收入账户的日期；发货日期是指仓库开具出库单并发出库存商品的日期。检查三者是否归属于同一适当会计期间是主营业务收入截止测试的关键所在。

围绕上述三个重要日期，在审计实务中，审计人员可以考虑选择三条审计路线实施主营业务收入的截止测试：

一是以账簿记录为起点。从资产负债表日前后若干天的账簿记录追查至记账凭证，检查发票存根与发运凭证，目的是证实已入账收入是否在同一期间已开具发票并发货，有无多计收入。这种方法的优点是比较直观，容易追查至相关凭证记录，以确定其是否应在本期确认收入，特别是在连续审计两个以上会计期间时，检查跨期收入十分便捷，可以提高审计效率。缺点是缺乏全面性和连贯性，只能查多计，无法查漏计，尤其是当本期漏计收入延至下期，而审计时被审计单位尚未及时登账时，不易发现应计入而未计入报告期收入的情况。因此，使用这种方法主要是为了防止多计收入。

二是以销售发票为起点。从资产负债表日前后若干天的发票存根追查至发运凭证与账簿记录，确定已开具发票的货物是否已发货并于同一会计期间确认收入。具体做法是抽取若干张在资产负债表日前后开具的销售发票的存根，追查至发运凭证和账簿记录，查明有无漏计收入现象。这种方法也有其优缺点：优点是较全面、连贯，容易发现漏计的收入；缺点是较费时费力，有时难以查找相应的发货及账簿记录，而且不易发现多计的收入。使用该方法时应注意两点：①相应的发运凭证是否齐全，特别应注意有无报告期内已作收入而下期期初用红字冲回，并且无发货、收货记录，以此调节前后期利润的情况；②被审计单位的发票存根是否已全部提供，有无隐瞒。为此，应查看被审计单位的发票领购簿，尤其应关注普通发票的领购和使用情况。因此，使用这种方法主要是为了防止少计收入。

三是以发运凭证为起点。从资产负债表日前后若干天的发运凭证追查至发票开具情况与账簿记录，确定主营业务收入是否已记入恰当的会计期间。该方法的优缺点与方法二类似，具体操作中还应考虑被审计单位的会计政策才能作出恰如其分的处理。因此，使用这种方法主要也是为了防止少计收入。

上述三条审计路线在实务中均被广泛采用，它们并不是孤立的，审计人员可以考虑在同一被审计单位财务报表审计中并用这三条路线，甚至可以在同一主营业务收入科目审计中并用。实际上，由于被审计单位的具体情况各异，管理层意图各不相同，有的为了想办法完成利润目标和承包指标、更多地享受税收等优惠政策、便于筹资等目的可能会多计收入，有的则为了以丰补歉、留有余地、推迟缴税时间等目的而少计收入。因此，为提高审计效率，审计人员应当凭借专业经验和掌握的信息、资料作出正确判断，选择其中的一条或两条审计路线实施更有效的收入截止测试。

（六）检查销售退回、折扣与折让

主要检查销售退回、折扣与折让业务是否真实，内容是否完整，相关手续是否符合规定，折扣与折让的计算和会计处理是否正确

企业在销售交易中，往往会因产品品种不符、质量不符合要求以及结算方面的

原因发生销售退回、折扣与折让。尽管引起销售退回、折扣与折让的原因不尽相同，其表现形式也不尽一致，但都是对收入的抵减，直接影响收入的确认和计量。因此，审计人员应重视销售退回、折扣与折让的审计。

销售退回、折扣与折让的实质性程序主要包括：

1.获取或编制销售退回、折扣与折让明细表，复核加计正确，并与明细账合计数核对相符。

2.取得被审计单位有关销售退回、折扣与折让的具体规定和其他文件资料，并抽查较大的销售退回、折扣与折让发生额的授权批准情况，与实际执行情况进行核对，检查其是否经授权批准，是否合法、真实。

3.检查销售退回的产品是否已验收入库并登记入账，有无形成账外物资情况；销售折扣与折让是否及时足额提交对方，有无虚设中介、转移收入、私设账外"小金库"等情况。

4.检查销售退回、折扣与折让的会计处理是否正确。

（七）检查有无特殊的销售行为

检查有无特殊的销售行为，如附有销售退回条件的商品销售、委托代销、售后回购、以旧换新、商品需要安装和检验的销售、分期收款销售、出口销售、售后租回等，确定恰当的审计程序进行审核。

1.附有销售退回条件的商品销售。如果对退货部分能作合理估计的，确定其是否按估计不会退货部分确认收入；如果对退货部分不能作合理估计的，确定其是否在退货期满时确认收入。

2.售后回购。分析特定销售回购的实质，判断其是属于真正的销售交易，还是属于融资行为。

3.以旧换新销售。确定销售的商品是否按照商品销售的方法确认收入，回收的商品是否作为购进商品处理。

4.出口销售。确定其是否按离岸价格、到岸价格或成本加运费价格等不同的成交方式确认收入的时点和金额。

5.售后租回。若售后租回形成一项融资租赁，检查是否对售价与资产账面价值之间的差额予以递延，并按该项租赁资产的折旧进度进行分摊，作为折旧费用的调整；若售后租回形成一项经营租赁，检查是否对售价与资产账面价值之间的差额予以递延，并在租赁期内按照与确认租金费用相一致的方法进行分摊，作为租金费用的调整。但对有确凿证据表明售后租回交易是按照公允价值达成的，检查售价与资产账面价值之间的差额是否已经计入当期损益。

（八）其他需要关注的事项

1.结合对资产负债表日应收账款的函证程序，检查有无未经顾客认可的巨额销售。

2.调查集团内部销售情况，记录其交易价格、数量和金额，并追查在编制合并财务报表时是否已予以抵销。

3.调查向关联方销售的情况，记录其交易品种、数量、价格、金额以及占主营业务收入总额的比例。

4.如果存在被审计单位关联方注销及非关联化的情况，注册会计师需要关注被审计单位将原关联方非关联化行为的动机及后续交易的真实性、公允性。

（九）确定主营业务收入的列报是否恰当

按照企业会计准则的规定，企业应在年度财务报表附注中说明：

1.收入确认所采用的会计政策，主要包括：

（1）在各项重大交易中，企业确认收入采用的确认原则；如果被审计单位在本期存在与收入确认相关的重大会计政策、会计估计变更或会计差错更正事项，分析这些事项是否合理，检查是否在财务报表附注中作恰当披露。

（2）是否有采用分期付款确认收入的情况。

（3）确定劳务的完成程度所采用的方法。

2.当期确认每一重大的收入项目的金额，包括商品销售收入、劳务收入、利息收入、使用费收入。

三、其他业务收入的实质性测试

其他业务收入的实质性测试一般包括以下内容：

1.获取或编制其他业务收入明细表，包括：

（1）复核加计正确，并与总账数和明细账合计数核对相符；

（2）注意其他业务收入是否有相应的成本；

（3）检查是否存在技术转让等免税收益，如有，应调减应纳税所得额。

2.计算本期其他业务收入与其他业务成本的比率，并与上期比率比较，检查是否有重大波动，如有，应查明原因。

3.检查其他业务收入内容是否真实、合法，收入确认原则及会计处理是否符合规定，择要抽查原始凭证予以核实。

4.重大异常项目的审查，对异常项目，应追查入账依据及有关法律文件是否充分。

5.执行截止测试。抽查资产负债表日前后一定数量的记账凭证，实施截止测试，追踪至发票、收据等，确定入账时间是否正确，对于重大跨期事项提出必要的调整建议。

6.确定其他业务收入的列报是否恰当。

第四节　　　　应收账款的实质性测试

应收账款是企业在销售货物业务中产生的债权，即企业因销售商品、产品或提供劳务等原因，应向购货单位或接受劳务单位收取的款项或代垫的运杂费等。应收账款的实质性测试是销售与收款循环审计中的重点内容，一般应结合销货业务来进行。

一、应收账款的审计目标

应收账款的审计目标一般包括:

1. 确定应收账款是否已经发生;

2. 确定应收账款是否归被审计单位所有;

3. 确定应收账款的增减变动记录是否完整;

4. 确定应收账款是否可收回,坏账准备的计提是否恰当;

5. 确定应收账款的期末余额是否正确;

6. 确定应收账款在财务报表上的披露是否恰当。

二、应收账款实质性测试的性质

应收账款实质性测试,是指用于发现应收账款认定层次重大错报的审计程序。应收账款实质性测试的性质,是指应收账款执行实质性程序时的类型及其组合。

应收账款实质性测试的两种基本类型是实质性分析程序及交易、账户余额和披露的细节测试(以下简称余额细节测试)。实质性分析程序从技术特征上看仍然是分析程序,主要是通过研究应收账款相关数据间的关系来评价信息,或者说是将分析程序用作实质性程序,用以识别销售交易、应收账款余额及相关认定是否存在错报。余额细节测试是对销售交易、应收账款余额、列报的具体细节进行测试,目的在于直接识别应收账款相关认定是否存在错报。

事实上,审计人员应该设计适当的应收账款实质性程序的方法。将审计计划与审计方案等原理性知识应用于应收账款实质性程序的设计之中。图2-2列示了应收账款审计的整体思路,本节测试内容主要涉及图中第三阶段。下面分别介绍应收账款在执行实质性程序时的实质性分析程序及交易、账户余额和披露的细节测试。

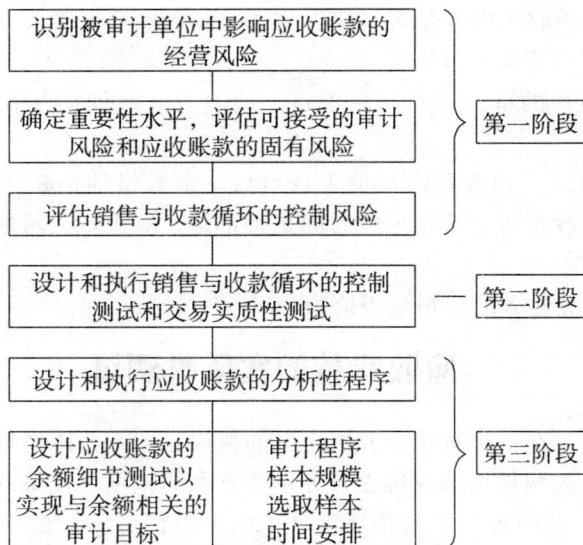

图2-2 应收账款审计的审计思路

三、对应收账款实施实质性分析程序

实质性测试阶段所执行的大多数分析程序都是在资产负债表日后、余额细节测试之前执行。在被审计单位记录全年所有交易和最后编制财务报表完成之前执行大量的实质性分析程序意义不大。

分析性程序是对整个销售与收款循环执行的，而不是仅仅针对应收账款执行的，这样做是因为在利润表账户与资产负债表账户之间存在密切的联系。如果审计人员通过分析程序确定了在主营业务收入或销售退回、折扣与折让中的可能错报，那么应收账款将可能抵销这些错报。

表2-4列示了销售与收款循环中几种主要的比较，以及实质性分析程序可能暗示的潜在错报。尽管表中主要关注当前年度结果与以前年度结果的比较，但审计人员也可以考虑当前年度结果与预算数和行业趋势的比较。要特别注意那些影响资产负债表账户与利润表账户的"潜在错报"。例如，当审计人员对销售交易执行实质性分析程序时，可以获得主营业务收入与应收账款两个账户的相关证据。

表2-4 **销售与收款循环的实质性分析程序**

实质性分析程序	可能的错报
将本年度的毛利率与以前年度比较(按产品系列)	高估或低估主营业务收入和应收账款
按月比较一定时期的主营业务收入(按产品系列)	高估或低估主营业务收入和应收账款
将销售退回、折扣与折让占销售收入总额的比例与以前年度比较(按产品系列)	高估或低估销售退回、折扣与折让及应收账款
将超过一定数额的个别顾客欠款与以前年度进行比较	应收账款和相应的利润表账户中的错报
将坏账费用(损失)占主营业务收入的比例与以前年度比较	没有给无法收回的应收账款提取准备
将应收账款的欠款天数与以前年度比较,并对应收账款周转率作同样的比较	高估或低估坏账准备和坏账费用(损失);也可能暗示有虚构的应收账款
将各账龄的款项占应收账款的比例与以前年度比较	高估或低估坏账准备和坏账损失
将坏账准备占应收账款的比例与以前年度比较	高估或低估坏账准备和坏账损失
将已经冲销的坏账占应收账款的比例与以前年度比较	高估或低估坏账准备和坏账损失

除了执行表2-4中的实质性分析程序外，对应收账款实施实质性分析程序一般还包括以下内容：

（1）复核应收账款借方累计发生额与主营业务收入是否配比，如存在不匹配的情况应查明原因。企业赊销货物时，应在规定的"截止"期内，采用正确的金额，

一方面借记应收账款，另一方面贷记主营业务收入及增值税税额，使应收账款发生额与主营业务收入及增值税税额相互匹配。如果企业存在虚增、虚减应收账款或夸大或缩减主营业务收入时，可能表现为应收账款借方累计发生额与主营业务收入不匹配的情形。在实施应收账款实质性分析程序时应通过复核程序首先确认应收账款与主营业务收入的匹配情况。

（2）编制对重要客户的应收账款增减变动表并分析其合理性。在实际工作中，企业应收账款的客户或多或少，但对于重要的客户可以首先在明细表上标注出来，以便编制对重要客户的应收账款增减变动表。编制对重要客户的应收账款增减变动表的目的是与上期比较分析，发现是否发生变动，分析变动原因，并了解是否合理，必要时还可以收集客户资料，这有助于分析其变动的合理性。对于大额和异常的应收账款，特别是拖欠时间长、关联公司或其他关联方的应收账款以及有贷方余额的应收账款，审计人员应当复核报表日的应收账款清单（账龄试算表），以便确定需要进一步调查的账户。

（3）计算相关指标执行分析判断。计算应收账款周转率、应收账款周转天数等指标，并与被审计单位以前年度、同行业同期相关指标对比分析，检查是否存在重大异常，是应收账款的实质性分析程序中最重要的程序之一。通过计算一系列财务比率、指标分析其与标准数据的差异，有助于发现异常情况，进而实施追踪程序予以确认。有经验的审计人员常常可以结合销售业务情况，计算应收账款的部分比率或指标估计应收账款的合理性，并考虑下一步的审计策略，从而使审计工作起到事半而功倍的效果。

四、应收账款账户余额和披露的细节测试

计划审计证据是计划检查风险的补充。在作出给定目标的计划审计证据是高、中还是低的结论后，审计人员要决定适当的审计程序、样本规模、选取项目和时间安排。

应收账款余额细节测试遵循如下假定：审计人员已经完成审计工作的第一阶段（详见图2-2）、第二阶段，并对每个与余额相关的审计目标确定了余额细节测试的计划检查风险水平。

尽管审计人员强调资产负债表账户的余额细节测试，但也不能忽略利润表账户的余额细节测试，两者可以相互验证。例如，如果审计人员函证应收账款余额并发现在给顾客开票中的错误而高估了应收账款，那么这一错误也会高估销售收入。

应收账款的函证是最重要的应收账款余额细节测试，后面将对其进行详细的讨论。

（一）取得或编制应收账款明细表

（1）复核加计正确，并与总账数和明细账合计数核对相符，结合坏账准备科目余额与报表数核对相符。应当注意，应收账款报表数反映企业因销售商品、提供劳务等应向购买单位收取的各种款项，减去已计提的相应的坏账准备后的净额。因此，其报表数应同应收账款总账数和明细账合计数分别减去与应收账款相应的坏账准备总账数和明细账合计数后的余额核对相符。

（2）检查应收账款账龄分析是否正确。审计人员可以通过编制或索取应收账款账龄分析表来分析应收账款的账龄，以便了解应收账款的可收回性。应收账款账龄分析表的一般格式见表2-5。

表2-5

应收账款账龄分析表

年　　月　　日　　　　　　　　　　　　　　　单位：万元

顾客名称	期末余额	账　　龄			
		1年以内	1~2年	2~3年	3年以上
合计					

应收账款的账龄，是指资产负债表中的应收账款从销售实现、产生应收账款之日起，至资产负债表日止所经历的时间。编制应收账款账龄分析表时，可以考虑选择重要的顾客及其余额单独列示，而将不重要的或余额较小的汇总列示。应收账款账龄分析表的合计数减去已计提的相应坏账准备后的净额，应该等于资产负债表中的应收账款项目余额。

（3）检查非记账本位币应收账款的折算汇率及折算是否正确。对于用非记账本位币（通常为外币）结算的应收账款，审计人员应检查被审计单位外币应收账款的增减变动是否采用交易发生日的即期汇率将外币金额折算为记账本位币金额，或者采用按照系统合理的方法确定的、与交易发生日即期汇率近似的汇率折算，选择采用汇率的方法前后各期是否一致；期末外币应收账款余额是否采用期末即期汇率折合为记账本位币金额；折算差额的会计处理是否正确。

（4）结合预收账款等往来项目的明细余额，查明有无同样的项目或与销售无关的其他款项，如有，应作出记录，必要时提出调整建议。

（二）向债务人函证应收账款

1.函证概述

函证（即外部函证）是审计人员为了获取影响财务报表或相关披露认定的项目的信息，通过直接来自第三方（被询证者）对有关信息和现存状况的声明，获取和评价审计证据的过程。书面答复可以采用纸质、电子或其他介质等形式。

在使用函证程序时，审计人员的目标是：设计和实施函证程序，以获取相关、可靠的审计证据。函证应收账款的目的在于证实应收账款账户余额的真实性、正确性，防止发生被审计单位及其有关人员在销售交易中发生的错误或舞弊行为。通过函证应收账款，可以比较有效地证明被询问者（即债务人）的存在和被审计单位记录的可靠性。

审计人员应当确定是否有必要实施函证程序，以获取认定层次的相关、可靠的审计证据。在作出决策时，审计人员应当考虑评估的认定层次重大错报风险，以及通过实施其他审计程序获取的审计证据如何将检查风险降至可接受的水平。

同时，审计人员可以考虑下列因素以确定是否选择函证程序作为实质性程序：（1）被询证者对函证事项的了解。如果被询证者对所函证的信息具有必要的了解，其提供的回复可靠性更高。（2）预期被询证者回复询证函的能力或意愿。例如，在下列情况下，被询证者可能不会回复，也可能只是随意回复或可能试图限制对其回复的依赖程度：①被询证者可能不愿承担回复询证函的责任；②被询证者可能认为回复询证函成本太高或消耗太多时间；③被询证者可能对因回复询证函而可能承担的法律责任有所担心；④被询证者可能以不同币种核算交易；⑤回复询证函不是被询证者日常经营的重要部分。（3）预期被询证者的客观性。如果被询证者是被审计单位的关联方，则其回复的可靠性会降低。

审计准则要求注册会计师应当对应收账款实施函证程序，除非有充分证据表明应收账款对财务报表不重要或函证很可能无效。如果认为函证很可能无效，审计人员应当实施替代审计程序，以获取相关、可靠的审计证据。如果不对应收账款实施函证，审计人员应当在审计工作底稿中说明理由。

实务中，表明应收账款函证很可能无效的情况包括：（1）以往审计业务经验表明回函率很低；（2）某些特定行业的客户通常不对应收账款询证函回函，如电信行业的个人客户；（3）被询证者系出于制度的规定不能回函的单位。

审计人员应当考虑被审计单位的经营环境、内部控制的有效性、应收账款账户的性质、被询证者处理询证函的习惯做法及回函的可能性等，以确定应收账款函证的范围、对象、方式和时间。

2.函证方式

函证方式分为积极的函证方式和消极的函证方式。审计人员可采用积极的或消极的函证方式实施函证，也可将两种方式结合使用。

（1）积极的函证方式

积极式函证，是指要求被询证者直接向审计人员回复，表明是否同意询证函所列示的信息，或填列所要求的信息的一种询证方式。

如果采用积极的函证方式，审计人员应当要求被询证者在所有情况下必须回函，确认询证函所列示信息是否正确，或填列询证函要求的信息。

积极的函证方式又分为两种。一种是在询证函中列明拟函证的账户余额或其他信息，要求被询证者确认所函证的款项是否正确。通常认为，对这种询证函的回复能够提供可靠的审计证据。但是，其缺点是被询证者可能对所列示信息根本不加以验证就予以回函确认。为了避免这种风险，审计人员可以采用另一种询证函，即在询证函中不列明账户余额或其他信息，而要求被询证者填写有关信息或提供进一步信息。由于这种询证函要求被询证者作出更多的努力，可能会导致回函率降低，进而导致审计人员执行更多的替代审计程序。

积极的函证方式的适用范围如下：

①相关内部控制是无效的；

②预计差错率较高；

③个别账户欠款金额较大；

④有理由相信欠款有可能会存在争议、差错等问题。

在采用时，只有审计人员收到回函，才能为财务报表认定提供证据。审计人员没有收到回函，可能是由于被询证者根本不存在，或是由于被询证者没有收到询证函，也可能是由于询证者没有理会询证函，因此，无法证明所询证信息是否正确。

以下是积极式询证函的参考格式：

询证函

编号：

××（公司）：

本公司聘请的××会计师事务所正在对本公司××年度财务报表进行审计，按照《中国注册会计师审计准则》的要求，应当询证本公司与贵公司的往来账项等事项。下列数据出自本公司账簿记录，如与贵公司记录相符，请在本函下端"信息证明无误"处签章证明；如有不符，请在"信息不符"处列明不符金额。回函请直接寄至××会计师事务所。

回函地址：

邮编：　　　　　　电话：　　　　　　传真：　　　　　　联系人：

1.贵公司与本公司的往来账项列示如下：

截止日期	贵公司欠我公司款项	我公司欠贵公司款项	备注

2.其他事项。

本函仅为复核账目之用，并非催款结算。若款项在上述日期之后已经付清，仍请及时函复为盼。

（公司签章）

年　　月　　日

结论：

1.信息证明无误。（公司签章）

年　　月　　日

经办人：

2.信息不符，请列明不符的详细情况：

（公司签章）

年　　月　　日

经办人：

（2）消极的函证方式

消极式函证，是指要求被询证者只有在不同意询证函所列示的信息时才直接向审计人员回复的一种询证方式。

如果采用消极的函证方式，审计人员只要求被询证者仅在不同意询证函列示信息的情况下才予以回函。

在采用消极的函证方式时，如果收到回函，能够为财务报表认定提供说服力强的审计证据。未收到回函可能是因为被询证者已收到询证函且核对无误，也可能是因为被询证者根本就没收到询证函。因此，积极的函证方式通常比消极的函证方式提供的审计证据更可靠。因而在采用消极的方式函证时，审计人员通常还需辅之以其他审计程序。

消极式函证比积极式函证提供的审计证据的说服力低。除非同时满足下列条件，审计人员不得将消极式函证作为唯一实质性程序，以应对评估的认定层次重大错报风险：

①审计人员将重大错报风险评估为低水平，并已就与认定相关的控制的运行的有效性获取充分、适当的审计证据；

②需要实施消极式函证程序的总体由大量的小额、同质的账户余额、交易或事项构成；

③预期不符事项的发生率很低；

④没有迹象表明接收询证函的人员或机构不认真对待函证。

在审计实务中，审计人员也可将这两种方式结合使用。当应收账款的余额是由少量的大额应收账款和大量的小额应收账款构成时，审计人员可以对所有的或抽取的大额应收账款样本采取积极的函证方式，而对抽取的小额应收账款样本采用消极的函证方式。

以下是消极式询证函的参考格式：

询证函

编号：

××（公司）：

本公司聘请的××会计师事务所正在对本公司××年度财务报表进行审计，按照《中国注册会计师审计准则》的要求，应当询证本公司与贵公司的往来账项等事项。下列数据出自本公司账簿记录，如与贵公司记录相符，则无须回复；如有不符，请直接通知会计师事务所，并请在空白处列明贵公司认为是正确的信息。回函请直接寄至××会计师事务所。

回函地址：

邮编：　　　　　电话：　　　　　传真：　　　　　联系人：

1.贵公司与本公司的往来账项列示如下：

截止日期	贵公司欠我公司款项	我公司欠贵公司款项	备注

2.其他事项。

本函仅为复核账目之用，并非催款结算。若款项在上述日期之后已经付清，仍请及时函复为盼。

（公司签章）

年　　　月　　　日

上面的信息不正确，差异如下：

（公司签章）

年　　　月　　　日

经办人：

3.函证时间的选择

为了充分发挥函证的作用，应恰当选择函证的实施时间。审计人员通常以资产负债表日为截止日，在资产负债表日后适当时间内实施。如果重大错报风险评估为低水平，审计人员可选择资产负债表日前适当日期为截止日实施函证，并对所函证项目自该截止日起至资产负债表日止发生的变动实施实质性程序。

4.函证范围和对象的确定

除非有充分证据表明应收账款对被审计单位财务报表而言是不重要的，或者函证很可能是无效的，否则，审计人员应当对应收账款进行函证。如果审计人员不对应收账款进行函证，应当在工作底稿中说明理由。如果认为函证很可能是无效的，审计人员应当实施替代审计程序，以获取充分、适当的审计证据。函证数量的多少、范围是由诸多因素决定的，主要有：

（1）应收账款在全部资产中的重要性。若应收账款在全部资产中所占的比重较大，则函证范围应相应扩大一些。

（2）被审计单位内部控制的强弱。若内部控制制度较健全，则可以相应减少函证量；反之，则应相应扩大函证范围。

（3）以前期间的函证结果。若以前期间函证中发现过重大差异，或欠款纠纷较多，则函证范围应相应扩大一些。

（4）函证方式的选择。若采用积极的函证方式，则可以相应减少函证量；若采用消极的函证方式，则应相应增加函证量。

一般情况下，审计人员应选择以下项目作为函证对象：大额或账龄较长的项目；与债务人发生纠纷或可能存在争议的项目；关联方项目；主要客户（包括关系密切的客户）项目；交易频繁但期末余额较小甚至余额为零的项目；可能产生重大错报或舞弊的非正常交易的项目。

5.函证控制

审计人员通常利用被审计单位提供的应收账款明细账户名称及客户地址等资料据以编制询证函，但审计人员应当对被询证者选择、询证函设计以及询证函发出和收回保持控制。出于掩盖舞弊的目的，被审计单位可能想方设法拦截或更改询证函及回函的内容。如果审计人员对函证程序控制不严密，就可能给被审计单位造成可乘之机，导致函证结果发生偏差和函证程序失效。

为使函证程序能有效实施，在询证函发出前，注册会计师需要恰当地设计询证函，并对询证函上的各项资料进行充分核对，注意事项可能包括：

（1）询证函中填列的需要被询证者确认的信息是否与被审计单位账簿中的有关记录保持一致。对于银行存款的函证，需要银行确认的信息是否与银行对账单等保持一致。

（2）考虑选择的被询证者是否适当，包括被询证者对被函证信息是否知情、是否具有客观性、是否拥有回函的授权等。

（3）是否已在询证函中正确填列被询证者直接向注册会计师回函的地址。

（4）是否已将被询证者的名称、地址与被审计单位有关记录进行核对，以确保询证函中的名称、地址等内容的准确性。

（5）询证函经被审计单位盖章后，由审计人员直接发出。根据注册会计师对舞弊风险的判断，以及被询证者的地址和性质、以往回函情况、回函截止日期等因素，询证函的发出和收回可以采用邮寄、跟函、电子形式函证（包括传真、电子邮件、直接访问网站等）等方式。

①通过邮寄方式发出询证函时采取的控制措施。为避免询证函被拦截、篡改等舞弊风险，在邮寄询证函时，注册会计师可以在核实由被审计单位提供的被询证者的联系方式后，不使用被审计单位本身的邮寄设施，而是独立寄发询证函（例如，直接在邮局投递）。

②通过跟函的方式发出询证函时采取的控制措施。如果注册会计师认为跟函的方式（即注册会计师独自或在被审计单位员工的陪伴下亲自将询证函送至被询证者，在被询证者核对并确认回函后，亲自将回函带回的方式）能够获取可靠信息，可以采取该方式发送并收回询证函。如果被询证者同意注册会计师独自前往被询证者执行函证程序，注册会计师可以独自前往。如果注册会计师跟函时需有被审计单位员工陪伴，注册会计师需要在整个过程中保持对询证函的控制，同时，对被审计单位和被询证者之间串通舞弊的风险保持警觉。

在我国目前的实务操作中，由于被审计单位之间的商业惯例还比较认可印章原件，所以邮寄和跟函方式更为常见。如果注册会计师根据具体情况选择通过电子方式发送询证函，在发函前可以基于对特定询证方式所存在风险的评估，考虑相应的控制措施。

在审计实务中，审计人员还经常会遇到采用积极的函证方式实施函证而未能收到回函的情况。对此，审计人员应当考虑与被询证者联系，要求对方作出回应或再次寄发询证函甚至第三次寄送询证函。即使审计人员尽心尽职，一些顾客仍不会回函。如果未能得到被询证者的回应，审计人员应当实施替代审计程序，例如检查与销售有关的文件，包括销售合同或协议、销售订单、销售发票副本及发运凭证等，以验证这些应收账款的真实性。替代审计程序的目的在于通过其他非函证方式确定非函证账户在函证日是否存在并已经得到恰当表达。对于未回函证的积极式函证而言，可审查下列记录，以验证构成期末应收账款余额的个别销售交易的存在性和准确性：

（1）期后货币资金收入。函证日期后的货币资金收入证据，包括审查汇款通知单、货币资金收入记录的分录甚至是应收账款明细账中的贷方。尽管付款的事实并不表明顾客在函证日确实存在这一义务，但期后货币资金收入的证据的审查是一项非常有用的替代程序，它合理地假设被审计单位应收账款是存在的，否则债务人不可能向其付款；另外还应注意把每一笔未付款的销售交易与其期后付款的证据进行比较，以测试未付款发票中的争议和分歧。

（2）销售发票副本。审查销售发票副本主要验证销售发票的实际签发和开票的实际日期，有助于与函证日期上的差异进行核对。

（3）发货单。审计人员审查发货单对于确定货物是否确实已经发出以及进行截止测试非常重要。

（4）顾客的往来函件。通常审计人员不需要将复核往来函件作为替代程序的一部分，但是往来函件可用于揭示其他方法未能发现的有争议和有疑问的应收账款。

所实施的替代程序的范围和性质主要取决于未回函的重要性、函证回函中发现的错报类型、未回函的期后货币资金收入以及审计人员对内部控制的结论。

如果实施函证和替代程序都不能提供财务报表有关认定的充分、适当的审计证据，审计人员应当实施追加的审计程序。

审计人员可通过函证结果汇总表的方式对询证函的收回情况加以控制。函证结果汇总表见表2-6。

当收回的询证函有差异，即函证出现了不符事项时，审计人员应当首先提请被审计单位查明原因，并作进一步分析和核实。在很多情况下，不符事项的原因都是由顾客记录与被审计单位记录之间的时间差异引起的。但是，有必要区分时间性差异与偏差，偏差是应收账款余额的错报。应收账款函证结果汇总最常见的差异类型包括：

表 2-6　　　　　　　　　　　　**应收账款函证结果汇总表**

被审计单位名称：　　　　　　　制表：　　　　　　　日期：

结账日：　年　月　日　　　　复核：　　　　　　　日期：

询证函编号	债务人名称	地址及联系方式	账面金额	函证方式	函证日期		回函日期	替代程序	确认余额	差异金额及说明	备注
					第一次	第二次					
合　计											

（1）款项已付，即询证函发出时，债务人已经付款，而被审计单位尚未收到货款，因而未能在函证日期之前记账。此种情况需要仔细进行调查，如通过应收账款贷方减少对应科目发现"债务人已经付款"的去向，以确定是否存在货币资金收入截止错误、挪用、盗窃现金的可能性。

（2）货物未收到，即询证函发出时，被审计单位的货物已经发出并已作销售记录，但货物仍在途中，债务人尚未收到货物，未记录采购。审计人员应对这些差异进行调查，以确定顾客根本没有收到货物或被审计单位记录存在截止错误的可能性。

（3）收到货物但存有争议事项，即债务人对收到的货物的数量、质量及价格等方面有异议而全部或部分拒付货款等。审计人员应对这些差异进行调查，以确定被审计单位是否存在错误以及错误金额是多少。

（4）货物已退。被审计单位未记录贷项通知单，可能是由时间性差异或销售退回、折扣与折让记录不当引起的。与其他差异一样，审计人员也必须调查清楚。

如果不符事项构成错报，审计人员应当重新考虑所实施审计程序的性质、时间和范围。

6.函证结果分析

审计人员应当评价实施函证程序的结果是否提供了相关、可靠的审计证据，或是否有必要进一步获取审计证据。

审计人员应将函证的过程和情况记录在工作底稿中，并据以评价函证的可靠性。在评价函证的可靠性时，审计人员应当考虑：

（1）对函证的设计、发出及收回的控制情况；

（2）被询证者的胜任能力、独立性、授权回函情况、对函证项目的了解及其客观性；

（3）被审计单位施加的限制或回函中的限制。

收到回函后，根据不同情况，注册会计师可以分别实施以下程序，以验证回函的可靠性。在验证回函的可靠性时，注册会计师需要保持职业怀疑。

（1）通过邮寄方式收到的回函。通过邮寄方式发出询证函并收到回函后，注册会计师可以验证以下信息：①被询证者确认的询证函是否是原件，是否与注册会计师发出的询证函是同一份。②回函是否由被询证者直接寄给注册会计师。③寄给注册会计师的回邮信封或快递信封中记录的发件方名称、地址是否与询证函中记载的被询证者名称、地址一致。④回邮信封上寄出方的邮戳显示发出城市或地区是否与被询证者的地址一致。⑤被询证者加盖在询证函上的印章以及签名中显示的被询证者名称是否与询证函中记载的被询证者名称一致。在认为必要的情况下，注册会计师还可以进一步与被审计单位持有的其他文件进行核对或亲自前往被询证者进行核实等。如果被询证者将回函寄至被审计单位，被审计单位将其转交注册会计师，该回函不能视为可靠的审计证据。在这种情况下，注册会计师可以要求被询证者直接书面回复。

（2）通过跟函方式收到的回函。对于通过跟函方式获取的回函，注册会计师可以实施以下审计程序：①了解被询证者处理函证的通常流程和处理人员；②确认处理询证函人员的身份和处理询证函的权限，如索要名片、观察员工卡或姓名牌等；③观察处理询证函的人员是否按照处理函证的正常流程认真处理询证函，例如，该人员是否在其计算机系统或相关记录中核对相关信息。

（3）以电子形式收到的回函。对以电子形式收到的回函，由于回函者的身份及其授权情况很难确定，对回函的更改也难以发觉，因此可靠性存在风险。注册会计师和回函者采用一定的程序为电子形式的回函创造安全环境，可以降低该风险。如果注册会计师确信这种程序安全并得到适当控制，则会提高相关回函的可靠性。电子函证程序涉及多种确认发件人身份的技术，如加密技术、电子数码签名技术、网页真实性认证程序。当注册会计师存有疑虑时，可以与被询证者联系以核实回函的来源及内容，例如，当被询证者通过电子邮件回函时，注册会计师可以通过电话联系被询证者，确定被询证者是否发送了回函。必要时，注册会计师可以要求被询证者提供回函原件。

（4）对询证函的口头回复。只对询证函进行口头回复不是对注册会计师的直接书面回复，不符合函证的要求，因此，不能作为可靠的审计证据。在收到对询证函口头回复的情况下，注册会计师可以要求被询证者提供直接书面回复。如果仍未收到书面回函，注册会计师需要通过实施替代程序，寻找其他审计证据以支持口头回复中的信息。

审计人员对函证结果可进行如下评价：

（1）审计人员应当重新考虑对内部控制的原有评价是否适当、控制测试的结果是否适当、分析程序的结果是否适当、相关的风险评价是否适当等。

（2）如果函证结果表明没有审计差异，则审计人员可以合理地推论，全部应收账款总体是正确的。

（3）如果函证结果表明存在审计差异，审计人员则应当估算应收账款总额中可能出现的累计差错是多少，估算未被选中进行函证的应收账款的累计差错是多少。为取得对应收账款累计差错更加准确的估计，也可以进一步扩大函证范围。

需要指出的是，即便应收账款得到了债务人的确认，也并不意味着债务人一定会付款。另外，函证也不可能发现应收账款中存在的所有问题。尽管如此，应收账款的函证仍不失为一种必要的、有效的审计方法。审计人员通过对应收账款进行函证，结合实施其他实质性程序，可以对有关债权收回的可能性作出合理的结论，并向被审计单位的管理层提出有关债权情况所面临的风险和应当采取的措施。

同时需要指出的是，审计人员应当将询证函回函作为审计证据，纳入审计工作底稿管理，询证函回函的所有权归属于所在会计师事务所。除法院、检察院及其他有关部门依法查阅审计工作底稿，会计师事务所不得将询证函回函提供给被审计单位作为法律诉讼证据。

7.管理层不允许寄发询证函时的处理

如果管理层不允许寄发询证函，审计人员应当：

（1）询问管理层不允许寄发询证函的原因，并就其原因的正当性及合理性收集审计证据；

（2）评价管理层不允许寄发询证函对评估的相关重大错报风险（包括舞弊风险）以及其他审计程序的性质、时间安排和范围的影响；

（3）实施替代程序，以获取相关、可靠的审计证据。

如果认为管理层不允许寄发询证函的原因不合理，或实施替代程序无法获取相关、可靠的审计证据，审计人员应当按照《中国注册会计师审计准则第1151号——与治理层的沟通》的规定，与治理层进行沟通。审计人员还应当按照《中国注册会计师审计准则第1502号——在审计报告中发表非无保留意见》的规定，确定其对审计工作和审计意见的影响。

8.需要关注的与函证程序有关的舞弊风险迹象

在函证过程中，注册会计师需要始终保持职业怀疑，对舞弊风险迹象保持警觉。与函证程序有关的舞弊风险迹象的例子包括：

（1）管理层不允许寄发询证函。

（2）管理层试图拦截、篡改询证函或回函，如坚持以特定的方式发送询证函。

（3）被询证者将回函寄至被审计单位，被审计单位将其转交注册会计师。

（4）注册会计师跟进访问被询证者，发现回函信息与被询证者记录不一致，例如，对银行的跟进访问表明提供给注册会计师的银行函证结果与银行的账面记录不一致。

（5）从私人电子信箱发送的回函。

（6）收到同一日期发回的、相同笔迹的多份回函。

（7）位于不同地址的多家被询证者的回函邮戳显示的发函地址相同。

（8）收到不同被询证者用快递寄回的回函，但快递的交寄人或发件人是同一个人或是被审计单位的员工。

（9）回函邮戳显示的发函地址与被审计单位记录的被询证者的地址不一致。

（10）不正常的回函率，例如：银行函证未回函；与以前年度相比，回函率异常偏高或回函率重大变动；向被审计单位债权人发送的询证函回函率很低。

（11）被询证者缺乏独立性，例如：被审计单位及其管理层能够对被询证者施加重大影响以使其向注册会计师提供虚假或误导信息（如被审计单位是被询证者唯一或重要的客户或供应商）；被询证者既是被审计单位资产的保管人又是资产的管理者。

（三）审查已存在的应收账款均已入账

除了依靠应收账款相关账户的自身平衡外，要测试账龄分析表（试算表）中遗漏的账户余额是很困难的。例如，如果被审计单位在编制账龄试算表时无意漏记了一笔应收账款，则发现此问题的唯一途径是加总应收账款试算表，并将合计数与总账中的控制账户进行调节。

如果销售日记账中未记录一个顾客的所有销售，那么通过余额细节测试也几乎不可能揭示应收账款的低估。例如，审计人员很少向余额为零的顾客发出函证，部分原因是通常顾客不可能对其余额低估的要求予以回复。另外，如果新顾客没有在应收账款明细账中有记录，用函证程序也很难完成对该顾客销售未记录的确认。

但是，通过对已经发货但未记录的销售执行交易的实质性测试（测试销售交易的完整性目标）和分析性程序，可以最大限度地揭示销售收入与应收账款的低估。

（四）审查应收账款的入账金额准确

从应收账款账龄分析表中选取几笔账户进行函证，是验证应收账款记账金额准确性最常用的余额细节测试。当顾客没有按要求回复函证时，审计人员可以通过审查原始凭证来解决，其方法与验证存在性认定时的方法相同。至于对个别顾客账户借方或贷方余额的测试，则可以通过审查发货和货币资金收入的支持性记录来进行。

（五）确定被审计单位对应收账款拥有的权利

通常，被审计单位对应收账款拥有的权利不需执行特别审计程序，因为应收账款通常属于被审计单位，通过复核会议记录、与被审计单位进行讨论、向银行进行函证、审查往来函证等程序足以揭示被审计单位对应收账款拥有所有权的情况。需要注意的是，在某些情况下，一部分应收账款可能被抵押担保或转让给其他单位，通常被审计单位的顾客并不知晓发生了上述情况（应收账款函证无法揭示这种情况）。

审计人员需要检查应收账款是否业已用于贴现，判定应收账款贴现业务属于质押还是出售，其会计处理是否正确。

企业以其按照销售商品、提供劳务的销售合同所产生的应收债权向银行等金融机构贴现，在进行会计核算时，应按照"实质重于形式"的原则，充分考虑交易的经济实质。对于有明确的证据表明有关交易事项满足销售确认条件，如与应收债权有关的风险、报酬实质上已经发生转移等，应按照出售应收债权处理，并确认相关损益；否则，应作为应收债权为质押取得的借款进行会计处理。

（六）确定应收账款的可收回价值及坏账准备计提的恰当性

公认会计原则要求应收账款应以最终可实现的金额表述，应收账款的可收回价值是应收账款扣除坏账准备的净额。对不可收回应收账款总额的估计是用坏账准备来表示的。尽管被审计单位不可能准确地预测可能发生的坏账，但审计人员还是有必要考虑所有可能发生的情况，以评价被审计单位的坏账准备是否合理。为有助于进行这种评价，审计人员可以编制一张分析坏账准备的审计明细表，通过估计坏账准备的百分率概算应计提的坏账准备。被审计单位如果未能对坏账准备或经济因素进行调整，就有可能存在坏账准备潜在低估的情况。关于坏账准备计提的恰当性可以结合下面坏账准备的实质性测试进行。

（七）确定应收账款在资产负债表上是否已正确表达及恰当披露

应收账款明细账的余额一般在借方。在分析应收账款明细账余额时，审计人员如果发现应收账款出现贷方明细余额的情形，应查明原因，必要时建议作重分类调整。

审计人员可以抽查有无不属于结算业务的债权。不属于结算业务的债权，不应在应收账款中进行核算。因此，审计人员应抽查应收账款明细账，并追查有关原始凭证，查证被审计单位有无不属于结算业务的债权。如有，应作记录或建议被审计单位作适当调整，进行重新分类。

如果存在需要在报表中单独披露的重要金额，审查被审计单位是否已在报表中单独列示。例如，应收关联公司的款项，如果其金额比较重大，则必须与应收顾客的款项分开列示。

如果被审计单位是上市公司，则其财务报表附注通常应披露期初、期末余额的账龄分析，例如期末欠款金额较大的单位账款以及持有5%以上（含5%）股份的股东单位欠款等情况。

第五节　　其他项目的实质性测试

一、坏账准备的实质性测试

坏账是指企业无法收回或收回的可能性极小的应收款项，包括应收账款、应收票据、预付款项、其他应收款和长期应收款等。由于发生坏账而导致的损失称为坏账损失。企业通常应采用备抵法按期估计坏账损失，形成坏账准备。由于坏账准备与应收账款的联系非常紧密，我们把对坏账准备的审计安排在应收账款审计之后进行阐述。

（一）坏账准备的审计目标

坏账准备的审计目标一般包括：

1.确定计提坏账准备的方法和比例是否恰当，坏账准备的计提是否充分；

2.确定坏账准备增减变动的记录是否完整；

3.确定坏账准备期末余额是否正确；

4.确定坏账准备的披露是否恰当。

（二）坏账准备的实质性程序

企业会计准则规定，企业应当在期末对应收账款进行检查，并预计可能产生的坏账损失。应收款项包括应收票据、应收账款、预付款项、其他应收款和长期应收款等。下面，我们以应收账款相关的坏账准备为例，阐述坏账准备审计常用的实质性程序。

1.取得或编制坏账准备明细表，复核加计正确，与坏账准备总账数、明细账合计数核对相符；如不相符，应查明原因，作审计记录并提出必要的审计调整建议。

2.将应收账款坏账准备本期计提数和资产减值损失相应明细项目的发生额核对相符。

3.检查应收账款坏账准备计提和核销的批准程序，评价坏账准备所依据的资料、假设及计提方法。

企业通常应采用备抵法核算坏账损失，计提坏账损失的具体方法由企业自行确定。企业应当列出目录，具体注明计提坏账的范围、提取方法、账龄的划分和提取比例，按照管理权限，经股东大会或董事会，或者经理（厂长）会议或类似机构批准，并依照法律、行政法规的规定报有关各方备案，同时，备置于公司所在地，以供投资者查阅。坏账准备提取方法一经确定，不得随意变更。如需变更，仍然应按照上述程序批准后报有关各方备案，并在财务报表附注中说明变更的内容和理由、变更的影响数等。

用备抵法核算坏账，首先要按期估计坏账损失，估计坏账损失的方法主要有账龄分析法、余额百分比法等。采用账龄分析法计提坏账准备时收到债务单位当期偿还的部分债务后，剩余的应收账款不应改变其账龄，仍应按照原账龄加上本期应增加的账龄确定；在存在多笔应收账款且各笔应收账款的账龄不同的情况下，收到债务单位当期偿还的部分债务，应当逐笔认定收到的是哪一笔应收账款；如果确实无法认定的，按照先发生先收回的原则确定，剩余应收账款的账龄按上述原则确定。

在采用账龄分析法、余额百分比法等方法的同时，能否采用个别认定法，应当视具体情况而定。如果某项应收账款的可收回性与其他各项应收账款存在明显的差别（例如债务单位所处的特定地区等），导致该项应收账款如果按照与其他应收账款同样的方法计提坏账准备，将无法真实地反映其可收回金额的，可对该项应收账款采用个别认定法计提坏账准备，企业应当根据所持应收账款的实际可收回情况合理计提坏账准备，不得多提或少提，否则应视为滥用会计估计，按照重大会计差错更正的方法进行会计处理。

在确定坏账准备的计提比例时，企业应当根据以往的经验、债务单位的实际财务状况和现金流量的情况，以及其他相关信息合理地估计。除有确凿证据表明该项应收账款不能收回或收回的可能性不大时（如债务单位撤销、破产、资不抵债、现金流量严重不足、发生严重的自然灾害等导致停产而短时间内无法偿付债务等，以及应收款项逾期 3 年以上），下列各种情况一般不能全额计提坏账准备：（1）当年发生的应收账款，以及未到期的应收账款；（2）计划对应收账款进行重组；（3）与关联方之间发生的应收账款；（4）其他已逾期但无确凿证据证明不能收回的应收账款。

这一规定并不意味着企业对与关联方之间发生的应收账款可以不计提坏账准备。企业与关联方之间发生的应收账款与其他应收账款一样，也应当在期末时分析其收回的可能性，并预计可能发生的坏账损失。对预计可能发生的坏账损失计提相应的坏账准备。企业与关联方之间发生的应收账款一般不能全额计提坏账准备，但如果有确凿证据表明关联方（债务单位）已撤销、破产、资不抵债、现金流量严重不足等，并不准备对应收账款进行重组或无其他收回方式的，则对预计无法收回的应收关联方的款项也可全额计提坏账准备。

4.实际发生坏账损失的，检查转销依据是否符合有关规定，会计处理是否正确。对于被审计单位在被审计期间内发生的坏账损失，审计人员应检查其原因是否清楚，是否符合有关规定，有无授权批准，有无作坏账处理后又重新收回的应收账款，相应的会计处理是否正确。对有确凿证据表明确实无法收回的应收账款，如债务单位已撤销、破产、资不抵债、现金流量严重不足等，企业应根据管理权限，经股东（大）会或董事会，或者经理（厂长）会议或类似机构批准作为坏账损失，冲销提取的坏账准备。

5.检查长期挂账应收账款。审计人员应检查应收账款明细账及相关原始凭证，查找有无资产负债表日后仍未收回的长期挂账应收账款，如有，应提请被审计单位作适当处理。

6.检查函证结果。对债务人回函中反映的例外事项及存在争议的余额，审计人员应查明原因并作记录；必要时，应建议被审计单位作相应的调整。

7.实施分析程序。通过计算坏账准备余额占应收账款余额的比例并和以前期间的相关比例比较，评价应收账款坏账准备计提的合理性。

8.确定应收账款坏账准备的披露是否恰当。企业应当在财务报表附注中清晰地说明坏账的确认标准、坏账准备的计提方法和计提比例，并且上市公司还应在财务报表附注中披露以下事项：

（1）本期全额计提坏账准备，或计提坏账准备的比例较大的（计提比例一般为40%及以上的，下同），应说明计提的比例及理由。

（2）以前期间已全额或部分计提坏账准备，或计提比例较大但在本期又全额或部分收回的，或通过重组或其他方式收回的，应说明其原因、原估计计提比例的理由以及原估计计提比例的合理性。

（3）对某些金额较大的应收账款不计提坏账准备或计提坏账准备比例较低（计提比例一般为5%或低于5%）的理由。

（4）本期实际冲销的应收款项及其理由。其中，实际冲销的关联交易产生的应收账款应单独披露。

二、应收票据的实质性测试

应收票据是企业在经营活动中因销售商品、提供劳务等收到的商业汇票。由于应收票据是在企业赊销业务中产生的，因此，对应收票据的审计也必须结合企业赊销业务一起进行。

（一）应收票据的审计目标

1.确定应收票据是否存在；

2.确定应收票据是否归被审计单位所有；

3.确定应收票据及其坏账准备增减变动的记录及会计处理是否正确；

4.确定应收票据是否可收回；

5.确定应收票据的坏账准备的计提方法和比例是否恰当、计提是否充分；

6.确定应收票据及其坏账准备的年末余额是否正确；

7.确定应收票据及其坏账准备的披露是否恰当。

（二）应收票据的实质性程序

1.获取或编制应收票据明细表。应收票据明细表通常包括出票人姓名、出票日期、到期日、金额和利率等资料。复核加计是否正确，并核对其期末余额合计数与报表数、总账数和明细账合计数是否相符。在复核加计正确及与上述有关数额核对相符的基础上，抽查部分票据，并追查相关文件资料，以检查其内容是否正确、有无应转应收账款的逾期应收票据等。

2.检查库存票据。审计人员应对应收票据进行盘点，并逐项与应收票据登记簿结存的应收票据余额核对，编制"应收票据盘点表"。盘点时应注意票据的种类、号码、签收日期、到期日、票面金额、票面利率、合同交易号、付款人、承兑人、背书人姓名或单位名称、贴现日期、贴现率、收款日期、收回金额等内容填写是否齐全，签章有无疑问，以辨别真伪，并留意有无未入账的应收票据、已作抵押的和银行退回的票据。

3.函证应收票据。函证应收票据的目的在于证实其存在性和可收回性。必要时，抽取部分票据向出票人函证，并编制函证结果汇总表。

4.审查大额应收票据验证其交易是否真实存在。

5.复核带息票据的利息计算是否正确。主要审查应收票据的利息收入是否正确、合理。审计人员可独立计算利息，并与账面所列金额对比。如果两者不符，则应加以分析。特别要对"财务费用——利息收入"账户中那些与应收票据账户所列任何票据均不相关的贷方金额加以注意，因为这些贷项可能代表据以收取利息的应收票据未入账。

6.复核已贴现应收票据的利息计算及会计处理是否正确。对于已贴现的应收票据，核对收款凭证等资料，并与对应科目"银行存款"的有关记录一致。审查其贴现额与贴现利息的计算是否正确，通过审查相关凭证，确定贴现的会计处理方法是否恰当。复核、统计已贴现以及已转让但未到期的应收票据的金额。

7.检查非记账本位币应收票据的折算汇率是否正确。

8.检查与应收票据相关的坏账准备。

9.检查应收票据的列报是否恰当。审计人员应检查被审计单位资产负债表中应收票据项目的数额是否与审定数相符、是否删除了已贴现票据，会计报表附注中应披露的内容是否充分。如果被审计单位是一般企业，其已贴现的商业承兑汇票应在报表下端补充资料内的"已贴现的商业承兑汇票"项目中加以反映；如果被审计单位是上市公司，其会计报表附注通常应披露贴现或用作抵押的应收票据的情况和原因说明，以及持有其5%以上（含5%）股份的股东单位欠款情况。

三、预收款项的实质性测试

预收款项是指销货企业在销售货物或提供劳务之前，按照合同规定向购货单位预先收取的部分货款。由于预收款项是随着销售业务的发生而发生的，审计人员应结合企业的销售业务对预收款项进行审计。

（一）预收款项的审计目标

1.确定期末预收款项是否存在；

2.确定期末预收款项是否为被审计单位应履行的偿还义务；

3.确定预收款项的发生及偿还记录是否完整；

4.确定预收款项的期末余额是否正确；

5.确定预收款项的列报是否恰当。

（二）预收款项的实质性程序

1.获取或编制预收款项明细表。复核加计预收款项明细表正确，并核对其期末余额合计数与报表数、总账数和明细账合计数是否相符。

2.检查预收账款的金额是否正确。

（1）请被审计单位协助，在预收款项明细表上标出至审计日止已转销的预收款项，对已转销金额较大的预收款项进行检查，核对记账凭证、仓库发运凭证、销售发票等，并注意这些凭证发生日期的合理性。

（2）抽查与预收款项有关的销售合同、仓库发运凭证、收款凭证，检查已实现销售的商品是否及时转销预收款项，确保预收款项期末余额的正确性和合理性。

（3）检查预收款项是否存在借方余额，决定是否建议作重分类调整。

（4）对税法规定应予纳税的预收销售款，结合应交税费项目，检查是否及时、足额计缴有关税金。

3.函证预收款项。选择预收款项的若干重大项目函证，通常应选择大额或账龄较长的项目、关联方项目、主要客户作为函证对象。回函金额不符的，应查明原因并作出记录或适当调整；未回函的应再次函证或通过检查决算日后已转销的预收款项是否与仓库发货单、销售发票相一致等替代程序，以确定其是否真实、正确。根据回函情况编制函证结果汇总表。

4.检查长期挂账的预收款项。检查预收款项长期挂账的原因，并作出记录，防止利用预收款项弄虚作假，必要时提请被审计单位予以调整。

5.检查以非记账本位币结算的预收货款所采用的折算率和汇兑损益的处理是否

正确。

6.检查预收款项的列报是否恰当。如果被审计单位是上市公司，其会计报表附注通常应披露持有其5%以上（含5%）股份的股东单位的账款情况，并说明账龄超过1年的预收款项未结转的原因。

复习思考题

1.销售与收款循环中涉及哪些主要业务活动？

2.销售与收款循环中涉及哪些主要凭证和会计记录？

3.销售与收款循环的关键内部控制有哪些？如何进行控制测试？

4.什么是销售截止测试？

5.简述主营业务收入的审计目标和实质性程序。

6.如何进行应收账款函证？实施函证控制时主要应考虑哪些因素？

7.对应收账款函证回函的不符事项，审计人员应如何考虑相应的审计程序？

8.坏账准备的审计目标是什么？如何安排实质性程序？

第三章　购置与付款循环审计：控制测试、交易的实质性程序与应付账款审计

学习目标

1.了解购置与付款循环中的账户和交易的分类；

2.了解本循环中的运营过程以及相关的凭证和记录；

3.了解本循环的内部控制，设计和执行本循环中的控制测试和交易实质性测试；

4.熟练运用应付账款的分析程序；

5.掌握应付账款的余额细节测试及其截止测试。

不同行业的企业采购对象的特点可能差异很大，采购的商品或劳务通常有原材料、机器设备、低值易耗品、服务与维护、研究与开发等。对于商品批发业企业而言，可能需要频繁地采购某种单一而又量大的商品；对于制造业企业而言，采购的对象可能非常繁多，有原材料、固定资产，还有动力、低值易耗品、劳务等；对于酒店、餐饮等行业的企业而言，可能采购行为频繁但采购对象价值较低；对于高科技企业而言，如网站、生物疫苗等公司，研究开发支出可能很大；对于一些面向终端消费者的企业而言，可能需要采购大量的广告服务。理解企业的经营性质及其采购的特点对于开展审计工作非常重要，这有助于注册会计师掌握审计的重点和可能存在重要的潜在错报、漏报的领域。

按照审计逻辑顺序，本章首先介绍购置与付款循环中各类交易的过程、凭证与记录，以及涉及的相关账户类型，然后介绍控制测试和交易的实质性测试，最后还将在本章以应付账款为例介绍其余额细节测试的实施。

第一节　购置与付款循环中的相关凭证与记录及经营活动

一、购置与付款循环涉及的主要凭证和会计记录

购置与付款循环一般包括"请购—订货—验收—付款"这一流程，与销售与收款循环类似，有效的内部控制需要在各个环节保持有充分的记录和凭据。典型的购置与付款循环涉及的主要凭证和会计记录有以下几种：

1.请购单。请购单是申请购买商品、劳务或其他资产的书面凭证，上面记载了需采购的商品、劳务或资产的具体要求和特征信息，一般由采购物品的使用部门的责任人填写，大宗常用材料也可以由仓储保管人员根据最佳订货量发出请购要求。请购单经过具有审批权限的责任人审批之后传递到采购部门。

2.订购单。订购单是由采购部门填写，向供应商购买订购单上所指定商品、劳务或其他资产的书面凭证。金额较大的采购活动需要签订采购合同。

3.验收单。验收单由验收人员对所购资产、劳务进行验收后填写，记载所收到的资产、劳务的实际特征信息，如实收数量、规格、型号、收货日期等。

4.入库单。入库单由仓库保管人员根据实际入库的商品数量进行填写，通常一式三联，仓库留存一联，入库人员一联，会计部门一联。

5.卖方发票。卖方发票是供应商开具给购买方的增值税专用发票或普通发票，发票上记载了卖方所售商品的名称、数量和价格以及卖方的发票专用章，发票上记载的日期可能与实际收货日期有差异，根据双方的交易习惯，发票可能会先于货物收到，也可能会晚于货物收到。

6.付款申请单。付款申请单一般由企业的采购部门根据验收单填制，记载已收到商品、资产或接受劳务的供应商、应付款项的金额和付款日期的凭证，付款申请单需要经过具有相应审批权限的责任人的批准，然后传递给财务部门进行审核办理付款。

7.转账凭证。转账凭证是指记录转账交易的记账凭证，它是根据有关转账业务（即不涉及库存现金、银行存款收付的各项业务）的原始凭证编制的。

8.付款凭证。付款凭证包括现金付款凭证和银行存款付款凭证，是指用来记录库存现金和银行存款支出业务的记账凭证。

9.应付账款明细账。"应付账款"是用于核算企业因购买材料、商品和接受劳务供应等而应付给供应商款项的账户，该账户按购货单位设置三栏式明细账进行分类核算。

10.库存现金日记账和银行存款日记账。该类账簿由出纳人员登记，为三栏式明细账，记录收付款业务。

11.供应商对账单。供应商对账单与银行对账单很类似，是由供货方按月编制寄送给购货方的单据，记载了期初余额、本期购买、本期支付给供应商的款项和期末余额等信息。收到供应商对账单后对收、发货时间差进行调整后，供货方与购买方期末余额应吻合。

二、购置与付款循环相关经营活动

一般来说，从内部控制和效率的角度而言，一项业务流程的不同职能活动由一系列相关的部门或员工来完成。下面以商品采购过程为例，对一般企业商品采购与付款活动进行了描述，不同的企业可能会因采购规模及采购商品性质的不同而有所差异，对劳务的采购也可以参考下列过程：

（一）请购

商品的采购请求一般由商品的使用部门发出，大宗的原料、零件等可能由仓库保管人员对库存量进行监测。一旦库存量低于安全边际，则由仓库保管人员发出采购请求。采购请求一般必须是书面的，称之为"请购单"或"采购申请单"。发出请购要求的"请购单"上必须列明需要采购的商品的名称、规格、型号、送达日期、生产厂家、数量、采购申请人等信息，这是整个采购流程的起点。"请购单"是证明有关采购交易的"发生"认定的凭据之一，但它是在企业内部生成的单据，只有与其他相关证据相互印证时，才具有较强的证明力。"请购单"可以手工填写或者输入 ERP 系统由电脑生成。"请购单"填写好之后，按照企业所授予的采购权限，相关信息传递给具有相关权限的负责人进行审批，根据采购金额和性质的不同以及企业所制定的控制流程，该项审批可能需要经过多个节点直至全部通过。大多数企业对预算内正常经营所需物资的购买均作一般授权，比如，仓库在现有库存达到再订购点时就可直接提出采购申请，其他部门也可为正常的维修工作和类似工作直接申请采购有关物品。但对发生频率较低的预算外采购或者大额资本性支出及租赁合同，如购置机器设备等，通常要求作特别授权，只允许指定人员通过一定程序提出请购。

（二）订购

经过批准的请购单传递到采购部门之后，由采购部门负责该种商品采购的职员进行订购活动。采购部门对于不同商品的采购性质，采用询价、比价、谈判、招标等不同方式采集采购信息，确定最佳的供应来源，以保证供货的质量、时间和最佳性价比。对于重要的采购活动，应采用招标的形式集体决策确定。之后，采购部门职员填写"订购单"或与供应商签订"采购合同"。"订购单"或"采购合同"中应正确填写所需要采购的商品品名、数量、价格、厂商名称和地址等，预先编号并经过被授权的人员审核确认。"订购单"或"采购合同"中除了商品的信息、价格等重要因素外，另外一个重要因素就是关于交货地点的确认，是由对方送货到厂还是自己到指定的仓库去提货，这不仅涉及运费问题，更重要的是涉及货物所有权与风险转移的时点问题，继而牵涉到资产和负债的入账问题。有些企业设有合同审核岗，专门对合同和订单的签订进行复核，而有些企业则由稽核部门或财务部门的相关人员执行该项职能。"订购单"第一联应送交供应商，其他副联则送至企业内部的验收部门、财务部门（应收账款会计）和采购的申请部门。

（三）验收

验收部门收到收货通知后，根据上一环节审核的"订购单"上的信息对供应商送达的商品进行检验。验收人员首先应比较运输单据、装箱单、提货单等单据上记载的商品信息与"订购单"上的要求是否一致，如采购货物的名称、规格型号、数量、到货时间等，然后再盘点商品的实际数量并采取适当的方式对商品的质量实施检验。

验收活动完毕后，验收人员应出具验收文档，该文档可能是一套验收报告，也可能是预先编号的一式多联的验收单，上面记载了对所采购货物的验收结论和验收人员的签章。验收文档是支持资产或费用以及与采购有关的负债"存在或发生"认定的重要凭证之一。验收活动的关键控制措施是确保验收人员独立开展工作，而不受其他人员或因素的影响，从而保证验收的客观性。验收工作的疏忽或舞弊可能造成采购的商品不符合合同要求而给企业造成损失。此外，定期独立检查验收文档的连续编号以确定每笔采购交易都已编制验收单据也很重要，该项控制与采购交易的"完整性"认定有关。验收文档的其中一联应传递给财务部门（应付账款会计）。

（四）储存

验收人员对采购商品验收合格之后，商品就可以入库了，但如果采购的是服务，则不存在这一环节。入库时，仓库保管人员或其他请购部门应核对所采购商品是否经过验收程序并存有经过签字的验收文档，然后签收所采购物品并根据验收文档登记存货台账。保管人员签收记录的其中一联还应传递给财务部门（应付账款会计）。对采购的存货进行妥善保管的关键控制活动之一是存货的限制接触，一般放入专门仓库并设保管人员；之二是保证采购与保管以及保管与应付账款会计的职责相分离，并定期进行盘点以保证账实相符。这些控制与采购项目的"存在"认定有关。

（五）付款申请

采购商品入库并收到采购发票之后，采购部门应根据验收文档和保管部门的签收记录编制付款申请单。这项活动的控制目标包括：核对供应商发票的内容与相关的验收文档、合同（订购单）是否一致；复核供应商发票开具是否正确；编制预先编号的付款申请单，并附上支持性凭证（如采购合同、验收文档和采购发票等）；由稽核人员复核付款申请单填写是否正确，单据是否齐全；在付款申请单上填入应借记的资产或费用账户名称；执行付款审批流程，由被授权人员在付款申请单上签字，表示批准以此付款申请的要求付款。经适当批准和有预先编号的付款申请单为记录采购交易提供了依据，因此，这些控制与"存在"、"发生"、"完整性"、"权利和义务"及"计价和分摊"等认定均有关。

（六）确认并记录负债

确认已验收货物和已接受劳务的债务，要求准确、及时地记录负债。该记录对企业财务报表列报和企业实际现金支出有重大影响。因此，必须特别注意，按正确的金额记载企业确实已发生的购货和接受劳务事项。

对于应付账款确认与记录，相关部门一般有责任核查购置的财产并在应付凭单登记簿或应付账款明细账中加以记录。在收到供应商发票时，核算部门应将发票上所记载的品名、规格、价格、数量、条件及运费与订货单上的有关资料核对，如有可能，还应与验收单上的资料进行比较。

应付账款确认与记录的一项重要控制是要求记录现金支出的人员不得经手现金、有价证券和其他资产。恰当的凭证、记录与恰当的记账手续对业绩的独立考核和有效的应付账款职能而言是必不可少的控制。

在手工记账系统下，应将已批准的未付款凭单送达会计部门，据以编制有关记账凭证和登记有关账簿。会计主管应监督为采购交易而编制的记账凭证中账户分类的适当性，通过定期核对编制记账凭证的日期与凭单副联的日期来监督入账的及时性；而独立检查会计人员则应核对所记录的凭单总数与应付凭单部门送来的每日凭单汇总表是否一致，并定期独立检查应付账款总账余额与应付凭单部门未付款凭单档案中的总金额是否一致。

（七）付款

通常是由应付凭单部门负责确定未付凭单在到期日付款。企业有多种款项结算方式，以支票结算方式为例，编制和签发支票的有关控制包括：

1. 独立检查已签发支票的总额与所处理的付款凭单总额的一致性。

2. 应由被授权的财务部门的人员负责签发支票。

3. 被授权签署支票的人员应确定每张支票都附有一张已经适当批准的未付款凭单，并确定支票收款人姓名和金额与凭单内容一致。

4. 支票一经签署就应在其凭单和支持性凭证上用加盖印戳或打孔等方式将其注销，以免重复付款。

5. 支票签署人不应签发无记名甚至空白的支票。

6. 支票应预先连续编号，保证签发支票存根的完整性和作废支票处理的恰当性。

7. 应确保只有被授权的人员才能接近未经使用的空白支票。

（八）记录现金、银行存款支出

以支票结算方式为例，在手工系统下，会计部门应根据已签发的支票编制付款记账凭证，并据以登记银行存款日记账及其他相关账簿。有些企业的付款流程这样设计：先由应付账款会计对付款手续进行审核，审核通过后编制付款凭证，之后传递给出纳，出纳据以办理款项支付，并记录库存现金或银行存款日记账。

以记录银行存款日记账为例，主要控制程序如下：

1. 记录银行存款日记账的职员不能同时负责记录债权、债务和费用支出的账务处理。

2. 独立稽核人员应检查记入银行存款日记账和应付账款明细账的金额是否一致，汇总记录是否正确。

3. 定期比较银行存款日记账的入账日期与支票存根的日期，独立检查入账的及时性。

4. 由出纳人员以外的独立人员领取银行对账单并编制银行存款余额调节表。

购置与付款循环中交易、经营活动和凭证的对应情况见表3-1。

三、购置与付款循环涉及的账户

经营业务信息随着各种凭证的填写逐级汇总到相关账户，最终反映在报表中，所以，要实现总体审计目标，就需要对购置与付款循环中涉及的账户进行审计评价，以确认其是否按照适用的财务报告框架编制。各账户之间的信息流向和钩稽关系如图3-1所示。

表 3-1   购置与付款循环中交易、经营活动和凭证的对应表

交易类型	账户	经营活动	凭证
采购	固定资产	请购	请购单
	原材料	订购	订购单
	库存商品	验收	验收单
	低值易耗品	储存	入库单
	待摊费用		
	应付账款		
	制造费用		
	销售费用		
	管理费用		
付款	银行存款	确认并记录负债	购货发票
	库存现金	付款申请	付款申请单
	应付账款	付款	付款凭证
	财务费用	记录资金支出	应付账款明细账
			转账凭证
			库存现金日记账
			银行存款日记账
			供应商对账单

　　由于采购的对象可能是存货、固定资产、其他资产、各项费用等，而且付款的方式可能有多种，因而购置与付款循环涉及的账户很多，每个账户下又可能涉及很多明细分类账，因此，该业务循环的审计要比其他业务循环的审计花费更多的时间。图 3-1 揭示了应付账款账户在该循环中的枢纽地位，一项交易要么借记应付账款，要么贷记应付账款。在实际工作中，还有一些交易直接采用支票转账方式或小额现金付款，可能会不涉及应付账款账户。

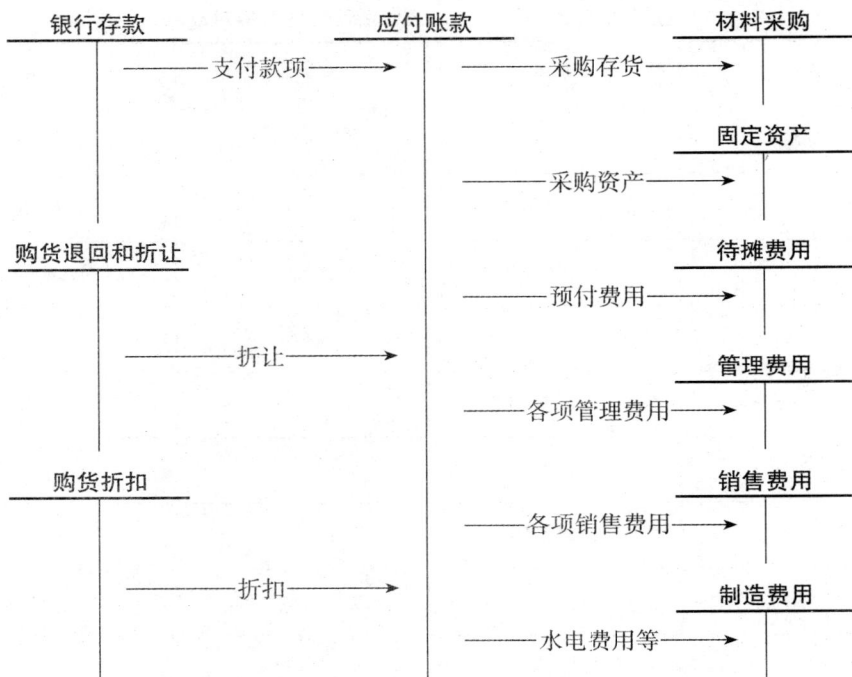

图 3-1　购置与付款循环账户钩稽关系示意图

第二节　购置与付款循环控制测试与交易的实质性程序

在审计过程中，应收账款、应付账款、存货、费用和固定资产账户的余额细节测试工作量很大，很费时间，这几个账户中有四个直接与购置与付款循环相关。所以，需要注册会计师验证购置与付款循环相关的内部控制是否有效，如果验证结果表明购置与付款循环相关内部控制是有效的，则可以减少相关账户余额的细节测试，从而提高审计效率，节约审计时间。对购置与付款循环相关内部控制有效性的验证是通过控制测试和双重目的测试来进行的。因此，在有效的审计现场管理中，经常对购置与付款循环的控制测试和交易实质性测试给予很大的关注，特别是对内部控制健全的被审计单位而言。

总的来说，购置与付款循环的控制测试和交易实质性测试大致可以分为采购测试和付款测试两部分。采购测试涉及采购经营活动中请购、订购、验收、存储四项活动；付款测试涉及确认并记录负债、付款申请、付款、记录资金支出四项活动。图 3-2 列示了实施购置与付款循环中的控制测试和交易实质性测试的过程。

一、了解购置与付款循环内部控制

审计人员可以获取并了解被审计单位的购置与付款业务流程图、复核被审计单位的内部控制自我评价材料（如内部控制调查表）以及实施穿行测试，从而实现对

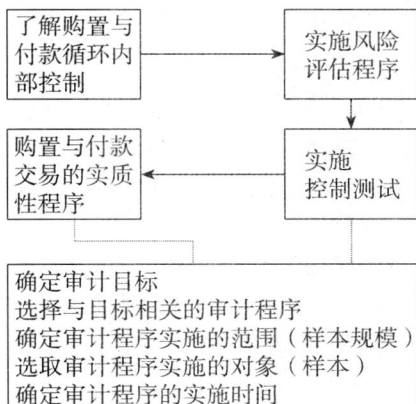

图 3-2 购置与付款循环中的控制测试和交易实质性测试的设计方法

购置与付款循环内部控制的了解。对购置与付款循环内部控制的了解与其他交易循环所执行的程序类似。

（一）编制需求计划和采购计划

采购业务从计划（或预算）开始，包括需求计划和采购计划。在企业实务中，需求部门一般根据生产经营需要向采购部门提出物资需求计划，采购部门根据该需求计划归类汇总平衡现有库存物资后，统筹安排采购计划，并按规定的权限和程序审批后执行。该环节的主要风险是需求或采购计划不合理，不按实际需求安排采购或随意超计划采购，甚至与企业生产经营计划不协调等。主要内部控制措施有：各部门应当根据实际需求准确、及时编制需求计划，且不能指定或变相指定供应商，对独家代理、专有、专利等特殊产品应提供相应的独家代理、专有资料，经专业技术部门研讨后，送交具备相应审批权限的部门或人员审批；在制订年度生产经营计划过程中，企业应当根据发展目标和实际需要，结合库存和在途情况，科学安排采购计划，防止采购数量过高或过低；采购计划应纳入采购预算管理，经相关负责人审批后，作为企业刚性指令严格执行。

（二）请购

请购是指企业生产经营部门根据采购计划和实际需要提出的采购申请。该环节的主要风险是缺乏采购申请制度，请购未经适当审批或超越授权审批，可能导致采购物资过量或短缺，影响企业正常生产经营。主要内部控制措施有：建立采购申请制度，依据购买物资或接受劳务的类型，确定归口管理部门，授予相应的请购权，明确相关部门或人员的职责权限及相应的请购程序；具有请购权的部门对于预算内采购项目，应当严格按照预算执行进度办理请购手续，并根据市场变化提出合理采购申请，对于超预算和预算外采购项目，应先履行预算调整程序，由具备相应审批权限的部门或人员审批后，再办理请购手续；具备相应审批权限的部门或人员审批采购申请时，应重点关注采购申请内容是否准确、完整，是否符合生产经营需要，是否符合采购计划，是否在采购预算范围内等，对不符合规定的采购申请，应要求请购部门调整请购内容或拒绝批准。

（三）选择供应商

选择供应商，也就是确定采购渠道，它是企业采购业务流程中非常重要的环节。该环节的主要风险是供应商选择不当，可能导致采购物资质次价高，甚至出现舞弊行为。主要内部控制措施有：建立科学的供应商评估和准入制度，对供应商资质信誉情况的真实性和合法性进行审查，确定合格的供应商清单，健全企业统一的供应商网络；采购部门应当按照公平、公正和竞争的原则，择优确定供应商，并与之签订质量保证协议；建立供应商管理信息系统和供应商淘汰制度，对供应商提供物资或劳务的质量、价格、交货及时性、供货条件及资信、经营状况等进行实时管理和考核评价。

（四）发出订单或订立采购合同

这一环节的主要内部控制措施有：健全采购定价机制，采取协议采购、招标采购、询价比价采购、动态竞价采购等多种方式，科学合理地确定采购价格，对标准化程度高、需求计划性强、价格相对稳定的物资，通过招标、联合谈判等公开的竞争方式签订框架协议；对拟签订合同的供应商的主体资格、信用状况等进行风险评估，确保供应商具备履约能力；根据确定的供应商、采购方式、采购价格等情况，拟订采购合同，准确描述合同条款，明确双方权利、义务和违约责任，按照规定权限签署采购合同，对于影响重大、涉及较高专业技术或法律关系复杂的合同，应当组织法律、技术、财会等专业人员参与谈判，必要时可聘请外部专家参与相关工作。

（五）验收

验收是指企业对采购物资和劳务的检验接收，以确保其符合合同相关规定或产品质量要求。该环节的主要风险是验收标准不明确、验收程序不规范、对验收中存在的异常情况不作处理，可能造成账实不符、采购物资损失。主要内部控制措施有：制定明确的采购验收标准，结合物资特性确定必检物资目录，规定此类物资出具质量检验报告后方可入库；验收机构或人员应当根据采购合同及质量检验部门出具的质量检验证明，重点关注采购合同、发票等原始单据与采购物资的数量、质量、规格型号等核对一致；对验收合格的物资，填制入库凭证，加盖物资"收讫章"，登记实物账，及时将入库凭证传递给财会部门；物资入库前，采购部门须检查质量保证书、商检证书或合格证等证明文件。验收时涉及技术性强的、大宗的、新特物资，还应进行专业测试，必要时可委托具有检验资质的机构或聘请外部专家协助验收；对于验收过程中发现的异常情况，比如无采购合同或大额超采购合同的物资、超采购预算采购的物资、毁损的物资等，验收机构或人员应当立即向企业有权管理的相关机构报告，相关机构应当查明原因并及时处理。对于不合格物资，采购部门依据检验结果办理让步接收、退货、索赔等事宜。对延迟交货造成生产经营损失的，采购部门要按照合同约定索赔。

（六）付款

付款是指企业在对采购预算、合同、相关单据凭证、审批程序等内容审核无误后，按照采购合同规定及时向供应商办理支付款项的过程。该环节的主要风险是付款审核不严格、付款方式不恰当、付款金额控制不严，可能导致企业资金损失或信用受损。主要内部控制措施有：严格审查采购发票等票据的真实性、合法性和有效性，判断采购款项是否确实应予支付。如审查发票填制的内容是否与发票种类相符合、发票加盖的印章是否与票据的种类相符合等；合理选择付款方式，并严格遵循合同规定，防范付款方式不当带来的法律风险，保证资金安全，除了不足转账起点金额的采购可以支付现金外，采购价款应通过银行办理转账；加强预付账款和定金的管理，涉及大额或长期的预付款项，应当定期进行追踪核查，综合分析预付账款的期限、占用款项的合理性、不可收回风险等情况，发现有疑问的预付款项，应当及时采取措施，尽快收回款项。

（七）会计控制

会计控制主要指采购业务会计系统控制。该环节的主要风险是缺乏有效的采购会计系统控制，未能全面真实地记录和反映企业采购各环节的资金流和实物流情况，相关会计记录与相关采购记录、仓储记录不一致，可能导致企业采购业务未能如实反映，以及采购物资和资金受损。主要内部控制措施有：企业应当加强对采购、验收、付款业务的会计系统控制，详细记录供应商情况、采购申请、采购合同、采购通知、验收证明、入库凭证、退货情况、商业票据、款项支付等情况，做好采购业务各环节的记录，确保会计记录、采购记录与仓储记录核对一致；指定专人通过函证等方式，定期向供应商寄发对账函，核对应付账款、应付票据、预付账款等往来款项，对供应商提出的异议应及时查明原因，报有权管理的部门或人员批准后，作出相应调整。

二、实施风险评估程序

一方面为了避免发表不恰当审计意见，降低审计风险，另一方面出于审计效率的考虑，注册会计师应对被审计单位实施风险评估程序，为识别和评估财务报表层次和认定层次的重大错报风险提供基础。风险评估程序在承接业务之后就开始实施了，财务报表层次的重大错报风险主要在审计计划阶段实施，本节主要关注认定层次的重大错报风险。注册会计师应保持高度的职业谨慎，认真了解被审计单位购置与付款业务的环境及控制情况，确定认定层次的重大错报风险。

注册会计师可以对管理层及购置与付款业务相关经办人员、内部审计人员等进行询问，还可以采用分析程序、观察和检查等方法进行风险评估。被审计单位如果是一个老客户，审计人员还应当确定被审计单位及其环境自以前年度审计后是否已发生变化，以及对本期审计的影响。

购置与付款循环中常见的重大错报风险可能有：

1.通过采购活动实现资产转移。高层管理人员或业务经办人员以高出正常价格向潜在的利益方采购大宗商品（资产）或劳务，或者每次金额都不大但频繁地采购，从而造成公司的资产流失。该类风险可能涉及高层人员的舞弊，以及公司治理结构的弱化。

2.虚构采购业务。公司可能虚构采购业务，制造支出的假象，从而掩盖已有的损失或资金支出。比如，公司的资金已被挪用，但账面还显示有大量资金，期末对账时必然因账实不一致而被发现，所以虚构支出项目以平衡账目。虚构的手法或者是虚构采购资产的数量，最极端的情况就是虚构毫不存在的采购，或者是虚构采购资产的价格。常见的手法主要是虚构存货采购，因为存货总是在不断地被购入和销售，不断地在不同存放地点间转移以及投入生产过程，确定其数量常常比较困难。特殊存货的价格同样难以评估和确认，计价方法也有多种。正因如此，复杂的存货账户体系往往成为极具吸引力的舞弊对象。

3.通过采购活动调节利润。被审计单位可能受业绩驱动，或避免股票被摘牌，采用低价买进资产（商品）然后高价卖出的行为，从而实现虚增利润。该类采购活动的特点是一般没有与采购金额相同的资金支出相匹配，仅仅是账面上的采购活动。

4.隐瞒采购活动，低估应付账款。有些企业出于融资需要，保持较低的负债比率而隐瞒采购活动，从而少计应付账款，或者推迟入账的时间至下期。

5.资本性支出与费用性支出混乱。如把应当及时计入损益的费用资本化，然后通过资产的逐步摊销予以消化，这会造成当期利润的虚增；也可能为了逃避税收而将资本性支出费用化从而减少当期利润。

6.私人采购或费用支出记入公司账目，侵占公司资产。该类事项一般与验收控制和费用审核控制的薄弱有关。

总之，当被审计单位的治理结构存在缺陷时，注册会计师应关注采购支出的真实性，当被审计单位具有利润压力时，应关注采购支出的完整性，同时，购置与付款业务还经常涉及资产的计价准确性、资本性支出和费用支出的分类认定。

注册会计师应当针对所评估的认定层次重大错报风险来设计和实施进一步审计程序，包括审计程序的性质、时间和范围。注册会计师设计和实施的进一步审计程序的性质、时间和范围，应当与评估的认定层次重大错报风险具备明确的对应关系，目的是要求注册会计师实施的审计程序具有目的性和针对性，有的放矢地配置审计资源，提高审计效率和效果。进一步审计程序是指注册会计师针对评估的各类交易、账户余额、列报（包括披露，下同）认定层次重大错报风险实施的审计程序，包括控制测试和实质性程序。

三、实施控制测试

注册会计师在确定主要内部控制及控制弱点后，要估计相关控制的控制风险。如果在评估认定层次重大错报风险时，预期控制的运行是有效的，注册会计师打算依赖这些控制，则需要执行控制测试，以进一步确认控制是否达到预期有效水平。如果控制测试的结果证实了当时对控制有效的预期，则注册会计师就能够减少实质性程序的工作量。如果被审计单位是一家上市公司，注册会计师还必须记录和测试控制确保足以对被审计单位财务报告内部控制发表意见。

　　在设计和实施控制测试时，注册会计师可以将询问与其他审计程序结合使用，以获取有关控制运行有效性的审计证据。注册会计师还需要确定拟测试的控制是否依赖其他控制（间接控制）。如果依赖其他控制，确定是否有必要获取支持这些间接控制有效运行的审计证据。审计人员获取的有关控制运行有效性的证据应当包括：控制在所审计期间的相关时点是如何运行的；控制是否得到一贯执行；控制由谁或以何种方式执行。

　　购置与付款循环控制测试包括以下三个步骤：针对了解的被审计单位购置与付款循环的控制活动，确定拟进行测试的控制活动；测试控制活动运行的有效性，记录测试过程和结论；根据测试结论，确定对实质性程序的性质、时间和范围的影响。

　　表3-2列示了购置与付款循环的主要业务活动、控制目标、控制活动和控制测试之间的对应关系，在进行控制测试时，可以参考执行。

表3-2　　购置与付款循环的目标、认定、控制活动与控制程序之间的关系

主要业务活动	控制目标	受影响的相关交易和账户余额及其认定	常用的控制活动	控制测试程序
采购	采购计划安排合理		企业应当建立采购申请制度，依据购买物资或接受劳务的类型，确定归口管理部门，授予相应的请购权，明确相关部门或人员的职责权限及相应的请购和审批程序	检查采购制度及岗位说明书
	只有经过核准的采购订单才能发给供应商	应付账款：存在	管理层必须核准所有采购订单，对非经常性和超过特定金额的采购，以及其他特殊的采购事项，应取得较高层次管理层的核准，并适当记录	根据请购单，抽取采购订单并检查是否得到适当审批
	已记录的采购订单内容准确	应付账款：计价和分摊	由不负责输入采购订单的人员比较采购订单数据与支持性文件（如请购单)是否相符	观察岗位是否分离，抽取样本检查核对记录
	采购订单均已得到处理	应付账款：完整性	采购订单连续编号，采购订单的顺序已被核对	抽取采购信息报告，检查其是否已复核，如有不符，是否已经及时调查和处理
	供应商选择恰当	应付账款：权利和义务、计价和分摊	大宗采购应当采用招标方式，合理确定招投标的范围、标准、实施程序和评标规则；一般物资或劳务等的采购可以采用询价或定向采购的方式并签订合同协议	根据采购订单，抽取询价报告、购买合同，检查是否得到适当审批

续表

主要业务活动	控制目标	受影响的相关交易和账户余额及其认定	常用的控制活动	控制测试程序
材料验收与仓储	已验收材料均附有有效采购订单	存货:存在	验收单与采购订单应进行核对	根据采购订单,抽取验收单检查内容是否一致
	已验收材料均已准确记录	存货:计价和分摊	管理层定期复核以确保记录的正确性	根据验收单,抽取检查输入是否正确并经复核确认
	已验收材料均已记录于适当期间	存货:存在、完整性	验收单均预先连续编号并已记录	抽取验收单,检查编号
	已验收材料均已记录于适当期间	存货:存在、完整性	定期由不负责日常存货保管或存货记录的人员来盘点实地存货,如有差异应及时调查和处理	取得盘点记录、差异调整记录,检查是否得到适当处理并审批
记录应付账款	已记录的采购均确已收到物品	应付账款:存在、权利和义务	对采购发票与验收单不符的事项进行调查;如果付款金额与采购发票金额不符,应经适当层次管理层批准	抽取采购订单、验收单和采购发票,检查所载内容是否核对一致,凭证是否编制正确,是否经适当审批
	已记录的采购交易计价正确	应付账款:计价和分摊	定期与供应商对账,如有差异及时进行调查和处理	取得应付账款核对记录,检查是否核对一致,若有差异分析原因
	与采购物品相关的义务均已确认并记录至应付账款	应付账款:完整性		
	采购物品交易记录于适当期间	应付账款:存在、完整性		

续表

主要业务活动	控制目标	受影响的相关交易和账户余额及其认定	常用的控制活动	控制测试程序
付款	仅对已记录的应付账款办理支付	应付账款：完整性	管理层在核准付款前复核支持性文件;在签发支票后注销相关文件	抽取付款凭证，检查其是否经由财务经理复核和审批，并检查有关付款申请表等附件是否齐全，得到适当人员的复核和审批，并在所有单证上加盖"核销"印戳
	准确记录付款	应付账款：计价和分摊		
	付款均已记录	应付账款：存在	定期将日记账中的付款记录与银行对账单进行核对	抽取银行余额调节表，检查编制是否正确，是否得到适当人员的复核和审批
	付款均于恰当期间进行记录	应付账款：存在、完整性		
维护供应商档案	对供应商档案的变更均为真实和有效的	应付账款：存在、完整性	核对供应商档案变更记录和原始授权文件，确定已正确处理	抽取更改申请表，检查其是否已经审批
	供应商档案变更均已进行处理	应付账款：完整性	管理层定期复核供应商档案的正确性并确保其及时更新	抽取供应商档案，检查其是否已及时更新
	对供应商档案变更均已于适当期间进行处理	应付账款：权利和义务、存在、完整性		

在进行控制测试时，注册会计师还应注意以下几点：

1.注册会计师在实施控制测试时一般采用属性抽样审计方法，也就是考察某种类型的错误会出现多少次。注册会计师在抽样中通常选择较低的可容忍误差。另外，在抽样中要注意分层，将金额较大的采购事项和不常见项目筛选分离出来，单独进行百分之百的测试。

2.注册会计师在实施控制测试时，应抽取请购单、订购单和商品验收单，检查请购单、订购单是否得到适当审批，验收单是否有验收人员的签字，订购单和验收单是否按顺序编号。有些被审计单位的内部控制要求应付账款会计应定期汇总该期间生成的所有订购单并与请购单核对，编制采购信息报告。对此，注册会计师在实施控制测试时，应抽取采购信息报告，检查其是否已复核相符，如有不符，是否已经及时上报并处理。

3.对于编制付款申请单、确认与记录负债这两项主要业务活动，被审计单位的内部控制通常要求应付账款会计将采购发票所载信息与验收单、订购单进行核对，核对相符后应在发票上加盖"相符"印戳。对此，注册会计师在实施控制测试时，应抽取订购单、验收单和采购发票，检查所载信息是否核对一致，发票上是否加盖了"相符"印戳。有些被审计单位的内部控制要求应付账款会计按期编制账龄分析报告，其内容还包括应付账款总额与应付账款明细账合计数以及应付账款明细账与供应商对账单的核对情况。如有差异，主管人员将立即进行调查，如调查结果表明需调整账户记录，将编制应付账款调节表和调整建议。对此，注册会计师在实施控制测试时，应抽取应付账款调节表，检查调节项目与有效的支持性文件是否相符，以及是否与应付账款明细账相符。

4.对于付款业务，有些被审计单位要求由应付账款会计负责编制付款凭证，并附相关单据，提交主管人员审批。在完成对付款凭证及相关单证的复核后，主管人员在付款凭证上签字，作为复核证据，并在所有单证上加盖"核销"印戳。对此，注册会计师在实施控制测试时，应抽取付款凭证，检查其是否经由主管人员复核和审批，并检查款项支付是否得到授权人员的复核和审批。

5.在对被审计单位的固定资产实施控制测试时应注意：

（1）审查固定资产的预算执行情况。注册会计师应选取固定资产投资预算和投资可行性论证报告，检查是否编制预算并进行论证，以及是否经适当层次审批；对实际支出与预算之间的差异以及未列入预算的特殊事项，应检查其是否履行特别的审批手续。如果固定资产增减均能处于良好的经批准的预算控制之下，注册会计师即可适当减少对固定资产增加、减少实施的实质性程序的样本量。

（2）检查固定资产采购的授权审批情况。注册会计师不仅要检查被审计单位固定资产授权审批制度本身是否设计良好，还应检查采购合同以及审批手续，关注授权审批制度是否得到有效执行。

（3）检查固定资产是否均已登记造册，建立了固定资产卡片，及时、充分反映了固定资产的取得、维护、更新、处置情况。

（4）关注资本性支出和费用性支出的区分是否明确，是否严格按照企业会计准则的规定进行恰当的会计处理。

（5）对于固定资产的处置制度，注册会计师应当关注被审计单位是否建立了有关固定资产处置的分级申请报批程序；收取固定资产盘点明细表，检查账实之间的差异是否经审批后及时处理；抽取固定资产报废单，检查报废是否经适当批准和处理；抽取固定资产内部调拨单，检查调入、调出是否已进行适当处理；抽取固定资产增减变动情况分析报告，检查是否经复核。

（6）了解和评价企业固定资产盘点制度，并应注意查询盘盈、盘亏固定资产的处理情况；抽取固定资产保险单盘点表，检查是否已办理财产保险。

6.对在建工程项目的内部控制测试，除了与固定资产控制测试有类似之处外，注册会计师还应关注对各类工程款、材料设备款及其他费用的支付是否符合相关法规、制度和合同的要求；检查是否按规定办理竣工决算、实施决算审计。

四、购置与付款交易的实质性程序

从逻辑顺序上讲，实施控制测试之后，应该根据控制测试的结果确定实质性程序的范围，然后根据审计目标选择设计实质性程序的类型，即分析程序和余额细节测试。但许多业务控制活动的控制测试涉及对业务凭证的审核，审核的重点在于控制测试的程序是否落实，为提高审计效率，此时一般同时实施实质性程序，称之为双重目的测试。各项与交易相关的审计目标和常见的控制活动、控制测试和交易实质性程序见表3-3。

表3-3　采购交易的审计目标、控制活动、控制测试和交易实质性程序对应表

审计目标	控制活动	控制测试	实质性程序
记录的采购交易均已发生，并符合客户利益(发生)	请购单、订购单、验收报告和采购发票齐全	审核所附单据是否齐全及真实性	复核相关资产明细账、总账和应付账款记账凭证，看是否有大额或异常交易
	采购得到具有权限人员的批准	审核批准痕迹	审核重要凭证的可靠性
	供应商是经过审核的已有供应商	抽查采购交易是否有供应商档案,并比对其日期的先后	审核供应商档案,看是否有异常
	已入过账的业务单据要有入账标记，防止重复入账	审核入账标记	追查存货、固定资产等采购至原始凭证
	请购单、订购单、验收报告和采购发票之间要进行核对		
发生的采购交易均已入账(完整性)	订购单预先连续编号	检查前述单据是否连续编号	从验收报告追查至采购资产日记账
	验收报告预先连续编号		
	付款申请单预先连续编号		从采购发票追查至采购资产日记账
采购交易记录的准确性(准确性)	对计算过程进行验证	检查验证痕迹	将明细账与原始凭证进行核对是否一致
	原始凭证、汇总清单和明细账、总账之间核对	检查核对记录	重新计算以验证入账准确性
	采购价格和折扣经过批准	检查是否有批准签字	
采购交易账面记录金额计算无误(准确性)	对应付账款记账凭证进行审核	检查审核记录	由采购清单追查至总账、应付账款和相关资产费用明细账,核查是否准确
	应付账款记账凭证汇总额与总账余额核对		
采购交易已记入了正确的账户(分类)	对记账凭证进行审核		复核可疑记账凭证
采购交易记录于正确的期间(及时性)	交易发生后2日内必须入账	观察是否有未按时入账的发票	将采购发票、验收单、记账凭证上的日期相核对
	对入账时间进行审核	检查审核记录	

从表3-3可以看出采购交易循环审计目标和常见的控制活动之间的关系、控制活动和控制测试之间的对应关系，以及审计目标和交易实质性程序之间的关系。采购交易实质性程序的范围取决于采购交易风险评估控制测试的结果，如果控制测试的结果表明控制风险为低水平，则实质性程序可以主要采用分析程序，在较小范围内实施余额细节测试。

表3-3中列示的六个与交易相关的审计目标中有四个更为重要，许多资产、负债和费用账户的准确性都依赖于采购日记账中交易记录的准确性，尤其与这四个目标有关。具体而言，这四个目标是：

1.记录的采购交易均已发生，并符合客户利益（发生）。如果对采购交易循环实施风险评估程序后，注册会计师将相关风险评价为低水平，且对相关内部控制的有效性感到满意，就可以减少专门针对虚构的采购交易而实施的测试程序。有效的内部控制可以防止记录虚构的采购交易，也可以防止采购交易的重复入账，还能防止被审计单位管理层通过采购活动实现资产转移或者将私人采购或费用记入公司账务。有时候不适当的交易非常容易判断，如未经授权采购个人用品，而有些情况下很难评判采购交易是否符合客户利益，如管理层的业务招待费、汽车采购、差旅交通费、高级俱乐部的会员费等，因为无法判断这些支出是否必要，能为公司带来多少收益也是不确定的。如果对不恰当或虚构的交易控制不足，就需要扩大审计范围，以获取更多的证据支持。

2.发生的采购交易均已入账（完整性）。漏记、少计已发生商品采购和劳务支出，会影响到应付账款余额，并导致本期利润和所有者权益虚增。所以，在购置与付款循环审计中，注册会计师应特别关注完整性审计目标。有些情况下，仅通过执行余额细节测试来确定是否存在未记录的交易非常困难，此时注册会计师必须采用控制测试来实现该目标。当被审计单位依靠高度自动化的系统来实施采购活动而采购的对象又难以进行验收时，很难确认采购活动的完整性，只有通过对采购交易控制的有效性进行测试来确定该项控制能否防止少记漏记。中国注册会计师审计准则规定，当仅实施实质性程序并不能够提供认定层次充分、适当的审计证据时，注册会计师应当设计和实施控制测试，针对相关控制运行的有效性，获取充分、适当的审计证据。另外，与之对应的应付账款的审计通常要耗费大量时间，如果被审计单位相关控制有效，进行适当的控制测试可以大大提高审计效率，降低审计成本。

3.采购交易账面记录金额计算无误（准确性）。一项采购交易业务，同时涉及资产（费用）和负债账户，所以，注册会计师对采购交易账面记录金额准确性的相关控制效果的评价影响到相关资产（费用）账户，如存货、固定资产、管理费用等账户的余额细节测试范围。例如，如果注册会计师认为固定资产采购的入账金额计算准确，入账时存有有效的入账凭证依据，且经过了有效的审核，则相比较控制不足时可以进行较少本期采购的细节测试。如果被审计单位采用永续盘存制记录存货，审计人员经过了解后认为该系统的记录是准确的，就可以减少存货的细节测试。在永续盘存制下，对存货采购内部控制的测试是购置与付款循环控制测试的重要组成部分。因为存货永续盘存记录中包含了存货的数量和价格信息，所以，如果存货相关内部控制有效就可以减少对存货实物数量的验证（监盘）和价格的测试（计价测试）。

4.采购交易已记入了正确的账户（分类）。审计人员在对内部控制进行了解和测试后认为其能够合理保证采购交易记入了正确的账户，就可以相应减少对该类认定的细节测试。涉及分类认定的主要业务是资本性支出和费用性支出的划分，如采购固定资产应记入"固定资产"科目，然后逐期进行摊销；日常维修、广告、业务招待等开支应记入费用类科目。如果分类认定相关的内部控制存在缺陷不能加以信赖，则针对资本性支出和费用性支出的分类测试要耗费大量时间。

同表3-3类似，表3-4列示了现金支出交易的审计目标、与目标对应的常见控制活动、控制测试和交易的实质性程序，现金付款的实质性程序与采购交易的实质性程序相同或类似，所以，注册会计师一般同时执行针对采购和现金支出的测试程序。如从采购申请单追查至采购发票和付款记录存根，或从验收记录追查至采购发票、相关资产日记账和付款记录等，这样既提高了审计的效率，而且各证据之间相互印证，能够提高审计的效果。

表3-4　　付款交易的审计目标、控制活动、控制测试和交易实质性程序对应表

审计目标	常见的控制活动	控制测试	实质性程序
账面中的资金支出是已收到的商品和劳务(发生)	应付账款会计与付款业务的不相容职务分离	访谈、观察前述员工工作	检查库存现金日记账、总账和应付账款明细账，看是否存在大额或异常交易
	付款应经过具有相应权限人员的批准	检查签字	从付款凭证追查至采购资产明细账，并检查收款人的真实性
	付款前应由会计人员审核手续是否齐全	访谈、观察前述员工工作	核对付款的审批签字，核对采购发票、验收报告等支持性文档
所有资金支付均已入账(完整性)	支票预先连续编号	检查支票的连续编号情况	亲自编制调节表调节付款记录(重新执行)
	由非出纳人员领取银行对账单并按月编制银行存款余额调节表	检查银行存款余额调节表的编制情况	
资金支出已正确入账,并正确汇总(过账与汇总)	对应付账款记账凭证进行审核	检查审核记录	加总应付账款记账凭证追查至总账，核对其准确性
	记账凭证汇总数与科目汇总表、总账相核对	检查核对记录	
资金支出已记入正确账户(分类)	对记账凭证进行审核	检查审核记录	从日记账追查至采购资产明细账及发票,复核账户的正确性
资金支付的入账时间正确(及时性)	制定办理支付后立即入账的规定	检查是否有前述规定,并观察是否得到执行	将银行回单上的日期与日记账上的日期相核对
	对记账凭证的日期进行审核	检查审核记录	将支票存根上的日期与日记账上的日期相核对

第三节　应付账款的审计程序

由图3-1可以看出，应付账款账户在购置与付款循环中处于枢纽地位，所有的购置与付款循环交易一般都要经过该账户，因此该账户的审计很重要。应付账款是指因购买材料、商品或接受劳务供应而发生的债务。在实务中，被审计单位采购原材料、低值易耗品、库存商品等各种存货，采购固定资产、无形资产，接受修理、电信服务等，期末未结清该项账款都可能形成应付账款。

注册会计师应注意应付账款与其他融资性债务的区别。如果合同约定是分期付款或超过一年支付采购资产价款，可能形成长期应付款；如果采用商业汇票进行结算，则形成应付票据；如果是公开发行债券，则形成应付债券；如果是向特定对象借入资金，则形成短期借款（或长期借款），如果是形成了与经营无关的债务，则可能形成其他应付款。

应付账款余额细节测试的程序和范围取决于购置与付款循环风险评估的结果和控制测试的结果。如果风险评估的结果为低风险，而且控制测试的结果表明应付账款相关控制是有效的，就可以减少应付账款余额细节测试的范围，而只需对较少的样本量进行测试即可。但是，由于应付账款账户很重要，不能不执行余额细节测试而只实施分析程序。

一、应付账款相关经营风险评估

不同类型的企业，其采购过程差异很大，有些紧缺产品（如特殊时期的煤炭采购和稀土及高档烟酒）的采购需要预付资金并需要较长的排货期，而有些规模较大的企业拥有庞大的供应商团体为其提供配套产品和服务，且主导企业在采购交易中拥有很强的话语权、享有更为优惠的账期和折扣，甚至要求供应商采用遵循主导企业交易习惯的业务处理系统，采用能与主导企业相协同、联机的信息系统，从而提高了主导企业采购交易的效率，增进了与供应商的信息共享，更强调采购的实时性。还有一些采购交易涉及复杂的支付手段或更多的表外事项，如采购附带的担保、反担保或其他财务承诺等。也有一些企业处于高速发展期，涉及大量的采购，分权式的企业中采购权限被下移至较低的层级。这些情况都可能导致增加应付账款的风险，如供应商可能更容易通过系统接触应付账款记录，允许他们连续地监督应付账款余额的情况和对交易进行详细的核对，如果对该类接触缺乏有效的控制，就增加了数据错报的风险。另外，对整个公司供应链中存货实物流转过程的不断改进，增加了截止认定的困难。审计人员必须了解这些采购过程和信息系统的处理过程，以评价被审计单位经营风险是否对应付账款重大错报产生影响。应付账款审计设计示意图如图3-3所示。

二、确定重要性水平和评价固有风险

采购交易一般都涉及应付账款，其明细账户很多，有些账户经常发生，有些账户不经常发生，余额大小分布范围也很广，因而审计该账户需要大量的时间和精

```
┌─────────────────────────────┐
│       应付账款风险评估程序       │
└─────────────────────────────┘
              │
┌─────────────────────────────┐
│        应付账款控制测试         │
└─────────────────────────────┘
              │
┌─────────────────────────────┐
│      应付账款实质性分析程序       │
└─────────────────────────────┘
              │
┌─────────────────────────────┐
│       应付账款余额细节测试        │
└─────────────────────────────┘
       │
┌──────────────────┐
│      审计目标       │
└──────────────────┘
┌──────────────────┐
│      审计程序       │
└──────────────────┘
┌──────────────────┐
│      实施时间       │
└──────────────────┘
┌──────────────────┐
│      实施范围       │
└──────────────────┘
```

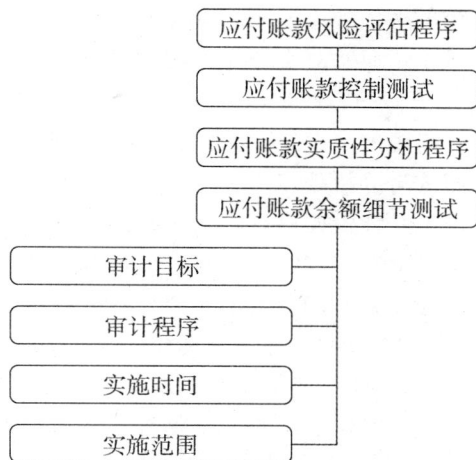

图 3-3　应付账款审计设计示意图

力。所以，从效率的角度考虑，在分配重要性水平时，注册会计师一般给应付账款分配较高的重要性水平，同时将其固有风险初步评价为中等或高水平。由于应付账款是负债类账户，其余额容易被低估，所以，注册会计师应重点关注应付账款的完整性，以及与完整性相关的截止目标。

三、应付账款内部控制

应付账款内部控制涉及采购与验收的职能以及应付账款部门的所有业务活动，其控制的目标在于合理保证企业一定收到所有付款的对价，也就是在付款核准之前，必须证明已经收到符合合同条款质量、数量的货物。有效控制的第一要素是不相容职务的有效划分，而且只有在采购、验收、会计和财务部门审核之后才可以向债权人支付资金。所有的采购交易应有顺序编号的订单或合同作为证明，订购单的其中一联送交应付账款部门，并能够与卖方发票、验收报告相核对。

验收部门不应隶属于采购部门。收到货物后应编制验收报告，该文件必须按顺序编号并一式多联，及时通知应付账款、采购和仓储部门。小型公司常利用卖方装箱单直接核对作为验收报告。

应付账款部门内，各类文件表格均应注明收件日期，该部门所开具的凭证、文件均应连续编号加以控制。复核发票的每一步均应在凭证上注明日期并签章。确保例行程序（如验证乘积、汇总和现金折扣的适当性等）得到有效执行的最有效方法是：要求责任人员在完成每一项复核步骤时，必须在凭证上签字。如果将发票上的数量和订购单、验收报告中所列信息认真核对，就可以避免超付货款。将订购单上所列单价、折扣和运送条件与卖方发票核对，可以防止付款高于原定价格。

将发票的验证、核准职能和支付资金的职能分开，是防止错误和舞弊的另一步骤，在发票核准付款以前，应有书面证据显示交易事项的各方面均已经复核。在有效的应付账款控制中，应付账款会计会经常编制试算表，将应付账款明细账和总分类账按月轧平，有助于发现错误。

来自供应商的月对账单必须和应付账款明细账或未付款凭证明细表相调节，并充分审核任何差异。有些企业通常对卖方先行预付款项，之后取得发票时按百分比扣回，使用这种方式进行交易的，注册会计师应查明付款之后所采取的控制程序，是否能够合理保证按照合同规定从发票中扣回款项。

四、应付账款控制测试与分析程序

在进行重要性水平设定并评价固有风险之后，注册会计师应进行应付账款内部控制的了解，以评价控制风险。在实际中，对内部控制的了解和风险评估是同时进行的，前者本身就是后者程序的一部分。注册会计师可以编制流程图或利用被审计单位的流程图来了解被审计单位应付账款的内部控制，也可以通过文字描述的方式和问卷调查的方式获取应付账款内部控制的摘要。典型的问题如下：是否按月编制应付账款试算表并和总账调节相符？供应商对账单是否经常和应付账款明细账或未付凭单相调节？对于发票价格、数量或计算上的差异是否对供应商签发借项通知单？

注册会计师要对明细账向总账的过账准确性进行抽查，要对应付账款总账金额的准确性进行确认，应追查一个月（或以上）应付凭单登记簿和资金支出日记账，还应抽查其他相关采购账户明细账过入总账的记录。这项工作可以在资产负债表日前完成，作为各项记录中过账部分的一般性遵循测试。同时，注册会计师应检查整个被审会计期间总账账户的所有记录以确定有无特殊项目。

注册会计师要核对所选应付账款明细账中各笔记录的附件凭证。从资金支出日记账和采购明细账逆查特殊项目的原始凭证（如订购单、验收报告、发票和已付支票），以抽查应付凭单登记簿或应付账款明细账的正确性。如果采购、验收、发票复核和资金支付等职能分别由各独立部门负责，而内部控制又很有效，则从明细账内个别项目追查至原始记录就可以确定内部控制是否得到了适当遵守。注册会计师也可以从审计轨迹的相反方向进行抽查，从日记账中各记录的代表样本追查至应付账款账户，就可以验证日记账中各记录是否一贯地过入了明细账。

注册会计师还要对现金折扣的内部控制进行测试。注册会计师关注购货折扣基于两种可能，即经办人员的欺诈舞弊和未取得折扣的意外损失。许多资金支出舞弊的发生均是在折扣期限内以发票金额支付款项，然后相关职员利用自身地位向债权人要求退款，以此中饱私囊而不必修改会计记录。在折扣分开记账时最简便的抽查方法是，计算当期应获现金折扣和进货总额的比率，并与以前各期相比较，如果有显著降低，就表示购货条件变更、未取得折扣或者职员舞弊。

注册会计师对应付账款实施实质性程序的范围取决于应付账款相关内部控制的有效性。内部控制有效程度越高，需实施的实质性程序范围就越小，反之则越大，所以必须考虑相关内部控制对应付账款的影响。购置与付款循环内部控制有效的证据有：采购验收时填有预先编号的验收报告；所有付款申请都经过具有权限人员的书面批准，并及时办理支付，及时记入应付账款明细账和资金日记账；按月将采购供应商的对账单与应付账款明细账中的余额进行比较核对并调整相符，然后随之更新应付账款总账，而且应该由独立的人员或程序来完成。购置与付款循环内部控制不健全、有效程度不足的证据有：没有完整有效的验收记录；应付账款入账不及时，直到付款时才入账，甚至未入账；应付账款往往延期支付，这种情况下，说明应付账款相关控制风险水平较高，需要降低重要性水平，在较大的范围内进行应付账款的余额细节测试。

在进行控制风险估计之后，注册会计师需要根据估计的风险水平设计相应的控制测试、分析程序。在采购循环审计中，分析程序的运用非常重要，有助于注册会计师发现未入账的应付账款和需要进一步重点关注的领域。在审计实务中，可以根据被审计单位实际情况，选择以下方法对应付账款执行实质性分析程序：

1.将应付账款本期期末余额与上期期末余额进行比较，分析波动原因。

2.分析账龄较长的应付账款，与被审计单位进行沟通，判断被审计单位是否缺乏偿债能力或利用应付账款隐瞒利润；注意其是否可能无需支付，对确实无需支付的应付账款的会计处理是否正确，依据是否充分；关注账龄超过3年的大额应付账款在资产负债表日后是否偿还，检查偿还记录及披露情况。

3.计算应付账款与存货的比率、应付账款与流动负债的比率，并与以前年度相关比率对比分析，评价应付账款整体的合理性。

4.分析存货和营业成本等项目的增减变动，判断应付账款增减变动的合理性。

有借必有贷，借贷必相等，费用账户中的错报也会导致应付账款的错报。一般而言，企业每年相同费用发生的金额会较为稳定或随收入同比例变化。注册会计师可以将本年发生的费用支出金额与以前年度进行比较，以发现应付账款和费用账户中的错报。

五、应付账款余额细节测试

对于资产和负债，注册会计师在审计时关注的重点有所差异。对于资产项目，注册会计师重点关注其是否被高估，也就是重点关注"存在性"，对应的审计程序需要进行函证、监盘、察看实物、检查原始凭证等；而对于负债项目，注册会计师一般侧重于关注其是否被低估，即重点关注其"完整性"，实务中需要从原始凭证追查至明细账、分析程序、询问等运用多种审计程序检查其是否被隐瞒或漏记。高估资产或低估负债都会造成所有者权益被高估。如果被审计单位的所有者权益被严重高估（虚增）而注册会计师未能发现，则投资者、债权人等利益相关者很可能会起诉会计师事务所要求其承担连带责任；所有者权益被低估时，利益相关者一般不会遭受经济损失，所以一般不会引发诉讼风险。但是，注册会计师不能单纯以避免诉讼风险作为目标，应严格按照中国注册会计师审计准则的要求，发现所有类型的重大错报和漏报。

应付账款审计目标和应收账款审计目标很类似，但也有区别。首先，应收账款"权利和义务"中的"权利"不适用于应付账款，对于应收账款，注册会计师应关注被审计单位是否拥有收回和处置该项资产的权利，而对于应付账款，注册会计师则应关注是否属被审计单位应偿还的义务；其次，应收账款的"可实现价值"目标也不适用于应付账款，应收账款存在减值迹象时，应评价其可实现价值，而应付账款则需根据谨慎性原则全额列示反映；最后，应收账款是一项资产，审计时应重点关注其存在性，确认是否被高估，而应付账款是一项负债，审计时应重点关注其完整性，确认是否被低估。

　　表3-5列示了与应付账款余额相关的审计目标和常见的余额细节测试程序。具体采用的审计程序要根据被审计单位的性质、应付账款的重要性、内部控制的性质和有效性、固有风险等因素来确定。

表3-5　　　　　　　应付账款审计目标、认定及实质性程序对应表

审计目标	常用审计程序	认定
应付账款以恰当的金额包括在财务报表中，与之相关的计价调整已恰当记录	获取或编制应付账款明细表：（1）复核加计正确，并与报表数、总账数和明细账合计数核对是否相符；（2）检查非记账本位币应付账款的折算汇率及折算是否正确；（3）分析出现借方余额的项目，查明原因，必要时，作重分类调整；（4）结合预付账款等往来项目的明细余额，调查有无同挂的项目、异常余额或与购货无关的其他款项（如关联方账户或雇员账户），如有，应作出记录，必要时作调整	计价
所有应当记录的应付账款均已记录； 应付账款以恰当的金额包括在财务报表中，与之相关的计价调整已恰当记录	获取被审计单位与其供应商之间的对账单（应从非财务部门获取，如采购部门），并将对账单和被审计单位财务记录之间的差异进行调节（如在途款项、在途货物、付款折扣、未记录的负债等），查找有无未入账的应付账款，确定应付账款金额的准确性	完整性、计价
所有应当记录的应付账款均已记录； 应付账款以恰当的金额包括在财务报表中，与之相关的计价调整已恰当记录	检查债务形成的相关原始凭证，如供应商发票、验收报告或入库单等，查找有无未及时入账的应付账款，确定应付账款金额的准确性	完整性、计价
资产负债表中记录的应付账款是存在的； 应付账款已按照企业会计准则的规定在财务报表中作出恰当的列报	检查应付账款长期挂账的原因并作出记录，注意其是否可能无需支付；对确实无需支付的应付账款的会计处理是否正确，依据是否充分；关注账龄超过3年的大额应付账款在资产负债表日后是否偿还，检查偿还记录及单据，并披露	存在和发生、列报
所有应当记录的应付账款均已记录	针对资产负债表日后付款项目，检查银行对账单及有关付款凭证（如银行划款通知、供应商收据等），询问被审计单位内部或外部的知情人员，查找有无未及时入账的应付账款	完整性
所有应当记录的应付账款均已记录	复核截止审计现场工作日的全部未处理的供应商发票，并询问是否存在其他未处理的供应商发票,确认所有的负债都记录在正确的会计期间内	完整性

续表

审计目标	常用审计程序	认定
资产负债表中记录的应付账款是存在的； 资产负债表中记录的应付账款是被审计单位应当履行的现时义务	选择应付账款的重要项目(包括零账户)函证其余额和交易条款,对未回函的再次发函或实施替代的检查程序(检查原始凭单,如合同、发票、验收单,核实应付账款的真实性)	存在和发生、权利和义务
所有应当记录的应付账款均已记录	针对已偿付的应付账款,追查至银行对账单、银行付款单据和其他原始凭证,检查其是否在资产负债表日前真实偿付	完整性
资产负债表中记录的应付账款是存在的； 所有应当记录的应付账款均已记录	检查资产负债表日后应付账款明细账贷方发生额的相应凭证,关注其购货发票的日期,确认其入账时间是否合理	存在和发生、完整性
资产负债表中记录的应付账款是存在的； 所有应当记录的应付账款均已记录	结合存货监盘程序,检查被审计单位在资产负债日前后的存货入库资料（验收报告或入库单）,检查是否有大额料到单未到的情况,确认相关负债是否记入了正确的会计期间	完整性、存在和发生
资产负债表中记录的应付账款是存在的； 所有应当记录的应付账款均已记录	针对异常或大额交易及重大调整事项（如大额的购货折扣或退回、会计处理异常的交易、未经授权的交易或缺乏支持性凭证的交易等）,检查相关原始凭证和会计记录,以分析交易的真实性、合理性	存在和发生、完整性
应付账款以恰当的金额包括在财务报表中,与之相关的计价调整已恰当记录	检查带有现金折扣的应付账款是否按发票上记载的全部应付金额入账,在实际获得现金折扣时再冲减财务费用	计价
应付账款已按照企业会计准则的规定在财务报表中作出恰当列报	检查应付账款是否已按照企业会计准则的规定在财务报表中作出恰当列报	列报

六、应付账款完整性的证实

如前所述,对于负债项目而言,注册会计师一般重点关注其是否被低估,即是否有负债被隐瞒或漏报,所以,对于应付账款审计,其中一项主要的审计程序就是确认应付账款的"完整性",也就是查找是否存在未入账的应付账款。

未入账的应付账款存在两种可能：一种是已发生的采购业务已经入账,但对应的应付账款尚未入账；另一种是发生的采购业务和应付账款均未入账。确认应付账

款 "完整性" 常用的审计程序如下：

1.检查期后的资金支付原始凭证。这一审计程序可以通过表3-6来实施，其原理是 "从结果寻找原因"，期后如果存在付款业务，则很有可能是前期存在欠款，注册会计师应检查该款项支付对象在期末时的明细账，确认该项负债在期末时是否入账。如果被审计单位采购业务的交易习惯是付款在收货之后经常延迟，注册会计师更应关注较长时间的期后支付凭证记录，如一至两个月。

表3-6   **应付账款期后付款测试表**

项 目:应付账款期后付款测试表   编制人: 日期:

财务报表截止日/期间: 复核人: 日期:

序号	金额	银行对账单日期	支票		明细账凭证		说明	截止是否适当
			编号	日期	编号	日期		

审计说明:

2.检查期后一段时间内准备支付的应付账款的原始凭证。这一审计程序的原理与上一审计程序一样，只不过是应付款项已经在办理手续，如履行完审批签字手续而尚未从银行支付的事项。注册会计师应仔细检查采购合同和原始凭据，确认负债入账的正确时间。如在年度财务报表审计中，如果注册会计师通过检查待支付的原始凭证发现一笔要到下一年度的2月28日才支付的款项，则审计人员就应审查该债务是否属于审计基准日为12月31日那一会计期间。

3.从期末截止日前的采购商品验收报告追查至采购发票和应付账款明细账。这一审计程序的原理是，对于一般商品采购，如果商品已经于期末之前收到并验收入库，则应确认负债。如果供应商开具发票的时间是下一个审计期间，则应于期末暂估入账，等到发票到来时再重新入账，而不是直接等到发票到来时才按发票开具日期入账。

4.检查被审计单位供应商的月对账单，并与被审计单位对应的应付账款明细账相核对是否一致。如果供应商的对账单显示对被审计单位拥有债务，而被审计单位对应的应付账款明细账存在少计甚至不存在该供应商明细账，则表明被审计单位存在未入账的应付账款。

5.函证。审计人员可以向与被审计单位有经常业务往来的供应商和有疑问的供应商进行函证，函证的对象包括期末应付账款余额为零但与被审计单位往来频繁的供应商，即"零余额函证"。函证最好采用积极的函证方式，并具体说明应付金额。同应收账款的函证一样，注册会计师必须对函证的过程进行控制，要求债权人直接回函，并根据回函情况编制与分析函证结果汇总表，对未回函的，应考虑是否再次函证。

七、应付账款的截止测试

应付账款截止测试的目的是确认被审计单位的采购业务和负债记录是否按照权责发生制的原则记入了正确的会计期间，也就是说资产负债表日前后几日入账的应付账款是否记入了正确的会计期间。应付账款的截止测试经常与采购入库截止测试结合在一起，选取资产负债表日前最末几笔（3~5笔）和资产负债表日后最初几笔应付账款明细记录追查至验收报告（入库单）和发票，也可以分别以发票、验收报告（入库单）为起点追查至其他两项记录。如果被审计单位在年终之前进行存货盘点，审计人员需在盘点时执行应付账款截止测试。此外，注册会计师还应确认在存货盘点日与会计期末之间发生的采购交易是否相应记入了存货和应付账款明细账。

注册会计师在检查原始凭证过程中，必须认真检查供货合同和交易习惯，区分采购是目的地交货还是起运点交货，这对于确认应付账款的时点非常重要。如果是目的地交货，只有当存货收到并验收入库时，才完成所有权的转移，确认资产和负债，因而只有在资产负债表日或之前收到商品，才能将其确认为本期的存货和应付账款；如果是起运点交货，只要供应商在资产负债表日或之前发出商品，存货和相应的应付账款就应记入本期。还有些特殊商品涉及延期安装和检验等，这些要根据合同的约定和行业的交易习惯来确认入账的时点。注册会计师应检查资产负债表日后几天收到的购货发票，追查至合同记录，以确认其是否是起运点交货，如果是而且发运商品的时间在资产负债表日或之前，则存货和相应的应付账款都应该记入本期。

八、审计证据的可靠性

在应付账款审计过程中，涉及发票、验收报告、对账单和函证回函等多种审计证据，注册会计师应对各种审计证据的可靠性进行评价，特别是不同的审计证据之间所记载的信息存在差异时。

发票和对账单都是来自于被审计单位之外的供应商，然后又经过了被审计单位之手，一般的商品采购都开具增值税专用发票，专用发票开具必须通过与税务局联网的防伪税控系统，因此具有很高的可靠性，而且发票中含有商品的名称、数量、单价和总额以及税款，在验证某些具体的交易时，具有很强的证明力。对账单一般由供应商按月寄送，用于核对截至某一日期双方的债权债务记录是否一致，在验证具体交易时对账单的证明力不如发票强，因为对账单上面只记载交易总额和账户余额，不含数量、价格等详细信息。所以，在对采购业务进行控制测试和实施实质性程序时，采购发票更具有证明力，因为注册会计师的目的是验证某项交易，发票上对单个交易信息的记录更为详细；在验证应付账款余额时，对账单更为可靠，因为它包含了期末余额。

对账单和函证都是来源于被审计单位的供应商，不同之处在于：对账单是供应商寄给被审计单位，注册会计师然后又从被审计单位获取的，所以可能存在涂改与伪造的可能；而应付账款函证是注册会计师发给被审计单位供应商，并要求其直接回函至会计师事务所，所以函证回函更为可靠。应付账款询证函的格式如下：

询证函

编号：

××（公司）：

本公司聘请的××会计师事务所正在对本公司××年度财务报表进行审计，按照《中国注册会计师审计准则》的要求，应当询证本公司与贵公司的往来账项等事项。下列数据出自本公司账簿记录，如与贵公司记录相符，请在本函下端"信息证明无误"处签章证明；如有不符，请在"信息不符"处列明不符金额。回函请直接寄至××会计师事务所。

回函地址：

邮编：　　　　　电话：　　　　　传真：　　　　　联系人：

1.本公司与贵公司的往来账项列示如下：

截止日期	贵公司欠我公司款项	我公司欠贵公司款项	备注

2.本函仅为复核账目之用，并非催款结算。若款项在上述日期之后已经付清，仍请及时函复为盼。

（公司盖章）

年　　月　　日

经办人：

结论：1.信息证明无误。

（公司盖章）

年　　月　　日

经办人：

2.信息不符，请列明不符的详细情况：

（公司盖章）

年　月　日

经办人：

对账单和发票都是被审计单位供应商编制的，相对于销售业务中的销售发票和出库单等被审计单位的内部凭证而言，具有较高的可靠性，所以应付账款的函证并不像应收账款的函证那样普遍。如果被审计单位相关内部控制较为有效，且获取的审计证据相互印证一致，就可以对应付账款不进行函证。如果相关的控制风险评价为较高水平，或几种证据不相一致，就应向供应商发出询证函，前已所述，有别于应收账款函证，在选择函证对象时，应选择那些余额较大、交易频繁但余额很小甚至为零的账户及其他异常账户。

一般情况下，应在资产负债表日后尽量接近资产负债表日的时间内实施函证，因为函证的应付账款余额是截止资产负债表日的余额，如果时间太长则不容易获取准确数据。如果对内部控制了解后认为其有效程度很高，也可在临近期末的预审中实施函证。但是，如果函证的结果存在较大差异，则表明内部控制较为薄弱，到期末时仍需对应付账款的余额进行函证或实施其他替代测试，以确认期末应付账款的准确金额。

实施了上述审计程序对应付账款确认之后，应根据对账单或函证回函对应付账款进行调节，如果是正常原因造成的差异经调节后应该相符一致。正常原因可能有：被审计单位的供应商已发出存货和发票，而被审计单位尚未收到；被审计单位已办理付款支票，而其供应商尚未到银行办理手续，或者会计人员未及时入账等。

九、应付账款的测试范围

在对应付账款实施实质性程序时，除了考虑审计目标、对应的审计程序、需检查的凭证和记录、实施的时间外，注册会计师还应考虑测试的范围，也就是样本规模。影响样本规模的因素有很多，如控制测试的结果、应付账款的重要性水平、应付账款的余额等。其中最重要的就是控制测试的结果。如果控制测试表明被审计单位应付账款的内部控制很薄弱，则需对所有应付账款明细账户进行详细的测试；反之，则只需选取较少的样本量。需要强调的是，对于应收账款审计，注册会计师主要关注其真实性，可以直接以所有的明细账户作为总体；而应付账款审计则不同，注册会计师重点关注其完整性，如果实施统计抽样，则难以确定总体的范围，因此在对应付账款实施抽样时，很难实施统计抽样。

复习思考题

1.试解释购置与付款循环测试与应付账款测试之间的联系，并举出两类测试相互影响的具体例子。

2.如何查找未入账的应付账款？

3.应付账款函证和应收账款函证是否同样重要？有何异同？试论述之。

4.在建立健全应付账款交易事项内部控制时，发票核准方可付款和签发支票偿付发票价款的两大步骤中哪一个较为重要？

5.解释为什么大多数注册会计师认为收到商品和劳务是购置与付款循环中最重要的环节。

6.采购发票与供应商月对账单这两种审计证据，哪一个更具有可靠性？在验证应付账款余额时，哪个作为审计证据更妥当？为什么？

第四章　购置与付款循环其他账户审计

学习目标

1.熟悉购置与付款循环的其他相关账户；

2.掌握固定资产相关账户的审计程序；

3.掌握无形资产的审计程序；

4.掌握应计负债的审计程序；

5.掌握费用账户的审计程序。

通过上一章的学习已经了解到，购置与付款循环除了应付账款外，还涉及多个资产和费用类账户，如固定资产、在建工程、存货、管理费用等，此外，应付职工薪酬也涉及多个费用账户。本章将对购置与付款循环中的资产与费用账户的审计程序进行介绍。

因为购置与付款循环的交易牵涉到资产、负债和损益类账户，所以其交易非常重要，金额错报和分类错报都可能严重影响财务报表。所以，注册会计师应该认真分析各项交易的性质，以便能够有效地评价重大错报风险，并执行进一步的审计程序。

表4-1列示了同购置与付款循环交易相联系的资产、负债和费用账户。这些账户的具体内容因企业的经营性质而有所差异，审计时应具体了解被审计单位的经营性质和业务内容，以确定应采用的账户是否正确。这些账户的审计程序与以前介绍的其他账户审计程序类似，首先对其实施风险评估程序，确定重要性水平，进行控制测试，然后实施实质性分析程序，针对具体审计目标实施余额细节测试。

表4-1　　　　　　　　　　　　　　　购置与付款循环中的相关账户

资产	费用	负债
库存现金	制造费用	应付账款
银行存款	所得税费用	长期应付款
存货	管理费用	应交税费
固定资产		应付职工薪酬
在建工程		
无形资产		
预付账款		

第一节　　　固定资产审计

固定资产是指为生产商品、提供劳务、出租或经营管理而持有的，且使用寿命超过一个会计年度的有形资产。出于经营活动需要而持有且预计使用期限超过一年是其区别于存货、预付账款和投资类资产最明显的特征。固定资产一般可以分为房屋和建筑物、机器设备、运输设备、办公设备、电子设备等。

一、固定资产相关账户及相互关系

图4-1列出了固定资产相关的常用账户及其钩稽关系。购置与付款循环业务主要涉及固定资产账户的借方发生额，一般而言，固定资产的金额较大，发生不是很频繁，直接对其实施详细的余额细节测试即可，但对于大型企业而言，仍需要对其固定资产的内部控制进行了解，必要时进行控制测试，而且，对于某些复杂的固定资产交易而言，如果仅通过实质性程序无法获取充分适当的审计证据，则应进行控制测试。

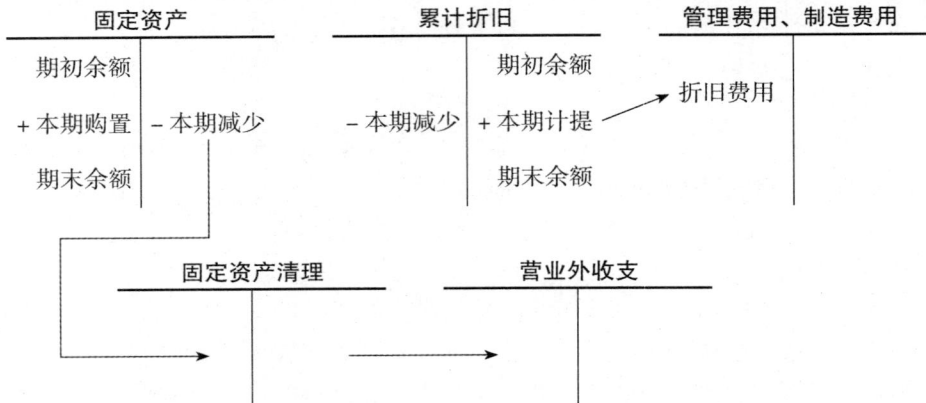

图4-1　固定资产相关账户钩稽关系示意图

二、固定资产的内部控制

对于许多从事制造业的被审计单位而言，固定资产在其资产总额中占有很大的比重，固定资产的购建会影响其现金流量，而固定资产的折旧、维修等费用则是影响其损益的重要因素。固定资产管理一旦失控，所造成的错报将远远超过一般的存货商品等流动资产所造成的错报，所以，为了确保固定资产的真实、完整、安全和有效利用，被审计单位应当建立和健全固定资产的内部控制。以下结合企业常用的固定资产内部控制，讨论注册会计师实施控制测试程序应予以关注的重点内容：

1.固定资产的预算管理

预算制度是固定资产内部控制中最重要的部分。通常情况下，大中型企业应编制旨在预测与控制固定资产增减和合理运用资金的年度预算；小规模企业即使没有正规的预算，对固定资产的购建也要事先进行计划。

2.固定资产的授权审批制度

完善的授权审批制度包括：企业的资本性支出预算只有经过董事会等高层管理机

构批准方可生效；所有固定资产的取得和处置均需要经过企业管理层的书面认可。

3.固定资产的凭证记录控制

除固定资产总账外，被审计单位还需设置固定资产明细分类账、固定资产清单和固定资产登记卡，按固定资产类别、使用部门和项目进行明细分类核算。固定资产增减变化均需要有原始凭证。固定资产取得之后应编制固定资产清单，列明固定资产编号、名称、种类、所处位置、使用部门、责任人、数量、账面价值、使用年限、损耗等内容，便于维护统计；按单项资产建立固定资产卡片，卡片的编号应与固定资产清单一致，上面记载各项固定资产的名称、原值、投入使用时间、预计使用年限、预计残值率、责任单位和责任人、运转维修、改造等内容，固定资产清单和卡片均应定期或不定期复核，保证信息真实、完整。

4.不相容职务分离

对固定资产的取得、记录、保管、使用、维修、处置等，均应明确划分责任。固定资产取得时，由独立的验收部门（人员）进行验收。企业外购固定资产应当根据合同、供应商发货单等对所购固定资产的品种、规格、数量、质量、技术要求及其他内容进行验收，出具验收报告。企业自行建造的固定资产，应由建造部门、固定资产管理部门、使用部门共同填制固定资产移交使用验收单，验收合格后移交使用部门投入使用。未通过验收的不合格固定资产，不得接收，必须按照合同等有关规定办理退换货或采取其他弥补措施。对于具有权属证明的固定资产，取得时必须有合法的权属证明。

5.合理划分资本性支出和收益性支出

企业应有效划分资本性支出和收益性支出，并制定书面标准。通常需明确资本性支出的范围和最低金额，凡不属于资本性支出的范围、金额低于下限的任何支出，均应列作费用并抵减当期收益。

6.固定资产的抵押、质押控制

（1）加强固定资产的抵押、质押管理，明晰固定资产抵押、质押流程，规定固定资产抵押、质押的程序和审批权限等，确保固定资产抵押、质押经过授权审批及适当程序。同时，应做好相应记录，保障企业资产安全。

（2）财务部门办理固定资产抵押时，如需要委托专业中介机构鉴定评估固定资产的实际价值，应当会同金融机构有关人员、固定资产管理部门、固定资产使用部门现场勘验抵押品，对抵押资产的价值进行评估。对于抵押资产，应编制专门的抵押资产目录。

7.固定资产的处置制度

（1）对使用期满、正常报废的固定资产，应由固定资产使用部门或管理部门填制固定资产报废单，经企业授权部门或人员批准后对该固定资产进行报废清理。

（2）对使用期限未满、非正常报废的固定资产，应由固定资产使用部门提出报废申请，注明报废理由、估计清理费用和可回收残值、预计处置价格等。企业应组织有关部门进行技术鉴定，按规定程序审批后进行报废清理。

（3）对拟出售或投资转出及非货币交换的固定资产，应由有关部门或人员提出处置申请，对固定资产价值进行评估，并出具资产评估报告。报经企业授权部门或人员批准后予以出售或处置。固定资产的处置应由独立于固定资产管理部门和使用部门的相关授权人员办理，固定资产处置价格应报经企业授权部门或人员审批后确定。对于重大固定资产处置，应当考虑聘请具有资质的中介机构进行资产评估，采取集体审议或联签制度。涉及产权变更的，应及时办理产权变更手续。

（4）对拟出租的固定资产由相关管理部门提出出租或出借的申请，写明申请的理由和原因，并由相关授权人员和部门就申请进行审核。审核通过后应签订出租或出借合同，包括合同双方的具体情况、出租或出借的原因和期限等内容。

8.固定资产的定期盘点制度

（1）财务部门需要组织固定资产使用部门和管理部门定期进行盘点，明确固定资产权属，确保实物与卡片、账表相符，在盘点实施之前编制盘点计划，经过管理部门审核后实施盘点。

（2）盘点结束后，需要编制盘点报告，管理部门对盘点报告进行审核，确保真实性、可靠性。

（3）盘点过程中出现盘盈（盘亏），应分析原因，追究责任，妥善处理，报告审核通过后及时调整固定资产账面价值，确保账实相符，并上报备案。

9.维护保养制度

固定资产应有严密的维护保养制度，以防止其因各种自然和人为的因素而遭受损失，并应建立日常维护和定期检修制度，以延长其使用寿命。此外，还要为固定资产恰当投保，企业应根据固定资产的性质和特点，确定固定资产的投保范围并严格执行固定资产投保政策，避免固定资产损失的风险。对于重大固定资产项目的投保，应当考虑采取招标方式确定保险人，防范固定资产投保舞弊。已投保的固定资产发生损失的，及时调查原因及受损金额，向保险公司办理相关的索赔手续。

三、固定资产的控制测试

结合上述固定资产内部控制的内容和顺序，注册会计师在对被审计单位的固定资产实施控制测试时应注意下列问题：

（1）对于固定资产的预算管理，注册会计师应选取固定资产投资预算和投资可行性项目讨论报告，检查是否编制预算并进行论证，以及是否经过适当层次审批；对实际支出与预算之间的差异以及未列入预算的特殊事项，应检查其是否履行特别的审批手续。如果固定资产增减均能处于良好的经过批准的预算控制之下，注册会计师即可适当减少对固定资产增加或减少实施的实质性程序的样本量。

（2）对于固定资产的授权审批制度，注册会计师不仅要检查被审计单位固定资产授权审批制度本身是否完整，还应该选取固定资产请购单及相关采购合同，检查是否得到适当审批和签署，关注授权审批制度是否切实得到执行。

（3）对于固定资产的凭证记录，注册会计师应当认识到，一套设置完善的固定资产明细分类账和登记卡，将为分析固定资产的取得和处置、复核折旧费用和修理支出的列支带来帮助。

（4）对于不相容职务分离，注册会计师应当认识到，明确的职责分工制度有利于防止舞弊，降低审计风险。

（5）对于合理划分资本性支出和收益性支出，注册会计师应当检查该制度是否遵循企业会计准则的要求，是否适应被审计单位的行业特点和经营规模，并抽查实际发生固定资产相关支出时是否按照该制度进行恰当的会计处理。

（6）对于固定资产的处置制度，注册会计师应当关注被审计单位是否建立了有关固定资产处置的分级申请报批程序；收取固定资产盘点明细表，检查账实之间的差异是否经审批后及时处理；抽取固定资产报废单，检查报废是否经适当批准和处理；抽取固定资产内部调拨单，检查调入、调出是否已进行适当处理；抽取固定资产增减变动情况分析报告，检查是否经复核。

（7）对于固定资产的定期盘点制度，注册会计师应了解和评价企业固定资产盘点制度，并应注意查询盘盈、盘亏固定资产的处理情况。

（8）对于固定资产的保险情况，注册会计师应抽取固定资产保险单盘点表，检查是否已办理商业保险。

四、固定资产的实质性程序

通常情况下，在一个会计年度内固定资产的取得发生较少，但每次发生的金额通常都很大，而且固定资产一旦取得之后一般都会使用好几年，相关的文件记录也要保存好几年，因此，固定资产审计的重点应放在本期新增固定资产上，同时，由于固定资产需要计提折旧，所以需要对累计折旧和制造费用、管理费用进行审计，最后，由于本期固定资产可能被出售或处置，注册会计师还应该验证固定资产清理和相关的营业外收支。

固定资产的审计方法与流动资产不同，但与在建工程、无形资产的审计方法大同小异。固定资产实质性程序一般包括实质性分析程序、验证本期新增固定资产、验证本期处置固定资产、验证固定资产账户期末余额、验证本期计提的累计折旧、验证累计折旧的期末余额等步骤。

固定资产实质性程序涉及的最重要的文件记录包括固定资产清单和固定资产卡片。固定资产清单由一系列记录组成，每一条记录了被审计单位所拥有的一项固定资产的相关信息，包括该项资产的编号、名称、摘要说明、采购日期、账面原值、本期折旧和累计折旧等，固定资产清单是固定资产卡片的汇总，应该与固定资产卡片记载的信息相一致。

（一）实质性分析程序

与其他项目的审计相同，分析程序的性质取决于被审计单位的经营性质。通常情况下，应根据对被审计单位及其环境的了解，考虑有关数据间关系的影响，建立有关数据的期望值，确定可接受的差异额，进行以下分析：

1.分类计算本期计提折旧额、累计折旧额占固定资产原值的比例，并与上期比较，以评价折旧费用和累计折旧是否可能存在错报。

2.计算固定资产修理及维护费用占固定资产原值的比例，并进行本期各月、本期与以前各期的比较，以评价资本性支出与费用化支出是否可能被混淆。

3.将生产成本与某些生产指标的比率与以前年度比较，以评价固定资产是否存在闲置或已处置而仍然挂账。

（二）验证本期新增固定资产

固定资产的记录和核算对被审计单位的财务报表会有长期影响，若记录不当或核算错误，例如将应列为资本化的支出进行了费用化处理，或者将费用资本化，或者对固定资产的入账价值核算有误，都会影响资产负债表直至被审计单位处置完毕该项资产，同样，对利润表的影响则一直持续到提足折旧为止。

鉴于本期新增固定资产审计的重要性，新增固定资产的审计目标一般包括：确定账面中记录的本期新增固定资产是否存在；确定本期所有新增固定资产是否均已记录；确定新增固定资产是否由被审计单位所有或控制；确定新增固定资产的计价方法是否恰当；是否已按照企业会计准则的规定在财务报表中作出恰当列报。所以，余额细节测试与以下七个目标相关：存在性、完整性、准确性、分类、截止、细节相符性以及权利和义务。在这七个目标中，存在性、完整性、准确性、分类四个目标又是此部分审计的重点。固定资产审计目标与审计程序间的关系见表4-2。

表4-2　　　　　　　　　**固定资产审计目标与审计程序间的关系**

审计目标	常用的实质性程序
计价和分摊	获取或编制固定资产（包括累计折旧及减值准备）明细表，复核加计是否正确，与报表数、总账数和明细账合计数核对是否相符
存在性、完整性、计价和分摊	实施固定资产监盘程序： （1）在本期新增的固定资产中选取适量的项目，实地观察和检查固定资产（如为首次接受委托，应针对期初固定资产实施相应程序），确定其是否存在，记录当期实际使用情况； （2）观察是否存在已报废但仍未核销的固定资产； （3）观察是否存在封存或闲置的固定资产； （4）检查是否存在尚未入账的固定资产
权利和义务	检查固定资产的所有权或控制权是否归被审计单位所有，并关注是否存在"他项权"： （1）对外购的机器设备等固定资产，审核采购发票、采购合同等； （2）对房地产类固定资产，查阅权属证书、合同、财产税单、抵押借款的还款凭证、保险单等书面文件； （3）对融资租入的固定资产，检查融资租赁合同； （4）对汽车等运输设备，检查有关运营证件等； （5）结合银行借款等有关负债项目的检查，了解固定资产是否存在抵押等担保情况

续表

审计目标	常用的实质性程序
计价和分摊	检查本期增加固定资产的入账价值： （1）检查本期增加固定资产的计价（初始计量）是否正确，手续是否齐备，会计处理是否正确； （2）固定资产有关的后续支出是否满足资产确认条件，如不满足，检查该支出是否在后续支出发生时计入当期损益； （3）结合借款等负债项目的审计，检查计入固定资产的借款费用资本化金额
存在性、完整性、计价和分摊	检查本期减少的固定资产： （1）结合固定资产清理科目，检查固定资产账面转销额是否正确，原计提的减值准备是否同时结转，会计处理是否正确； （2）检查出售、盘亏、转让、报废或毁损的固定资产是否经授权批准，会计处理是否正确； （3）检查投资转出固定资产的会计处理是否正确； （4）检查债务重组或非货币性交易转出固定资产的会计处理是否正确； （5）检查其他减少固定资产的会计处理是否正确
存在性、权利和义务、计价和分摊	获取经营性租入和融资租入固定资产的相关证明文件，并结合租金收入、融资租入固定资产分期付款情况检查相关科目的会计处理是否正确
列报、计价和分摊	检查购置固定资产时是否存在与资本性支出有关的财务承诺
计价和分摊	检查固定资产的折旧： （1）检查被审计单位的折旧政策和方法是否符合企业会计准则的规定，前后期是否一致，预计使用寿命和预计净残值的确定是否合理； （2）将被审计单位账面计提折旧额与上年同期金额、测算折旧额进行比较，根据可接受的差异额分析评估测试结果； （3）重新计算各类固定资产本期应计提的折旧额； （4）检查折旧费用的分配方法是否合理，与上期是否一致，分配计入各项目的金额占本期全部折旧计提额的比例与上期比较是否有重大差异，将本期计提折旧额与成本费用中的折旧金额进行核对； （5）关注固定资产增减变动时，相应的累计折旧账户的会计处理是否符合规定
计价和分摊	检查固定资产是否存在减值迹象，如果存在减值迹象，复核被审计单位估计的可收回金额，以确定固定资产是否已经发生减值； （1）与被审计单位管理层讨论，固定资产是否存在可能发生减值的迹象； （2）复核被审计单位估计的可收回金额，计提固定资产减值准备的依据是否充分，会计处理是否正确
列报	检查固定资产是否按照企业会计准则的规定恰当列报

固定资产审计跟其他项目的审计类似，实施实质性程序的范围与该账户的重要性水平、重大错报风险和控制测试的结果有关。审计风险与重要性水平呈反向关系，重要性水平越低，重大错报风险越大，测试的范围就越广；控制测试的结果表明控制风险为低水平时，可以选择较少的测试样本。对于本期新增固定资产审计，重要性水平尤为重要，因为有些年份可能只发生些零星的小额采购，而有些年份可能发生大规模的采购，其性质和金额的重要性并不相同，这都会影响实质性程序的范围。

如同每个项目的审计起点，验证本期新增固定资产的起点也是获取或编制固定资产明细表，然后编制固定资产增加检查表，检查表的信息可从固定资产清单中获得。固定资产明细表和固定资产增加检查表的格式见表4-3、表4-4。

表4-3 固定资产明细表

被审计单位： 索 引 号：
项　　目： 截 止 日：
编　　制： 复　　核：
日　　期： 日　　期：

项目名称	期初余额	本期增加	本期减少	期末余额	备注
一、固定资产原价合计					
其中:房屋、建筑物					
机器设备					
运输工具					
……					
二、累计折旧合计					
其中:房屋、建筑物					
机器设备					
运输工具					
……					
三、固定资产减值准备合计					
其中:房屋、建筑物					
机器设备					
运输工具					
……					
四、固定资产账面净额合计					
其中:房屋、建筑物					
机器设备					
运输工具					
……					

审计说明：

表4-4　　　　　　　　　　固定资产增加检查表

被审计单位：　　　　　　　　　　　　索　引　号：
项　　　目：　　　　　　　　　　　　截　止　日：
编　　　制：　　　　　　　　　　　　复　　　核：
日　　　期：　　　　　　　　　　　　日　　　期：

固定资产名称	取得日期	取得方式	固定资产类别	增加情况		凭证号	核对内容(用√、×表示)							
				数量	原价		①	②	③	④	⑤	⑥	⑦	⑧

核对内容说明：①与发票是否一致；②与付款单据是否一致；③与购买/建造合同是否一致；④与验收报告或评估报告等是否一致；⑤审批手续是否齐全；⑥与在建工程转出数核对是否一致；⑦会计处理是否正确(入账日期和入账金额)；⑧……

审计说明：

对于新增固定资产而言，最重要的是检查其权属证明文件。如房屋建筑物，应检查其房产证、土地使用证和竣工决算报告、验收文件等；对于机器设备，应检查其采购发票和验收报告；融资租入固定资产应检查其合同和验收报告；对于车辆等，应检查其行车证、采购发票等。除控制测试和交易实质性程序外，出于对许多设备的交易复杂性和金额重要性的考虑，通常需要执行追加程序。一般来说，追加程序通常验证全年大额项目中的金额异常项目和有代表性的项目，验证的范围取决于注册会计师估计控制风险和采购交易的重要性。

注册会计师在对新增固定资产进行审计时，应该按照会计准则的规定，结合被审计单位的实际，确定固定资产的入账价值。特别是许多固定资产牵涉到一些运输成本、安装成本、途中保险费用和运行保险费用，注册会计师应确定这些支出是否构成了固定资产的初始入账价值。如果是以旧换新或非货币性交易换入的资产，注册会计师应认真审核其入账价值。还有些固定资产在本期发生了升级改造或修理修缮，注册会计师应了解被审计单位的资本化政策是否符合企业会计准则的要求，以及在会计期间内是否得到了一贯遵守。把本应资本化的支出计入修理和维护费用、租赁费用、物料费用和其他相关账户是审计中经常发现的错误。特别是民营企业，该错误可能是因为对会计准则的误解，也可能是故意为之，以便少缴所得税。如果注册会计师通过风险评估程序或控制测试认为该类错误风险较高，则应对费用账户的大额借方发生额进行余额细节测试。相反，如果被审计单位正在准备公开募集资金（如首次公开上市），则很可能将本应费用化的支出进行资本化，以便虚增本期收入。针对这类错误，注册会计师可以在对本期新增固定资产、无形资产或在建工程的原始凭证进行审核时发现。

（三）验证本期处置固定资产

如果企业固定资产的内部控制存在缺陷，比如未进行定期盘点、未登记造册、未给各项固定资产建立卡片、在固定资产进行移动时未履行充分的书面登记程序、固定资产保管人员与会计部门没有经常对账等，都会造成管理层无法及时获知固定资产被出售、报废、失窃的信息，从而出现财务报表的错报。如果某项固定资产已被处置而未反映在报表中，必然会造成虚增资产、虚增成本，直至该项固定资产提完折旧。所以，完善的固定资产簿记制度和处置的恰当授权能够减少该类错报的发生。

注册会计师首先对本期处置固定资产进行验证的目标：一是确认账面记录的当期已处置固定资产是否实际发生，记录是否准确；二是确认当期所有已处置固定资产是否均已入账。验证的起点仍然是编制或获取固定资产处置明细表，明细表上列有当期已处置资产的名称、账面价值、累计折旧、账面净值、处置日期、责任部门等信息。

然后可以根据明细表，抽样进行余额细节测试，检查相关原始凭证和单据，如批准文件、处置记录、发票等，并可延伸追查至累计折旧账户进行核对。一般而言，本期处置的固定资产交易不是很多，可以根据风险评估的结果和重要性水平决定是否检查全部项目。固定资产减少检查表见表4-5。

相对而言，验证固定资产减少检查表中的记录是否实际发生较为容易，直接追查至相关原始凭证即可；然而，验证本期实际已处置的固定资产是否均已记录，即确认本期减少固定资产的完整性较为困难，而且这一认定又非常重要，可能严重影响资产负债表和利润表。实务中一般执行以下程序以发现该类错报：

1.检查是否有新取得固定资产替代原有固定资产。新取得固定资产可能是为了扩张产能，也有可能是为了提高产品品质而更新原有固定资产。如果本期取得新的固定资产，注册会计师应采取询问、观察等必要的审计程序搞清楚真实原因。

表4-5　　　　　　　　　　　固定资产减少检查表

被审计单位：　　　　　　　　　　　　　　索　引　号：
项　　　目：　　　　　　　　　　　　　　截　止　日：
编　　　制：　　　　　　　　　　　　　　复　　　核：
日　　　期：　　　　　　　　　　　　　　日　　　期：

固定资产名称	处置日期	处置方式	固定资产原价	累计折旧	减值准备	账面净值	处置费用	处置收入	收益(损失)	索引号	核对内容(用√、×表示)				
											①	②	③	④	⑤

核对内容说明：①与收款单据是否一致；②与合同是否一致；③审批手续是否完整；④会计处理是否正确；⑤……

审计说明：

2.分析营业外收支的内容，查明其中是否有因资产处置而产生的利得或损失，并延伸追查至固定资产相关账户，确认其是否入账。

3.对本期固定资产的维修维护费用、保险支出实施分析程序，如果与上期相比有明显减少，则可能发生固定资产减少。

4.向管理层和生产人员询问是否有固定资产处置活动。

最后针对"计价和分摊"目标验证本期固定资产减少的账面记录的准确性。注册会计师应检查相关原始凭证，如发票、合同、累计折旧计算文件等，验证账面记录的准确性，必要时进行重新计算。如果涉及非货币性交易或以旧换新等复杂业务，注册会计师应特别注意原固定资产是否已被取代或构成了新固定资产的一部分，其账面记录是否进行了正确的记录和调整。

（四）验证固定资产账户期末余额

固定资产账户期末余额的审计目标：一是确认账面记录的固定资产是否实际存在，金额是否准确；二是确认所有固定资产是否均已入账。前者对应的认定是"存在"，后者对应的认定是"完整性"。在对固定资产账户期末余额进行细节测试前，应了解固定资产内部控制，估计其风险，然后确定是否进行控制测试。如果控制测试结果表明非常有效，就可以进行较少的细节测试。如果被审计单位是庞大的制造业企业，良好的固定资产内部控制可以节约大量的审计时间。前已述及，固定资产相关的主要内部控制有：为每项固定资产编制卡片，登记造册；固定资产进行移动或变更责任人时要填写移交手续；经常盘点固定资产并与会计部门的数据进行比较调整；明确每项固定资产的责任人、使用人。

与各个项目的审计程序相同，首先应编制或获取固定资产明细表（见表4-3）、固定资产清单，并与总账、明细账、报表核对是否一致。如果不一致，则说明被审计单位相关内部控制可能存在重大缺陷，存在较高的控制风险，应扩大余额细节测试的范围，选取更多的样本。一般情况下，这一程序通过Excel表格或审计软件很快就能完成。然后，注册会计师应根据控制测试的结果，确定固定资产进行细节测试的范围。如果注册会计师通过控制测试或者分析程序发现账面上的固定资产可能已经缺失，就应该从固定资产清单中选取一定的样本进行测试，检查其权属证明，实地观察其是否存在。如果认为控制风险很高，则应进行100%项目的盘点或监盘。盘点程序的设计与存货监盘类似，应事先制订盘点计划，确定盘点路线和时间，并准备好盘点标签，做好盘点记录。

如果被审计单位上期经过审计，且不存在对固定资产异常情况的披露，注册会计师一般无需对上期末的固定资产余额进行验证，除非审计中发现有导致上期期末余额存在错报的因素。因为上期期末已存在的固定资产在其购置或入账的当期审计中，已经经过核实和验证，只要折旧计提正确，存在错误的可能性很小。

针对固定资产列报与披露目标，首先，注册会计师应确认固定资产分类的适当性。注册会计师应通过观察、询问、检查相关技术文件等关注固定资产的物理存在状态，确定是否存在未使用固定资产、不需用固定资产、已提足折旧继续使用固定资产等，以及其在报表附注中的列示是否正确，此外，还需根据固定资产的存在状态，关注其是否存在减值迹象，评估其是否应计提减值准备。其次，注册会计师应该主要关注固定资产的法律存在状态，确认被审计单位固定资产是否有抵押、质押等情况。注册会计师可以向被审计单位获取借款合同、抵押合同等进行检查，确认是否存在抵押条款，也可以在向银行函证银行存款和向往来单位函证往来款项时一并函证被审计单位是否存在固定资产抵押、质押，还可以向被审计单位的律师、法律顾问等进行函证或沟通。此外，还必须要求被审计单位在管理层声明书中就固定资产抵押、质押这一事项进行声明。

最后，注册会计师应对固定资产在财务报表中的列报与披露进行检查，不同类别的固定资产应分别单独列示，按照房屋建筑物、机器设备、运输工具、办公设备等种类进行归总反映，并披露固定资产的抵押情况、融资租入的固定资产等，确认按照企业会计准则的规定进行了列示和披露。

（五）验证本期计提的累计折旧

累计折旧的计提不需要通过外部交易形成，而是由被审计单位会计部门按照该单位制定的折旧政策按月计提分摊，所以在验证本期计提的累计折旧时通常直接进行余额细节测试，借助Excel或审计软件，重新计算折旧。累计折旧是少数几个不作为控制测试和交易实质性程序组成部分的费用账户之一。本期计提累计折旧最重要的审计目标是准确性，注册会计师首先应确认其折旧政策是否符合会计准则的要求并与该企业的经营性质和经营方式相适应；然后确认其折旧政策是否遵循了一贯性原则，本期折旧政策是否发生变更；最后重新计算折旧，复核计提金额是否准确，是否存在漏提、多提现象。

注册会计师可以从上期工作底稿或上期经审计的财务报表附注中获取被审计单位的折旧政策资料，如果本期折旧政策发生变更，注册会计师还应取得本期经董事会审批的折旧政策文件。注册会计师应重点关注折旧政策中的预计资产使用年限、计提折旧的方法、预计残值率等三个因素，可以根据职业判断以及与被审计单位相关技术人员的沟通来判断会计政策的合理性，必要时可以参考相同行业企业的情况以及向技术专家进行咨询。在判断固定资产的预计使用年限时，注册会计师不仅要考虑该项固定资产的物理寿命，还要考虑因技术进步和环境变化导致的更新淘汰。有些情况下，被审计单位可能会由于环境的变化而对固定资产的预计使用年限进行重新评估，延长或缩短原定的预计使用年限，而折旧方法没有变化。这种情况下，注册会计师应认真复核其变化依据是否适当，以及因为会计估计的变化影响损益的金额是否进行了准确的披露。因为被审计单位往往出于对外披露信息的目的，如为了配股、增发股票、发行债券、"摘星"等，进行利润操纵，随意变更折旧政策，这往往蕴含着较大的风险。

对于累计折旧计算的准确性目标，一般首先是通过计算评价其总体合理性。注册会计师可以根据固定资产清单，将应该计提折旧的固定资产总额乘以其年折旧率，按照类别进行汇总计算，把具有相同使用年限和年折旧率的归为一类，不同类的进行调整后汇总计算或单独计算。最好利用 Excel 中的公式功能或使用审计软件，可以实现在很短时间内完成固定资产本期计提累计折旧的测算。如果注册会计师的测算结果与被审计单位本期计提的累计折旧总额差额很小，而且固定资产控制测试的结果表明控制风险很低，就不必再对每项固定资产逐个进行细节测试。但是，如果注册会计师的测算结果与被审计单位本期计提的累计折旧总额差额较大，就应该分析产生差额的原因，选择可疑的固定资产进行细节测试。如果产生差额的原因难以分析，则需要在更大的范围内选择更多的固定资产进行细节测试，根据其卡片上的信息，逐一计算折旧费用，确认被审计单位是否遵循了恰当的折旧政策。本期计提累计折旧的测算与细节测试可以通过折旧计算检查表（见表4-6）完成。

对于累计折旧的列报与披露目标，注册会计师应主要执行检查程序，复核被审计单位在财务报表附注中是否对固定资产折旧政策（如折旧方法、预计使用年限和预计残值率等）进行了披露，还应复核被审计单位本期已计提折旧的情况，以及本期折旧政策变更的情况和变更影响损益的金额。这一审计程序往往不需要单独执行，而是在实施前面几项审计程序时一并进行，例如，注册会计师可以核对在验证本期计提累计折旧时获得的信息和报表附注中披露的信息是否一致。

表4-6 　　　　　　　　　　　折旧计算检查表

被审计单位：　　　　　　　　　　　　　索 引 号：
项　　目：　　　　　　　　　　　　　　截 止 日：
编　　制：　　　　　　　　　　　　　　复　　核：
日　　期：　　　　　　　　　　　　　　日　　期：

固定资产	取得时间	使用年限	固定资产原值	残值率	折旧方法	累计折旧期初余额	减值准备期初余额	本期应计提折旧	本期已计提折旧	差异

审计说明：

（六）验证累计折旧的期末余额

累计折旧期末余额审计主要有两个目标：一是确认固定资产清单（卡片）上记载的累计折旧总额与总账是否一致；二是确认固定资产清单（卡片）上记载的累计折旧金额是否准确。前一个目标可以通过对固定资产清单（卡片）上的累计折旧进行汇总并与总账核对来确认，后一个目标取决于累计折旧的期初余额、本期贷方发生额和本期借方发生额是否准确。本期计提的折旧通常记入累计折旧的贷方，但如果发生固定资产处置，则应将该项固定资产已计提的折旧转入固定资产清理，借记累计折旧，所以其借方发生额一般与固定资产清理账户在验证资产处置时一同测试，而不单独进行测试。如果本期计提的累计折旧已经执行了充分的审计程序并确认无误，累计折旧的借方发生额也获取了充分适当的证据进行确认，则一般情况下累计折旧的期末余额就无需再进行过多的追加审计测试，只需进行简单的复核，确认其机械准确性即可。

第二节　　　　　　无形资产审计

无形资产，是指企业拥有或者控制的没有实物形态的可辨认非货币性资产。常见的无形资产包括软件、土地使用权、商标使用权、专利权、非专利技术、著作权、特许使用权等，其寿命从几个月到若干年不等。与无形资产紧密相关的账户是"研发支出"，根据《企业会计准则第6号——无形资产》的规定，企业内部研究开发项目的支出，应当区分研究阶段支出与开发阶段支出。研究是指为获得并理解新的科学或技术知识而进行的独创性的有计划调查。开发是指在进行商业性生产或使用前，将研究成果或其他知识用于某项计划或设计，以生产出新的或具有实质性改进的材料、装置、产品等。对于企业内部的研究开发项目（包括企业取得的已作为无形资产确认的正在进行中的研究开发项目），研究阶段的支出应当于发生当期归集后计入损益（管理费用）；开发阶段的支出在符合特定条件时则可以确认为无形资产，即资本化。如果进行资本化，应在资产负债表中"开发支出"项目进行填列。研究支出的核算内容主要是在研究与开发过程中所使用资产的折旧、消耗的原材料、直接参与开发人员的工资及福利费、开发过程中发生的租金以及借款费用等。

如果被审计单位属于高科技企业，拥有大量的无形资产、产生大量的研发费用，如IT企业，则这些账户非常重要；而在一般情况下，被审计单位则很少涉及这类账户，此时，只需执行实质性分析程序就可以了。

一、无形资产内部控制

企业应当在对无形资产取得、验收、使用、保护、评估、技术升级、处置等环节进行全面梳理的基础上，明确无形资产业务流程中的主要风险，并采用适当的控制措施实施无形资产内部控制。

（一）无形资产的取得与验收

该环节的主要风险是：取得的无形资产不具有先进性，或权属不清，可能导致企业资源浪费或引发法律诉讼。

主要内部控制措施有：企业应当建立严格的无形资产交付使用验收制度，明确无形资产的权属关系，及时办理产权登记手续；企业外购无形资产，必须仔细审核有关合同协议等法律文件，及时取得无形资产所有权的有效证明文件，同时特别关注外购无形资产的技术先进性；企业自行开发的无形资产，应由研发部门、无形资产管理部门、使用部门共同填制无形资产移交使用验收单，移交使用部门使用；企业购入或者以支付土地出让金方式取得的土地使用权，必须取得土地使用权的有效证明文件；当无形资产权属关系发生变动时，应当按照规定及时办理权证转移手续。

（二）无形资产的使用与保全

该环节的主要风险是：无形资产使用效率低下，效能发挥不到位；缺乏严格的保密制度，致使体现在无形资产中的商业机密泄漏；由于商标等无形资产疏于管理，导致其他企业侵权，严重损害企业利益。

主要内部控制措施有：企业应当强化无形资产使用过程的风险管控，充分发挥无形资产对提升企业产品质量和市场影响力的重要作用；建立健全无形资产核心技术保密制度，严格限制未经授权人员直接接触技术资料，对技术资料等无形资产的保管及接触应进行详细记录，实行责任追究，保证无形资产的安全与完整；对侵害本企业无形资产的，要积极取证并形成书面调查记录，提出维权对策，按规定程序审核并上报等。

（三）无形资产的处置

该环节的主要风险是：无形资产长期闲置或低效使用，就会逐渐失去其使用价值；无形资产处置不当，往往造成企业资产流失。

主要内部控制措施有：企业应当建立无形资产处置的相关管理制度，明确无形资产处置的范围、标准、程序和审批权限等要求；无形资产的处置应由独立于无形资产管理部门和使用部门的其他部门或人员按照规定的权限和程序办理；应当选择合理的方式确定处置价格，并报经企业授权部门或人员审批；重大的无形资产处置，应当委托具有资质的中介机构进行资产评估。

注册会计师尤其要对被审计单位无形资产的会计控制进行深入了解，如无形资产的确认、摊销、资本性支出与费用性支出的划分和审批权限，是否定期进行账实核对，是否定期评估其价值等。这些控制如果不当，可能对报表产生重大影响。

二、无形资产的实质性程序

（一）验证账面记载的无形资产是否存在

对于无形资产审计而言，有两个主要目标：一是确认账面上列示的无形资产、开发支出是否存在，是否为被审计单位所拥有和控制；二是确认研发支出的分类是否正确，资本性支出与费用性支出的划分是否适当。

同大多数项目的审计一样，起点仍然是获取或编制无形资产明细表，复核加计是否正确，并与总账数和明细账合计数核对是否相符；结合累计摊销、无形资产减值准备账户与报表数核对是否相符。针对第一个主要审计目标，注册会计师应该检查无形资产的权属证书原件、非专利技术的持有和保密状况等，并获取有关协议和董事会会议纪要等文件、资料，检查无形资产的性质、构成内容、计价依据、使用状况和受益期限，确定无形资产是否存在，并由被审计单位拥有或控制。注册会计师应检查被审计单位的担保合同、贷款合同等，必要时向被审计单位律师进行沟通或函证，确认无形资产是否存在担保或抵押情况。

（二）验证本期无形资产增减情况

注册会计师应该重点关注的是本期新增的无形资产和本期减少的无形资产。

对于投资者投入的新增无形资产，应检查其是否按投资各方确认的价值入账，并检查确认价值是否公允，交接手续是否齐全；涉及国有资产的，是否有评估报告并经国有资产管理部门评审备案或核准确认；对自行研发取得、购入或接受捐赠的无形资产，检查其原始凭证，确认计价是否正确，法律程序是否完备（如依法登记、注册及变更登记的批准文件和有效期），会计处理是否正确；对债务重组或非货币性资产交换取得的无形资产，检查有关协议等资料，确认其计价和会计处理是否正确；对于土地使用权，应检查本期购入土地使用权相关税费计算清缴情况，与购入土地使用权相关的会计处理是否正确。

对于因无形资产处置而导致的减少，注册会计师应取得无形资产处置的相关合同、协议，检查其会计处理是否正确；对于土地使用权的处置，如果是房地产开发企业，应检查其取得的土地用于建造对外出售的房屋建筑物，相关的土地使用权是否转入所建造房屋建筑物的成本，在土地上自行开发建造厂房等建筑物的，土地使用权和地上建筑物是否分别进行摊销和计提折旧；如果土地使用权用于出租或增值目的，检查其是否转为投资性房地产核算，会计处理是否正确。

（三）验证无形资产摊销情况

与固定资产类似，无形资产需要在预计使用寿命内进行摊销，因此，预计使用寿命会对被审计单位的损益产生影响。注册会计师应检查被审计单位确定无形资产使用寿命的依据，分析其合理性。无形资产使用寿命的确定可通过下列方式进行判断：源自合同性权利或其他法定权利取得的无形资产，其使用寿命是否超过合同性权利或其他法定权利规定的期限；如果合同性权利或其他法定权利能够在到期时因续约等延续，续约期是否计入使用寿命；合同或法律没有规定使用寿命的，检查被审计单位是否综合各方面情况判断，以确定无形资产能为被审计单位带来未来经济利益的期限，比如与同行业的情况进行比较、参考历史经验、聘请相关专家进行论证等，按照上述方法仍无法合理确定无形资产为被审计单位带来经济利益期限的，该项无形资产应作为使用寿命不确定的无形资产。

注册会计师还应验证无形资产摊销的准确性，获取或编制无形资产累计摊销明细表，复核加计正确，并与总账数和明细账合计数核对相符；检查无形资产各项目的摊销政策是否符合有关规定，是否与上期一致，若改变摊销政策，检查其依据是否充分，注意使用期限不确定的无形资产不应摊销，但应当在每个会计期间对其使用寿命进行复核；检查被审计单位是否在年度终了对使用寿命有限的无形资产的使用寿命和摊销方法进行复核，其复核结果是否合理；检查无形资产的应摊销金额是否为其成本扣除预计净残值和减值准备后的余额，检查其预计净残值的确定是否合理；复核本期摊销是否正确，与相关账户核对是否相符。

（四）验证无形资产的账面余额

如果上期经过审计，确认了本期新增的无形资产和减少的无形资产，则对无形资产的账面余额无需再执行过多的追加测试，但是，注册会计师应对无形资产的可实现价值进行确认和验证。注册会计师应获取或编制无形资产减值准备明细表，复核加计正确，并与总账数和明细账合计数核对相符；检查无形资产减值准备计提和转销的批准程序，取得书面报告等证明文件；检查被审计单位计提无形资产减值准备的依据是否充分，会计处理是否正确；检查无形资产转让时，相应的减值准备是否一并结转，会计处理是否正确；对于使用寿命有限的无形资产，逐项检查是否存在减值迹象，并作出详细记录；对于使用寿命不确定的无形资产，无论是否存在减值迹象，都要进行减值测试；通过检查期后事项，以及比较前期无形资产减值准备数与实际发生数，评价计提无形资产减值准备的合理性。

（五）验证无形资产的列报与披露

注册会计师应对无形资产在财务报表中的列报与披露进行检查，确认按照企业会计准则的规定进行了列报和披露。不同类别的无形资产应分别单独列示，并披露无形资产的抵押或担保情况，以及无形资产确认、摊销的会计政策。此外，在报告期内发生的单项价值具有重大影响的无形资产，若该无形资产原始价值是以评估值作为入账依据的，还应披露评估机构名称、评估方法；对于使用寿命不确定的无形资产，说明每一个会计期间对该无形资产使用寿命进行复核的程序，以及针对该项无形资产的减值测试结果。

（六）开发支出审计

开发支出在资产负债表上列示，但它不是一个会计科目，属于研发支出科目中的一部分，研发支出包括费用化的研究支出和资本化的开发支出。对于开发支出，最主要的审计目标是确认开发支出的发生，也就是发生的支出按照企业会计准则的要求是可以资本化的；另一个目标就是开发支出的准确性，也就是开发支出的归集、计算是准确的。

第一，注册会计师应获取或编制开发支出明细表，所需信息可以从开发支出明细账、总账或科目余额表中得到；复核加计是否正确，并将该表与报表金额、总账金额、明细账合计数核对是否相符。

第二，注册会计师应检查开发支出的本期增加额。首先根据明细项目，分别获取各项目的协议和董事会会议纪要、无形资产研究开发的可行性研究报告等文件，向被审计单位财务人员和研发人员询问各项目的基本情况，并根据询问的情况结合获取的资料，与明细表各项目逐一核对，检查研发支出的性质、构成内容、计价依据，确定其是否归被审计单位拥有或控制。然后复核被审计单位划分研究支出与开发支出的依据，并与其财务人员和研发人员进行讨论，确定研究开发项目处于研究阶段还是开发阶段，必要时应获取研发部门的说明或借助专家工作。还要注意，向客户询问及讨论的内容应当形成记录，重点记录关于研发项目的立项、组织实施、划分研究阶段与开发阶段的标准等内容。结合以上情况对研发支出明细项目进行抽查，将研发支出中的职工薪酬、折旧等费用，与相关账户进行核对。

第三，注册会计师应检查开发支出的本期减少数。对于研究项目，检查其期末是否全部结转至管理费用，有无挂账未结转情况；对于开发项目，检查其是否已经在使用或已经达到预定用途，如果在使用或已经达到预定用途，应将其结转至无形资产项目，并进行摊销或减值测试，关注有无长期挂账的开发支出，如果不能给企业带来经济利益，应将其全部转销。

开发支出项目的审计重点在于：一是确定支出事项是否属于研发支出项目，需要检查被审计单位有无研发支出项目的立项及决议等资料，将支出内容与有关资料核对确定。二是注意研发支出费用化与资本化的划分，在研发支出金额较大时，费用化与资本化的划分对被审计单位影响较大，因此，这一领域存在较高的舞弊风险，由于费用化与资本化的划分涉及较多的判断及研发项目的专业知识，实务中应由经验丰富的注册会计师来实施相应的审计程序。三是关注长期挂账的开发支出，除正常情况之外，要么存在舞弊的可能，要么可能属于研究支出。

第三节 ‖ 其他相关负债审计

在资产负债表中，列入流动负债的项目除了应付账款和应付票据外，还有应付职工薪酬、应交税费、其他应付款等科目，核算的内容包括职工代扣款、供应商保证金和应计负债。

一、职工代扣款审计

职工个人薪金扣除项目较多，包括个人所得税、住房公积金个人承担部分、养老保险个人承担部分、医疗保险个人承担部分等。职工个人薪金扣除项目必须作适当记录并查明是否遵守了相关法律法规的规定。

从职工工资中代扣的个人所得税而在资产负债表日尚未缴纳的部分，构成一项负债，应由注册会计师加以验证，注册会计师应从扣缴金额追查至工资汇总表，抽查代扣款和应交税费（其他应付款）的计算，确定税款是否按照相关法律、法规代缴或支付，并复核每期的纳税申报表。

职工工资扣除项目中还有代扣职工工会经费、养老保险、医疗保险及其他款项。除了验证在资产负债表日尚未汇缴的代扣职工债务外，注册会计师还应检查代扣手续是否完整，确定各项职工薪金扣缴项目有无适当的授权并经过正确计算。

二、供应商保证金审计

许多企业在进行采购时，为保证购买产品质量，要求供应商交存一定金额的保证金，也称押金，待产品质量保证期满或不再是该企业的供应商时，才予以退还。注册会计师应对收取、退还保证金过程中的内部控制进行认真检查和分析，这些领域存在职员舞弊的几率相当高。有些情况下，账面上显示退还了供应商保证金，但可能已经被经办人员贪污。

在审计该项目时，应取得供应商保证金清单，再与总账、明细账核对是否相符。如果保证金附有利息，还应复核应计利息的金额是否正确。一般而言，注册会计师无需直接向供应商函证押金，但是如果金额较大或估计的控制风险较高时，就应该实施函证程序。

三、应计负债审计

应计负债是指被审计单位在资产负债表日劳务或其他利益的未付款项。这一金额是被审计单位的估计金额，它表示被审计单位估计的一种未来债务，它源于过去形成的未付劳务，但在资产负债表日又不是应付的款项。应计负债不同于应付账款，后者是执行合同的结果，前者是因连续性的服务所产生的，和它相关的费用也经常以时间分割作为计算基础。

比如，经营租入资产的利益应与相应年度的收益相匹配，但其租金的支付一般情况下可能并不与相应的年度收益相匹配，所以，在资产负债表日应该把一部分尚未支付的租赁费记作本期应计负债。其他类似的负债有应交税费中的应交房产税、应交税费中的应交所得税、应计工资、应计租金、应计利息、应计管理人员奖金等。

应计负债的审计程序为：检查确认应计负债的所有合同、文件和契约等；评价该类负债的详细会计记录是否正确；抽查应计负债的计算过程（重新计算）；确定期初和期末是否一贯地处理应计负债。在会计记录良好、估计的控制风险较低时，注册会计师无需独立核算应计负债，而只需检查应计负债所用的方法并抽查被审计单位的计算有无错误就可以了。

下面以应交房产税为例，对应计负债审计进行介绍。

图4-2列示了被审计单位应交房产税与相关账户的关系。从图中可以看出，其贷方表示计提，借方表示支付，由于其借方发生额来自资金支出账户，因此在测试购置与付款循环时已经部分地测试了房产税的支付。

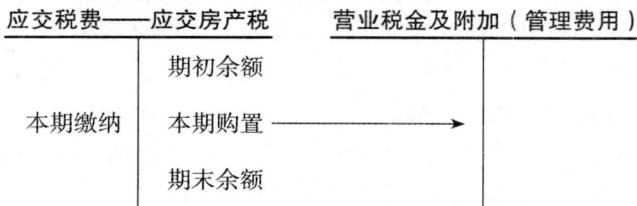

应交税费——应交房产税	营业税金及附加（管理费用）
	期初余额
本期缴纳	本期购置 ——————→
	期末余额

图4-2　应交房产税与相关账户的关系

应交房产税的余额是根据其账户期初余额、期末余额与本期支付的房产税计算得出的结果，所以测试的重点应放在期末余额与本期支付的房产税上。验证应交房产税时，除可实现价值外，与其他七个余额相关的审计目标都相关，不过其中有两点尤其重要：①现有应该计提的房产税都已恰当地列示在应交房产税明细表中。如果存在本应列示却未列示的应交房产税，则必然导致对该项负债的低估（完整性）。如果在资产负债表日前既没有支付有关的房产税，也没有计提房产税，则意味着可能发生了一个重大错报。②应交房产税的记录是准确的。注册会计师最需要关注的是，被审计单位应交房产税处理方法的前后一致性。

对应交房产税的完整性进行测试的主要方法有：将应交房产税测试与本期缴纳的房产税审计结合起来；将本期应交房产税与以前年度相比较。通常情况下，房产税支付次数不多而金额较大，在审计工作底稿中列示当年全部房产税交易的分析并非难事，因此注册会计师应逐笔验证。另外，注册会计师还应将本期缴纳的房产税与往年缴纳的房产税进行比较分析。

注册会计师应获取或编制被审计单位房产税支出明细表，将每一笔支出与上期相比较。以确定所有的支出是否都包括在此表中。由于大多数房屋建筑物的新增与处置都影响应交房产税，因此必须对固定资产明细表进行审核，确定本期新增和减少的房屋建筑物导致的房产税增减变动已经反映在明细表中。在注册会计师确定所有应税房产都已包括在被审计单位编制的房产税支出明细表中之后，应以每项资产为基础，估计其应交房产税，并与被审计单位的计提数相比较评价应交房产税的合理性。有些情况下，被审计单位的房产税总额已由税务机关核定，此时，注册会计师可以通过比较房产税支出明细表与被审计单位的税额进行验证，在重新计算各项房产的应交房产税后，应将汇总数与总账、明细账核对是否一致。注册会计师还应评价房产税的分类情况：如果是经营性出租房产，一般计入营业税金及附加；如果是经营性自用房产，一般计入制造费用；如果是管理部门办公用房，一般计入管理费用。

第四节　　　费用账户审计

费用账户也是购置与付款循环中重要的账户。就采购内容而言，费用账户反映的一般是服务性质的支出和小额的资产购买，如办公用品等，主要包括管理费用和部分制造费用、部分销售费用核算的内容，注册会计师必须确定它们是否存在重大错报，因为对于大多数财务报表使用者而言，在决策时更多地依赖于利润表而非资产负债表，股票投资者、债权人等主要利益相关者对企业盈利能力的关注要高于对资产的账面价值的关注。鉴于利润表的性质，在审计费用账户时，注册会计师应注意费用是否和收入在会计期间内相配比，另外还应注意在前后会计期间内费用会计处理的一贯性，这些都是确保费用账户金额正确的前提和基础。

一、费用账户的审计方法

费用如果进行资本化处理，则成为资产，列入资产负债表，并逐期摊销；如果计入当期损益，则会影响资产负债表中的未分配利润。利润表账户的错报几乎总是同样地影响资产负债表账户，反之亦然，所以，费用账户的审计与资产负债表息息相关，而不是审计过程中独立的一部分。费用账户的审计总是与其他账户的审计盘根错节地夹杂在一起，所以对费用账户的审计程序的介绍就是对其他章节中有关内容的回顾。费用账户的测试程序主要有：分析程序、控制测试和交易的实质性程序、账户余额细节测试。

二、分析程序

分析程序是费用账户审计的一种重要方法，可以帮助我们初步评价费用账户是否公允表达，快速揭示可能的错报。注册会计师应计算分析管理费用中各项目发生额及占费用总额的比率，将本期、上期管理费用各主要明细项目作比较分析，判断其变动的合理性，以发现在费用账户中可能出现高估或低估的错报；将管理费用实际金额与预算金额进行比较，以发现在费用及相关资产负债表账户中可能存在的错报；比较本期各月份管理费用，对有重大波动和异常情况的项目应查明原因，必要时作适当处理；比较本期和以前年度的预付保险费，以发现在保险费用和预付保险账户中可能存在的错报；比较本期和以前年度的个别制造费用占总制造费用的比率，以发现在个别制造费用和相关的资产负债表账户中可能存在的错报。

三、控制测试和交易的实质性程序

费用账户的控制测试和交易的实质性程序实际上是和其他资产负债表及利润表账户的审计同时进行的。例如，如果注册会计师通过审查认为，购置与付款循环的控制风险很低，足以合理地保证采购日记账记录的交易是真实发生的、记录金额是准确的、账户分类是准确的、记录是及时的，那么就取得了有关具体资产负债表账户（如应付账款和固定资产）、利润表账户（广告费用和修理费用）的可靠证据。当然，如果购置与付款内部控制存在缺陷，并通过控制测试和交易的实质性程序发现了费用账户存在错报，则资产负债表和利润表都会存在错报。如果在对购置与付款循环的内部控制进行充分的了解并实施风险评估程序之后，注册会计师估计的控制风险为低水平，则只需对常规的费用支出（如广告费、业务招待费等）实施分析程序和截止测试即可，无需进行追加测试。但是，如果某些费用账户的性质较为重要，可能通过它发现其他错报或漏报，如律师费、咨询费等，则需要实施进一步的余额细节测试。

四、账户余额细节测试

对于某些费用账户而言，即使控制良好，也需要对其进行余额细节测试。首先来讨论费用账户余额细节测试的意义和方法，然后讨论其实施时间。费用账户余额细节测试是对具体交易的原始凭证和费用账户总额的明细组成部分进行检查。这些原始凭证与那些在采购交易测试中用于检查交易发生及准确性的原始凭证性质相同，主要包括发票、验收报告、订货单和合同。

以管理费用为例，应执行的余额细节测试如下：

首先，获取或编制管理费用明细表，复核加计是否正确，并与报表数、总账数及明细账合计数核对是否相符；将管理费用中的职工薪酬、无形资产摊销、长期待摊费用摊销额等项目与各有关账户进行核对，分析其钩稽关系的合理性，并作出相应记录。

其次，检查企业经费（包括行政管理部门职工薪酬、物料消耗、低值易耗品摊销、办公费和差旅费）是否在经营管理中发生或应由企业统一负担，检查相关费用报销内部管理办法是否有合法原始凭证支持；检查董事会经费（包括董事会成员津贴、会议费和差旅费等），检查相关董事会及股东会决议，是否在合规范围内支付费用；检查聘请中介机构费、咨询费（含顾问费），检查是否按合同规定支付费用，有无涉及诉讼及赔偿款项支出；检查诉讼费用并结合或有事项审计，检查涉及的相关重大诉讼事项是否已在附注中进行披露，还需进一步关注诉讼状态，判断有无或有负债，有无已发生损失而未入账的事项；检查业务招待费的支出是否合理，如超过规定限额，应在计算应纳税所得额时调整；复核本期发生的矿产资源补偿费、房产税、城镇土地使用税、印花税等税费是否正确；结合相关资产的检查，核对筹建期间发生的开办费（包括人员工资、办公费、培训费、差旅费、印刷费、注册登记费以及不计入固定资产成本的借款费用等）是否直接计入管理费用；针对特殊行业，检查排污费等环保费用是否合理计提。

再次，选择重要或异常的管理费用，检查费用的开支标准是否符合有关规定，计算是否正确，原始凭证是否合法，会计处理是否正确；实施截止测试，若存在异常迹象，考虑是否有必要追加审计程序，对于重大跨期项目，应作必要调整。

最后，确定管理费用是否已按照企业会计准则的规定在财务报表中作出恰当的列报。

如果注册会计师在执行控制测试和交易实质性程序的过程中发现结果比较可靠，则对这些费用账户的分析一般就仅限于那些错报可能性非常高的账户。例如，注册会计师经常分析法律费用，以确定是否存在或有负债、违法行为或其他对财务报表有影响的法律问题。除非分析程序表明业务招待费、差旅费和广告费等账户可能存在重大错报，否则，注册会计师一般很少分析这些账户。

费用账户分析经常作为相关资产验证的一部分来实施。例如，折旧费用的测试通常可以作为验证固定资产的一部分来实施；专利权摊销的测试可以作为验证新增或处置专利权的一部分来实施；制造费用在存货和主营业务成本之间分摊的测试可以作为验证存货的一部分来实施。

复习思考题

1.大新公司成立三年后，初次聘请大公会计师事务所进行审计，审计时发现其中几笔资本性支出已误作收益性支出。列举这些错误在未更正之前对大新公司当年财务报表的影响。

2.昌德公司本年度取得新的机器设备而停止使用报废的旧机器设备，但旧机器设备仍然保留，以便公司一旦需要增产时再投入使用。旧机器设备在会计记录和报表中应该如何反映？

3.列举注册会计师应使用何种审计程序以便发现未入账的报废固定资产。

4.列举固定资产内部控制中最为重要的三项以上的控制程序。

5.注册会计师是否应询问被审计单位固定资产的使用年限？注册会计师是否必须接受该使用年限而无需审查？试予以说明。

6.列举在审计资产负债表账户中同时覆盖的三类费用科目，并指出相关资产负债表账户的名称。

7.注册会计师应如何使用分析程序审核费用账户？

第五章   生产、存货与工薪循环审计

学习目标

1. 了解生产、存货与工薪循环的业务处理环节与流程，以及所涉及的凭证记录；

2. 了解生产、存货与工薪循环的风险特点及审计策略；

3. 掌握生产、存货与工薪循环的内部控制与测试要求；

4. 熟练掌握生产、存货与工薪循环所涉及的主要报表项目的实质性程序。

第一节 ‖ 生产、存货与工薪循环中的经营活动及相关的凭证记录

生产是指企业运用材料、机械设备、人力资源等，结合作业方法，使用相关检测手段，在适宜的环境下，提供出具有品质、成本、交期特性的产品的活动。生产活动通常是由将原材料转化为产成品的有关活动组成，包括制订生产计划，控制、保持存货水平及与制造过程有关的交易和事项，涉及领料、生产加工、销售产成品等主要环节。生产活动常常伴随着存货的不同形态变化，也伴随着人工费用的发生，因此在审计实务中可以把生产与存货、工薪等活动作为一个循环来开展工作。因生产与存货业务和人力资源与工薪业务的相对独立性和完整性，在本章有关内容叙述中，我们将分别介绍生产与存货循环和人力资源与工薪循环。

一、生产、存货与工薪循环的主要经营活动

（一）生产与存货循环部分的主要经营活动

企业的生产经营活动和涉及的凭证记录是财务审计的重要对象和内容，了解和熟悉该部分内容对于审计工作的展开具有重要意义。制造业企业的生产与存货循环所涉及的主要经营活动包括计划和安排生产、发出原材料、生产产品、核算产品成本、储存产成品、发出产成品等。上述业务活动通常涉及生产计划部门、仓库、生产部门、人事部门、销售部门、会计部门等。

1. 计划和安排生产。生产计划部门的职责是根据顾客订单或者对销售预测和产品需求的分析来决定生产授权。如决定授权生产，即签发预先编号的生产通知单。该部门通常应将发出的所有生产通知单编号并加以记录控制。此外，还需要编制一份材料需求报告，列示所需要的材料和零件及其库存。生产计划应在企业年度经营计划的基础上，提前进行科学编制，同时还要结合企业产能数据、历史产销数据、市场信息等作适当放量。生产计划的编制下达应归口统一管理。生产计划应由有关部门进行评审，并由相应管理层签发下达车间执行。生产计划的执行与过程控制应做到：生产准备充分又不浪费，生产过程前有技术指导、后有质量检验，工序交接

有据可查，控制生产中的外包业务风险，通过现场调度以及生产例会实现生产均衡有序进行。

2.发出原材料。仓库部门的责任是根据生产部门的领料单发出原材料。领料单上必须列示所需的材料数量和种类，以及领料部门的名称。领料单可以一料一单，也可以多料一单，通常需要一式三联。仓库发料后，将其中一联连同材料交给领料部门，其余两联经仓库登记材料明细账后，送会计部门进行材料收发核算和成本核算。

3.生产产品。生产部门在收到生产通知单及领取原材料后，便将生产任务分解到每一个生产工人，并将所领取的原材料交给生产工人，据此执行生产任务。生产工人在完成生产任务后，将完成的产品交生产部门查点，然后转交检验员验收并办理入库手续；或是将所完成的产品移交下一个部门，作进一步加工。

4.核算产品成本。为了正确核算并有效控制产品成本，会计部门必须建立健全成本会计制度，将生产控制和成本核算有机结合在一起。一方面，生产过程中的各种记录（如生产通知单、领料单、计工单、入库单等文件资料）都要汇集到会计部门，由会计部门对其进行检查和核对，了解和控制生产过程中存货的实物流转；另一方面，会计部门要设置相应的会计账户，会同有关部门对生产过程中的成本进行核算和控制。成本会计制度可以非常简单，比如只在期末记录存货余额；也可以非常完善，完善的标准成本会计制度应该提供生产周期所消耗的原材料、人工成本和间接费用的分配与归集的详细资料。

5.储存产成品。产成品入库，须由仓库部门先行点验和检查，然后签收。签收后，将实际入库数量通知会计部门。据此，仓库部门明确本身应承担的责任，并对验收部门的工作进行验证。除此之外，仓库部门还应根据产成品品质特征分类存放，并填制标签。

6.发出产成品。产成品的发出须由独立的发运部门进行。装运产成品时必须持有经有关部门核准的发运通知单，并据此编制出库单。出库单至少一式四联：一联送交仓库部门，一联发运部门留存，一联送交顾客，一联作为给顾客开发票的依据。

（二）人力资源与工薪循环部分的主要经营活动

人力资源与工薪循环包括员工雇用和离职、工作时间记录、工薪计算与记录、工薪费用的分配、工薪支付以及代扣代缴税金等。在制造业企业中，员工工薪影响两个重要的交易类型，即工薪的发放和直接工薪费用与间接工薪费用的分配。与其他循环相比，人力资源与工薪循环的特点更加明显：一是接受员工提供的劳务与向员工支付报酬都在短期内发生；二是交易比相关的资产负债表账户余额更为重要；三是与工薪相关的内部控制通常是有效的。

人力资源与工薪循环是不同企业之间最可能具有共同性的领域，涉及的主要经营活动（与审计相关）通常包括批准招聘、记录工作时间或产量、计算工薪总额和扣除、工薪支付等。

1.批准招聘。批准雇用的文件应当由负责人力资源与工薪相关事宜的人员编制，最好由在正式雇用过程中负责制定批准雇用、支付率和工薪扣除等政策的人力资源部门履行该职责。人力资源部门同时还负责编制支付率变动及员工合同期满的通知。

2.记录工作时间或产量。员工工作的证据以工时卡或考勤卡的形式产生，通过监督审核和批准程序予以控制。如果支付工薪的依据是产量而不是时间，数量也同样应经过审核，并且与产量记录或销售数据进行核对。

3.计算工薪总额和扣除。在计算工薪总额和扣除时，需要将每名员工的交易数据，即本工薪期间的工作时间或产量记录与基准数据进行匹配。在确定相关控制活动已经执行后，应当由一名适当的人员批准工薪的支付。同时，由一名适当人员审核工薪总额和扣除的合理性，并批准该金额。

4.工薪支付。企业通常利用电子货币转账系统将工薪支付给员工，有时也会使用现金支出方式。批准工薪支票，通常是工薪计算中不可分割的一部分，包括比较支票总额和工薪总额。使用支票支付工薪的职能划分，应该与使用现金支出的职责划分相同。

二、生产、存货与工薪循环涉及的主要凭证与会计记录

（一）生产与存货循环部分的主要凭证与会计记录

生产与存货循环涉及的主要凭证与会计记录有以下几种：

1.生产指令。生产指令，又称生产任务通知单，是企业下达制造产品等生产任务的书面文件，用以通知供应部门组织材料发放、生产车间组织产品制造、会计部门组织成本计算。广义的生产指令也包括用于指导产品加工的工艺规程。

2.领发料凭证。领发料凭证是企业为控制材料发出所采用的各种凭证，如材料发出汇总表、领料单、限额领料单、领料登记簿、退料单等。

3.产量和工时记录。产量和工时记录是登记工人或生产班组在出勤内完成产品数量、质量和生产这些产品所耗费工时数量的原始记录。产量和工时记录的内容与格式是多种多样的，在不同的生产企业甚至在同一企业的不同生产车间，常由于生产类型不同而采用不同格式的产量和工时记录。常见的产量和工时记录主要有工作通知单、工序进程单、工作班产量报告、产量通知单、产量明细表、废品通知单等。

4.工薪汇总表及工薪费用分配表。工薪汇总表是为了反映企业全部工薪的结算情况，并据以进行工薪结算、总分类核算和汇总整个企业工薪费用而编制的，它是企业进行工薪费用分配的依据；工薪费用分配表反映了各生产车间各产品应负担的生产工人工薪和福利费。

5.材料费用分配表。材料费用分配表是用来汇总反映各生产车间各产品所耗费的材料费用的原始记录。

6.制造费用分配汇总表。制造费用分配汇总表是用来汇总反映各生产车间各产品应负担的制造费用的原始记录。

7.成本计算单。成本计算单是用来归结某一成本计算对象应承担的生产费用，计算该成本计算对象的总成本和单位成本的记录。

8.存货明细账。存货明细账是用来反映各种存货增减变动情况和期末库存数量及相关成本信息的会计记录。由于企业性质不同，存货形式也多种多样。对于从事零售和批发的企业来说，财务报表中最重要的账户通常是可用于销售的库存商品。对于制作业企业来说，存货可能包括原材料、外购零配件、生产用物料、在产品和可供销售的产成品等。

制造业企业既有商品实物流动，又有相关的成本流动（如图5-1所示）。当存货在企业中流动时，应对其实物流动和成本流动加以足够的控制。生产与存货循环、采购与付款循环、人力资源与工薪循环之间的关系可以通过原材料、直接人工和制造费用T形账户的借方清楚地看出。

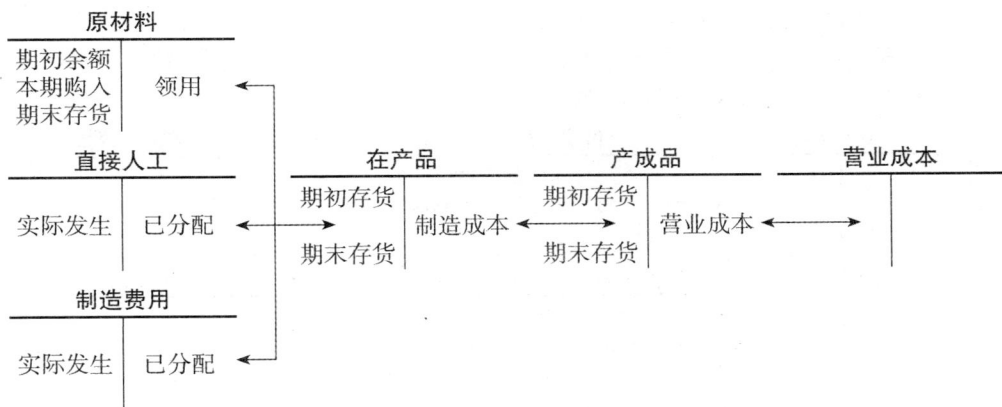

图5-1　商品实物流动和存货成本流动示意图

（二）人力资源与工薪循环部分的主要凭证与会计记录

人力资源与工薪循环开始于对员工的雇用，结束于向员工支付工薪。典型的人力资源与工薪循环涉及的主要凭证与会计记录有以下几种：

1.人事和雇用记录。

（1）人事记录：包括雇用日期、工薪率、业绩评价、雇用关系终止等方面的记录。

（2）扣款核准表：核准工薪预扣款的表格，包括预先扣除个人所得税等。

（3）工薪率核准表：根据工薪合同、管理层的授权、董事会对管理层的授权，核准工薪率的一种表格。

2.工时记录和工薪表。

（1）工时卡：记录员工每天上下班期间和工时数的书面凭证。对大多数员工来说，工时卡是根据时钟或打卡机自动填列的。

（2）工时单：记录员工在既定时间内完成工作的书面凭证。通常在员工从事不同岗位的工作或没有固定部门时使用。

（3）工薪交易文件：包括一定期间（如一个月）内，通过会计系统处理的所有工薪交易。该文件含有输入系统的所有信息和每项交易的信息，如员工的姓名、日期、支付总额和支付净额、各种预扣金额、账户类别。

（4）应付职工薪酬明细账或清单：由工薪交易文件生成的报告，主要包括每项交易的员工的姓名、日期、工薪总额及工薪净额、预扣金额、账户类别等信息。

（5）工薪主文档：记录每位员工的每一工薪交易和保留已付员工总额的文件。记录包括在每个工薪期间的工薪总额、预扣金额、工薪净额、支票号、日期等。

3.支付工薪记录：向员工支付劳务的转账资金。转账资金应等于工薪总额减去税金和其他预扣款。

4.个人所得税纳税申报表：向税务部门申报的纳税表。

本循环中的典型账户以T形账户形式列示于图5-2中。有关会计信息在该循环各账户间的流向可通过T形账户解释。

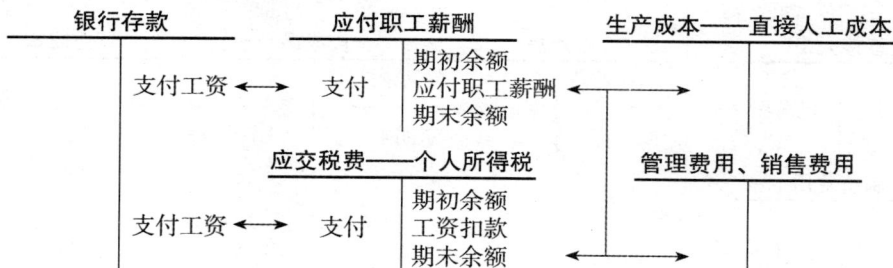

图5-2　人力资源与工薪循环涉及的账户

三、生产、存货与工薪循环的风险特点与审计策略

（一）生产与存货循环部分的风险特点与审计策略

制造业企业中，最主要的经营活动就是生产制造。生产与存货循环占用的资金量往往较大，交易频繁，交易数量众多，且与其他循环都有着联系。生产活动中所使用的原材料来自于采购与付款循环，生产成本的归集需要考虑员工工资、材料成本及众多的直接费用、间接费用，这些费用需要采购与付款循环来支付，购置的固定资产通过折旧的形式也要将成本转移到生产成本中，生产完工后的产成品还要通过销售循环售出后取得货币资金，完成整个经营活动的周转。

生产与存货循环中流动着大量的实物资产，如原材料、低值易耗品、半成品、在产品、委托加工材料、产成品等，其收支流转频繁、工作量大，十分容易发生遗失、损坏和盗窃等。另外，生产成本的计算过程十分复杂，工作量大，也容易发生无意的计算错误，更容易隐藏有意的成本操纵行为。

基于生产与存货循环的特点，对审计人员而言，审计测试的工作量大，审计成本较高。考虑到生产与存货循环中的主要风险，审计人员应对本循环的内部控制进行详细的了解与评价，并把存货监盘和成本审计作为实质性程序的重点。

（二）人力资源与工薪循环部分的风险特点与审计策略

无论在哪种行业，工薪都具有重要性。例如，在服务业中，大多数企业属于劳动密集型企业，工薪支出在其所有支出中占有重要比重；在高科技行业中，企业支付的工薪取决于员工的技能，这些企业可能设计出一套复杂的补偿方案雇用和留住最好的员工，以保持良好的持续经营能力；在制造业中，企业支付的工薪取决于产品生产过程的劳动密集程度。人工成本不适当的计价和分摊会造成净收益的重大错报，工薪也可能是一个由于无效率或舞弊、盗窃而造成公司资源严重浪费的领域。

在计划审计工作时，审计人员需要了解工薪的重要性：一是人力资源政策的相对重要性及对工薪费用和工薪负债的影响；二是所支付补偿的性质和复杂程度，包括小时工薪、月薪；三是企业在处理和保持员工记录时对计算机程序的依赖程度，以及工薪工作是否被外包给服务商；四是可能使管理层和高级员工产生对财务成果进行错报动机的性质，如与利润目标挂钩的股票期权和奖金。在分析人力资源风险时，注册会计师应当考虑业绩指标。假如雇佣政策或补偿政策不能够吸引到具有较高技能的员工，或不能留住这些员工，则企业持续经营的能力将面临风险。管理层应当很好地识别出关键职位，以及该职位所必需的人员数量与资格，并要求就这些关键职位的空缺程度提供定期报告。

工薪交易和余额中主要的重大错报风险是对费用的高估，如向虚构的员工发放工薪、对未实际发生工时支付工薪或以未授权的工薪率发放工薪等（存在和发生以及准确性认定）。严格的监管环境、工薪活动的敏感性和保密性、未遵守法律法规可能受到的严厉惩罚、管理层针对工薪系统实施的严格控制，在大多数情况下能够有效且预先发现并纠正错误和舞弊。

同其他循环一样，人力资源与工薪循环审计也包括以下环节：了解内部控制；评估控制风险；控制测试、交易的实质性测试和分析程序；账户余额细节测试等。

另外，人力资源与工薪循环审计与其他循环审计相比还有几点明显差异：在人力资源与工薪循环中只有一类交易，即因接受员工提供的劳务而在短期内向员工支付的劳务报酬，而在其他循环中至少有两类交易，例如，在销售与收款循环中，交易包括销售、收取现金，通常还有销售退回和坏账注销；与工薪相关的账户（如应付工资和预扣税款）的金额通常小于整年交易的总额；对所有公司（即使是小公司）而言，工薪的内部控制通常是较有效的，如果员工的工薪未支付或支付不足，员工会提出异议。考虑到上述原因，审计人员在审计工薪时，应重点关注控制测试、交易的实质性测试和分析程序，而在账户余额细节测试上不需花费更多的时间。

审计人员在测试关键控制后可能将工薪交易和余额中的重大错报风险评估为低，并考虑通过实施分析程序获取所需要的大多数实质性审计证据，减少细节测试。针对剩余重大错报风险，审计人员应当采用细节测试对期末应付工薪和工薪负债的完整性、准确性、计价以及权利和义务进行测试。

第二节 ‖ 生产、存货与工薪循环的内部控制与控制测试

一、生产与存货循环部分的内部控制与控制测试

（一）生产与存货循环部分的内部控制

总体上看，生产与存货循环中与审计密切相关的内部控制主要包括存货的内部控制和成本会计制度的内部控制两项内容。

任何内部控制都应依据其控制目标和原则而建立。内部控制有多项目标，其中与审计相关的主要是保证财务报表的真实可靠，即财务报表反映的真实性、完整性、权利和义务、计价和分摊、列报和披露等认定的合理可靠性。依据的内部控制原则对于交易活动来讲主要是适当授权、职责分工、会计系统记录、资产接近控制和业绩考核等，也就是要通过这些一般的控制措施去实现财务报表真实可靠的目标。审计是对报表项目的相关认定进行验证并发表意见的，审计的最小工作单位是项目认定，因此审计人员应了解和评价项目认定层次的内部控制，并据以得出审计意见。

1.存货的内部控制

由于生产与存货循环同其他业务循环的内在联系，生产与存货循环中某些审计测试，特别是对存货的审计测试，与其他相关业务循环的审计测试同时进行将更为有效。例如，原材料的取得和记录是作为采购与付款循环的一部分进行测试的，而装运产成品和记录营业收入与成本则是作为销售与收款循环审计的一部分进行测试的。这些在前面相应章节中已经结合其他循环作了介绍，不再赘述。

尽管不同的企业对其存货可能采取不同的内部控制，但从根本上说，均可概括为对存货的数量和计价两个关键因素的控制，这将在本章后面的内容中分别予以阐述。基于上述原因，本节对生产与存货循环的内部控制的讨论，以及对以控制目标和认定为起点的相关控制测试的讨论，主要关注成本会计制度。

2.成本会计制度的内部控制目标与关键控制

（1）生产业务是根据管理层一般或特定的授权进行的。记录的成本为实际发生的而非虚构的（发生认定）。关键控制主要包括：对生产指令的授权批准、领料单的授权批准、工薪的授权批准这三个关键点，应履行恰当手续，经过特别审批或一般审批；成本的核算是以经过审核的生产通知单、领发料凭证、产量和工时记录、工薪费用分配表、材料费用分配表、制造费用分配表为依据的。

（2）所有耗费和物化劳动均已反映在成本中（完整性认定）。关键控制是：生产通知单、领发料凭证、产量和工时记录、工薪费用分配表，材料费用分配表、制造费用分配表均事先编号并已经登记入账。

（3）成本以正确的金额在恰当的会计期间及时记录于适当的账户（准确性、计价和分摊认定）。关键控制有：采用适当的成本核算方法，并且前后各期一致；采用适当的费用分配方法，并且前后各期一致；采用适当的成本核算流程和账务处理

流程；内部核查等。

另外，还有一些控制措施同时合理保证多项认定，比如，对存货实施保护措施，存货保管人员与记录、批准人员相互独立，存货保管人员与记录人员职务相分离；账面存货与实际存货定期核对相符，定期进行存货盘点等，同时实现存在、完整性、计价和分摊等多项认定。

（二）初步评估生产与存货循环的重大错报风险

1.了解本循环内部控制

了解本循环内部控制的工作包括：了解被审计单位生产与存货循环的内部控制的设计，并记录获得的了解；针对生产与存货循环的控制目标，记录相关的控制活动，以及受该控制活动影响的交易和账户余额及其认定；执行穿行测试，证实对交易流程和相关控制的了解，并确定相关控制是否得到执行；记录在了解和评价生产与存货循环的控制设计和执行过程中识别的风险，以及拟采取的应对措施。

值得注意的是，在了解控制的设计并确定其是否得到执行时，应当使用询问、检查和观察程序，并记录所获取的信息和审计证据来源。如果拟利用以前审计获取的有关控制运行有效的审计证据，应考虑被审计单位的业务流程和相关控制自上次测试后是否发生重大变化。

2.重大错报风险的初步评估

在了解生产与存货循环的内部控制后，可以对生产与存货循环的重大错报风险进行初步的评估。其关键是找出生产与存货管理的关键要素和关键业绩指标，为找到潜在的重大错报风险提供线索。当生产流程得到良好控制时，审计人员可以将重大错报风险评价为中或低，并且，可以了解不同级别的管理层收到的例外报告的类型、实施的不同的监督活动，以及是否有证据表明所选取的控制的设计和运行是适当的，是否能够保证管理层采取及时有效的措施来识别错误并处理舞弊。

以制造业企业为例，影响生产与存货交易和余额的重大错报风险因素还可能包括：

（1）交易的数量和复杂性。制造业企业交易数量庞大，业务复杂，这就增加了错误和舞弊的风险。

（2）成本基础的复杂性。制造业企业的成本基础是复杂的。虽然原材料和直接人工等直接费用的分配比较简单，但间接费用的分配就可能较为复杂，并且，同一行业中的不同企业也可能采用不同的认定和计量基础。

（3）员工变动或者会计电算化。这可能导致在各个会计期间将费用分配至产品成本的方法出现不一致。

（4）产品的多元化。这可能要求聘请专家来验证其质量、状况或价值。另外，计算存货数量的方法也可能是不同的。例如，计量煤堆、筒仓里的谷物或糖、钻石或者其他贵重的宝石、化工品和药剂产品的存储量的方法都可能不一样。这并不是要求审计人员每次清点存货都需要专家配合，只要存货容易辨认，存货数量容易清点，就无需专家帮助。

（5）某些存货项目的可变现净值难以确定。例如价格受全球经济供求关系影响的存货，由于其可变现净值难以确定，会影响存货采购价格和销售价格的确定，并将影响审计人员对与存货计价认定有关的风险进行评估。

（6）销售附有担保条款的商品。企业出售附有担保条款的商品，就会面临换货或者销售退回的风险。出口到其他国家的商品也有途中毁损的风险，这将导致投保人索赔或者由企业来补充毁损的商品。

（7）将存货存放在很多地点。大型企业可能将存货存放在很多地点，并且可能在不同的地点之间配送存货，这将增加商品途中毁损或遗失的风险，或者导致存货在两个地点被重复列示，也可能产生转移定价的错误或舞弊。

（8）寄存的存货。有时候存货虽然还存放在企业，但可能已经不归企业所有；反之，企业的存货也可能被寄存在其他企业。

审计人员应当了解被审计单位对生产与存货的管理程序。控制是否适当直接关乎其预防、发现和纠正错报的能力。预防性的控制经常在交易初期和记录过程中实施，而作为管理层的监督程序的组成部分，检查性控制通常在交易执行和记录过程之后实施，以便检查、纠正错误与舞弊。测试已选取的、涉及几项认定的监督控制，要比测试交易初期的预防性控制更为有效。

审计人员对于生产过程和存货管理控制的了解，来自于观察控制活动执行情况、询问员工以及检查文件和资料。这些文件和资料包括以前年度审计工作底稿，原材料领料单上记录的各个生产流程的制造成本、人工成本记录和间接费用分配表，以及例外报告和及时采取的相应的纠正行动。

（三）生产与存货循环控制测试

审计人员应当通过控制测试获取支持将被审计单位的控制风险评价为中或低的证据。如果能够获取这些证据，审计人员就可以接受较高的检查风险，并在很大程度上可以通过实施实质性分析程序获取进一步的审计证据，减少对生产与存货交易和营业成本、存货等相关项目的细节测试的依赖。

控制测试涉及性质、时间和范围的选择。测试性质的考虑主要依赖于测试对象，而测试对象的选择关键在于内部控制的目标和措施。因此，审计中的控制测试一般是以内部控制目标为起点的控制测试。

1.存货相关的内部控制测试

存货相关的内部控制测试应对应其内部控制目标和措施。具体实施中可以分以下三个环节开展：

（1）发出原材料的控制测试

有些被审计单位发出原材料的内部控制要求：仓库管理员应把领料单编号、领用数量、规格等信息输入计算机系统，经仓储经理复核并以电子签名方式确认后，系统自动更新材料明细台账；原材料仓库分别于每月、每季和年度终了，对原材料存货进行盘点，会计部门对盘点结果进行复盘。由仓库管理员编写原材料盘点明细表，发现差异及时处理，经仓储经理、财务经理和生产经理复核后调整入账。

相应地，审计人员在实施控制测试时应当：抽取出库单及相关的领料单，检查是否正确输入并经适当层次复核；抽取原材料盘点明细表并检查是否经适当的人员复核，有关差异是否得到处理。

（2）生产产品和核算产品成本的控制测试

有些被审计单位生产产品和核算产品成本的内部控制要求：生产成本记账员应根据原材料出库单编制原材料领用凭证，与计算机系统自动生成的生产记录日报表核对材料耗用和流转信息；由会计主管审核无误后，生成记账凭证并过账至生产成本及原材料明细账和总分类账。每月末，由生产车间与仓库核对原材料、半成品、产成品的转出和转入记录，如有差异，仓库管理员应编制差异分析报告，经仓储经理和生产经理签字确认后交会计部门进行调整。每月末，由计算机系统对生产成本中各项组成部分进行归集，按照预设的分摊公式和方法，自动将当月发生的生产成本在完工产品和在产品之间按比例分配；同时，将完工产品成本在各不同产品类别中分配，由此生成产品成本计算表和生产成本分配表；由生产成本记账员编制生产成本结转凭证，经会计主管审核批准后进行账务处理。

相应地，审计人员在实施控制测试时应当：抽取原材料领用凭证，检查是否与生产记录日报表一致，是否经适当审核，如有差异是否及时处理；抽取核对记录，检查差异是否已得到处理；抽取生产成本结转凭证，检查与支持性文件是否一致并经适当复核。当然，必要时应当考虑利用计算机专家的工作。

（3）储存产成品和发出产成品的控制测试

有些被审计单位储存产成品和发出产成品的内部控制要求：产成品入库时，质量检验员应检查并签发预先按顺序编号的产成品验收单，由生产小组将产成品送交仓库。仓库管理员应检查产成品验收单，并清点产成品数量，填写预先按顺序编号的产成品入库单，经质检经理、生产经理和仓储经理签字确认后，由仓库管理员将产成品入库单信息输入计算机系统，计算机系统自动更新产成品明细台账并与采购订购单编号核对。产成品出库时，由仓库管理员填写预先按顺序编号的出库单，并将产成品出库单信息输入计算机系统，经仓储经理复核并以电子签名方式确认后，计算机系统自动更新产成品明细台账并与发运通知单编号核对。产成品装运发出前，由运输经理独立检查出库单、销售订单和发运通知单，确定从仓库提取的商品附有经批准的销售订购单，并且，所提取商品的内容与销售订购单一致。每月末，生产成本记账员根据计算机系统内状态为"已处理"的订购单数量编制销售成本结转凭证，结转相应的销售成本，经会计主管审核批准后进行账务处理。产成品仓库分别于每月、每季和年度终了对产成品存货进行盘点，由会计部门对盘点结果进行复盘。仓库管理员应编写产成品存货盘点明细表，发现差异及时处理，经仓储经理、财务经理和生产经理复核后调整入账。

相应地，审计人员在实施控制测试时应当：抽取产成品验收单、产成品入库单并检查输入信息是否准确；抽取发运通知单、出库单并检查是否一致；抽取发运单和相关销售订购单，检查内容是否一致；抽取销售成本结转凭证检查与支持性文件是否一致并适当复核；抽取产成品存货盘点报告并检查是否经适当层次复核，有关差异是否得到处理。

2.成本会计制度的控制测试

根据成本会计制度内部控制目标和措施，对应的控制测试应该包括：检查在凭证中是否包括对这三个关键点的恰当审批（发生认定的控制测试）；检查有关成本的记账凭证是否附有生产通知单、领发料凭证、产量和工时记录、工薪费用分配表、材料费用分配表、制造费用分配表等原始凭证（真实性认定的控制测试）；检查生产通知单、领发料凭证、产量和工时记录、工薪费用分配表、材料费用分配表、制造费用分配表的顺序编号是否完整（完整性认定的控制测试）；选取样本测试各种费用的归集和分配以及成本的计算，测试是否按照规定的成本核算流程和账务处理流程进行核算和账务处理（计价和分摊认定的控制测试）；询问和观察存货与记录的接触以及相应的批准程序，询问和观察存货盘点程序（真实性、完整性、计价和分摊等认定的控制测试）。具体包括直接材料成本控制测试、直接人工成本控制测试、制造费用控制测试和生产成本在当期完工产品与在产品之间分配的控制测试四项内容。

（1）直接材料成本控制测试

对采用定额单耗的企业，可选择某一成本报告期若干种具有代表性的产品成本计算单，获取样本的生产指令或产量统计记录及直接材料单位消耗定额，根据材料明细账或采购业务测试工作底稿中各该直接材料的单位实际成本，计算直接材料的总消耗量和总成本，与该样本成本计算单中的直接材料成本核对，并注意下列事项：生产指令是否经过授权批准；单位消耗定额和材料成本计价方法是否适当，在当年度有无重大变更。

对未采用定额单耗的企业，获取材料费用分配汇总表、材料发出汇总表（或领料单）、材料明细账（或采购业务测试工作底稿）中该直接材料的单位成本，作如下检查：成本计算单中直接材料成本与材料费用分配汇总表中该产品负担的直接材料费用是否相符，分配标准是否合理；将抽取的材料发出汇总表或领料单中若干种直接材料的发出总量和各该种材料的实际单位成本之积，与材料费用分配汇总表中各该种材料费用进行比较，并注意领料单的签发是否经过授权批准，材料发出汇总表是否经过适当的人员复核，材料单位成本计价方法是否适当，在当年有无重大变更。

对采用标准成本法的企业，获取样本的生产指令或产量统计记录、直接材料单位标准用量、直接材料标准单价及发出材料汇总表或领料单，检查下列事项：根据生产量、直接材料单位标准用量和标准单价计算的标准成本与成本计算单中的直接材料成本核对是否相符；直接材料成本差异的计算与账务处理是否正确，并注意直接材料的标准成本在当年度内有无重大变更。

（2）直接人工成本控制测试

对采用计时工资制的企业，获取样本的实际工时统计记录、职员分类表和职员工薪手册（工资率）及人工费用分配汇总表，作如下检查：成本计算单中直接人工成本与人工费用分配汇总表中该样本的直接人工费用核对是否相符；样本的实际工时统计记录与人工费用分配汇总表中该样本的实际工时核对是否相符；抽取生产部门若干天的工时台账与实际工时统计记录核对是否相符；当没有实际工时统计记录时，则可根据职员分类表及职员工薪手册中的工资率，计算复核人工费用分配汇总表中该样本的直接人工费用是否合理。

对采用计件工资制的企业，获取样本的产量统计报告、个人（小组）产量记录和经批准的单位工薪标准或计件工资制度，检查下列事项：根据样本的统计产量和单位工薪标准计算的人工费用与成本计算单中直接人工成本核对是否相符；抽取若干个直接人工（小组）的产量记录，检查是否被汇总记入产量统计报告。

对采用标准成本法的企业，获取样本的生产指令或产量统计报告、工时统计报告和经批准的单位标准工时、标准工时工资率、直接人工的工薪汇总表等资料，检查下列事项：根据产量和单位标准工时计算的标准工时总量与标准工时工资率之积同成本计算单中直接人工成本核对是否相符；直接人工成本差异的计算与账务处理是否正确，并注意直接人工的标准成本在当年内有无重大变更。

（3）制造费用控制测试

获取样本的制造费用分配汇总表、按项目分列的制造费用明细账与制造费用分配标准有关的统计报告及相关原始记录，作如下检查：制造费用分配汇总表中样本分担的制造费用与成本计算单中的制造费用核对是否相符；制造费用分配汇总表中的合计数与样本所属成本报告期的制造费用明细账总计数核对是否相符；制造费用分配汇总表选择的分配标准（机器工时数、直接人工工资、直接人工工时数、产量等）与相关的统计报告或原始记录核对是否相符，并对费用分配标准的合理性作出评估；如果企业采用预计费用分配率分配制造费用，则应针对制造费用分配过多或过少的差额，检查其是否作了适当的账务处理；如果企业采用标准成本法，则应检查样本中标准制造费用的确定是否合理，记入成本计算单的数额是否正确，制造费用差异的计算与账务处理是否正确，并注意标准制造费用在当年度内有无重大变更。

（4）生产成本在当期完工产品与在产品之间分配的控制测试

检查成本计算单中在产品数量与生产统计报告或在产品盘存表中的数据是否一致；检查在产品约当产量计算或其他分配标准是否合理；计算复核样本的总成本和单位成本，最终对当年采用的成本会计制度作出评价。

在审计实务中，审计人员还可以以识别的重大错报风险为起点实施控制测试。根据控制测试的结果，对初步识别评估的重大错报风险进行修正，并根据修正后的最大错报风险，进一步确定实质性测试的性质、时间和范围。

二、人力资源与工薪循环部分的内部控制与控制测试

（一）人力资源与工薪循环部分的内部控制目标与关键控制点

人力资源与工薪循环内部控制通常都设计良好且运行有效，最大限度地减少员工的抱怨和不满，各类公司通常都有一套高质量的工资信息系统。由于对绝大多数公司来说，工薪处理都是相似的，因此审计人员经常需要依赖于组织的内部控制。

从人力资源与工薪循环的内部控制基本原则看，内部控制主要包括下面几个方面：

（1）适当的职务分离。本循环中，职务分离非常重要，特别是能够防止超额支付和向不存在的员工支付。为了防止向员工过量支付工薪，或向不存在的员工虚假支付工薪，人力资源部门应独立于工薪职能，负责确定员工的雇用、解雇及其支付率和扣减额的变化。

（2）适当的授权。人力资源部门应当对员工的雇用与解雇负责。支付率和扣减额也应当进行适当授权。每一个员工的工作时间，特别是加班时间，都应经过主管人员的授权。所有工时卡都应表明核准情况，例外的加班时间也应当经过核准。

（3）适当的凭证和记录。适当的凭证和记录依赖于工资系统的特性。计时卡或工时记录只针对计时工。对于那些以计件工资率或其他激励系统为基础计算酬金的，应该有不同的工资记录。工时记录必须通过计时工作或任务单位充分收集工资成本。鉴于工资完整性目标通常不是审计人员的关注点，因此在该循环中较少关注记录工时的有关凭证是否预先编号。

（4）资产和记录的实物控制。应当限制接触未签字的工薪支票。支票应由有关专职人员签字，工薪应当由独立于工薪和考勤职能之外的人员发放。

（5）工作的独立检查。工薪的计算应当独立验证，包括将审批工薪总额与汇总报告进行比较。管理层成员或其他负责人应当复核工薪金额，以避免明显的错报和异常的金额。

如果要体现在内部控制目标和措施上，则本循环的内部控制目标和措施主要如下：

（1）工薪账项均经正确批准（发生认定）。对以下五个关键控制点应履行恰当手续并经过特别审批或一般审批：批准工作时间，特别是加班时间；工资、薪金或佣金；代扣款项；工薪结算表和工薪汇总表等。

（2）记录的工薪真实而非虚构（发生认定）。关键控制点包括：工时卡经领班核准；用生产记录钟记录工时等。

（3）所有已发生的工薪支出已作记录（完整性认定）。关键控制点包括：工薪分配表、工薪汇总表完整反映已发生的工薪支出等。

（4）工薪以正确的金额在恰当的会计期间及时记录于适当的账户（发生、完整性、准确性、计价和分摊等认定）。关键控制点包括：采用适当的工资费用分配方法，并且前后各期一致；采用适当的账务处理流程等。

（5）人事、考勤、工薪发放、记录之间相互分离（准确性认定）。关键控制点包括：人事、考勤、工薪发放、记录等职务相互分离。

（二）评估重大错报风险

员工工薪包括每月支付给员工的固定薪水。对于固定薪水的员工，审计人员通过实施实质性分析程序和获取对期末余额的声明就能够对工薪交易和余额的完整性、截止、发生、准确性和分类认定获取高度的保证水平，这种实质性分析程序包括每周或每月对支出进行的趋势分析。

工薪费用可能具有较高的舞弊固有风险，因为企业可能为不存在的员工支付工薪。但是，由于围绕员工福利问题存在广泛的监管，以及工薪交易和余额包含了重要的交易类别，企业常常广泛采取预防性的控制活动（如果少支付了工资，员工一定会申诉，出于对预扣所得税、社会保险、失业保险的关注，国家相关部门均要对此进行检查），因此，剩余重大错报风险会降低。在这种情况下，注册会计师应当确定控制设计和实施的适当性，以支持评估为中或低的认定层次剩余重大风险。审计人员拟依赖的特别重要的控制，是管理层在实施监控程序时实施的高层次控制。

工薪交易和余额的重大错报风险主要是由于以下原因产生的：在工薪单上虚构员工；由一位可以更改员工数据主文档的员工在没有授权的情况下更改总工薪的付费标准；为员工并未工作的工时支付工薪；在进行工薪处理过程中出错；工薪扣款可能是不正确的，或未经员工个人授权，导致应付工薪扣款的返还和支付不正确；电子货币转账系统的银行账户不正确；将工薪支付给错误的员工；由于工薪长期未支付造成挪用现象；支付应付工薪扣款的金额不正确。

（三）控制测试

在本循环中，控制测试是验证账户余额的最重要方法。之所以强调这些测试，是由于缺乏独立的第三者证据（如函证）来验证应计工资、预扣个人所得税、应计工资税和其他资产负债表账户余额。而且，在大多数审计中，以上账户余额较小，特别是当审计人员确信有关工资交易已正确地输入计算机以及纳税申报表已恰当地编制时，对以上账户余额的验证也是相当容易的。尽管控制测试及交易实质性测试是测试该循环的最重要部分，但通常审计人员并不对此进行大范围的测试。

内部控制测试可以以内部控制目标为起点进行，也可以以风险为起点进行。在以内部控制目标为起点的情况下，对应内部控制目标，在测试工薪内部控制时，首先，应选择若干月份工薪汇总表，作如下检查：计算复核每一份工薪汇总表；检查每一份工薪汇总表是否已经授权批准；检查应付工薪总额与人工费用分配汇总表中的合计数是否相符；检查其代扣款项的账务处理是否正确；检查实发工薪总额与银行付款凭单及银行存款对账单是否相符，并正确过入相关账户。其次，从工薪单中选取若干个样本（应包括各种不同类型人员），作如下检查：检查员工工薪卡或人事档案，确保工薪发放有依据；检查员工工薪率及实发工薪额的计算；检查实际工时统计记录（或产量统计报告）与员工工时卡（或产量记录）是否相符；检查员工加班记录与主管人员签名的月度加班费汇总表是否相符；检查员工扣款依据是否正确；检查员工的工薪签收证明；实地抽查部分员工，证明其确在本公司工作，如已离开本企业，需获得管理层证实。工薪内部控制的控制目标、内部控制和测试一览表见表5-1。

表5-1　　　　　　　工薪内部控制的控制目标、内部控制和测试一览表

内部控制目标	关键的内部控制	常用的控制测试	常用的交易 实质性程序
工薪账项均经适当的批准。记录的工薪为实际发生的而非虚构的，已记录的工资支付确实与现有员工实际完成的工作相对应（发生）	保持充分的人事档案，工作经过授权，对人事、考勤和工资发放进行职责分工； 对以下五个关键点，应履行恰当的批准手续，并经过特别审批或一般审批：批准上工，工作时间（特别是加班时间），工薪、薪金或佣金，代扣款项，工薪结算表和工薪汇总表； 计时卡经管理人员核准，使用时钟记录工时； 支票在签字前经过授权	复核人事政策、组织结构图，检查人事档案中的授权； 同员工讨论，观察职责履行情况； 检查工时卡的核准说明，检查工时卡的有关核准； 检查工薪记录有关内部检查标记，审查反映有关管理人员核准的标志	将工时卡与工时记录等进行比较，看其是否有大额或异常余额； 对本期工薪费用实施分析程序，将有关费用明细账与工薪费用分配表、工薪汇总表、工薪结算表相核对； 审查已核销支票是否恰当背书； 比较已核销支票和人事记录，审查是否有不存在的员工
所有已发生的工薪支出已记录（完整性）	工薪分配表、工薪汇总表完整反映已发生的工薪支出	检查工薪分配表、工薪汇总表、工薪结算表，并核对员工工薪手册、员工手册等	对本期工薪费用的发生情况实施分析程序； 将工薪费用分配表、工薪汇总表、工薪结算表与有关费用明细账相核对
工薪以正确的金额，在恰当的会计期间及时记录于适当的账户（发生、完整性、准确性、计价和分摊）	采用适当的工薪费用分配方法，并且前后各期一致； 采用适当的账务处理流程	选取样本测试工薪费用的归集和分配；测试是否按照规定的账务处理流程进行账务处理	对本期工薪费用实施分析程序； 检查工薪的计提是否正确，分配方法是否与上期一致
工资交易已适当分类（分类）	科目选择合适，对分类进行内部验证	复核科目表； 审查反映内部验证的标记	根据科目表核对分类正确性，复核计时卡与工作通知单，确定工作任务量，并追查至工人分布

第三节　　　存货的实质性程序

一、存货项目的审计目标与实质性程序概述

（一）存货项目及其对财务报表的影响

《企业会计准则第1号——存货》指出，存货是指企业在日常活动中持有以备出售的产成品或商品、处在生产过程中的在产品、在生产过程或提供劳务过程中耗

用的材料和物料等。

通常情况下，存货对企业经营特点的反映能力强于其他资产项目，存货对于生产制造、贸易行业一般十分重要。通常，存货的重大错报对于财务状况和经营成果都会产生直接的影响。审计中许多复杂和重大的问题都与存货有关。存货、产品生产和销售成本构成了会计、审计乃至企业管理中最为普遍、重要和复杂的问题。

由于企业存货的品种、数量很多，收入支出频繁，存货金额在流动资产中占很大比重，存货的耗用又与产成品成本密切相关，存货的计价和相关销售成本都会对利润表和财务状况产生重大的影响。审计人员应确认存货在财务报表上是否实际存在和归被审计单位所有、在财务报表中列示的存货金额是否符合计价等认定。期末库存价值的高估虚增税前净利润，低估则相反。期末存货单位成本核算不准确，很有可能导致销售价格低于实际成本，长此以往，企业将很难持续经营，所以存货审计是一项重要内容。存货具有容易被盗和变质、毁损等不同于其他财务报表项目的特性，因此存货的高估风险较大。

（二）存货项目审计的目标、程序与审计特点

审计人员针对重大错报风险实施的实质性审计程序的目标在于获取存货存在、完整性、权利和义务、计价和分摊等多项认定的审计证据，为确定原材料、在产品、产成品以及销售商品的成本在财务报表上得以公允表达获得合理保证。存货实质性程序的具体目标包括：确定存货是否存在；确定存货是否归被审计单位所有；确定存货增减变动的记录是否完整；确定存货的品质状况、存货跌价准备的计提是否合理；确定存货的计价方法是否恰当；确定存货余额是否正确；确定存货在会计报表上的披露是否恰当。

为实现上述审计目标，审计人员应当识别管理层用于监控生产与存货交易和余额的关键性的业绩指标；确定影响被审计单位核心业务的重要的内部、外部经营风险，并考虑其对生产与存货流程可能产生的影响；将有关存货项目的期初余额与以前年度工作底稿核对相符；复核制造费用和销售成本总分类账中的异常情况，以及原材料、在产品和产成品等余额的变动情况，调查异常的会计处理，并将有关存货项目的期末余额与总分类账核对相符。在此基础上实施实质性程序。存货实质性程序可分为实质性分析程序和余额细节测试两个方面。《中国注册会计师审计准则第1311号——对存货、诉讼和索赔、分部信息等特定项目获取审计证据的具体考虑》第三章第四条特别强调：如果存货对财务报表是重要的，注册会计师应当实施下列审计程序，对存货的存在和状况获取充分、适当的审计证据：在存货盘点现场实施监盘（除非不可行）；对期末存货记录实施审计程序，以确定其是否准确反映实际的存货盘点结果。

通常情况下，与其他资产项目相比，存货更能反映企业的经营特点。对于制造业、贸易业等行业的被审计单位而言，存货采购、生产和销售通常对其财务状况、经营成果和现金流量都具有重大影响，资本市场上很多舞弊案例也都涉及存货的虚假记录。存货审计，尤其是对年末存货余额的测试，通常是审计中最复杂也最费时的部分。对存货存在性和存货价值的确定常常十分困难。导致存货审计复杂的主要原因包括：（1）存货通常是资产负债表的一个主要项目，并且通常是构成营运资本的最大项目；（2）存货存放于不同的地点，这使得对它的实物控制和盘点都很困难，企业必须将存货存放于便于产品生产和销售的地方，但是这种分散也给审计带来了困难；（3）存货项目的多样性也给审计带来了困难，例如化学制品、宝石、电子元件以及其他高科技产品；（4）存货本身的陈旧以及存货成本的分配也使得存货的估价困难；（5）不同企业采用的存货计价方法存在多样性。

正是存货对于企业的重要性、存在问题的复杂性以及存货与其他项目密切的关联度，要求审计人员对存货项目的审计应当予以特别关注。相应地，要求存货项目审计人员应具备较高的专业素质和相关业务知识，分配较多的审计时间，运用多种有针对性的审计程序。

二、确定各存货明细项目与总账、报表的余额是否相符

审计人员可以通过编制"存货导引表"确认存货的余额。"存货导引表"可以按会计科目明细数列示，如原材料、低值易耗品、库存商品等。该实质性测试为"估价或分摊"认定提供证据。具体格式见表5-2。

表5-2 **存货导引表**

被审计单位：　　　　　　　　　　索　引　号：
项　　目：　　　　　　　　　　财务报表截止日/期间：
编　　制：　　　　　　　　　　复　　核：
日　　期：　　　　　　　　　　日　　期：

序号	项目	年初余额			年末余额		
		调整前	审计调整	调整后	调整前	审计调整	调整后
	在途材料						
	库存材料						
	包装物						
	低值易耗品						
	库存商品						
	生产成本						
	合计						
注释							
结论	[经审计/经审计调整]，存货余额可以确认						

三、实质性分析程序

分析性程序在存货审计中是经常用到的方法，因为一般制造业企业存货金额较大，并且流动频繁，在审计时很难做到全面确认和盘点，运用分析性方法可以大概

分析出存货中是否存在巨额的高估或低估问题。在生产与存货循环的分析性复核中，审计人员通常运用的方法有简单比较法和比率比较法两种。

（一）简单比较法

（1）根据对被审计单位的经营活动、供应商的发展历程、贸易条件、行业惯例和行业现状的了解，确定营业收入、营业成本、毛利以及存货周转和费用支出项目的期望值。

（2）根据本期存货余额组成、存货采购、生产水平与以前期间和预算等进行比较，估计营业收入、营业成本和存货可接受的重大差异额，评价其总体合理性。可以使用计算机辅助审计方法下载被审计单位存货主文档和总分类账户以便计算财务指标和经营指标，并将计算结果与期望值进行比较。按区域分析被审计单位各月存货变动情况，并考虑存货变动情况是否与季节性变动和经济因素变动一致。

（3）将存货余额与现有的订单、资产负债表日后各期的销售额和下一年度的预测销售额进行比较，以评估存货滞销和跌价的可能性。

（4）将存货跌价准备与本年度存货处理损失的金额相比较，判断被审计单位是否计提足额的跌价损失准备。

（5）将与关联企业发生存货交易的频率、规模、价格和账款结算条件，与非关联企业对比，判断被审计单位是否利用关联企业的存货交易虚构业务交易、调节利润。

（二）比率比较法

在生产循环的分析性程序中，审计人员通常运用的比率主要是存货周转率和毛利率。

存货周转率是用以衡量销售能力和存货是否积压的指标。存货周转率的异常波动可能意味着被审计单位存在有意或无意地减少存货储备；存货管理或控制程序发生变动；存货成本项目或核算方法发生变动以及存货跌价准备计提基础或冲销政策发生变动等情况。

毛利率是反映盈利能力的主要指标，用以衡量成本控制及销售价格的变化。对周转缓慢或者长时间没有周转（如超过半年）以及出现负余额的存货项目单独摘录并列表。毛利率的异常变动可能意味着被审计单位存在销售价格、销售产品总体结构、单位产品成本发生变动等情况。审计人员可利用所掌握的、适用于被审计单位的销售毛利率知识，判断各类产品的销售毛利率是否符合期望值，存货周转率或者周转能力是否随着主要存货项目的变化而变化。

四、存货监盘

（一）存货监盘的目的与实施概述

存货监盘是指审计人员现场观察被审计单位存货的盘点，并对已盘点的存货进行适当检查。

监盘存货的目的在于获取有关存货数量和状况的审计证据。因为存货的结存数量将直接影响财务报表上存货的金额，并与企业利润有密切联系。因此，一般情况下，监盘年末存货数量是存货审计中的首要内容和必经的审计程序。除非审计人员无法实施监盘程序，且可选择可以信赖的替代程序，否则审计人员应对未实施监盘的存货价值提出保留意见。

需要指出的是，定期盘点存货、合理确定存货的数量和状况是被审计单位管理层的责任。实施存货监盘，获取有关存货存在和状况的充分、适当的审计证据，是注册会计师的责任。除存货的存在和状况外，注册会计师还可能在存货监盘中获取有关存货所有权的部分审计证据。例如，如果注册会计师在监盘中注意到某些存货已经被法院查封，需要考虑被审计单位对这些存货的所有权是否受到了限制。但如《〈中国注册会计师审计准则第1311号——对存货、诉讼和索赔、分部信息等特定项目获取审计证据的具体考虑〉应用指南》第6段所述，存货监盘本身并不足以供注册会计师确定存货的所有权，注册会计师可能需要执行其他实质性审计程序以应对所有权认定的相关风险。在实务中，注册会计师需要恰当区分被审计单位对存货盘点的责任和注册会计师对存货监盘的责任，在执行存货监盘过程中不应协助被审计单位的存货盘点工作。

《中国注册会计师审计准则第1311号——对存货、诉讼和索赔、分部信息等特定项目获取审计证据的具体考虑》对注册会计师实施存货监盘程序作出了规定。在存货盘点现场实施监盘时，注册会计师应当实施下列审计程序：

（1）评价管理层用以记录和控制存货盘点结果的指令和程序；

（2）观察管理层制定的盘点程序的执行情况；

（3）检查存货；

（4）执行抽盘。

（二）存货监盘计划

有效的存货监盘需要制订周密、细致的计划，为了避免误解并有助于有效地实施存货监盘，审计人员通常需要与被审计单位就存货监盘等问题达成一致意见。因此，审计人员应当根据被审计单位存货的特点、盘存制度和存货内部控制的有效性等情况，在评价被审计单位存货盘点计划的基础上，编制存货监盘计划，对存货监盘作出合理安排。存货存在与完整性的认定具有较高的重大错报风险，而且审计人员通常只有一次机会通过存货的实地监盘对有关认定作出评价。根据计划过程所搜集到的信息，有助于审计人员合理确定参与监盘的地点以及存货监盘的程序。

在编制存货监盘计划时，审计人员应当实施下列审计程序：

1.了解存货的内容、性质、各存货项目的重要程度及存放场所；

2.了解与存货相关的内部控制（包括存货盘点程序）；

3.评估与存货相关的重大错报风险和重要性；

4.查阅以前年度的存货监盘工作底稿；

5.考虑实地察看存货的存放场所，特别是金额较大或性质特殊的存货；

6.考虑是否需要利用专家的工作或其他审计人员的工作；

7.复核或与管理层讨论其存货盘点计划。

审计人员在考虑到以上因素之后，制订存货监盘计划。存货监盘计划应当包括以下主要内容：（1）存货监盘的目标、范围及时间安排；（2）存货监盘的要点及关注事项；（3）参加存货监盘人员的分工；（4）检查存货的范围。

（三）存货监盘实施

1.观察被审计单位的盘点过程

在被审计单位盘点存货前，审计人员应当观察盘点现场，确定应纳入盘点范围的存货是否已经适当整理和排列，并附有盘点标识，防止遗漏或重复盘点。对未纳入盘点范围的存货，审计人员应当查明未纳入的原因。对所有权不属于被审计单位的存货，审计人员应当取得其规格、数量等资料，确定是否已分别存放、标明，且未被纳入盘点范围。

2.执行抽盘

审计人员应当对已盘点的存货进行适当检查，将检查结果与被审计单位盘点记录相核对，并形成相应记录。可以从存货盘点记录中选取项目追查至存货实物，以测试盘点记录的准确性；也可以从存货实物中选取项目追查至存货盘点记录，以测试存货盘点记录的完整性。检查的目的既可以是验证被审计单位的盘点计划得到适当的执行（控制测试），也可以是证实被审计单位的存货实物总额（实质性程序）。如果观察程序能够表明被审计单位的组织管理得当，盘点、监督以及复核程序充分有效，审计人员可据此减少所需检查的存货项目。在实施检查程序时，审计人员应尽可能避免让被审计单位事先了解将抽取检查的存货项目。检查的范围通常包括每个盘点小组盘点的存货以及难以盘点或隐蔽性较强的存货。

3.需要特别关注的情况

（1）存货存放在多个地点的情况。《〈中国注册会计师审计准则第1311号——对存货、诉讼和索赔、分部信息等特定项目获取审计证据的具体考虑〉应用指南》第3段提及，在计划存货监盘时，注册会计师需要考虑的事项包括存货的存放地点（包括不同存放地点的存货的重要性和重大错报风险），以确定适当的监盘地点。如果被审计单位的存货存放在多个地点，注册会计师可以要求被审计单位提供一份完整的存货存放地点清单（包括期末库存量为零的仓库、租赁的仓库，以及第三方代被审计单位保管存货的仓库等），并考虑其完整性。根据具体情况下的风险评估结果，注册会计师可以考虑执行相应审计程序。

（2）存货移动情况。一般而言，被审计单位在盘点过程中停止生产并关闭存货存放地点以确保停止存货的移动，有利于保证盘点的准确性。但特定情况下，被审计单位可能由于实际原因无法停止生产或收发货物。这种情况下，注册会计师可以根据被审计单位的具体情况考虑其无法停止存货移动的原因及其合理性。同时，注册会计师可以通过询问管理层以及阅读被审计单位的盘点计划等方式，了解被审计单位对存货移动所采取的控制程序和对存货收发截止影响的考虑。例如，如果被审计单位在盘点过程中无法停止生产，可以考虑在仓库内划分出独立的过渡区域，将预计在盘点期间领用的存货移至过渡区域、将盘点期间办理入库手续的存货暂时存放在过渡区域，以此确保相关存货只被盘点一次。

（3）存货的状况。审计人员应当特别关注存货的状况，观察被审计单位是否已经恰当区分所有毁损、陈旧、过时及残次的存货，并追查这些存货的处置情况。

（4）存货的截止。审计人员应获取盘点日前后存货收发及移动的凭证，即获取存货验收入库、装运出库以及内部转移截止等信息，以检查库存记录与会计记录期末截止是否正确。审计人员可通过观察存货的验收入库地点和装运出库地点来执行截止测试，在存货入库和装运过程中采用连续编号的凭证时，应当关注截止日期前的最后编号；若没有使用连续编号的凭证，则应当列出截止日期以前的最后几笔装运和入库记录。

（5）对特殊类型存货的监盘。常见的盘点方法和控制程序可能并不完全适用于某些特殊类型的存货，这些存货可能存在无法用标签予以标识、数量难以估计或质量难以确定等情况。对于这些特殊类型的存货，注册会计师可以首先了解被审计单位计划采用的盘点方法，并评估其盘点方法是否满足会计核算的需要，即保证存货在财务报表中得以恰当计量和披露。在此基础上，注册会计师需要运用职业判断，根据被审计单位所处行业的特点、存货的类型和特点以及内部控制等具体情况，设计针对特殊类型存货的具体监盘程序。在某些情况下，对于特定类型的存货（例如矿藏、贵金属等），被审计单位可能会聘请外部专业机构协助进行存货盘点。用专家的工作协助其进行监盘。《中国注册会计师审计准则第1421号——利用专家的工作》规范了如何利用专家协助注册会计师获取充分、适当的审计证据，如果注册会计师决定利用专家的工作，应当按照该准则的要求执行工作。

4.存货监盘结束时的工作

在被审计单位存货盘点结束前，审计人员应当再次观察盘点现场，以确定所有应纳入盘点范围的存货是否均已盘点，并检查已填用、作废及未使用盘点表单的号码记录，确定其是否连续编号，查明已发放的表单是否均已收回，并与存货盘点的汇总记录进行核对。审计人员应根据自己在存货监盘过程中获取的信息对被审计单位最终的存货盘点结果汇总记录进行复核，并评估其是否正确地反映了实际盘点结果。

《中国注册会计师审计准则第1311号——对存货、诉讼和索赔、分部信息等特定项目获取审计证据的具体考虑》第五条要求，如果存货盘点在财务报表日以外的其他日期进行，注册会计师除实施规定的审计程序外，还应当实施其他审计程序，以获取审计证据，确定存货盘点日与财务报表日之间的存货变动是否已得到恰当的记录。在实务中，注册会计师可以结合盘点日至财务报表日之间间隔期的长短、相关内部控制的有效性等因素进行风险评估，设计和执行适当的审计程序。在实质性程序方面，注册会计师可以实施的程序示例包括：（1）比较盘点日和财务报表日之间的存货信息以识别异常项目，并对其执行适当的审计程序（例如实地查看等）；（2）对存货周转率或存货销售周转天数等实施实质性分析程序；（3）对盘点日至财务报表日之间的存货采购和存货销售分别实施双向检查（例如，对存货采购从入库单查至其相应的永续盘存记录及从永续盘存记录查至其相应的入库单等支持性文件，对存货销售从货运单据查至其相应的永续盘存记录及从永续盘存记录查至其相应的货运单据等支持性文件）；（4）测试存货销售和采购在盘点日和财务报表日的截止是否正确。

此外，如果被审计单位采用永续盘存制核算存货，审计人员应当关注永续盘存制下的期末存货记录与存货盘点结果之间是否一致。如果两者之间存在较大差异，应当实施追加的审计程序，查明原因并检查永续盘存记录是否已经适当调整。

（四）对于由第三方保管或控制的存货以及存货监盘不可行时的审计程序

《中国注册会计师审计准则第1311号——对存货、诉讼和索赔、分部信息等特定项目获取审计证据的具体考虑》第八条规定，如果由第三方保管或控制的存货对财务报表是重要的，注册会计师应当实施下列一项或两项审计程序，以获取有关该存货存在和状况的充分、适当的审计证据：（1）向持有被审计单位存货的第三方函证存货的数量和状况；（2）实施检查或其他适合具体情况的审计程序。

《〈中国注册会计师审计准则第1311号——对存货、诉讼和索赔、分部信息等特定项目获取审计证据的具体考虑〉应用指南》第16段进一步提及，根据具体情况（如获取的信息使注册会计师对第三方的诚信和客观性产生疑虑），注册会计师可能认为实施其他审计程序是适当的。其他审计程序可以作为函证的替代程序，也可以作为追加的审计程序。其他审计程序的示例包括：（1）实施或安排其他注册会计师实施对第三方的存货监盘（如可行）；（2）获取其他注册会计师或服务机构注册会计师针对用以保证存货得到恰当盘点和保管的内部控制的适当性而出具的报告；（3）检查与第三方持有的存货相关的文件记录，如仓储单；（4）当存货被作为抵押品时，要求其他机构或人员进行确认。

《中国注册会计师审计准则第1311号——对存货、诉讼和索赔、分部信息等特定项目获取审计证据的具体考虑》第7条要求，如果在存货盘点现场实施存货监盘不可行，注册会计师应当实施替代审计程序，以获取有关存货的存在和状况的充分、适当的审计证据。但在其他一些情况下，实施替代审计程序可能无法获取有关存货存在和状况的充分、适当的审计证据。在这种情况下，注册会计师需要按照《中国注册会计师审计准则第1502号——在审计报告中发表非无保留意见》的规定发表非无保留意见。

（五）存货监盘时舞弊风险影响的考虑

按照《中国注册会计师审计准则第1101号——注册会计师的总体目标和审计工作的基本要求》的规定，为获取合理保证，注册会计师应当在整个审计过程中保持职业怀疑。对于存货监盘，注册会计师需要在监盘工作执行过程中关注可能存在舞弊的迹象。例如，如果管理层不允许注册会计师在同一时间对所有存放地点的存货实施监盘，可能存在管理层操纵转移不同地点的存货以虚增或虚减存货的风险。注册会计师需要根据具体情况下对于被审计单位与存货数量相关的舞弊风险评估，设计和实施相应的存货监盘审计程序，并恰当应对监盘过程中所识别出的舞弊或舞弊嫌疑。例如，对于注册会计师在监盘过程中注意到但并未反映在被审计单位存货盘点表上的存货，如果管理层解释称这些存货为代第三方持有或保管的存货，注册会计师可以通过进一步的审计程序，包括查看与这些存货权属相关的证明文件、向第三方函证等，来评估管理层答复的真实性和合理性，以应对可能存在的这些存货已被确认为销售收入但其相关风险和报酬实际尚未转移的重大错报风险。

五、存货函证

如前所述，如果由于被审计单位存货的性质或位置等原因导致无法实施存货监盘，或者对被审计单位委托其他单位保管的或已作质押的存货，审计人员应该向顾客或供应商、保管人或债权人对存货实施函证。以下是委托代管存货询证函的示例：

委托代管存货询证函

甲公司：

本公司聘请的××会计师事务所正在对本公司财务报表进行审计。按照中国注册会计师审计准则的要求应当询证截至20×1年×月×日由贵公司持有、代本公司加工、销售或保管的存货的详细资料。下列数据出自本公司账簿记录，如与贵公司记录相符请在本函下端"询证事项证明无误"处签章证明；如有不符，请在"询证事项不符"处列明不符情况。回函请直接寄至××会计师事务所。

回函地址：　　　　　　　　　　邮编：

电话：　　　　传真：　　　　联系人：

截至20×1年×月×日由贵公司持有、代本公司加工、销售或保管的存货列示如下：

类别	品名	数量	是否有留置权	状况
1.代加工存货				
2.代销售存货				
3.代保管存货				

本函仅为复核账目之用，请及时函复为盼。

（公司盖章）

20×2年×月×日

以下仅供被询证单位使用

结论：

1.询证事项证明无误。	2.询证事项不符,请列明不符项目及具体内容。
（甲公司盖章） 年　月　日 经办人：	（甲公司盖章） 年　月　日 经办人：

六、确定存货是否归被审计单位所有

企业存货的确认通常以获得该项商品或物资的所有权为标志，如某项存货已经验收入库且可供企业支配，即使货款尚未支付，也应该看做企业的存货；同样，购买某项货物的货款已经支付而商品或材料尚未运达企业，也应看做企业的存货。

对于发出的存货，应以标志该存货所有权已经转移的事件是否发生或凭证是否取得来确认存货的所有权归属而不管款项是否已经收到，若上述事实已存在，则存货的所有权已经转移，存货已不归被审计单位所有，不管该存货是否仍存放在被审计单位的仓库。

代人保存和来料加工的存货，其所有权不归被审计单位所有，不应计入存货余额中；而企业存放或寄销在外地的存货，因其所有权属于被审计单位，所以其金额和数量应列入被审计单位存货余额中。

审计中应注意收集能证明存货所有权的文件和凭证，如购销合同、购销发票等。

七、存货截止测试

（一）存货截止测试的含义

存货截止测试就是检查已经记录为企业所有并包括在 12 月 31 日存货盘点范围内的存货中是否含有截至该日尚未购入或已经售出的部分。存货正确截止的关键在于存货实物纳入盘点范围的时间与存货引起的借贷双方会计科目的入账时间都处于同一会计期间。

正确确定存货购入与售出的截止日期是正确、完整地记录企业期末存货的前提。如果被审计单位当年 12 月 31 日购入货物，并已包括在当年 12 月 31 日的实物盘点范围内，而当年 12 月份账上并无进货与相应的负债记录，这就少记了账面存货和应付账款，这时若将盘盈的存货冲减有关的费用或增加有关收入，就虚增了本年利润；相反，如果在当年 12 月 31 日收到一张购货发票，并记入当年 12 月份账内，而这张发票所对应的存货实物却在次年 1 月 3 日才收到，未包括在当年年度的盘点范围内，如果此时根据盘亏结果增加费用或损失，就会虚减本年的存货和利润。

（二）存货截止测试的方法

1.检查存货盘点日前后的购货（销售）发票与验收报告、入库单（或出库单）

在一般情况下，档案中的每张发票均附有验收报告与入库单（或出库单），因此，测试购销业务年末截止情况的主要方法是检查存货盘点日前后的购货发票与验收报告与入库单（或销售发票与出库单，下同）。如果 12 月底入账的发票附有 12 月 31 日或之前日期的验收报告与入库单，则货物肯定已经入库，并包括在本年的实地盘点存货范围内；如果验收报告日期为 1 月份的日期，则货物不会列入年底实地盘点的存货中；反之，如果仅有验收报告与入库单而没有购货发票，则应认真审核每一验收报告单上面是否加盖暂估入库印章，并以暂估价记入当年存货账内，待次年年初以红字冲销。

2.查阅验收部门的业务记录

存货截止测试的另一审核方法是查阅验收部门的业务记录，凡是接近年底（包

括次年年初）购入或销售的货物，均必须查明其相应的购货或销售发票是否在同期入账。对于未收到购货发票的入库存货，应查明是否将入库单分开存放并暂估入账；对已填制出库单而未发出的商品，应查明是否将其单独保管。

对于测试完成后发现的截止期处理不当的情况，审计人员应提请被审计单位作必要的会计账务调整。

八、存货的计价测试

监盘程序主要是对存货的结存数量予以确认，为验证财务报表上存货余额的真实性，还必须对存货的计价进行审计，即确定存货实物数量和永续盘存记录中的数量是否经过正确的计价和汇总。存货计价测试的主要程序包括：

（一）选择测试样本

用于计价测试的样本应从存货数量已经盘点、单价和总金额已经记入存货汇总表的结存存货中选择。选择时应着重结存余额较大且价格变化较频繁的项目。同时考虑所选样本的代表性。抽样方法一般采用分层抽样法，抽样规模应足以推断总体的情况。

（二）计价方法的确认

存货的计价方法多种多样，被审计单位应结合企业会计准则的基本要求选择符合自身特点的方法。审计人员除应了解企业的存货计价方法外，还应对这种计价方法的合理性与一贯性予以关注，没有足够理由，计价方法在同一会计年度内不得变动。对于已变动的计价方法，审计人员应审查其变动是否在财务报表上予以充分披露。

1.存货价格组成内容的测试

进行计价测试时，审计人员首先应对存货价格的组成内容予以审核，然后按照所了解的计价方法对所选择的存货样本进行计价测试。测试时，应尽量排除被审计单位已有计算方法和结果的影响，独立地进行测试。测试结果出来后，应与被审计单位账面价值对比，编制对比分析表，分析形成差异的原因。如果差异过大，应扩大测试范围，并根据测试结果考虑是否应提出审计调整建议。

在存货计价测试中，由于被审计单位对期末存货采用成本与可变现净值孰低的方法计价，所以审计人员应充分关注其对存货可变现净值的确定及存货跌价准备的计提。

可变现净值是指企业在正常经营过程中，存货的估计售价减去至完工时估计将要发生的成本、估计的销售费用以及相关税费后的金额。企业确定存货的可变现净值应当以取得的确凿证据为基础，并且考虑持有存货的目的、资产负债表日后事项的影响等因素。

存货跌价准备应按单个存货项目的成本与可变现净值计量。如果某些存货具有相同或类似的最终用途或目的，并与在同一地区生产和销售的产品系列相关，且实际上难以将其与该产品系列的其他项目区别开来进行估价，可以合并计量存货跌价准备；对于数量繁多、单价较低的存货，可以按存货类别计量成本与可变现净值。

2.存货成本的计价测试

存货成本审计主要包括直接材料成本的审计、直接人工成本的审计、制造费用的审计等内容。具体内容将在下一节详细阐述。

九、确定存货的品质状况，存货跌价准备的计提是否合理

企业应当定期或者至少每年年度终了，对存货进行全面清查，当存在下列情况之一时，应当提取存货跌价准备：（1）市价持续下跌，并且在可预见的未来无回升的希望；（2）企业使用该项原材料生产的产品成本大于产品的销售价格；（3）企业因产品更新换代，原有库存原材料已不适应新产品的需要；（4）因企业所提供的商品或劳务过时或消费者偏好改变而使市场的需求发生变化，导致市场价格逐渐下降；（5）其他足以证明该项存货实质上已经发生减值的情形。

当存在以下一项或若干项情况时，应当将存货账面余额全部转入损益：（1）已霉烂变质的存货；（2）已过期不可退回的存货（主要指食品等）；（3）生产中已不再需要，并且已无转让价值的存货；（4）其他足以证明已无使用价值和转让价值的存货。

存货跌价准备应按单个存货项目的成本与可变现净值计量，如果某些存货具有类似用途并与在同一地区生产和销售的产品系列相关，且实际上难以将其与该产品系列的其他项目区别开来进行估价，可以合并计量成本与可变现净值；对于数量繁多、单价较低的存货，可以按存货类别计量成本与可变现净值。如果被审计单位认定其存货系高技术产品，审计人员可请求外界专家提供帮助。审计人员只有在对该专家的能力和超然独立性感到满意时，才能将使用专家的工作作为一种获取适当证据的审计程序。对于被审计单位的存货跌价准备，审计人员应检查被审计单位存货跌价准备计提和结转的依据、手续和会计处理是否正确，是否经过授权批准，前后各期是否一致。这项实质性测试与"估价或分摊"认定有关。存货跌价准备审计的难点是计提的恰当性。计提资产减值准备是为了把公司的"水分"挤干，避免公司一方面存在大量的不良资产甚至潜亏，另一方面报表上又体现可观的利润。但除了坏账准备计提有明确的标准外，其余七项资产减值准备计提并无明确标准，大部分看起来似乎比较"灵活"。所以，审计人员既要关注计提的充分性，又要关注是否存在通过计提秘密准备来调节利润的现象。对于存货而言，审计人员可采取向采购部门和销售部门询问的方式，了解库存原材料和产成品的最近市场价格。

对于存货中存在的不良资产，审计人员还需要：首先，对存货进行盘点，确定存货的短缺、霉变毁损数量及金额；其次，对存货的账面价值与市价进行比较，以确定存货账面价值高于实际价值的金额，对于其中人为高估利润而造成产成品、自制半成品、生产成本等存货的虚增，应与正常的市价下跌引起的存货减值加以区分，以确定问题性质，分清责任；最后，审查分期收款发出商品合同，检查货款收回情况，对未执行合同而长期挂账的分期收款发出商品，应通过查询及函证，对其可收回性进行评估，以确认其中包含的不良资产数额。若原来使存货跌价的影响因素已经消失的，减记的金额应当予以恢复，并在原计提的存货跌价准备金额内转回，转回的金额计入当期损益。相应地，审计人员应当关注存货跌价准备的转回，判断转回金额及时间的依据是否合理，会计处理是否正确，相应的披露是否恰当。

十、存货相关账户审计

存货在企业总资产中占有很高比重，资产负债表中"存货"一项由众多账户组

成，如材料采购、原材料、包装物、低值易耗品、材料成本差异、自制半成品、库存商品、委托加工物资、委托代销商品、受托代销商品、分期收款发出商品、生产成本、制造费用等。作为构成"存货"的项目，它们有相同之处，所以可以考虑一并审计；同时，每一个科目又有其单独的核算内容，所以若被审计单位有这些科目的核算内容，应考虑制定审计程序进行审计测试。具体来讲，存货相关账户审计相同的审计程序包括以下几点：

1.应获取或编制存货相关账户明细表，复核加计是否正确，并与总账数、明细账合计数核对是否相符。

2.进行分析性复核，对期末存货相关账户余额与上期期末余额进行比较，解释其波动原因，并对大额异常项目进行调查。

3.对存货项目进行监盘和抽点，取得盘点资料和盘盈、盘亏报告表，作重点抽查，并注意查明账实不符原因，有关审批手续是否完备，账务处理是否正确；存放在外的库存材料，应现场察看或函询核实。

4.检查存货购入和发出的入账基础与计价方法是否正确，是否前后期一致；抽查年末结存量较大的存货项目的计价是否正确，必要时进行复算，若原材料以计划成本计价，还应检查"材料成本差异"账项发生额、转销额计算是否正确。

5.查阅资产负债表日前后若干天的存货增减变动的有关账簿记录和原始凭证，检查有无跨期现象，如有，则应作出记录，必要时作调整。

6.对原材料的审计，应注意审核有无长期挂账原材料事项，如有，应查明原因，必要时作调整；结合原材料的盘点，检查期末有无料到单未到情况，如有，应查明是否已暂估入账，其暂估价是否合理。

7.对低值易耗品的审计，应检查低值易耗品与固定资产的划分是否符合规定，低值易耗品摊销方法是否正确，前后期是否一致。

8.对材料成本差异的审计，应重点对每月材料成本差异率进行分析性复核、检查是否有异常波动，注意是否存在调节成本现象；抽查若干月发出材料汇总表，检查材料成本差异的分配是否正确，并注意分配方法前后期是否一致。

9.对委托加工物资的审计，应重点检查若干份委托加工业务合同，抽查有关发料凭证、加工费、运费结算凭证，核对其计费、计价是否正确，会计处理是否及时、正确；抽查加工完成物资的验收入库手续是否齐全，会计处理是否正确；对委托加工物资的期末余额，应现场查看或函询核实；检查是否定期收到委托代销商品销售月结单（对账单），抽查若干月的销售月结单（对账单），验明会计处理是否及时、正确。

10.对受托代销商品的审计，应重点检查若干份受托代销业务合同，抽查有关收货凭证，核对其会计处理是否及时、正确；检查是否定期发出受托代销商品销售月结单（对账单），抽查若干月的销售月结单（对账单），验明会计处理是否及时、正确；对受托代销商品的期末余额，应现场查看其是否存在。

11.对分期收款发出商品的审计，应重点检查若干份分期收款业务协议、合同，抽查有关发货凭证，核对其会计处理是否及时、正确；结合库存商品审计、抽查分期收款发出商品的入账基础，是否与库存商品结转额核对相符。检查是否按合同约定时间分期收回货款，并复核其转销成本是否与约定收到货款比例配比，验明会计处理是否及时、正确；对分期收款发出商品的期末余额，必要时应函询核实。

十一、确定存货在会计报表的披露是否恰当

审计人员应重点确认资产负债表中存货和利润表中主营业务成本的恰当披露，以及报表附注中有关存货计价方法、抵押存货、重大购货承诺的披露。审计人员还可以通过复核董事会会议记录和询问管理层，获得更多证据。按照我国《企业会计准则》和《企业会计制度》的规定，企业应当披露下列与存货有关的信息：

1.材料、在产品、产成品等类存货的当期期初和期末账面价值及总额；

2.当期计提的存货跌价准备和当期转回的存货跌价准备；

3.存货取得的方式以及低值易耗品和包装物的摊销方法；

4.存货跌价准备的计提方法；

5.确定存货可变现净值的依据；

6.确定发出存货的成本所采用的方法；

7.用于债务担保的存货的账面价值；

8.采用后进先出法确定的发出存货的成本与采用先进先出法、加权平均法或移动平均法确定的发出存货的成本的差异；

9.当期确认为费用的存货成本，如主营业务成本等。

十二、各种测试的整合应用

图5-3列示了生产与存货循环审计中各种测试之间的内在联系。

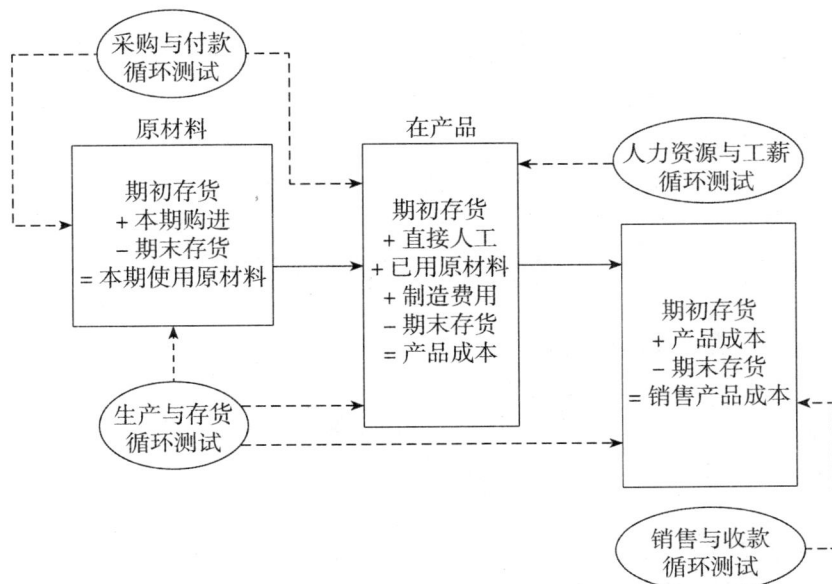

图5-3　各种测试之间的关系

当审计人员对采购与付款循环中的采购交易进行验证时，应取得除人工以外的外购原材料和制造费用是否准确的证据。这些采购成本要么直接转为销售成本，要么成为期末原材料、在产品和产成品等存货的重要组成部分。在审计存货时，通常将它作为采购与付款循环审计中控制测试和交易实质性测试的一部分。同样，如果制造费用按照订单和不同工序进行分配，其测试也通常作为采购与付款循环测试的一部分。

审计人员对人工成本的验证与对采购交易的验证基本相似。在大多数情况下，直接、间接人工的成本会计记录测试可作为工薪循环审计的一部分。

尽管销售与收款循环和生产与存货循环的关系不如上述两个循环同生产与存货循环的关系那样紧密，但它仍然很重要。关于产成品入库、发运和销售记录的大多数测试都在销售与收款测试中完成。成本会计测试对验证以上三种测试未能验证的影响存货的内部控制十分有用。这些测试包括实物控制、原材料成本转入在产品、在产品成本转入产成品文件和单位成本记录。

存货的实地盘点、计价与汇总在审计中同样重要，因为其中的任何一个错报必然导致存货和销售成本的错报。在大多数存货审计的测试中，通常假定销售成本等于期初存货加上外购原材料、直接人工、制造费用，再减去期末存货。因为销售成本是一个余额，且通常还是利润表中的重大账户之一，因此期末存货审计就显得格外重要。

另外，不同来源的存货在计价和分摊方面的性质是不同的。比如，将在产品和产成品与外购商品进行比较，外购商品计量的准确性取决于供应商的价格和其达到销售状态所需的进一步成本，而在产品、产成品计量的准确性则更多地依赖于复杂的生产成本，包括耗用的原材料、人工成本和间接可变费用的分配，这些将影响存货余额的计价和分摊。进而言之，与生产相关存货可变现净值的确认可能更难，由于产品的特殊性，它主要取决于被审计单位能够实现的销售价格而不是外购商品存货在公开市场上的外购价格。如果被审计单位现有的存货项目周转过慢，就可能没有任何近期的销售可供确认存货的可变现净值。在这种情况下，审计人员可能谨慎地给那些包括产成品在内的与生产相关存货项目的计价和分摊认定设定一个检查风险较低的可接受水平，而同时给外购商品等存货项目的计价和分摊认定设定一个检查风险较高的可接受水平。

审计生产与存货交易和余额时的另一考虑就是其与采购、销售收入及销售成本间的相互关系，因为存货认定取得的证据也同时为其对应项目的认定提供了证据。例如，通过存货监盘和对已收存货的截止测试取得的、与外购商品或原材料存货的完整性和存在认定相关的证据，自动为同一期间原材料和商品采购的完整性和发生提供了保证。类似地，销售收入的截止测试也为期末之前的销售成本已经从期末存货中扣除并正确计入销售成本提供证据。因此，这种审计程序为销售收入和销售成本的完整性、截止、分摊、准确性和分摊认定以及产成品存货的完整性、截止和存在认定同时提供证据。

　　像存货的控制测试和交易的实质性测试与存货账户余额细节测试的整合一样，审计人员也可以将存货账户余额细节测试与为满足列报和披露相关的审计目标而执行的测试整合在一起。企业会计准则要求在报表附注中披露存货计价方法和其他与存货相关的信息，所以，审计人员应该了解与被审计单位的存货披露相关的控制，并就这些控制执行控制测试和其他实质性测试，以获得满足列报与披露目标的充分适当的证据。

第四节　　应付职工薪酬的实质性程序

一、应付职工薪酬的审计目标

　　职工薪酬是指企业为职工在职期间和离职后提供的全部货币性薪酬和非货币性福利，新会计准则下的"应付职工薪酬"科目包括"工资"、"职工福利"等。工资和职工福利是企业成本费用的重要构成项目，是生产与费用审计中十分重要的一项内容。

　　工资是企业支付给员工的劳动报酬，工资曾经普遍采用现金的形式支付，因而相对于其他业务，更容易发生错误或舞弊行为，如虚报冒领、重复支付和贪污等。但随着经营管理水平的提高和技术手段的发展，工资业务中发生舞弊及其掩饰的可能已经有所缩小。这是因为，有效的工资内部控制可以及时地揭露错误和舞弊；使用计算机编制工资表和使用工资卡，提高了工资计算的准确性；通过有关机构（如税务部门、社会保障机构）的复核，可相应防止工资计算错误的发生。然而，在一般企业中，职工薪酬在成本费用中所占比重较大，如果职工薪酬计算错误，就会影响成本费用和利润的正确性。所以，审计人员仍应重视职工薪酬业务的审计，首先应该根据管理层认定和审计总目标，确定应付职工薪酬的审计目标，再实施相应的审计程序。

　　应付职工薪酬审计的具体目标一般包括：确定资产负债表中记录的应付职工薪酬是否存在；确定所有应当记录的应付职工薪酬是否均已记录；确定记录的应付职工薪酬是否为被审计单位应当履行的现时义务；确定应付职工薪酬是否以恰当的金额包括在财务报表中，与之相关的计价调整是否已恰当记录；确定应付职工薪酬是否已按照企业会计准则的规定在财务报表中作出恰当列报。

二、应付职工薪酬的实质性程序

　　1.获取或编制应付职工薪酬明细表，复核加计是否正确，并与报表数、总账数和明细账合计数核对是否相符。

　　2.实施实质性分析程序。

　　实质性分析程序有时在识别因错误或舞弊而导致的重大错报领域或证实支出列报和披露的公允性时非常有用。分析程序包括在对企业的核心进程和相关财务处理进行了解时进行的前期比较、比率分析、财务与非财务信息的比较等。在人力资源和工薪循环的审计中，审计人员为收集大多数审计证据，通常采用实质性分析程序。

如果是连续审计，审计人员在前期审计中积累了一些分析记录，可以根据这些记录形成对本年度分析的预期。需要注意的是，这个预期应当根据经营和经济环境的变化而改变。

下列因素可能影响工薪金额的变化：员工结构的变更以及针对不同种类的平均工薪水平和工薪范围；员工数量的变化以及在季节性变化的情况下该数量的稳定性；是否存在年度中由于企业经营或生产期限的限制而加班所支付的高工薪；由于企业扩张而增加人员；产量的变化，如企业获得了大额合同，或丢失了主要客户或供应商，以较低产量生产。

如果不能合理预期工薪金额，则对于所抽取的月薪样本，审计人员应当进行详细检查，发现大额或非正常的项目并作进一步调查。这些项目可能包括：与正常数额不相符的数额、额外的工作时间以及不存在的或很少的工薪扣除。审计人员应当就未预期变化获取管理层的解释，并通过检查相关的文档或员工工薪或工薪记录来验证该解释。审计人员为了实现审计目标，通常实施以下实质性分析程序：

（1）检查各月职工薪酬费用的发生额是否有异常波动，若有，则要求被审计单位予以解释；

（2）将本期职工薪酬费用总额与上期进行比较，要求被审计单位解释其增减变动原因，或取得公司管理层关于员工薪酬水平的决议；

（3）了解被审计单位本期平均职工人数，计算人均薪酬水平，与上期或同行业水平进行比较。

3.检查工薪、奖金、津贴和补贴的确认、计量和费用分配。

检查计提是否正确，依据是否充分。将执行的工薪标准与有关规定核对，并对工薪总额进行测试；被审计单位如果实行工效挂钩的，应取得有关主管部门确认的效益工薪发放额认定证明，结合有关合同文件和实际完成的指标，检查其计提额是否正确，是否应作纳税调整。国家规定了计提基础和计提比例的，应当按照国家规定的标准计提，如医疗保险费、养老保险费、失业保险费、工伤保险费、生育保险费、住房公积金、工会经费以及职工教育经费等；国家没有规定计提基础和计提比例的，如职工福利费等，应按实列支。

检查本项目的核算内容是否包括工资、职工福利、社会保险费、住房公积金、工会经费、职工教育经费、解除职工劳动关系补偿、股份支付等明细项目。外商投资企业按规定从净利润中提取的职工奖励及福利基金，也应在本项目核算。

检查分配方法与上年是否一致。除因解除与职工的劳动关系给予的补偿直接计入管理费用外，被审计单位是否根据职工提供服务的受益对象，分下列情况进行处理：应由生产产品、提供劳务负担的职工薪酬，计入产品成本或劳务成本；应由在建工程、无形资产负担的职工薪酬，计入固定资产或无形资产成本；被审计单位为外商投资企业，按规定从净利润中提取的职工奖励及福利基金，是否以董事会决议为依据，是否相应记入"利润分配——提取的职工奖励及福利基金"账户；其他职工薪酬，是否计入当期损益。

检查发放金额是否正确，代扣的款项及其金额是否正确。检查是否存在属于拖欠性质的职工薪酬，并了解拖欠的原因。

4.检查社会保险费（包括医疗、养老、失业、工伤、生育保险费）、住房公积金、工会经费和职工教育经费等计提（分配）和支付（使用）的会计处理是否正确，依据是否充分。

5.检查辞退福利。对于职工没有选择权的辞退计划，检查按辞退职工数量、辞退补偿标准计提辞退福利负债金额是否正确；对于自愿接受裁减的建议，检查按接受裁减建议的预计职工数量、辞退补偿标准等计提辞退福利负债金额是否正确；检查实质性辞退工作在一年内完成但付款时间超过一年的辞退福利，是否按折现后的金额计量，折现率的选择是否合理；检查计提辞退福利负债的会计处理是否正确，是否将计提金额计入当期管理费用；检查辞退福利支付凭证是否真实正确。

6.检查非货币性福利。

检查以自产产品发放给职工的非货币性福利，是否根据受益对象，按照该产品的公允价值，计入相关资产成本或当期损益，同时确认应付职工薪酬；对于难以认定受益对象的非货币性福利，是否直接计入当期损益和应付职工薪酬。

检查无偿向职工提供住房的非货币性福利，是否根据受益对象，将该住房每期应计提的折旧计入相关资产成本或当期损益，同时确认应付职工薪酬；对于难以认定受益对象的非货币性福利，是否直接计入当期损益和应付职工薪酬。

7.检查以现金与职工结算的股份支付。检查授予后立即可行权的以现金结算的股份支付，是否在授予日以承担负债的公允价值计入相关成本或费用。检查完成等待期内的服务或达到规定业绩条件以后才可行权的以现金结算的股份支付，在等待期内的每个资产负债表日，是否以可行权情况的最佳估计为基础，按照承担负债的公允价值金额，将当期取得的服务计入成本或费用。在资产负债表日，后续信息表明当期承担债务的公允价值与以前估计不同的，是否进行调整，并在可行权日调整至实际可行权水平。检查可行权日之后以现金结算的股份支付当期公允价值的变动金额，是否借记或贷记"公允价值变动损益"账户。

8.检查应付职工薪酬的期后付款情况，并关注在资产负债表日至财务报表批准报出日之间，是否有确凿证据表明需要调整资产负债表日原确认的应付职工薪酬事项。

9.检查应付职工薪酬是否在财务报表中作出恰当的列报。

检查是否在附注中披露与职工薪酬有关的下列信息：应当支付给职工的工

薪、奖金、津贴和补贴，及其期末应付未付金额；应当为职工缴纳的医疗、养老、失业、工伤和生育等社会保险费，及其期末应付未付金额；应当为职工缴存的住房公积金，及其期末应付未付金额；为职工提供的非货币性福利，及其计算依据；应当支付的因解除劳动关系给予的补偿，及其期末应付未付金额；其他职工薪酬。

检查因自愿接受裁减建议的职工数量、补偿标准等不确定而产生的预计负债（应付职工薪酬），是否按照《企业会计准则第13号——或有事项》进行披露。

第五节　　营业成本审计

一、营业成本审计概述

营业成本是指企业从事对外销售商品、提供劳务等主营业务活动和销售材料、出租固定资产、出租无形资产、出租包装物等其他经营活动所发生的实际成本。对制造业企业而言，营业成本是由期初库存产品成本加上本期入库产品成本，再减去期末库存产品成本求得的。营业成本审计是指对直接材料、直接人工、制造费用、生产成本、库存商品、自制半成品、主营业务成本的审计。

营业成本的审计目标一般包括：确定利润表中记录的营业成本是否已发生，且与被审计单位有关；确定所有应当记录的营业成本均已记录；确定与营业成本有关的金额及其他数据已恰当记录；确定营业成本已记录于正确的会计期间；确定营业成本已记录于恰当的账户；确定营业成本已按照企业会计准则的规定在财务报表中作出恰当的列报。

计算营业成本的过程是一系列相互衔接的过程，对营业成本实施审计时，也应该注意到这一特点。在由不同人员分别实施审计时，应相互协作，避免不必要的重复性劳动，或者都以为其他的审计人员已经做了审计，自己不必"重复劳动"，而到头来忽略了非常重要的步骤，由此形成审计"死角"，造成无法挽回的审计风险。

二、主营业务成本的实质性程序

1.获取或编制主营业务成本明细表，复核加计是否正确，并与总账数和明细账合计数核对是否相符，结合其他业务成本科目与营业成本报表数核对是否相符。

2.复核主营业务成本明细表的正确性，编制生产成本与主营业务成本倒轧表（见表5-3），并与库存商品等相关科目钩稽。

3.检查主营业务成本的内容和计算方法（主要包括直接材料、直接人工、制造费用和生产成本在当期完工产品与在产品之间分配等内容）是否符合企业会计准则规定，前后期是否一致。

表 5-3　　　　　　　　　　生产成本及主营业务成本倒轧表

项目	未审数	调整或重分类金额借	（贷）	审定数
原材料期初余额				
加：本期购进				
减：原材料期末余额				
其他发出额				
直接材料成本				
加：直接人工成本				
制造费用				
生产成本				
加：在产品期初余额				
减：在产品期末余额				
产品生产成本				
加：产成品期初余额				
减：产成品期末余额				
主营业务成本				

（1）直接材料成本的审计。直接材料成本审计一般应从审阅"材料"和"生产成本"明细账入手，抽查有关的费用凭证，验证企业产品直接耗用材料的数量、单价和材料费用分配是否真实、合理。其主要审计程序包括：①进行分析性复核，分析比较同一产品前后各年度的直接材料成本，如有重大波动应查明原因；②检查直接材料耗用数量的真实性，有无将非生产用材料计入直接材料费用；③抽查材料发出及领用的原始凭证，检查领料单的签发是否经过授权，材料发出汇总表是否经过适当的人员复核，材料单成本计价方法是否适当，是否正确及时入账；④抽查产品成本计算单，检查直接材料成本的计算是否正确，材料费用的分配标准与计算方法是否合理和适当，是否与材料费用分配汇总表中该产品分摊的直接材料费用相符；⑤对采用定额成本或标准成本的企业，应检查直接材料成本差异的计算、分配与会计处理是否正确，并查明直接材料的定额成本、标准成本在本年度内有无重大变更。

（2）直接人工成本的审计。直接人工成本审计一般应从审阅"生产成本"、"制造费用"明细账和工资分配表、工资汇总表等，抽查有关的费用凭证，验证直接人工成本归集和分配是否真实、合理。其主要审计程序包括：①进行分析性复核，将本年度直接人工成本与前期进行比较，查明其异常波动的原因；分析比较本年度各个月份的人工费用发生额，如有异常波动，应查明原因；②抽查产品成本计算单，检查直接人工成本的计算是否正确、人工费用的分配标准与计算方法是否合理和适当、是否与人工费用分配汇总表中该产品分摊的直接人工费用相符；③结合应付职工薪酬的检查，抽查人工费用会计记录及会计处理是否正确；④对采用标准成本法的企业，应抽查直接人工成本差异的计算、分配与会计处理是否正确，并查明直接人工的标准成本在本年度内有无重大变更。

（3）制造费用的审计。制造费用是指企业的车间管理部门为组织和管理生产所发生的各项费用，主要包括工资和福利费用、折旧费、机物料消耗、劳动保护费、水电费、办公费、差旅费、运输费、保险费、季节性和修理期间的停工损失等内容。其主要审计程序包括：①获取或编制制造费用汇总表，并与明细账、总账核对相符；分析制造费用汇总表，如有波动应予查明。②审阅制造费用明细账，检查其核算内容、范围是否正确，应注意是否存在异常会计事项，如有，则应追查至记账凭证及原始凭证，重点查明企业有无将不应列入成本费用的支出计入制造费用，如投资支出、被没收的财物、支付的罚款、违约金、技术改造支出等。③检查制造费用的分配是否合理。重点查明制造费用的分配方法是否符合企业自身的生产技术条件，是否体现受益原则，分配方法一经确定，是否在相当时期内保持稳定，有无随意变更的情况，分配率和分配额的计算是否正确，有无以人为估计数代替分配数的情况。④对于采用标准成本法的企业，应抽查标准制造费用的确定是否合理，计入成本计算单的数额是否正确，制造费用的计算、分配与会计处理是否正确，并查明标准制造费用在本年度内有无重大变动。对按预定分配率分配费用的企业，还应查明计划与实际差异是否及时调整。

（4）生产成本的审计。对直接材料、直接人工和制造费用审计的程序，都构成了"生产成本"审计的一部分内容，在对生产成本的料、工、费的归集进行审计后，"生产成本"账户还有一项重要的审计内容，那就是"生产成本"在在产品和产成品之间分配的审计。审计人员在对该账户进行审计时，应关注被审计单位是否通过调整在产品和产成品成本达到调整利润的目的。

（5）主营业务成本的审计。主营业务成本核算企业因销售商品、提供劳务或让渡资产使用权等日常活动而发生的实际成本。它是由期初库存产品成本加上本期入库产品成本，再减去期末库存产品成本求得的。对产品销售成本粉饰的查证，应通过审阅主营业务成本明细账、库存商品明细账等记录，并核对有关的原始凭证和记账凭证进行。分析比较本年度与上年度主营业务成本总额以及本年度各月份的主营业务成本金额，如有重大波动和异常情况，应查明原因。结合生产成本的检查，抽查主营业务成本结转数额的正确性，并检查其是否与销售收入相配比。检查主营业务成本账户中重大调整事项（如销售退回、委托代销商品）是否有其充分理由。确定主营业务成本是否已在利润表上恰当披露。

具体测试内容见表5-4。

表5-4 主营业务成本的分项测试程序表

项目		测试程序
直接材料成本测试	采用定额单位消耗	选择并获取某一成本报告期若干种具有代表性的产品成本计算单; 获取样本的生产指令或产量统计记录及其直接材料单位消耗定额; 根据材料明细账或采购业务测试工作底稿中各该直接材料的单位实际成本,计算直接材料的总消耗量和总成本,与该样本成本计算单的直接材料成本核对
	非采用定额单耗	可获取材料费用分配汇总表、材料发出汇总表(或领料单)、材料明细账(或采购业务测试工作底稿)中各该直接材料的单位成本; 检查成本计算单中直接材料成本与材料费用分配汇总表中该产品负担的直接材料费用是否相符,分配标准是否合理; 抽取材料发出汇总表或领料单中若干种直接材料的发出总量和该各种材料的实际单位成本之积,与材料费用分配汇总表中各该种材料费用进行比较
	采用标准成本法	获取样本的生产指令或产量统计记录、直接材料单位标准用量、直接材料标准单价及发出材料汇总表或领料单; 检查标准成本与成本计算单中的直接材料成本核对是否相符;直接材料成本差异的计算与账务处理是否正确
直接人工成本测试	采用计时工资制	获取样本的实际工时统一记录、职员分类表和职员工薪手册(工资率)及人工费用分配总表; 检查成本计算单中直接人工成本与人工费用分配汇总表中该样本的直接人工费用核对是否相符; 检查样本的实际工时统计记录与人工费用分配汇总表中该样本的实际工时核对是否相符; 检查抽取生产部门若干天的工时台账与实际工时统计记录核对是否相符; 没有实际工时统计记录时,则可根据职员分类表及职员工薪手册中的工资率,计算复核人工费用分配汇总表中该样本的直接人工费用是否合理
	采用计件工资制	获取样本的产量统计报告、个人(小组)产量记录和经批准的单位工薪标准或计件工资制度; 根据样本的统计产量和单位工薪标准计算的人工费用,检查人工费用与成本计算单中直接人工成本核对是否相符; 抽取若干个直接人工(小组)的产量记录,检查其是否被汇总记入产量统计报告
制造费用测试		获取样本的制造费用分配汇总表、按项目分列的制造费用明细账、与制造费用分配标准有关的统计报告及其相关原始记录; 检查制造费用分配汇总表中样本分担的制造费用与成本计算单中的制造费用核对是否相符; 检查制造费用分配汇总表中的合计数与样本所属成本报告期的制造费用明细账总计数核对是否相符; 检查制造费用分配汇总表选择的分配标准(机器工时数、直接人工工资、直接人工工时数、产量等)与相关的统计报告或原始记录核对是否相符,并对费用分配标准的合理性作出评估; 企业采用预计费用分配率分配制造费用的,则应针对制造费用分配过多或过少的差额,检查其是否作了适当的账务处理
生产成本在当期完工产品与在产品之间分配的测试		检查成本计算单中在产品数量与生产统计报告或在产品盘存表中的数量是否一致; 检查在产品约当产量计算或其他分配标准是否合理; 计算复核样本的总成本和单位成本,最终对当年采用的成本会计制度作出评价

复习思考题

1. 说明生产与存货循环与其他业务循环的关系。
2. 列举存货审计中常用的实质性程序。
3. 说明存货监盘的基本要求和执行步骤。
4. 注册会计师应如何对异地存货、特殊性质的存货进行审计？
5. 简述存货计价审计的方法。
6. 说明人力资源与工薪循环涉及的主要业务活动及凭证与会计记录。
7. 列举应付职工薪酬审计中常用的实质性程序。
8. 说明人力资源与工薪循环的重大错报风险主要有哪些。

第六章 筹资与投资业务审计

学习目标

1.掌握筹资与投资的主要业务活动及其审计目标；

2.熟悉筹资与投资业务的关键控制程序；

3.掌握负债类账户、权益类账户的实质性程序；

4.掌握投资类账户的实质性程序。

第一节 | 负债类账户审计

企业的财务活动主要包括筹资、投资和利润分配三个方面。筹资是企业生产经营活动的起点，一般认为，筹资和狭义的融资表达同一概念，按筹资方式主要分为负债筹资和权益筹资，在账务核算方面主要涉及负债类账户和权益类账户，而注册会计师则主要关注来源于被审计单位外部的资金筹集状况。

一、负债筹资的主要业务活动

负债筹资是指企业通过银行借款、商业信用和发行债券等形式筹集资金。通过负债筹集资金是企业一项重要的资金来源。按照所筹集资金使用期限的长短不同，负债筹资可以分为短期负债筹资和长期负债筹资两类，本章着重介绍长期负债筹资。长期负债筹资通常采用的方式有长期借款和发行债券。

（一）长期借款的主要业务活动

长期借款是指企业向银行或其他金融机构借入的期限在一年以上（不含一年）或超过一年的一个营业周期以上的各项借款。长期借款主要用于购建固定资产以满足企业长期资金占用需要。长期借款业务主要包括以下内容：

1.通过授权或审批。企业通过长期借款借入资金一般用于固定资产投资等资本性支出，金额较大且多附有抵押物，所以，必须通过相应的控制程序进行审批，借款方式、借款金额、资金用途等必须按照规定经过股东大会或董事会的授权或审批。

2.签订借款合同。经过授权与批准后，企业向银行提出借款申请，陈述借款原因、借款金额、用款时间与计划、还款期限与进度，经银行或其他金融机构审查批准后签订借款合同，合同必须载明借款数额、利率、期限和其他限制性条款，明确借贷双方的权利和义务。

3.担保与抵押。银行或其他金融机构为了降低贷款风险，一般在借款合同中都会规定保护性条款，要求企业提供担保人、质押物或抵押物。因此，企业应该按照合同规定办理相关的担保手续或抵押手续。

4.取得贷款。借款合同签订后，在核定的贷款指标范围内，企业可以根据用款计划和实际需要，要求银行或其他金融机构一次或多次将贷款资金转入企业的用款账户。

5.长期借款入账。取得长期借款后，会计核算部门应及时按实际发生额登记入账，反映企业长期负债的增加，并按合同规定的计息方法、利率和时间核算利息支出。

6.长期借款偿还。企业应按借款合同的规定按期付息还本，正确进行账务处理。

7.债务展期。借款企业如因暂时财务困难，需延期偿还借款时，应向借款机构提交延期还贷申请，经借款机构审查核实，续签合同，通常需要加收利息。

（二）发行债券的主要业务活动

企业债券是企业依照法定程序发行，约定在一定期限内还本付息的有价证券。公司债券的发行主体是股份公司，但是非股份制企业也可以发行债券，所以，一般归类时，公司债券和企业发行的债券合并一起，可直接称为公司（企业）债券。企业发行债券的主要业务活动包括：

1.作出发行债券决议或决定。企业在实际发行债券之前，必须作出发行债券的决议或决定，决议内容包括发行债券总额、票面金额、发行价格、募集方式、债券利率、还本付息的期限及方式等内容。股份有限公司、国有有限责任公司发行公司债券，由董事会制订方案，股东大会作出决议，必须经代表1/2以上表决权的股东通过。国有独资公司发行债券，由国家授权投资的机构或国家授权的部门作出决定。

2.发行债券申请和核准。企业作出发行债券的决议或决定后，应提出发行债券申请，提交公司营业执照、公司章程、公司债券募集办法、资产评估报告和验资报告以及国务院授权部门或国务院证券监督管理机构规定的其他文件资料，向国务院证券监督管理机构提出申请和核准。

3.债券发行与承销。发行债券经过核准后，企业应该制定债券募集办法并予以公告。根据有关法律法规的规定，一般采用公开募集发行债券方式。发行债券企业须与证券经营机构签订承销合同，由证券经营机构承销，承销方式有代销和包销两种。代销是指由承销机构代为推销债券，在约定期限内未售出的债券余额将退还发行企业，承销机构不承担发行风险。包销是指由承销机构先购入发行企业发行的全部债券，然后再销售给其他投资者，如果在约定期限内未能全部售出，余额则由承销机构负责认购。

4.债券计价。发行企业应根据市场供求关系、银行储蓄利率等综合因素确定债券的发行价格，即按面值发行或折价、溢价发行。如果债券折价或者溢价发行，应在债券存续期间内按实际利率法对溢价或折价进行摊销。

5.债券保管。债券发行完成以后，企业应该置备公司债券存根簿。为了保证债券的安全、完整，通常指定专人保管库存债券，或者委托银行或信托公司等独立机构代为保管。

6.资金入账。发行债券企业取得发行债券的资金以后应该及时进行账务处理，将筹集的资金正确及时登记入账。

7.支付债券利息。支付债券的利息有三种形式：一是分期付息，通常每半年支付一次；二是于债券到期日和本金一并支付；三是债券没有规定的票面利率，这是按低于面值的价格发行，期满时偿还面值，面值与发行价格之间的差额就是债券的利息。

8.债券购回或偿还。企业发行债券时，一般都规定了偿还的条款。因此，企业应根据发行债券时订立的有关条款偿还本金，债券本金偿还方式一般有一次偿还、分期偿还、提前偿还等。

9.债券转换。如果企业发行的是可转换债券，通常在债券发行办法中规定，债券持有人可将其持有的债券转为发行企业的股票。因此，债券持有人如果选择将其所持债券转换为股票时，发行企业应按规定的转换办法向其换发股票。

二、负债筹资业务涉及的凭证及账户

（一）负债筹资业务涉及的主要凭证和会计记录

1.公司债券。公司依据法定程序发行、约定一定期限还本付息的有价证券。

2.债券契约。载明债券持有人（记名债券）与发行企业双方所拥有的权利与义务的法律性文件，其内容一般包括：债券发行的标准；债券的明确表述；利息或利息率；受托管理人证书；登记和背书；如系抵押债券，其所担保的财产；债券发生拖欠情况如何处理，以及对偿债基金、利息支付、本金返还等相关情况的处理。

3.公司债券存根簿。发行记名公司债券应记载的内容一般包括：债券持有人的姓名或者名称及住所；债券持有人取得债券的日期及债券的编号；债券总额、债券的票面金额、债券的利率、债券还本付息的期限和方式；债券的发行日期。发行无记名债券的应当在公司的债券存根簿上记载债券总额、利率、偿还期限和方式、发行日期和债券编号。

4.债券承销或包销协议。被审计单位向社会公开发行债券时，应当由依法设立的证券经营机构承销或包销，被审计单位应与其签订债券承销或包销协议。

5.借款合同或协议。被审计单位向银行或其他金融机构借入款项时与其签订的合同或协议。

6.有关记账凭证。被审计单位为了核算各类负债筹资业务而产生的各种记账凭证。

7.负债类总分类账。被审计单位为核算各类借款所设置的"短期借款"、"长期借款"、"应付债券"等总分类账。记录所有借款信息，包括所支付各类借款的利息费用。总分类账中的负债类账户记录初始借款金额和后续债务的账面价值。

8.负债类明细分类账。被审计单位为了详细核算各类借款可以按借款项目、借款单位等内容设置明细分类账，"应付债券"账户则需要设置"债券面值"、"债券溢价"、"债券折价"、"应计利息"等明细账户，以便更全面地记录应付债券的信息。

（二）负债筹资业务涉及的主要账户及其关系

负债筹资业务涉及的主要账户有短期借款、长期借款、应付债券、应付利息、财务费用等，这些账户之间的关系如图6-1所示。

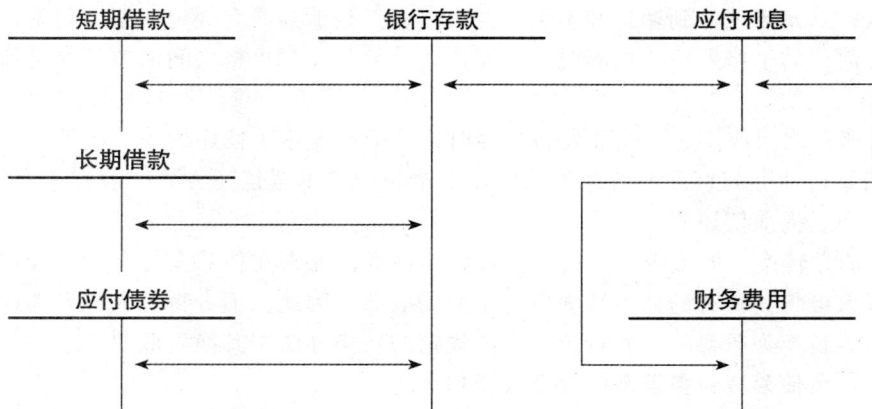

图6-1 负债筹资业务涉及的主要账户及其关系

三、负债筹资业务的审计目标

企业负债筹资业务，尤其是长期负债筹资业务相对较少，但是，交易涉及的金额一般都很大，对企业的账户余额及财务报告都会产生重要影响，因此，注册会计师应该达到以下审计目标：

1.确定负债筹资业务是否真实。主要确定记录中所有与负债筹资有关的交易是否确实发生；企业的债务是否存在；与负债筹资相关的利息费用是否为本期发生的交易和事项引起的。

2.确定所有的负债筹资业务是否均已记录。漏记负债筹资业务的每一笔交易都将产生重大影响，注册会计师需要确定记录的完整性。

3.确定所记录的债务是否为被审计单位应当履行的全部义务。注册会计师需要确定被审计单位记录的所有债务都是真实发生的，被审计单位没有承担其他企业的债务，也没有将自己的债务隐匿或转移出去。

4.确定与所记录的债务相关的金额是否正确。注册会计师需要确定被审计单位所记录的债务金额与借款合同、债券发行协议等法律文件的规定确实一致，相关费用合理分摊。

5.确定与债务有关的利息是否正确计提并恰当支付。注册会计师需要确定被审计单位按照规定的利率、方法、期限等要素正确计提所记录债务的利息，并按合同或协议规定恰当支付，没有提前或延迟支付，支付金额和计提金额完全一致。

6.确定所记录的债务是否已经按照企业会计准则的规定在财务报表中进行恰当列报。

四、负债筹资业务内部控制及控制测试

企业的负债筹资业务影响账户余额的交易相对较少，但是，每一笔交易的金额都相当重要，比如发行债券，注册会计师需要验证该业务的每一笔交易，或者直接进行实质性程序。负债筹资业务涉及短期借款、长期借款和应付债券等，这些业务的内部控制基本类似。

（一）负债筹资业务的内部控制

一般情况下，负债筹资业务的内部控制包括以下主要内容：

1.合理的职责分工。合理的职责分工应该包括：负债筹资计划的编制与审批严格分离，保证负债筹资计划的科学性；借款或发行债券业务的执行人员与记录人员严格分离，债券的记录人员不得参与债券的发行，保证业务严格按程序执行；相互牵制，借款、发行债券业务的记录人员和相关的证券保管人员也要分离。

2.严格的授权审批。负债筹资业务应该经过严格的授权审批。一般情况下要有董事会的正式授权程序，财务经理或者财务部门编制负债筹资计划，在经过相关机构审批，比如申请发行债券时，应向证券监督管理机构递交相关文件资料，债券的回购也要有正式的授权程序。

3.签订合同或协议。企业借款时，需要和银行或者其他金融机构签订借款合同；发行公司债券的，要有受托管理机构来保护发行人和持有人的合法权益，应该和相关的受托管理机构签订债券发行契约、承销协议等法律文件。

4.完整的会计记录。企业应该建立完整的账簿体系和记录制度，保证负债筹资业务按正确的金额、恰当的方法及时完整的在相应的账户中进行记录。债券的溢价、折价应选用恰当的摊销方法，利息的计算及支付及时记录在对应账户。如果企业保存债券持有人明细分类账，应同总分类账核对相符，若发行债券的相关记录由外部机构保存，则须定期与外部机构核对。除此之外，企业还应该设立债券登记簿，详细记录已发行债券的有关事项，如签发日期、到期日期、利息支付方式、本金偿还方式、支付利率、市场利率、金额等内容，及时记录增减变动及利息计提支付等情况。

5.健全的保管制度。企业应该建立健全保管制度，以保管借款、发行债券的相关文件资料、档案资料、记录资料，未发行的债券也必须有人专门负责保管。

（二）负债筹资业务的控制测试

1.了解负债筹资业务的内部控制。对负债筹资业务内部控制的了解，一般可以通过编制流程图、文字说明、设计问卷调查表等方式进行。负债筹资业务的内部控制调查表见表6-1。

如果被审计单位上年度的审计工作是由同一会计师事务所进行的，注册会计师应将调查重点放在企业内部控制制度的变动部分，掌握各项制度变动的原因和影响。如果在上一年度审计工作中，针对筹资业务内部控制提出过管理建议，注册会计师还应该证实各项管理建议是否已经得到落实，并揭示未予落实的原因。

表6-1   **负债筹资业务内部控制测试调查表**

控制测试目标	测试结果			备注
	是	否	不适用	
一、控制环境				
负债筹资业务的计划、执行、记录及实物和资料保管是否分离?				
二、授权目标				
借款或者发行债券是否经过相关授权及审批程序?				
三、真实性目标				
负债筹资业务的发生是否签订借款合同、债券发行契约、承销协议等?				
四、完整性目标				
借款合同、债券发行协议等是否由专人保管,并同明细账、总账核对?				
五、正确性目标				
1.会计账簿的设置是否合理?				
2.会计核算方法是否恰当?				
六、分类准确性目标				
负债筹资业务是否分类记录和核算?				
七、核算准确性目标				
借款或债券利息计提是否准确,并是否计入恰当的会计期间?				
八、账务处理完整性目标				
负债筹资业务是否正确完整地计入总账及明细账?				

2.测试负债筹资业务的内部控制。注册会计师在了解被审计单位负债筹资业务内部控制的基础上,应该运用一定的方法进行测试,验证其健全及有效程度。

基本的测试程序包括:取得借款合同或发行债券的法律性文件,检查借款业务或发行债券是否经过董事会授权、是否履行了适当的审批手续、是否符合相关法律的规定;检查企业借款或发行债券取得的资金是否立即存入银行;取得借款合同或债券契约，检查被审计单位是否根据合同或契约的规定正确计算并支付利息；检查相关的账务处理是否正确；取得董事会决议文件，检查债券的偿还或购回是否按董事会的授权进行。

3.分析评价负债筹资业务的控制风险。注册会计师在完成上述控制测试的程序后，应对企业负债筹资业务的内部控制进行分析、评价，初步确定控制风险水平，以确定其在实质性程序中的影响，并针对薄弱环节提出改进建议。控制风险水平一般用高、中、低三种水平表示。

注册会计师在对负债筹资业务内部控制进行控制测试时，如果被审计单位发生的此类业务不多，注册会计师可以根据成本效益原则决定直接进行实质性程序；如果被审计单位发生的此类业务繁多，注册会计师则必须对其内部控制进行控制测试。

五、负债类账户审计的实质性程序

负债类账户主要包括短期借款、长期借款和应付债券等。对于负债类项目，注册会计师在实质性程序中应重点关注其完整性，防止被审计单位低估负债。低估债务经常伴随着低估成本费用，从而高估利润的目的。因此，低估债务不仅影响财务状况的反映，而且还会极大地影响企业财务成果的反映。

（一）短期借款的实质性程序

1.从负责记录短期借款的部门获取或编制短期借款明细表。注册会计师应首先获取或编制短期借款明细表，复核其加计数是否正确，并与明细账和总账核对相符。

2.函证短期借款的真实金额。注册会计师应在期末短期借款余额较大或认为必要时向银行或其他债权人函证短期借款。

3.检查短期借款的增加数。对审计年度内增加的短期借款，注册会计师应检查借款合同和授权批准材料，了解借款数额、借款条件、借款日期、还款期限、借款利率，并与相关会计记录核对。

4.检查短期借款的减少数。对审计年度内减少的短期借款，注册会计师应检查相关记录和原始凭证，核实还款数额。

5.检查有无到期未偿还的短期借款。注册会计师应检查相关记录和原始凭证，检查被审计单位有无到期未偿还的短期借款，如果有，则应查明是否已向借款人提出申请并经同意后办理延期手续。

6.复核短期借款利息。注册会计师应根据短期借款的利率和期限，复核被审计单位短期借款的利息计算是否正确，有无计算不准确的情况。如果有未计利息和多计利息的情况，应作出记录，必要时进行调整。

7.检查外币借款的折算。如果被审计单位有外币短期借款，注册会计师应检查外币短期借款的增减变动是否按业务发生时的市场汇率或期初市场汇率折算为记账本位币金额；期末是否按市场汇率将外币短期借款余额折算为记账本位币金额；折算差额是否按规定进行会计处理；折算方法前后期是否一致。

8.检查短期借款在资产负债表上的列报是否恰当。企业的短期借款在资产负债表上通常设置"短期借款"项目单独列示，对于因抵押而取得的短期借款，应在资产负债表附注中进行揭示，注册会计师应注意被审计单位对短期借款项目的披露是否充分。

（二）长期借款的实质性程序

1.从记录长期借款部门获取或编制长期借款明细表。复核其加计数是否正确，并与明细账和总账核对相符；在审查时，注册会计师通过审阅有关决议及契约文件，核对账簿和凭证，根据有关资料编制长期借款明细账表，内容包括债权人姓名、地址、借入金额、利率、到期日、付款日、已还款金额、附有抵押品种类、名称、价值及保管情况。

2.检查长期借款的增加数。检查借款合同和授权批准文件，了解借款数额、借款条件、借款日期、还款期限、借款利率，并与相关会计记录进行核对。

3.向银行或其他债权人函证重大的长期借款。长期借款期末余额较大，或者注册会计师认为必要时，可函证各贷款银行或其他金融机构，函证时，一般可结合银行存款余额的函证进行，不仅能验证长期借款的期末余额，还可发现未入账的长期借款。

4.检查年度内金额较小的长期借款。检查相关的会计记录和原始凭证，核实还款数额。

5.检查年末有无到期未偿还的长期借款，逾期借款是否办理延期手续，分析计算逾期借款的金额、比率和期限，判断被审计单位的资信程度和偿债能力。

6.检查长期借款利息费用是否正确。长期借款由于金额大，偿还期较长，因而一般都需要支付利息。注册会计师通过对利息费用的计算，不仅能确定利息费用的计算与入账的正确性，而且还可以间接地查明被审计单位长期借款数额。因此，认真验算利息费用是发现未入账长期借款的有效手段之一。

对长期借款利息费用的验证，注册会计师应复核被审计单位利息计算表的正确性，并与账面已记载利息核对，如有未计利息应作出记录，必要时应要求被审计单位进行适当调整。

另一方面，注册会计师还应审查长期借款利息资本化的会计处理是否正确。长期借款利息的会计处理，根据借款的用途不同、利息发生的时间不同而有所不同。注册会计师还应该审查企业资本性支出与收益性支出的利息费用界限是否严格划分。

7.如果是外币借款，还应检查非记账本位币折算记账本位币采用的折算汇率是否正确，折算差额是否按规定进行会计处理。

8.确定长期借款是否在资产负债表上充分披露。长期借款在资产负债表中列示在非流动负债项目之下，应根据"长期借款"科目期末余额扣除将于一年内到期的长期借款后的余额填列，该项扣除数应填列在流动负债下的"一年内到期的非流动负债"项目中。注册会计师应根据审计结果，确定被审计单位长期借款在资产负债表上的列报是否充分，并注意长期借款的抵押和担保是否已在财务报表附注中作了充分说明。

更应该注意的是，长期借款一旦形成，在其偿还期内，除了按规定计提利息外，相关的经济业务一般不会发生，如果注册会计师在上一审计年度已对相关的长期借款进行了审查，本年度的审计工作将大大简化，有关的工作底稿仍可继续使用，审计的侧重点则放在各长期借款本年内发生的变动上，这样就可以大大节约审计时间。

（三）应付债券的实质性程序

1.从负责债券记录的部门获取或编制应付债券明细表。表6-2列示了债券类型、票面利率、债券溢价或折价金额、本年度增减变动情况，并与明细账和总账的金额核对相符。

表6-2　　　　　　　　　　　　**应付债券明细表**

被审计单位：＿＿＿＿＿＿＿＿　　　索引号：＿＿＿＿　　页次：＿＿＿＿

项　　　目：应付债券明细表＿＿＿　编制人：＿＿＿＿　日期：＿＿＿＿

财务报表截止日/期间：＿＿＿＿＿　复核人：＿＿＿＿　日期：＿＿＿＿

项目	债券类型	借款期限	票面利率	期初余额				借方发生数	贷方发生数	期末余额				变动比例		备注
				调整前	审计调整		调整后			调整前	审计调整		调整后	调整前	调整后	
					金额	索引号					金额	索引号				
××债券																
面值																
利息调整																
应计利息																
合计																

审计说明：

注：需要说明主要项目变动较大的原因或其他项目异常变动的原因；如果存在外币债券，应列明原币金额及折算汇率；如果发行债券时进行了保证或抵押，应列明保证人及抵押资产情况。

2.检查应付债券业务有关的原始凭证。检查债券交易的各项原始凭证，是确定应付债券及其合法性的重要程序，注册会计师应作好以下工作：

（1）检查被审计单位现有债券副本，确定其发行是否合法，各项内容是否与相关的会计记录相一致；

（2）检查被审计单位发行债券获取资金的收据、汇款通知单、送款登记簿及相关的银行对账单；

（3）检查用以偿还债券的支票存根，并检查利息费用的计算是否正确；

（4）检查已偿还债券数额同应付债券借方发生额是否相符；

（5）如果被审计单位发行债券时已作抵押或担保，注册会计师还应检查相关契约的履行情况。

3.检查利息费用和应计利息。检查应计利息、债券折（溢）价摊销及其会计处理是否正确。

这项工作一般通过检查债券利息、溢价、折价等账户分析表来实施，该表可让被审计单位代为编制，注册会计师加以检查，注册会计师也可自行编制。

同验证长期借款利息费用一样，注册会计师通过对应付债券利息费用的测算，不仅可以确定利息费用和应计利息的计算与记账的正确性，而且还可以间接地查明被审计单位在外流通的长期债券数额。因此，这一程序同样是发现未入账应付债券的有效手段之一。

4.函证应付债券期末余额。为了验证结账日应付债券余额，注册会计师如果认为必要，可以通过向委托人询证，获得有力的证据，并揭示有无漏列的负债项目。应付债券的函证可直接向作为委托人的承销商或包销商询证。询证函一般应请求受托人证实债券的种类或名称、发行日、到期日、利率、付息日、发行日的金额、本年度已偿付的债券金额、结账日尚未偿还的债券余额及其他注册会计师认为应包括的重要事项。

5.检查对到期债券偿还的会计处理是否正确。对到期债券的偿还，注册会计师应检查相关会计记录，检查其会计处理是否正确。对可转换公司债券持有人行使转换权利，将其持有的债券转换为股票，则应检查其转股的会计处理是否正确。

6.检查一年内到期的应付债券是否转为流动负债。注册会计师应根据应付债券明细表，确定即将在一年内到期的应付债券数额，并与资产负债表中有关数据相核对，如有不符，应予以记录或调整。

7.验明应付债券是否已在资产负债表上做充分披露。应付债券在资产负债表中列示于非流动负债项目下，该项目根据"应付债券"科目的期末余额扣除将于一年内到期的应付债券后的数额填列，该扣除数应当填列在流动负债项目下的"一年内到期的非流动负债"项目下，注册会计师应根据审计结果，确定被审计单位应付债券在财务报表上的披露是否充分，应付债券的类别是否已在财务报表附注中作了充分的说明。

（四）财务费用的实质性程序

1.获取或编制财务费用明细表，复核其加计数是否正确，并与报表金额、总账金额和明细账合计金额核对相符。

2.实施实质性分析程序：

（1）针对已识别需要运用分析程序的有关项目，并基于对被审计单位及其环境的了解，通过进行以下比较，同时考虑有关数据之间的相互影响，以建立有关数据的期望值：

①将本期财务费用各明细项目与上期进行对比，必要时比较本期各月份财务费用，如有重大波动和异常情况应追查原因；

②计算借款、应付债券平均实际利率并同以前年度及市场平均利率相比较；

③根据借款、应付债券平均余额、平均利率测算当期利息费用和应付利息，并与账面记录进行比较；

④根据银行存款平均余额和存款平均利率复核利息费用。

（2）确定可接受的差异额。

（3）将实际的情况与期望值相比较，识别需要进一步调查的差异。

（4）如果其差异额超过可接受的差异额，调查并获取充分的解释和恰当的审计证据。

（5）评估分析程序的测试结果。

3.检查财务费用明细项目的设置是否符合规定的核算内容与范围，是否划清财务费用与其他费用的界限。

4.检查利息支出明细账：

（1）审查各项借款期末应计利息有无预计入账。

（2）审查现金折扣的会计处理是否正确。

（3）结合长短期借款、应付债券等项目的审计，检查财务费用中是否包括为购建或生产满足资本化条件的资产发生的应予资本化的借款费用。

（4）检查融资租入的固定资产、购入有关资产超过正常信用条件延期支付价款、实质上具有融资性质的，采用实际利率法分期摊销未确认融资费用时计入财务费用的数额是否正确。

（5）检查应收票据贴现利息的计算与会计处理是否正确。

（6）检查存在资产弃置费用义务的固定资产或油气资产，在其使用寿命内，是否按期计算确定应负担的利息费用。

5.检查利息收入明细账：

（1）确认利息收入的真实性及正确性。

（2）检查从其他企业或非银行金融机构取得的利息收入是否按规定计缴增值税。

（3）检查采用递延方式分期收款、实质上具有融资性质的销售商品或提供劳务，采用实际利率法按期计算确定的利息收入是否正确。

6.检查汇兑损益明细账，确定汇兑损益计算方法是否正确，核对所用汇率是否正确，前后期是否一致。

7.检查大额金融机构手续费的真实性与正确性。

8.根据具体情况抽取资产负债表日前后若干期限的财务费用相关凭证，实施截止测试，若存在异常迹象，应考虑是否有必要追加审计程序，对于重大跨期项目应作必要调整。

9.根据评估的舞弊风险等因素增加其他审计程序。

10.检查财务费用是否已按照企业会计准则的规定在财务报表中作出恰当的列报。

第二节　　权益类账户审计

企业筹资的另一个来源是所有者投入的权益资金，所有者投入的资金一般形成企业实收资本（股本），超额缴入的资本形成资本公积。未分配利润可视为权益筹资的一项来源。应付股利与权益资本相关，因此在本节一并介绍。

一、权益筹资的主要业务活动

企业通过权益筹资有两种基本方式：一种是非股份制企业以直接吸收投资方式筹集资金；另一种是股份制企业以发行股票方式筹集资金。非股份制企业直接吸收投资活动业务内容单一，内部控制较为简单。因此，本节重点介绍股份制企业发行普通股股票筹资的主要业务活动。

1.授权与批准。股份制企业在首次公开发行股票或增资发行新股时，必须由股东大会作出决议，包括新股种类及数额，新股发行条件，新股发行的起止日期，向原有股东发行新股的种类及数额等事项，授权董事会作出增资决策。

2.提出发行股票申请并经核准。公司作出发行新股的决议后，董事会必须向国务院授权的部门或省级人民政府申请批准，属于向社会公开募集的新股，需经国务院证券管理部门批准。

3.公告招股说明书，制作认股书、签订承销协议。募股申请获得批准后，需在规定期限内向社会公告招股说明书，如果是发行新股还需公告财务报表及附注资料，制作认股书，并与证券承销机构签订证券承销协议。

4.招认股份，缴纳股款。召开创立大会，选举董事会、监事会、办理公司设立登记，交割股票。如果是增发新股的，应改组董事会、监事会，办理变更登记。

5.股票记录。股份制企业发行股票后，应如实进行相关账务记录，应设立"股本"账户，核算企业按公司章程和投资协议的规定，股东投入的资本，即企业的注册资本，企业应将核定的股本总额、股份总数、每股面值，在股本账户中作详细记录。另外，为了反映股份的构成情况，还应在"股本"账户下设置股东明细账，按股东姓名登记其持有股票数量及金额。除此之外，还应该在股票备查记录中登记企业存续期间发行和回购股票的情况等。

6. 股票上市。企业满足股票上市条件后，经批准后股票可以在证券交易所公开交易。

7. 股利分配。根据可供分配利润数额，按照企业性质和组织形式或合同章程的约定，经公司股东大会确定分配方案，并形成决议后进行股利分配。

二、权益筹资业务涉及的凭证及账户

（一）权益筹资业务涉及的主要凭证和会计记录

1. 发行股票的决议及批准文件。发行股票必须有股东大会的决议以及国务院证券监督管理机构的批准文件，保证权益筹资的程序符合法律法规的规定。

2. 股本凭证。企业签发的证明股东持有被审计单位股份的凭证。

3. 股份承销或包销协议。企业向社会公开发行股份时，应当由依法设立的证券经营机构承销或包销，被审计单位应与其签订股份承销或包销协议。

4. 股东名册。发行记名股票的公司应记载的内容一般包括：股东的姓名或者名称及住所；各股东所持股份数额；各股东所持股票的编号；各股东取得被审计单位股份的日期。发行无记名股票的，企业应当记载其持有股票数量、编号及发行日期。

5. 有关记账凭证。被审计单位为了核算发行股份业务而产生的各种记账凭证。

6. 所有者权益类总分类账。被审计单位为核算所有者权益类项目所设置的"股本（实收资本）"、"资本公积"、"盈余公积"、"利润分配"以及"应付股利"等总分类账。

7. 所有者权益类明细分类账。为了核算需要还应该设置与所有者权益类总分类账相应的明细分类账。一般情况下"股本（实收资本）"账户不需要设置明细账；"资本公积"账户设置"资本溢价"、"股本溢价"和"其他资本公积"三个明细账；"盈余公积"账户需要设置"法定盈余公积"、"任意盈余公积"、"法定公益金"、"储备基金"、"企业发展基金"、"利润归还投资"等明细账；"利润分配"账户需要设置"盈余公积转入"、"提取法定盈余公积"、"提取法定公益金"、"应付优先股股利"、"提取任意盈余公积"、"应付普通股股利"、"转作资本的普通股股利"、"未分配利润"等明细账；如果有需要，"应付股利"账户可以依照股东名册按股份（股票）持有人进行明细核算。

（二）权益筹资业务涉及的主要账户及其关系

所有者权益核算涉及的主要账户有"股本（实收资本）"、"资本公积"、"盈余公积"、"利润分配"以及"应付股利"等，这些账户之间的关系如图6-2所示。

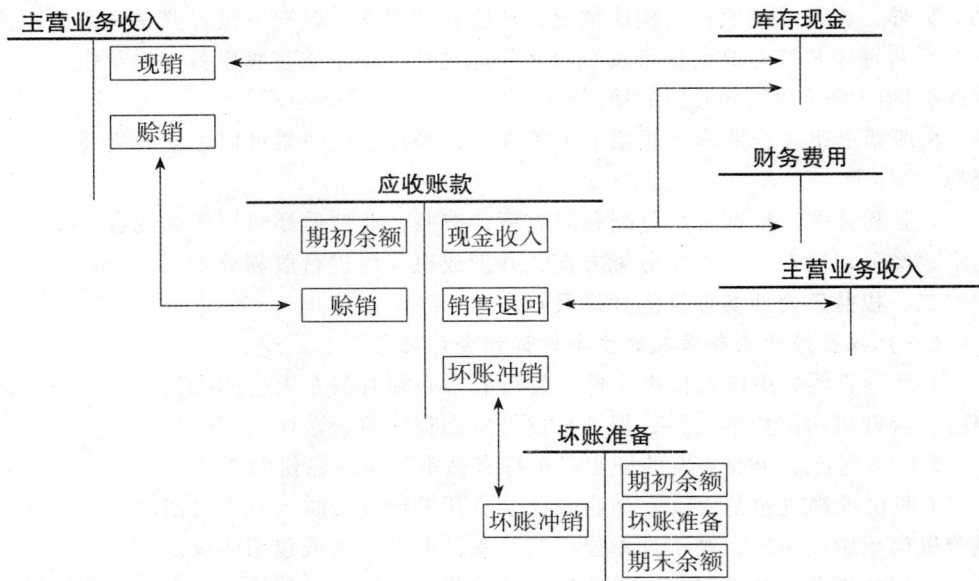

图6-2　权益筹资业务涉及的主要账户及其关系

三、所有者权益项目的审计目标

所有者权益项目的审计在公众持股企业和控股权集中企业之间存在较大差异。对于大多数控股权集中的企业来说，一年当中涉及股本账户的交易很少，股东数量也较少，改变所有者权益的交易一般情况下是年度收益或损失以及股利支付。虽然注册会计师必须审查已有的记录，但是验证所有者权益花费的时间一般很少。而对公众持股企业而言，由于股东数目众多且持股数量经常发生变动，因此，验证所有者权益要复杂很多，注册会计师也要花费很多的时间。本部分主要讨论所有者权益主要账户的验证，包括实收资本（股本）、资本公积、盈余公积、利润分配、应付股利等。

所有者权益项目的审计目标一般应该包括以下几个方面：

1.确定资产负债表中列报的实收资本（股本）、资本公积、盈余公积、未分配利润、应付股利等均真实存在或发生。

2.确定所有已经发生的所有者权益交易均已在相关账户中完整记录。

3.确定所有者权益的所有项目以正确的金额准确地进行记录。

4.确定所有者权益项目已按照企业会计准则的规定在财务报表中进行恰当地列报和披露。

四、所有者权益项目的内部控制及控制测试

（一）所有者权益项目的内部控制

1.交易的恰当授权。由于所有者权益的每笔交易事项都很重要，并且交易金额巨大，因此，大多数此类交易甚至全部交易都必须经过董事会批准，比如股票发行、股票回购、股利支付等事项。

2.正确的记录及职责分离。企业必须要有充分的内部控制，保证在记录股票交易和流通在外的股票时，确保所有的实际股票持有人都在企业的记录中，确保正确地向股权登记日登记在册的股东支付股利，使潜在的资产分配错误最小化。因此，企业应有适当的人员分工和充分的会计记录程序。

3.独立的中介机构参与。凡是股票在证券交易所上市交易的企业一般都需要聘请独立的证券公司进行代理，防止股票发行不当。证券代理商的责任就是确保企业的股票发行遵循有关规定并经过董事会授权，签署新发行的股权证明，确保股票所有权发生变动时程序合法，记录完整，股利发放准确及时，提高效率。聘请代理机构不仅可以将股东记录存放于独立机构保管而对其进行控制，而且还能通过利用专家工作降低成本。

（二）所有者权益项目的控制测试

对于绝大多数企业来说，所有者权益项目在一年之中的交易或变动非常少，甚至没有交易。内部控制多数都是较为严格的法律规定或程序性规定，内部控制比较规范，外部监管也较为严格，一般情况下注册会计师不需要进行所有者权益的控制测试。但是，所有者权益项目一旦发生交易，无论发生交易的金额还是对财务报表以及损益的影响都是巨大的，如果被审计单位在审计年度发生所有者权益的交易事项，注册会计师就可以直接进行全面的实质性程序，确保每笔交易的真实性、完整性、准确性。

五、权益类账户审计的实质性程序

（一）实收资本（股本）的实质性程序

实收资本（股本）项目一般情况下很少发生变动，因而，直接对其进行实质性程序，测试的重点在于关注其真实性。

1.获取或编制实收资本（股本）明细表：

（1）复核加计是否正确，并与报表数、总账数和明细账合计数核对是否相符。

（2）以非记账本位币出资的，检查其折算汇率是否符合规定，折算差额的会计处理是否正确。

2.首次接受委托的客户，取得历次验资报告，将其所载明的投资者名称、投资方式、投资金额、到账时间等内容与被审计单位历次实收资本（股本）变动的账面记录、会计凭证及附件等进行核对。

3.审阅公司章程及股东（大）会、董事会会议记录中有关实收资本（股本）的规定。收集与实收资本（股本）变动有关的董事会会议纪要、股东（大）会决议、合同、协议、公司章程及营业执照，公司设立批文、验资报告等法律性文件，并更新永久性档案。

4.检查投入资本是否真实存在。审阅和核对与投入资本有关的原始凭证、会计记录，必要时向投资者函证实缴资本额，对有关财产和实物价值进行鉴定，以确定投入资本的真实性：

（1）对于发行在外的股票，应检查股票的发行活动。检查的内容包括已发行股票的登记簿、募股清单、银行对账单、会计账面记录等。必要时，可向证券交易所和金融机构函证股票发行的数量及金额。

（2）对于发行在外的股票，应检查股票发行费用的会计处理是否符合有关规定。

5.检查出资期限和出资方式、出资额。检查投资者是否按合同、协议、章程约定的时间和方式缴付出资额，是否已经注册会计师验证。若已验资，应审阅验资报告。

6.检查实收资本（股本）增减变动的原因。查阅其是否与董事会纪要、补充合同、协议及其他有关法律性文件的规定一致，逐笔追查至原始凭证，检查其会计处理是否正确。注意有无抽资或变相抽资的情况，如果有，应取证核实，作恰当处理。对首次接受委托的客户，除取得验资报告外，还应检查并复印记账凭证及进账单：

（1）对于股份有限公司，应检查股票收回的交易活动。检查的内容包括已发行股票的登记簿、收回的股票、银行对账单、会计账面记录等。

（2）以发放股票股利增资的，检查股东（大）会决议，检查相关增资手续是否办理，会计处理是否正确。

（3）对于以资本公积、盈余公积和未分配利润转增资本的，应取得股东（大）会等会议资料，并审核是否符合国家有关规定，会计处理是否正确。

（4）以权益结算的股份支付行权时增资的，取得相关资料，检查是否符合相关规定，会计处理是否正确。

（5）以回购股票以及其他法定程序报经批准减资的，检查股东（大）会决议以及相关的法律文件，减资程序是否按规定办理，会计处理是否正确。

（6）中外合作经营企业在合作期间归还投资的，收集与已归还投资变动有关的公司章程、合同、董事会会议纪要、政府部门的批准文件等资料，查明其是否合规、合法，并更新永久性档案，并对已归还投资的发生额逐项审计至原始凭证，检查应用的折算汇率和会计处理是否符合相关规定。

7.根据证券登记公司提供的股东名录，检查被审计单位及其子公司、合营企业与联营企业是否有违反规定的持股情况。

8.检查认股权证及其有关交易，确定委托人及认股人是否遵守认股合约或认股权证中的有关规定。

9.根据评估的舞弊风险等因素增加的审计程序。

10.检查实收资本（股本）是否已按照企业会计准则的规定在财务报表中作出恰当列报。

（二）资本公积的实质性程序

1.获取或编制资本公积明细表，复核加计是否正确，并与报表数、总账数和明细账合计数核对是否相符。

2.首次接受委托的单位，应对期初的资本公积进行追溯查验，检查原始发生的依据是否充分。

3.收集与资本公积变动有关的股东（大）会决议、董事会会议纪要、资产评估报告等文件资料，更新永久性档案。

4.根据资本公积明细账，对"资本（股本）溢价"的发生额逐项审查至原始凭证：

（1）对股本溢价，应取得董事会会议纪要、股东（大）会决议、有关合同、政府批文，追查至银行收款等原始凭证，结合相关科目的审计，检查会计处理是否正确，注意发行股票溢价收入的计算是否已扣除股票发行费用。

（2）对资本公积转增资本的，应取得股东（大）会决议、董事会会议纪要、有关批文等，检查资本公积转增资本是否符合有关规定，会计处理是否正确。

（3）若有同一控制下企业合并，应结合"长期股权投资"科目，检查被审计单位（合并方）取得的被合并方所有者权益账面价值的份额与支付的合并对价账面价值的差额计算是否正确，是否依次调整本科目、盈余公积和未分配利润。

（4）股份有限公司回购本公司股票进行减资的，检查其是否按注销的股票面值总额和所注销的库存股的账面余额，冲减资本公积。

（5）检查与发行权益性证券直接相关的手续费、佣金等交易费用的会计处理是否正确，是否将与发行权益性证券间接相关的手续费计入本账户，若有，判断是否需要被审计单位进行调整。

5.根据资本公积明细账，对"其他资本公积"的发生额逐项审查至原始凭证：

（1）检查以权益法核算的被投资单位除净损益以外所有者权益的变动，被审计单位是否已按其享有的份额入账，会计处理是否正确；处置该项投资时，是否已转销与其相关的资本公积。

（2）以自用房地产或存货转换为采用公允价值模式计量的投资性房地产，转换日的公允价值大于原账面价值的，检查其差额是否计入资本公积；处置该项投资性房地产时，原计入资本公积的部分是否已转销。

（3）将持有至到期投资重分类为可供出售金融资产，或将可供出售金融资产重分类为持有至到期投资的，是否按相关规定调整资本公积，检查可供出售金融资产的后续计量是否相应调整资本公积。

（4）检查以权益结算的股份支付，取得相关资料，检查在权益工具授予日和行权日的会计处理是否正确。

（5）对于在资产负债表日，满足运用套期会计方法条件的现金流量套期和境外经营净投资套期产生的利得和损失，是否进行了正确的会计处理。

6.检查资本公积各项目，考虑对所得税的影响。

7.记录资本公积中不能转增资本的项目。

8.根据评估的舞弊风险等因素增加的审计程序。

9.检查资本公积是否已按照企业会计准则的规定在财务报表中作出恰当列报。

（三）盈余公积的实质性程序

1.获取或编制盈余公积明细表，复核加计是否正确，并与报表数、总账数及明细账合计数核对是否相符。

2.收集与盈余公积变动有关的董事会会议纪要、股东（大）会决议以及政府主管部门、财政部门批复等文件资料，进行审阅以确定其合法性。

3.对法定盈余公积和任意盈余公积的发生额逐项审查至原始凭证以确定其计提金额是否正确、会计处理是否恰当。

4.检查盈余公积是否已按照企业会计准则的规定在财务报表中作出恰当列报。

（四）未分配利润的实质性程序

1.获取或编制利润分配明细表，复核加计是否正确，与报表数、总账数及明细账合计数核对是否相符。

2.将未分配利润年初数与上年审定数核对是否相符，检查涉及损益的上年审计调整是否正确入账。

3.检查董事会会议纪要、股东（大）会决议、利润分配方案等资料，确认利润分配方案实施的合法性。

4.检查未分配利润变动的相关凭证，确定未分配利润的增减变动金额及会计处理是否正确。

5.检查未分配利润是否已按照企业会计准则的规定在财务报表中作出恰当列报。

（五）应付股利的实质性程序

1.获取或编制应付股利明细表，复核加计是否正确，并与报表数、总账数及明细账合计数核对相符。

2.审阅公司章程、股东（大）会和董事会会议纪要中有关股利支付的规定，了解股利分配标准和发放方式是否符合有关规定并经法定程序批准。

3.检查应付股利的计提是否依据董事会或股东（大）会决定的利润分配方案，是否从税后可供分配利润中计算确定，并复核应付股利计算和会计处理的正确性。

4.检查股利支付的原始凭证的内容、金额和会计处理是否正确；检查现金股利是否按公告规定的时间、金额予以发放。

5.向主要股东函证，以确定未支付股利的真实性和完整性。

6.检查董事会或类似机构通过的利润分配方案中拟分配的现金股利或利润，是否按规定已作账务处理，并已在报表附注中进行了披露。

7.根据评估的舞弊风险等因素增加的审计程序。

8.检查应付股利的列报是否恰当：按主要投资者列示欠付的应付股利金额并说明原因。

第三节　投资类账户审计

企业的投资业务主要包括股权投资、实物投资和金融资产投资等。实物投资是指通过增加固定资产来扩大生产规模，与实物投资相关的审计在购置与付款循环中已经介绍，本章重点介绍股权投资和金融资产投资的审计。投资从表现形式上看主要有股权投资（非公开上市）、房地产投资和证券投资，投资审计涉及的主要报表账户有交易性金融资产、持有至到期投资、可供出售金融资产、长期股权投资、投资性房地产等。

一、投资的主要业务活动及审计特点

（一）投资的业务活动内容

1.投资的授权批准。按照企业章程规定，投资业务应该按照其规模不同、风险大小经过不同级别的部门或人员批准，签发投资决议或授权文件。

2.取得投资。投资经办人员按照指令进行投资，取得股权、股票、债券或房地产等投资项目，办理相关交割、过户及登记手续。

3.投资入账。取得投资后，会计部门依据相关合同、过户手续和资金支出凭据等登记入账，入账时应按照取得该项投资所支出的资产（或承担债务）按照会计准则的规定进行合理的计量。

4.取得投资收益。按照投资协议的规定，定期或到期取得投资收益，并按投资目的、投资种类不同选择相应的账务处理方法进行计量和记录。

5.转让投资资产或收回其他投资项目。根据授权或批准文件，企业可以通过转让证券或其他方式处置投资项目，收回投资资产；其他投资一经投出，除联营或合资合同期满，或由于其他特殊原因联营企业终止外，一般不得收回投资。

（二）投资业务审计的特点

1.投资业务金额大、发生不频繁（上市公司关联方较多除外），一般以详查为主。

2.投资业务的审计目的具有特殊性。除一般项目的审计目的（审计投资业务的真实性、账务处理以及投资计价的正确性）以外，更要注重投资业务的合理性、合法性、效益性审计。

二、投资业务涉及的凭证及账户

（一）投资业务涉及的主要凭证和会计记录

1.债券投资凭证。载明被审计单位持有的与发行企业双方所拥有的权利与义务的法律性文件，其内容一般包括：债券发行的标准、债券的明确表述、利息或利息率、受托管理人证书、登记和背书。

2.股票投资凭证。股票投资凭证包括买入凭证和卖出凭证。买入凭证记载股票投资购买业务，包括购买股票数量、被投资企业名称、股票买价、交易成本、购买日期、结算日应付金额合计等内容。卖出凭证记载股票投资卖出业务，包括卖出股票数量、被投资企业名称、股票买价、交易成本、卖出日期、结算日期、结算金额合计等内容。

3.股票证书。股票证书是载明股东所有权的证据，记录股票所有者持有被投资企业所有股票的数量。如果被投资企业发行了多种类型的股票，也反映股票的类型，如普通股、优先股。

4.股利收取凭证。被投资企业向所有股东派发股利的文件等凭证，标明股东、股利数额、每股股利、被审计单位在交易截止日期应收取的总股利金额等。

5.长期股权投资协议。被审计单位向被投资企业进行长期股权投资而签署的投资协议或者相关文件。

6.投资总分类账。被审计单位为了记录其所持有的投资而需要设置的总分类账，投资业务总分类账户主要记录各种投资的初始购买成本和后续的账面价值，还包括所获得或收取的投资收益。这些账户主要有"交易性金融资产"、"持有至到期投资"、"可供出售金融资产"、"长期股权投资"、"投资性房地产"、"应收股利"、"投资收益"等。

7.投资明细分类账。为了更详细地核算各类投资业务的具体内容而需要设置各投资类账户明细分类账，用来记录所有投资业务的详细信息，如期末对账面价值的调整、公允价值的变动，以及处置各类投资相关的损益等。例如，"交易性金融资产"应当按照类别和品种，分别"成本"、"公允价值变动"进行明细核算；"持有至到期投资"需要设置"成本"、"利息调整"、"应计利息"等进行明细核算；"可供出售金融资产"需要设置"成本"、"利息调整"、"应计利息"、"公允价值变动"等进行明细核算；"长期股权投资"需要设置"成本"、"损益调整"、"其他权益变动"进行明细核算；"投资性房地产"可按投资性房地产类别和项目进行明细核算，如果采用公允价值模式计量的投资性房地产，还应当分别"成本"和"公允价值变动"进行明细核算。

（二）投资业务涉及的主要账户及其关系

投资业务涉及的主要账户有"交易性金融资产"、"持有至到期投资"、"可供出售金融资产"、"长期股权投资"、"投资性房地产"、"应收股利"、"投资收益"等，这些账户之间的关系如图6-3所示。

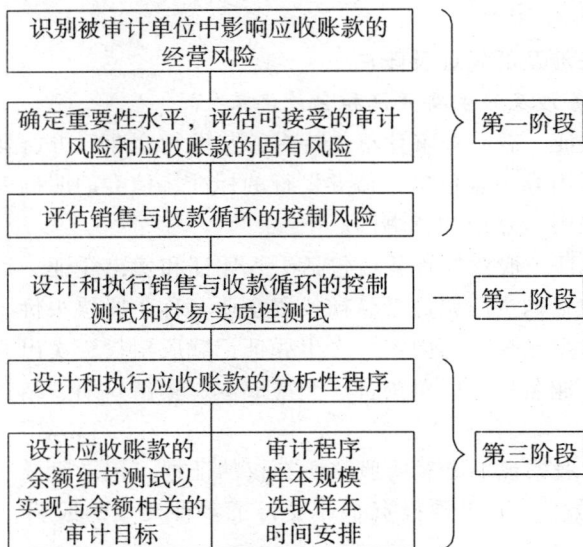

识别被审计单位中影响应收账款的经营风险

确定重要性水平，评估可接受的审计风险和应收账款的固有风险

评估销售与收款循环的控制风险

｝第一阶段

设计和执行销售与收款循环的控制测试和交易实质性测试 —— 第二阶段

设计和执行应收账款的分析性程序

设计应收账款的余额细节测试以实现与余额相关的审计目标	审计程序 样本规模 选取样本 时间安排

｝第三阶段

图6-3 投资业务涉及的主要账户及其关系

三、投资业务的审计目标

1.确定交易性金融资产、持有至到期投资、可供出售金融资产、长期股权投资、投资性房地产等投资项目是否真实存在。

2.确定交易性金融资产、持有至到期投资、可供出售金融资产、长期股权投资、投资性房地产等投资项目是否由被审计单位所拥有或控制。

3.确定所有应当记录的交易性金融资产、持有至到期投资、可供出售金融资产、长期股权投资、投资性房地产等投资项目均已记录入账。

4.确定交易性金融资产、持有至到期投资、可供出售金融资产、长期股权投资、投资性房地产等投资项目的增减变动及其收益（或损失）的记录是否完整准确。

5.确定交易性金融资产、持有至到期投资、可供出售金融资产、长期股权投资、投资性房地产等投资项目以恰当的金额列报在财务报表中，与之相关的计价方法或计价调整是否恰当记录。

6.确定交易性金融资产、持有至到期投资、可供出售金融资产、长期股权投资、投资性房地产等投资项目在财务报表上是否恰当列报或披露。

四、投资业务的内部控制及控制测试

（一）投资业务的内部控制

一般来讲，投资业务内部控制的主要内容包括下列几个方面：

1.合理的职责分工。为确保投资业务的合法合规，投资业务的授权、执行和记录应有严格的职责分工。尤其是长期投资事关重大，对企业资产、损益甚至盈利与亏损都有着很大的影响，所以一定要经过企业权力部门授权、审批。一般来说，投资业务必须经过企业的董事会、管理层等高层管理机构核准，并由指定的高层管理人员签批。证券、房地产等投资项目的购买与出售业务，应由财务经理以及不参与会计记录的指定人员办理，而会计部门则负责投资业务的账务处理。这种明确的分工与牵制，可以避免或减少投资交易中的错误和舞弊。

2.健全的资产保管制度。企业对外投资资产，尤其是其中的证券类资产很容易变现，因此，企业应对购入的投资资产采取限制接触的实物控制以及职务分离的制度控制等措施予以保护。一般来说，证券由独立的专门机构负责保管，如银行、证券公司、信托投资公司等代为保管。这些专门机构与企业没有直接的利益关系，且拥有专门的保存和防护措施，可以防止各种证券及单据的失窃或毁损，并且与企业投资业务的会计记录工作完全分离，可大大降低舞弊的可能性。房产类项目购入后应该由资产管理部门进行经营管理。

3.详尽的会计核算制度。企业对自身拥有的或代他人持有的各种投资证券，不论其规模大小，都应该为每一项投资项目建立相应的账户，进行完整的会计记录，并对其增减变动及投资收益进行相应的会计核算。比如应对每一种证券分别设立明细分类账户，注明投资证券的名称、面值、证券编号、取得日期、经纪人（证券

商）名称、购入成本、收取的股息或利息等。对联营投资类的其他投资，也应设置明细分类账，对投资的形式、投向、投资成本以及投资收益等业务内容做详细的记录。

4.严格的记名登记制度。由于证券具有流动性强、交易频率高的特点，企业拥有的各种证券投资必须在购入之日立即以企业的名义登记（除无记名证券），而不能以经办人员的个人名义进行登记，这是按持有数量进行记名登记的前提，也是防止冒领转移或未经授权利用证券获取投资利益等舞弊行为发生的保证。

5.定期盘点制度。企业所拥有的投资资产，应由内部审计人员或不参与投资业务的其他人员进行定期盘点，检查其存在性和所有权，核对证券的编号，检查证券的数量、面值、购入日期、成本资料是否与账面记录保持一致。如果不符，应该对发生差额的原因及时调查并进行调整。

如果企业委托专门机构代为保管证券，对证券的盘点则应由拥有证券的企业与专业保管机构的保管人员共同配合完成。拥有证券类资产的企业应定期与专业保管机构的保管记录进行核对，以保持两者相符，防止保管人员在未接到拥有证券企业的书面指令时擅自处分或售出证券等行为的发生。

（二）投资业务的控制测试

注册会计师应对上述内部控制的主要内容执行控制测试，测试的基本步骤如下：

1.了解并描述投资业务的内部控制。注册会计师必须全面了解被审计单位在审计年度的各种投资业务及其内部控制情况，并采用一定方式加以描述，以便进行控制测试。在了解投资业务内部控制的过程中，涉及的问题应该包括：

（1）投资业务的计划执行是否经授权批准，投资资产的出售是否经过适当授权；

（2）是否与被投资单位签订合同、协议，并获得被投资单位出具的相关证明；

（3）各项投资资产是否以被审计单位名义及时登记入账；

（4）是否具有投资资产的保管制度并有效执行；

（5）是否定期盘点各项投资资产并与会计记录核对；

（6）投资资产的经营管理人员是否处理会计记录；

（7）是否建立投资资产的明细记录；

（8）投资收益或损失的会计处理是否适当；

（9）是否提交投资业务的管理报告。

如果注册会计师采用内部控制调查表的形式，见表6-3。

表 6-3   投资业务内部控制调查表

控制测试目标	测试结果			备注
	是	否	不适用	
一、控制环境				
1.投资业务的计划、执行和审批是否分离?				
2.投资业务的记录和投资资产的保管是否分离?				
二、授权目标				
1.投资业务的开展是否经过相关授权及审批程序?				
2.投资资产的购入或出售是否经过批准?				
三、真实性目标				
1.是否具有投资合同或者协议?				
2.是否具有被投资单位的相关证明?				
四、完整性目标				
投资业务的合同、协议等是否由专人保管,并同明细账、总账核对一致?				
五、正确性目标				
1.投资业务的会计账簿设置是否合理?				
2.投资业务的会计核算方法是否恰当?				
3.投资业务的跌价或减值损失计提是否恰当?				
六、分类准确性目标				
投资业务是否分类记录和核算?				
七、核算准确性目标				
投资收益或损失确认是否准确,并是否计入恰当的会计期间?				
八、账务处理完整性目标				
投资业务是否正确完整地计入总账及明细账?				

2.实施简易抽查。抽查的具体办法是从每种投资业务的明细记录中选取部分会计记录，从原始凭证到明细账、总账的顺序核对投资资产购售情况，以确定投资资产名称、买卖日期、编号、购入成本或出售价值、证券数量等有关数据和资料是否相互一致，判断会计处理过程是否合规、完整，并据以核实相关的内部控制是否被有效执行。

3.审阅内部盘核报告。一般来说，被审计单位应由内部审计人员或不参与投资业务的其他人员定期盘核所拥有的各种投资资产以使账实相符。在这种情况下，注册会计师应认真审阅其盘核报告。审阅时，应注意被审计单位的盘核资产的方法是否适当，盘核的结果与会计账面记录是否存在差异以及出现差异的处理结果是否合规。如果各期盘核报告均未发现显著的差异，则可说明其投资的内部控制得到了有效执行，因而是可以信赖的。

4.分析投资业务管理报告。在作出长期投资决策之前，企业最高管理层需对投资进行可行性研究和论证，并形成一定的记录。投资业务一经执行，又会形成一系列的投资凭证和文件，如证券投资取得的各类证券，联营投资中的投资协议、合同及章程等。因此，负责投资业务的管理人员（一般为财务经理）需定期（一般按月）向企业最高管理层报告有关投资业务的开展情况，即提交投资业务管理报告，该报告应该列示各种投资资产的期初、期末余额，交易的日期、价格、按成本和市价分别计算的投资报酬率、投资收益以及其他方面的重要资料，以供最高管理层进行投资决策和控制。注册会计师应认真分析这些投资管理报告的具体内容，并据以对重大投资交易事项进行必要的调查，以判明企业投资业务的管理业绩。

5.评价投资业务的内部控制。根据上述控制测试结果，注册会计师取得了有关内部控制是否健全、有效的证据，就可以对投资业务的内部控制作出评价，初步估计投资业务的控制风险水平，确定其内部控制存在的薄弱环节或尚待进一步调查的问题，并据以修改、补充或调整实质性程序的范围、内容和重点。

五、投资类账户审计的实质性程序

（一）交易性金融资产的实质性程序

交易性金融资产、可供出售金融资产、持有至到期投资从形式上看，没有什么区别，在我国主要是股票、债券和权证等，根据管理层对其持有目的不同而分为这几个项目在报表上反映。因此，这三个项目的审计程序基本相同或类似，此处以交易性金融资产为例进行介绍。

1.获取或编制交易性金融资产明细表。复核加计是否正确，并与报表数、总账数和明细账合计数核对是否相符，检查非记账本位币交易性金融资产的折算汇率及折算是否正确，与被审计单位讨论以确定划分为交易性金融资产是否符合企业会计准则的规定。

2.对于明细表中列示的交易性金融资产，确认其分类是否正确。注册会计师应就被审计单位管理层将投资确定划分为交易性金融资产的意图获取审计证据，并考虑管理层实施该意图的能力。注册会计师应向管理层询问，并通过下列方式对管理层的答复予以印证：

（1）考虑管理层对于划分为交易性金融资产的意图的实际实施情况；

（2）复核包括预算、会议纪要等在内的书面计划和其他文件记录；

（3）考虑管理层选择划分为交易性金融资产的理由；

（4）考虑管理层在既定经济环境下实施特定措施的能力。

3.确定交易性金融资产余额的正确性，即"存在"目标。注册会计师应获取股票、债券、基金等账户对账单，与明细账余额核对，作出记录或进行适当调整；被审计单位人员盘点交易性金融资产，编制交易性金融资产盘点表，注册会计师实施监盘并检查交易性金融资产名称、数量、票面价值、票面利率等内容，同时与相关账户余额进行核对；如有差异，查明原因，作出记录或进行适当调整；如交易性金融资产在审计工作日已售出或兑换，则追查至相关原始凭证，以确认其在资产负债表日是否存在；在外保管的交易性金融资产等应查阅有关保管的文件，必要时可向保管人函证，复核并记录函证结果。了解在外保管的交易性金融资产实质上是否为委托理财，如果是，则应详细记录，分析资金的安全性和可收回性，提请被审计单位重新分类，并充分披露。

4.确定交易性金融资产的完整性，即"权利与义务"目标。此处主要是"权利"，即确定所购入交易性金融资产归被审计单位所拥有。注册会计师应该取得有关账户流水单，对照检查账面记录是否完整。检查购入交易性金融资产是否为被审计单位拥有；必要时向相关机构发函，并确定是否存在变现的限制，同时记录函证过程。

5.确认交易性金融资产的计价准确性。注册会计师需要复核交易性金融资产计价方法，检查其是否按公允价值计量，前后期是否一致；复核公允价值取得依据是否充分；公允价值与账面价值的差额是否记入"公允价值变动损益"科目。在交易性金融资产项目不多的情况下一般选取全部项目进行测试。如果在项目较多的情况下，可以抽取交易性金融资产增减变动的相关凭证，检查其原始凭证是否完整合法、会计处理是否正确。抽取交易性金融资产增加的记账凭证，注意其原始凭证是否完整合法，成本、交易费用和相关利息或股利的会计处理是否符合规定；抽取交易性金融资产减少的记账凭证，检查其原始凭证是否完整合法，会计处理是否正确；注意出售交易性金融资产时其成本结转是否正确。

此外，注册会计师应检查有无变现存在重大限制的交易性金融资产的现象发生，如果存在，则应该查明情况，并作适当调整；针对识别的舞弊风险等因素增加审计程序；最后对交易性金融资产是否已经按照企业会计准则的规定在财务报表中作出恰当列报进行复核。

（二）长期股权投资的实质性程序

1.取得或编制长期股权投资明细表，复核加计数是否正确，并与明细账和总账余额核对相符。

2.获取长期股权投资相关合同、文件和投资协议，确认股权投资的股权比例和持有时间，检查股权投资核算方法是否正确。

检查对外投资交易主要从以下三方面进行：

（1）检查投资证券的合规性。按照《公司法》的规定，除国务院规定的投资公司和控股公司外，企业累计对外投资额不得超过本公司净资产的50%。因此，注册会计师应在计算股权投资比例的基础上，查明被审计单位投资业务的比例是否符合国家在此方面的限制性规定，如果超过限定比例，应提请被审计单位进行恰当披露。

（2）检查投资证券的增减变动是否经过授权和批准。对此，注册会计师应查阅被审计单位董事会或投资委员会或其他管理层有关证券交易的会议记录或决议加以证实。

（3）核对投资支出和收回的金额是否正确无误。将有关证券买卖凭证或有关投资协议、合同、章程等资料与批准的文件和有关货币资金（或固定资产、无形资产等）的收支（或增减）相互核对，并核对各类长期投资总账和明细账，是否正确相符。

3.为证实被审计单位的投资是否完整存在，以及账实是否相符或发现其他异常情况，注册会计师应对代为管理证券的专门机构进行函证，对持有的非上市公司股权投资应进行函证。

对于外部机构托管的证券，注册会计师一般采用积极式函证。询证函中应询问在盘点被审计单位持有证券之日代为保管证券的数量。因此，注册会计师必须控制询证函的寄发并直接从保管人那里得到回复。

对于被审计单位持有的非上市公司股权，注册会计师通过向被投资者询证，核对被审计单位明细表或账面反映的其他投资是否与在被投资单位账上反映的实际投资数相符，有无弄虚作假，虚增投资数额的现象。对于固定资产、无形资产、流动资产等的对外投资，还应结合被审计单位的"固定资产"、"无形资产"和"流动资产"有关账户一起进行审查。

4.审查长期股权投资的入账价值。注册会计师应审查长期股权投资入账基础是否符合投资合同、协议的规定，会计处理是否正确，重大投资项目，应查阅董事会有关决议并取证。

5.审查长期股权投资的核算方法。审查长期股权投资的核算方法，主要是检查股票投资和其他股权投资是否按规定采用权益法或成本法进行核算。

对于应采用权益法核算的长期股权投资，获取被投资单位已经注册会计师审计的年度财务报表，如果未经注册会计师审计，则应考虑对被投资单位的财务报表实施适当的审计或审阅程序：

（1）复核投资收益时，应以取得投资时被投资单位各项可辨认资产等的公允价值为基础，对被投资单位的净利润进行调整后加以确认；被投资单位采用的会计政策及会计期间与被审计单位不一致的，应当按照被审计单位的会计政策及会计期间对被投资单位的财务报表进行调整，据以确认投资损益。

（2）将重新计算的投资收益与被审计单位所计算的投资收益相核对，如有重大差异，则查明原因，并作适当调整。

（3）检查被审计单位按权益法核算长期股权投资，在确认应分担被投资单位发生的净亏损时，应首先冲减长期股权投资的账面价值，其次冲减其他实质上构成对被投资单位净投资的长期权益账面价值（如长期应收款等）；如果按照投资合同和协议约定被审计单位仍需承担额外损失义务的，应按预计承担的义务确认预计负债，并与预计负债中的相应金额进行核对；被投资单位以后期间实现盈利的，被审计单位在其收益分享额弥补未确认的亏损分担额后，恢复确认收益分享额。审计时应检查被审计单位会计处理是否正确。

（4）检查除净损益以外被投资单位所有者权益的其他变动，是否调整计入被审计单位所有者权益。

对于采用成本法核算的长期股权投资，检查股利分配的原始凭证及分配决议等资料确定会计处理是否正确；对被审计单位实施控制而采用成本法核算的长期股权投资，比照权益法编制变动明细表，以备编制合并报表使用。

对于成本法和权益法相互转换的，检查其投资成本的确定是否正确。

6.检查本期发生的重大股权变动，确定长期股权投资的增减变动的记录是否完整：

（1）检查本期增加的长期股权投资，追查至原始凭证及相关的文件或决议及被投资单位验资报告或财务资料等，确认长期股权投资是否符合投资合同、协议的规定，如果确实增加投资，会计处理是否正确。

（2）检查本期减少的长期股权投资，追查至原始凭证，确认长期股权投资的收回是否有合理的理由及授权批准手续，如果确实收回投资，会计处理是否正确。

7.检查长期股权投资减值准备的计提及会计处理是否正确。对长期股权投资减值准备，应从以下几个方面进行检查：

（1）检查长期股权投资减值准备的会计政策，审查其是否与以前年度的核算方法相一致，如果不一致则应追查其发生变动的原因，并评价对本期损益的影响，考虑是否应进行披露。

（2）对长期股权投资进行逐项检查，根据被投资单位所处的经济环境、市场形势、法律环境、行业竞争状况等评价长期股权投资是否存在减值迹象。确有出现导致长期股权投资可收回金额低于账面价值的，将可收回金额低于账面价值的差额作为长期股权投资减值准备予以计提，并与被审计单位已计提金额进行核对看是否一致，如差异较大，应查明原因。

（3）将本期明细账中长期股权投资减值准备计提金额、注册会计师测算的减值准备金额与利润表资产减值损失中的相应金融进行核对看是否一致。

（4）长期股权投资减值准备计提依据是否充分且按单项资产计提，并经过恰当的授权和批准。减值损失一经确认，在以后会计期间不得转回。

（5）对核销的长期股权投资，应取得被审计单位核销的依据，检查其核销的理由是否充分。

8.通过询问或函证了解长期股权投资是否存在质押、担保情况，此项检查可与银行存款、借款的审计结合进行。如有质押担保等情况，则应在审计工作底稿中详细记录，并提请被审计单位进行披露。

9.检查长期股权投资在资产负债表上是否已恰当列报。首先确定长期股权投资与交易性金融资产、可供出售金融资产之间的分类是否正确，然后考虑被审计单位在被投资企业中的控制能力，确定是否存在被投资单位由于所在国家和地区及其他方面的影响，其向被审计单位转移资金的能力受到限制的情况，如果存在这些情况，应该进行详细记录，并提请被审计单位进行充分披露。

（三）投资性房地产的实质性程序

1.获取或编制投资性房地产项目明细表：

（1）复核加计正确，并与总账金额和明细账合计金额核对是否相符；结合投资性房地产累计摊销（折旧）、投资性房地产减值准备科目与报表数核对是否相符；

（2）与被审计单位讨论以确定划分为投资性房地产的建筑物、土地使用权是否符合会计准则的规定。

2.根据被审计单位管理层的能力和意图，检查对投资性房地产的分类和采用的计量属性是否适当，是否符合企业会计准则的规定。

3.确定投资性房地产是否存在，期末余额是否正确：

（1）获取本期投资性房地产增加和减少的明细表以及投资性房地产登记簿，投资性房地产增加、减少明细表和投资性房地产登记簿中的本期增减累计数应与投资性房地产变动表中的本期增减累计数相等；检查会计处理是否正确。

（2）依据投资性房地产增加明细表和期初投资性房地产成本分别选取适量项目进行抽查。

（3）如果选取的所有项目在期末仍然存在，对其进行实地检查，复核该项资产是否真实存在。

（4）如果选取的样本在期末已经清理或处理，需要确认清理或处理的资产已经办理了相关审批手续，其清理的收益或损失已正确计算，并进行了正确的会计处理。

4.确定投资性房地产增加计价是否恰当，并确定其是否归被审计单位所有，增减变动的记录是否完整、正确：

（1）对于所选取的本期新增加的投资性房地产项目，追查至购买协议（合同）、原始发票、验收报告等以确认其有效性、金额的正确性以及新增投资性房地产是否经过有效的批准，并归被审计单位所有。

（2）检查建筑物所有权证、土地使用权证等证明文件，确定建筑物、土地使用权是否归被审计单位所有。

（3）对于所选取的本期增加和期初的投资性房地产项目，追查至资产负债表日的投资性房地产备查簿以确认选取的项目是否已经清理。

（4）对于所选取的本期减少的项目，需要确认处置的投资性房地产经过必要的审批程序，其处置的收益或损失已经正确计算，并进行正确的会计处理。

5.与被审计单位讨论以确定投资性房地产后续计量模式选用的依据是否充分。与上期会计政策进行比较，确定后续计量模式的一致性；如果不一致，则详细记录变动原因。

6.确定投资性房地产后续计量选用公允价值模式的政策是否恰当，相关公允价值是否持续可靠取得，计算复核期末计价是否正确：

（1）被审计单位投资性房地产的后续计量采用公允价值模式的，期末应逐项检查公允价值的确定依据是否充分，重点检查公允价值能够持续可靠取得的确凿证据，检查公允价值变动损益计算是否正确，会计处理是否正确；与利润表公允价值变动损益中的相应金额核对无误。

（2）询问并获取相关资料，评价被审计单位确定公允价值方法的适当性，公允价值选用的合理性，包括被审计单位的决策程序、公允价值的确定方法、估值模型的选择、披露的充分性等。

（3）考虑利用专家的工作程度，对专家的胜任能力和客观性或工作结果的适当性进行评价。

7.投资性房地产后续计量选用成本计量模式的，确定投资性房地产累计摊销（折旧）政策是否恰当，复核本期摊销（折旧）的计提是否正确：

（1）了解被审计单位所拥有的建筑物折旧率和土地使用权摊销率，并判断是否恰当。

（2）确认被审计单位除已提足折旧或摊销的投资性房地产外，其他投资性房地产均已计提折旧和摊销。

（3）根据投资性房地产的平均水平测算整个会计期间的摊销（折旧）额；与投资性房地产账户中的折旧和摊销本期增加数相核对，如有差异，查明原因。

（4）将本期折旧和摊销金额与利润表其他业务成本中的相应部分进行核对。

8.期末对成本模式计量的投资性房地产进行如下检查，以确定投资性房地产是否已经发生减值：

（1）核对本期与以前年度投资性房地产减值准备计提方法是否一致，如有差异，查明政策调整的原因，并确定此项政策变更对本期损益的影响，提请被审计单位进行适当披露。

（2）期末，对以成本模式计量的投资性房地产逐项进行检查，以确定是否已经发生减值；确有出现导致其可收回金额低于账面价值的情况，将可收回金额低于账面价值的差额作为投资性房地产减值准备予以计提，并与投资性房地产减值准备本期增加数进行核对，如有差异，需要查明原因。

（3）将本期投资性房地产减值准备计提金额与利润表资产减值损失中的相应金额进行核对。

（4）投资性房地产减值准备是否按单项资产（或资产组）计提，计提依据是否充分，是否得到适当批准。

9.确定投资性房地产后续计量模式的转换是否恰当：

（1）检查董事会等决议文件，确定后续计量模式改变的适当性、会计处理的正确性，并提请被审计单位进行充分披露。

（2）检查投资性房地产成本计量模式转为公允价值计量模式是否作为会计政策变更进行追溯调整期初留存收益处理。

10.如果被审计单位投资性房地产与其他投资资产发生相互转换的，注册会计师应该审查转换的依据是否充分，是否经过有效批准；转换日投资性房地产成本计量是否正确，会计处理是否正确：

（1）复核在成本模式下，是否将投资性房地产转换前的账面价值作为转换后的入账价值。

（2）复核采用公允价值模式计量的投资性房地产转换为自用房地产时，是否以其转换当日的公允价值作为自用房地产的账面价值，公允价值与原账面价值的差额是否计入当期损益。

（3）自用房地产或存货转换为采用公允价值模式计量的投资性房地产时，投资性房地产是否按照转换当日的公允价值计价，转换当日的公允价值小于原账面价值的，其差额是否计入当期损益；转换当日的公允价值大于原账面价值的，其差额是否计入资本公积。

11.获取租赁合同等文件，重新计算租金收入，检查投资性房地产的租金收入计算是否正确、会计处理是否正确，租金收入是否计入其他业务收入。

12.检查本期对投资性房地产进行改良或装修的会计处理是否正确。

13.检查有无与关联方的投资性房地产购售活动，交易价格是否公允。

14.检查非货币性资产交换、债务重组时取得或转出的投资性房地产的会计处理是否正确。

15.检查投资性房地产的处置目的，检查凭证是否齐全、合法，会计处理是否正确。

16.结合长期借款等项目的审计，了解建筑物、土地使用权是否存在抵押、担保情况。如果存在，应该详细记录，并提请被审计单位进行充分披露。检查投资性房地产的保险情况。

17.对投资性房地产实施监盘程序，以了解其存在状态、使用状况等。

18.根据评估的舞弊风险等因素增加的审计程序。

19.检查投资性房地产的列报是否恰当：

（1）投资性房地产的种类、金额和计量模式。

（2）采用成本计量模式的，投资性房地产的折旧或摊销以及减值准备的计提情况。

（3）采用公允价值计量模式的，说明公允价值的确定依据和方法，以及公允价值变动对损益的影响。

（4）投资性房地产转换情况、理由，以及对损益或所有者权益的影响。

（5）当期处置的投资性房地产及其对损益的影响。

（四）投资收益的实质性程序

1.获取或编制投资收益分类明细表，复核加计是否正确，并与总账金额和明细账合计金额核对是否相符，与报表金额核对是否相符。

2.与以前年度投资收益比较，结合投资本期的变动情况，分析本期投资收益是否存在异常现象。如果存在，应查明原因，并作出适当的调整。

3.与长期股权投资、交易性金融资产、可供出售金融资产、持有至到期投资等相关项目的审计结合，验证确定投资收益的记录是否正确，确定投资收益被计入正确的会计期间。

4.确定投资收益是否已恰当列报。检查投资协议等文件，确定国外投资收益汇回是否存在重大限制，若存在重大限制，应说明原因，并作出恰当披露。

（五）套期工具的实质性程序

1.获取或编制套期工具明细表，复核加计是否正确，并与报表金额、总账金额和明细账合计金额核对是否相符。

2.检查被审计单位发生的套期业务是否符合套期保值准则的确认条件。

3.检查相关记录和原始凭证，确认套期工具增加与减少的会计处理是否正确。

4.检查期末套期工具形成的损失和利得是否恰当地计入了当期损益或所有者权益，并同时调整了套期工具的账面价值。

5.检查套期工具是否已按照企业会计准则的规定在财务报表中作出恰当的列报。

（六）衍生工具的实质性程序

1.获取或编制衍生工具明细表，复核加计是否正确，并与报表金额、总账金额和明细账合计金额核对是否相符。

2.检查衍生工具合同和交易单据，对照检查账面记录是否完整。

3.验证衍生工具的初始确认，资产负债表日衍生工具的公允价值与账面价值的差额的账务处理是否正确；衍生工具终止确认的账务处理是否正确。

4.检查衍生工具是否已按照企业会计准则的规定在财务报表中作出恰当的列报。被审计单位除应在报表中反映已确认的金融资产和金融负债之外，是否在报表附注中披露了衍生金融工具的范围、性质、交易目的、会计政策和方法、可能的风险等内容。

复习思考题

1.投资与筹资业务与货币资金账户是如何发生关联的?审计过程中如何利用这一关联性?

2.如何识别投资与筹资业务循环中的高风险账户?

3.长期股权投资与其他投资，如交易性金融资产、投资性房地产、套期保值等相比，审计重点有何不同？

4.权益类账户的内部控制、控制测试及实质性程序有何特点？

5.各类金融资产的实质性程序有哪些？

第七章　货币资金审计

学习目标

1.了解货币资金与各业务循环之间的关系；

2.掌握货币资金的业务涉及的凭证、账户；

3.掌握货币资金内部控制的主要内容及其控制测试；

4.掌握库存现金内部控制及其测试；

5.掌握银行存款的内部控制及其测试；

6.掌握库存现金、银行存款的实质性测试；

7.掌握银行函证的内容及其作用；

8.简述货币资金舞弊行为的种类及其审计程序。

货币资金是一个企业资产的重要组成部分，也是任何一个企业正常经营活动得以正常运转所必须拥有的一种资产。它是任何一个企业开展经营活动的基本条件。由于货币资金具有其他资产所不具有的最强的流动性特征，使得其在企业的会计核算中占有非常重要的地位。同时，货币资金业务是涉及企业各种业务循环最多的业务，除了存货和生产业务循环之外，其他四种业务循环均涉及货币资金的收入或支付。

由于货币资金的特征，决定该项业务存在舞弊和错误的可能性很大，因此对货币资金的审计显得十分重要。审计人员尤其需要关注货币资金舞弊问题。

第一节　货币资金概述

一、货币资金与相关交易循环

货币资金与除了存货与生产业务循环之外的所有其他业务循环都有直接关系，这种关系如图7-1所示。从图7-1中我们可以看出，货币资金账户处于核心位置，这也说明了为什么对货币资金的审计在所有循环中都显得重要的原因。

通常情况下，货币资金期末余额无论是大是小，其本期借贷方发生额都会比其他账户的发生额大得多，尤其是货币资金中的银行存款账户，因为绝大多数资金收支都是通过银行进行结算的。

二、凭证与会计记录

货币资金的业务凭证较多，主要包括以下几种凭证：（1）现金收付款凭证；（2）银行存款收付款凭证；（3）库存现金盘点表；（4）银行存款余额调节表；（5）库存现金、银行存款及其日记账、总账；（6）其他相关账簿。

销售与收款循环

购置与付款循环

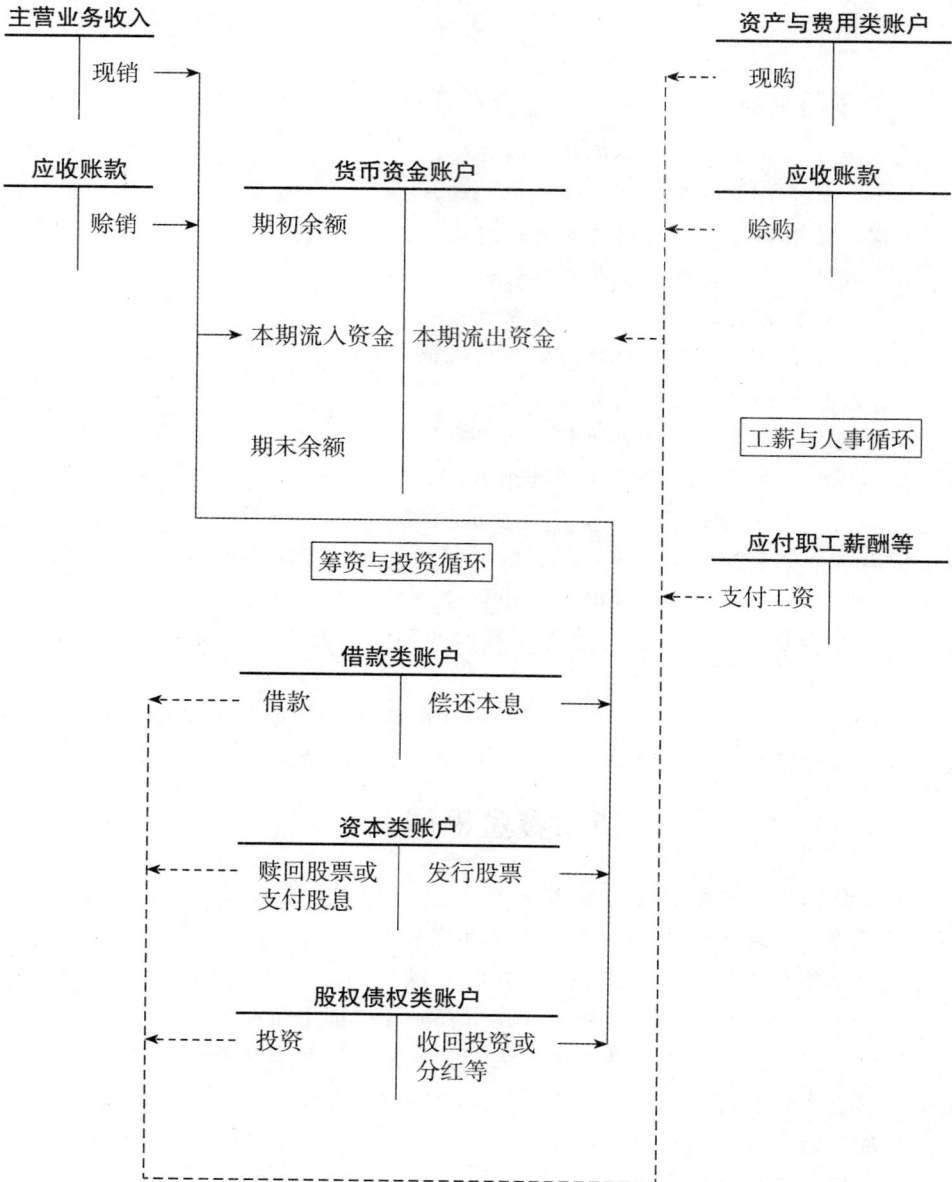

主营业务收入

现销

资产与费用类账户

现购

应收账款

赊销

货币资金账户

期初余额

应收账款

赊购

本期流入资金 本期流出资金

期末余额

工薪与人事循环

应付职工薪酬等

支付工资

筹资与投资循环

借款类账户

借款 偿还本息

资本类账户

赎回股票或 发行股票
支付股息

股权债权类账户

投资 收回投资或
分红等

注：①图中实线箭头表示资金流入方向，虚线箭头表示资金流出方向。
②图中仅选择了各循环中与货币资金相关的主要账户，并未包括全部的账户或财务报表项目。

图 7-1 货币资金与相关交易循环关系图

三、货币资金种类

货币资金主要包括三大类：库存现金、银行存款和其他货币资金。

每一个企业都会持有一定数量的现金，用于企业日常的小额物资的采购或费用的支付等，同时也会收取一定数量的现金或不便于通过银行结算的现金收入。尽管每笔业务支付的金额有限，但其业务发生频繁，累计金额并不一定会小。

银行存款是企业存放于银行或其他金融机构的货币资金，用于现金结算以外的所有货币资金收支业务，它是企业对外结算的主要方式。

其他货币资金主要包括外埠存款、银行汇票存款、银行本票存款、信用卡存款、信用证保证金存款、存出投资款等。

四、货币资金内部控制的一般内容

(一) 货币资金的内部控制概述

由于货币资金是流动性很强的资产，而且具有通用性，因此，任何一个企业对其所持有的货币资金都应建立良好的内部控制，以保证企业能够按照约定的时间和收款方式及时收回本属于企业的货币资金并对持有的货币资金进行妥善的记录和保管；对所有的货币资金支付业务都必须经过适当的授权，且这种支付符合企业的经济利益；保证企业拥有其正常经营所需的一定货币资金。

尽管不同的企业对货币资金的具体控制和管理方式不同，但总体来讲，一个良好的货币资金内部控制应该包括以下内容：

1.适当的岗位分离。出纳人员与其他会计人员应该分离；货币资金收支业务应由多人办理。

2.严格的授权审批。对资金的支付应按照业务的性质和金额的大小，书面授权于不同的人员，资金支付前，有关支付原始凭证必须经授权人员审批签字。审批人员只能在授权范围内进行审批，不得越权审批。

3.规范的收支业务程序。对资金业务的支出程序，应严格规范，包括资金使用的申请、相关负责人的审批、会计人员的复核以及出纳人员的支付。

4.账簿的记录。对货币资金应建立完整的账簿记录，包括库存现金日记账、银行存款日记账（或银行收支特种日记账）、库存现金总账、银行存款总账，并及时、完整地记录所有的货币资金收支业务。

5.货币资金的日常保管。企业应按照国家《现金管理条例》和《支付结算办法》等有关规定，对货币资金进行保管，保证企业货币资金的安全、完整。

6.货币资金的月末盘点。企业应建立货币资金的月末盘点制度。对库存现金，应定期在月末进行库存现金盘点（也可以在月中进行盘点），并编制库存现金盘点表，所有参加盘点的人员均应签字。对银行存款，应由银行出纳以外的人员每月月末定期编制银行存款余额调节表，以保证账实相符。

7.票据与印章的管理。对货币资金相关的票据和印章应建立适当的分离制度，管票据的不管印章，财务印章授权专人保管，并建立相应的用印程序。

8.建立应收款项的催收制度。对企业的债权，应建立催收负责制，谁形成，谁按时收回。

9.建立统一的货币资金收支体系。企业应明确任何部门不得在外私设账户，企业所有的货币资金收支业务必须经企业的财务会计部门统一办理，不得私设"小金库"，也不得随意坐支现金，更不得将企业的资金做体外循环。

10.内部监督检查。企业内部审计部门应对货币资金业务进行监督检查，以保证有关货币资金的内部控制确实落到实处，对检查中发现的问题，应及时向有关负责人汇报，并提出改进的建议，使企业货币资金内部控制不断的改进、完善。

（二）货币资金的内部控制测试

对企业货币资金的内部控制测试主要包括以下几个方面：

1.了解企业货币资金内部控制。对企业货币资金内部控制的了解，可以通过内部控制问卷调查表的方式来进行，也可以采用流程图的方式来了解。具体采用何种方式，审计人员应根据实际情况进行选择。无论采用何种方式了解货币资金的内部控制，审计人员必须收集企业与货币资金相关的书面内部控制制度，并对有关部门和人员作必要的询问和观察，收集所需要的资料。如果审计人员以前年度对该企业进行过审计，审计人员可以借用以前年度的流程图或问卷调查表，但需要根据调查了解的情况对其进行修订，以供本年度使用。审计人员对货币资金内部控制了解的重点是货币资金内部控制的健全性和有效性。

2.抽查收款凭证。审计人员抽取部分收款凭证，并就以下内容进行检查：（1）收款凭证与进账单的日期、金额是否相符；（2）收款凭证与现金缴款单的日期、金额是否相符；（3）收款凭证与银行对账单记录是否相符；（4）收款凭证所附原始凭证与应收账款明细账记录内容是否相符（赊销）；（5）收款凭证与有关收入账户是否相符（现销）；（6）收款凭证中实收金额与有关发票金额是否一致。通过审查，评价企业收款过程的内部控制是否得到一贯执行，是否有挪用货币资金的情况。

3.抽查付款凭证。审计人员可以抽查一定数量付款凭证，检查货币资金付款控制的执行情况。检查的内容主要有以下几个方面：（1）付款凭证所附的原始凭证付款审批手续是否符合企业的规定；（2）付款凭证与相应的货币资金日记账记录金额是否一致；（3）付款凭证与银行对账单的记录是否一致；（4）付款凭证所附的原始凭证与应付账款明细记录是否相符（赊购）；（5）付款凭证所附的原始凭证与有关资产或费用类明细账的记录是否相符（现购）；（6）付款凭证中的实付金额与购货发票所列金额是否一致等。

4.抽查一定期间的库存现金、银行存款日记账与总账核对。如果有多个日记账，应将日记账加总，然后与总账核对，确定过账是否无误，会计记录是否可靠。

5.抽取一定期间的库存现金盘点表和银行存款余额调节表，检查是否每月月末按照规定进行盘点和编制银行存款余额调节表。为了检查银行存款余额调节表编制的正确性，审计人员可以将调节表中的有关数据与银行存款日记账和银行对账单进行核对。库存现金盘点表上的金额与日记账和总账核对。

6.检查外币资金的折算方法是否符合有关规定，与企业的现行会计政策是否一致，与上期是否一致。

7.评价货币资金内部控制。审计人员对货币资金进行控制测试以后，应就以下方面得出结论：（1）确定货币资金内部控制总体上是否健全和有效，审计人员对其可依赖的程度有多大；（2）确定货币资金收付业务中的薄弱环节或缺点，以及由此可能带来的审计风险；（3）确定哪些环节可以适当减少审计程序，哪些方面应增加审计程序，增加哪些审计程序等。

第二节　　库存现金审计

一、库存现金的审计目标

库存现金包括被审计单位持有的人民币现金或各种外币现金。由于现金资产的特殊性，它几乎是所有个人舞弊涉及的对象。由此，审计人员对现金的审计尤其重视。

库存现金的审计目标一般包括以下几个方面：

1.确定被审计单位资产负债表中列示的库存现金在资产负债表日是否存在。

2.确定被审计单位在报表编制期间发生的所有现金收支是否均已记录完毕，有无遗漏。

3.确定库存现金余额是否正确。

4.确定库存现金在财务报表上的列报与披露是否恰当。

二、库存现金内部控制及其控制测试

（一）库存现金内部控制

被审计单位应结合自身经营业务性质及特点，制定符合自身需要的现金管理制度。现金内部控制一般都有书面的管理制度，尤其是现金支出制度。对于库存现金内部控制而言，一般应包括库存现金和备用金两个方面的内容：

1.库存现金内部控制

（1）专职出纳。被审计单位应设置专门人员负责管理库存现金的收支和库存现金日记账的记录，其他人员不得经手库存现金的收支业务，库存现金出纳人员也不得经手除库存现金收支与记录之外的其他与库存现金收支相关的业务和记录，如总分类账和明细分类账的登记。

（2）库存现金收支管理制度。被审计单位应以书面形式，明确库存现金收支程序，制定详细的库存现金开支范围。不符合收支程序的库存现金业务，不予办理，不属于库存现金收支范围的，应按照银行存款业务处理。严禁设置"小金库"。

（3）授权批准。对库存现金收支业务，尤其是库存现金支出业务，应建立严格的授权审批制度。授权时，既要对库存现金使用额度进行限制，也要对库存现金使用用途进行限制，授权人员只能在授权范围内使用库存现金。

（4）盘点制度。制定库存现金盘点制度，对库存现金应定期或不定期盘点，以保证库存现金账面记录与实存库存现金一致。

（5）库存现金保管制度。库存现金应由库存现金出纳人员单独保管，平时放在保险柜，不得乱放；不得公款私存；不得白条抵库等。

（6）轮岗制度。对库存现金出纳人员，应定期轮换。

2.备用金内部控制

（1）备用金定额控制。应以书面形式确定设置备用金部门的定额及其开支范围。

（2）专人管理。对设置备用金的部门，应指定专人管理备用金，其他人员不得经手。

（3）报销与补充制度。明确规定备用金设置、报销、补充的程序。备用金应在规定的范围内使用，不得转作他用。报销时，须有授权人员的签字。备用金不足时，应及时补足。如果备用金不需要设置时，应及时上缴。

（4）定期盘点。被审计单位对内部有关部门管理的备用金，应由财务部门人员定期进行盘点，以保证账实相符。

（二）库存现金的内部控制测试

1.了解库存现金内部控制。对被审计单位库存现金（包括备用金）内部控制的了解可以采用多种方法，这主要取决于审计人员对库存现金内部控制的了解程度和以前年度审计所采用的方法。了解的内容主要包括：（1）库存现金出纳与其他会计人员是否职责分离；（2）库存现金收支业务是否按照规定的程序办理；（3）库存现金管理制度是否完善，并得到一贯执行；（4）是否存在重大的库存现金内部控制缺陷。表7-1列示了库存现金内部控制调查表及内容。

表7-1 　　　　　　　　　　　　**库存现金内部控制调查表**

被审计单位：　　　　　　　　　　　调查人：　　　　　　　　　　　调查日期：

调查问题	回答结果			备注
	是	否	不适用	
1　库存现金收支及记录是否设置专职的库存现金出纳？				
2　库存现金出纳是否将每日库存现金收支逐笔登记日记账？				
3　库存现金出纳是否还登记其他总账或明细账？				
4　负责应收账款记录的人员是否登记库存现金收入日记账？				
5　负责应付账款记录的人员是否登记库存现金支出日记账？				
6　银行出纳是否负责库存现金支出日记账记录？				

续表

调查问题		回答结果			备注
		是	否	不适用	
7	库存现金支出审批人员是否与库存现金出纳、记账分离？				
8	当日库存现金收入是否当日及时存入银行？				
9	当日库存现金收入未能及时存入银行的是否报请财务主管批准？				
10	如果需要坐支库存现金,是否经财务主管批准？				
11	库存现金支出是否有明确的开支范围？				
12	所有库存现金支出是否经授权人员的审批？				
13	借款是否需要部门授权人员的审批？				
14	库存现金出纳是否在支付库存现金前,在有关原始凭证上加盖"现金付讫"章？				
15	库存现金出纳是否对原始凭证进行核对？				
16	对库存现金是否定期盘点？				
17	是否不存在白条抵库？				
18	是否存在未入账的库存现金？				
19	每次库存现金盘点与库存现金日记账是否都相符？				
20	对盘点的长款或短款是否都查明原因？				
21	对盘点的长款与短款的处理是否均有财务主管的审批？				
22	库存现金日记账是否每月与现金总账核对？				
23	备用金的使用是否有明确的规定？				
24	备用金的报销和补充是否需要经授权人员的审批？				
25	是否由财务部门对备用金进行定期盘点？				
26	是否定期将备用金明细账与总账核对？				

2.抽查现金收款凭证。对现金收款凭证的检查，主要是测试现金收款控制的有效性，当被审计单位现销业务比较多时，对现金收款凭证的检查应该抽取不同期间的收款凭证。对现金收款凭证的检查内容主要包括：（1）原始凭证（如销售发票、

日销售汇总表、收款机销售记录等）是否齐全，其业务记录是否为被审计单位正常的经济业务；（2）现金收款凭证与原始凭证的业务记录是否一致，金额是否相等；（3）现金收款凭证与相关明细账、现金日记账记录是否一致；（4）收款凭证上的经手人员的签章手续是否齐全。

3.抽查现金付款凭证。审计人员抽查现金付款凭证，主要是为了验证被审计单位现金付款业务内部控制的有效性。由于现金支付的金额小，业务种类多，如果可能，审计人员应将支付业务进行分类，然后对每一类业务抽查一定数量的业务进行审查。尽管现金付款凭证由于经济业务的不同，原始凭证也多种多样，但审计的主要内容基本相同。审计人员审查现金付款凭证的主要内容包括：（1）检查原始凭证是否真实、内容是否完整、手续是否齐全；（2）检查原始凭证记录的经济内容是否符合被审计单位利益，是否符合被审计单位的现金支付规定；（3）根据原始凭证记录的经济内容，检查是否经主管该业务授权的人员签字，有无越权行为；（4）检查现金付款凭证记录的内容与原始凭证是否一致，并与有关账簿相比较；（5）检查付款凭证及所附原始凭证上是否有"现金付讫"印章；（6）检查现金付款凭证上收款人的签章与有关原始凭证的记录是否一致；（7）检查现金付款凭证上的经办人员是否签章。

4.核对现金日记账与现金总账。核对的目的是保证账账相符，账簿记录无差错。

5.检查外币现金折算。被审计单位若持有外币现金，应检查其外币折算方法是否合理，前后期折算方法是否一致，并抽取一定的币种，检查特定时间的外币折算是否符合被审计单位规定。

6.评价现金的内部控制。审计人员对现金内部控制实施控制测试以后，根据测试收集的证据，就可以对被审计单位的现金内部控制进行评价。审计人员主要对以下几个方面得出结论：（1）现金内部控制是否可靠，及其可以依赖的程度；（2）现金内部控制的弱点，及由此可能产生的风险；（3）实施现金实质性测试时，需要在哪些环节增加审计程序，或在哪些环节减少审计程序；（4）现金审计的重点领域。

三、库存现金的实质性测试

库存现金的实质性测试程序主要包括：

1.日记账与总账核对。将库存现金日记账余额与总账余额核对，确定其是否相符，如有不一致，应查明原因。如有外币，检查外币的折算是否正确。

2.监盘库存现金。监盘库存现金是审计人员核实报表列示的库存现金是否存在的一项重要审计程序，是获取库存现金存在的最直接、最有效的方法。

对库存现金的盘点，审计人员的工作主要是监督和记录，盘点工作仍由被审计单位的人员来完成。

被审计单位人员进行库存现金盘点工作的步骤主要有以下几个方面：

（1）制订盘点计划，确定盘点时间。被审计单位的盘点计划应获得审计人员的确认，盘点的方式、人员、时间等应与审计人员达成一致，能够满足审计人员审计取证的需要。盘点时间最好是刚上班，或接近下班，尽可能避免在工作中间进行，保证库存现金日记账记录的完整。

（2）出纳人员应在盘点前结账，计算当日库存现金日记账余额（如果在上班开始时进行盘点，按照现金管理规定，库存现金日记账日清月结，每日应登记当日发生库存现金收支业务，并记录，因此只需核实上一日结账余额）。

（3）盘点库存现金，并填写库存现金盘点核对表。库存现金盘点核对表由被审计单位有关人员根据审计人员的要求进行填写，并签字确认，见表7-2。

表7-2　　　　　　　　　　　　　　**库存现金盘点核对表**

被审计单位：

盘点日期：

账面检查记录				库存现金盘点记录				
项目	项次	人民币	某外币	面额	人民币		某外币	
					张	金额	张	金额
盘点日库存现金日记账账面余额	①			100				
盘点日未记账现金收入金额	②			50				
盘点日未记账现金付出金额	③			20				
盘点日账面应有余额	④=①+②-③			10				
盘点日实有现金数额	⑤			5				
盘点日应有余额与实际金额差异	⑥=④-⑤			1				
差异原因分析				0.5				
				0.2				
				0.1				
追溯至报表账面结存额	报表日至盘点日现金付出总额(+)			0.05				
	报表日至盘点日现金收入总额(-)			0.02				
	报表日库存现金应有余额			0.01				
	报表日账面汇率	—		金额合计				
	报表日余额折合本位币金额	—		审计结论：				
调　整								
审定数								

出纳员：　　　　　　会计主管：　　　　　　审计人员：

（4）将盘点金额与库存现金日记账余额核对。

3.分析被审计单位库存现金余额的合理性。在分析被审计单位库存现金余额的合理性时，审计人员应注意以下几个方面：

一是不同的企业由于其经营业务性质的不同，对现金收支的需求是不同的。例如，以鲜活农产品为加工对象的食品加工企业，由于原材料的采购受农产品收获季节的影响，在收购原材料的季节，往往持有大量的现金。当采购季节结束后，库存现金就比采购季节少很多。

二是需要考虑公司的规模，公司规模往往与库存现金余额成正比关系，公司越大，相应的余额应越多。

三是需要考虑公司对现金管理的方式。比如，正常情况下，出差人员会直接从财务部门借出现金，出差后报销时冲销借款，不足部分多退少补。现在由于银行卡业务的普及，使得人们出差时不用再带大量现金，因此，借款时，财务部门可以将现金业务支出变成银行业务的支出，即直接将借款转入借款人账户，而报销时，多退少补。这样就减少了大量的现金支付。

四是分析时，要选择不同时段进行分析，不要只分析一个时点或一个时段，要全面掌握平时的库存现金余额。

通过分析库存现金余额，确定其余额的合理性，关注现金的管理。

4.抽查大额现金支出业务。审计人员应抽查不同时期一定数量的大额现金支出业务，以确定大额现金支出的合理性。对抽查的每一笔大额现金支出，审计人员需要检查的内容主要包括以下几个方面：一是原始凭证内容是否完整、齐全，是否符合被审计单位的管理规定；二是是否经过授权人员的签字；三是现金收款人是否签字；四是原始凭证记录内容与记账凭证是否一致；五是账务处理是否正确。

5.检查资产负债表上的库存现金列报的恰当性。库存现金在财务报表上通常是和银行存款、其他货币资金合并在一起列报的，审计人员应根据库存现金的审计情况，确定其在财务报表中的反映是否适当，在附注中的披露是否完整。

第三节　　　银行存款审计

一、银行存款的审计目标

被审计单位应按照国家的有关规定，在注册当地银行开设银行账户。银行账户主要包括基本存款账户、一般存款账户、专项存款账户和临时存款账户。无论是哪种账户，存放在账户中的资金均归被审计单位。被审计单位除现金以外的一切收支业务，均需通过银行存款账户结算。

银行存款的审计目标主要包括以下五个方面：

1.确定资产负债表上列示的银行存款在资产负债表日是否存在。

2.确定当期所有已发生的银行收支业务是否均已记录。

3.确定记录的银行存款是否归被审计单位所拥有或控制。

4.确定银行存款余额是否正确。

5.确定银行存款在报表上的列示是否适当，披露是否充分。

二、银行存款的内部控制及其控制测试

（一）银行存款的内部控制

任何一个单位，对银行存款的收支都应进行严格地控制，以防止资金的无效使用和流失。尽管不同的单位的管理方式和业务性质、经营规模有区别，但对银行存款的内部控制内容大致相同。其主要内容包括：

1.银行存款开户的控制。银行存款账户的开设必须严格按照中国人民银行有关《银行账户管理办法》规定执行，不得随意开设账户。

2.专职人员管理。设置专职银行出纳员，负责银行存款日记账的记录以及银行结算凭证的收取，并不得兼任其他会计业务的处理及账簿的记录。

3.支付授权。所有的银行支付，都必须进行适当的授权，由不同的部门和人员对不同的业务发生的支付负责。如有必要，可以实行金额等级授权，即支付的金额越大，所需批准的部门或人员的级别越高。任何部门和人员不得越权审批支付。

4.收款的授权。明确规定谁形成债权，谁负责按期收回债权，以保证资金的及时回收。

5.职责分离。银行存款收支业务职责分离主要包括审批职务与执行职务分离、银行存款的执行职务与审查职务分离、银行存款的记录职务与经办部职务分离、银行结算票据的管理职务与日记账的记录职务分离。这些职务的分离，可能是部门之间的，也可能是部门内不同人员之间的。例如，销售货款的催收，就是销售部门的职责，而收款和记录是会计部门的职责，对结算票据的收取并记录日记账是银行出纳的职责，对其他相应账户的记录和总账的记录则是其他会计人员的职责。

6.原始凭证审核。审核原始凭证的内容是否完整、手续是否齐备、各种原始凭证之间是否一致（收付款单位名称、金额、经济业务内容等），审核无误后，编制银行收付款凭证，并记录银行存款日记账等。

7.定期对账。定期将银行存款日记账与银行存款总账进行核对，以保证账账相符，账簿记录无误。

8.定期编制银行存款余额调节表。银行存款余额调节表应由银行出纳员以外的会计人员于每月月底编制，将银行存款日记账与银行对账单之间的未达账项进行调节，使调节后的余额相符。

9.印章的控制。财务专用章、银行结算预留印鉴应由不同的人员管理，并规定印章的使用程序和范围，防止一人办理全部付款程序。

10.银行结算票据的管理。银行结算票据从购买、保管、领用均由专人管理，尽量做到票章分离。已使用的票据应保留好存根，作废的票据应保留，并加盖"作废"印章。

（二）银行存款的控制测试

银行存款的控制测试主要包括以下内容：

1. 了解银行存款的内部控制。审计人员对被审计单位银行存款内部控制了解的内容主要包括：（1）是否设置专职银行出纳人员；（2）银行收支业务是否按照规定的业务程序和权限办理；（3）是否定期编制银行存款余额调节表；（4）银行存款日记账与总账是否定期核对；（5）收付款的审批、复核、记录、支付的职责分离情况。表7-3是银行存款调查表。

表7-3　　　　　　　　　　　　　　　银行存款调查表

	调　查　问　题	回答结果			备注
		是	否	不适用	
1	是否根据不同的银行账号分别设置银行存款日记账？				
2	银行出纳是否将每日银行存款收支逐笔登记日记账？				
3	银行出纳是否还登记其他总账或明细账？				
4	负责应收账款记录的人员是否登记银行收入日记账？				
5	负责应付账款记录的人员是否登记银行支出日记账？				
6	现金出纳是否负责银行支出日记账记录？				
7	银行支出审批人员是否与银行出纳、记账分离？				
8	除零星开支外的支付是否均通过银行支付？				
9	银行结算票据的收取是否有专职的人员完成？				
10	空白支票是否存放在安全的地方？				
11	空白票据是否由专门人员管理？				
12	具有签署支票资格的人员是否不同时保管支票和银行预留印鉴？				
13	付款是否需要部门授权人员的审批？				
14	银行出纳是否在签署支票前，在有关原始凭证上加盖"银行付讫"章？				
15	会计人员是否对银行收支相关的原始凭证进行核对？				
16	对支票是否采用会签制度？				
17	支付的金额越大，审批的部门和人员的权限是否也越大？				
18	作废的支票是否加盖"作废"章，并与存根一并保存？				
19	银行开户或注销是否需要经过正式的审批程序？				
20	是否对每一个存款账户定期编制银行存款余额调节表？				
21	银行存款余额调节表的编制人员是否对有关未达账项进行检查？				
22	编制银行存款余额调节表的人员是否不编制银行存款收付款凭证？				
23	银行存款日记账与总账是否定期核对？				

2. 抽查银行收款凭证。审计人员应选择一定数量的银行收款凭证进行检查，确

定被审计单位银行收款业务内部控制的有效性。抽查业务应以销售业务引起的银行收款业务为主，筹资业务引起的银行收款，由于发生次数少，金额大，内部和外部控制严格，且审计人员往往对每一笔业务都进行检查，一般不会太依赖内部控制（具体参见第六章有关内容）。审计人员检查银行收款凭证的内容主要包括几个方面：（1）核对收款凭证与银行入账通知单等原始凭证的日期、金额是否相符；（2）银行存款日记账记录金额与记账凭证是否相符；（3）银行存款日记账与银行对账单是否一致；（4）收款凭证记录与应收账款明细账记录是否相符（包括付款人、付款日期、付款用途、金额等）；（5）核对实收金额与发票金额是否一致等。

3.抽查银行付款凭证。审计人员为了检验银行付款业务内部控制的执行情况，应抽取一定数量的银行付款凭证进行检查。被审计单位银行付款凭证涉及被审计单位银行支付业务的各个方面，大致分为向外偿还筹资本金及利息（股息）、支付人工费用和支付各项物资采购业务等三个方面，前两个方面在第五章、第六章中讲述的相关业务支付的审计过程中检查，在此，审计人员可以只抽查与各种物资采购业务相关的银行付款凭证。审计人员审查的内容主要包括：（1）审查银行付款授权审批手续是否符合被审计单位规定，包括支付申请、审批人、经办人等签字；（2）将付款凭证与银行存款日记账核对，确定银行存款日记账记录金额是否正确；（3）核对付款凭证与银行对账单，确定二者记录是否相符；（4）将付款凭证与对应的应付账款明细账记录核对，确定其名称、日期、金额是否相符；（5）现购时，核对付款凭证与购货发票金额是否一致等。

4.银行存款日记账与总账核对。抽查一定期间的银行存款日记账与总账核对，确定审计期间银行存款日记账与银行存款总账账账相符，无记账汇总错误。

5.抽查银行存款余额调节表。审计人员为了核实被审计单位是否定期编制银行存款余额调节表，应选取一定期间的银行存款余额调节表，检查其编制是否符合其内容。检查的内容包括：（1）通过检查银行存款日记账，并与已经编制的调节表核对，确定是否所有的银行存款账户都按照规定编制银行存款余额调节表；（2）抽取一定数量的调节表，与银行对账单和存款日记账核对，确定其编制是否正确；（3）检查编制人员是否签字，确定其是否为非银行出纳人员。

6.检查外币折算。第一，审计人员应检查其外币折算政策，确定是否与上一年一致；第二，应选取一定时期的外币业务，根据国家公布的外汇牌价复核其外币折算，确定其外币折算是否正确；第三，选取一定时期的月末外币余额折算表，检查计算其折算的本位币金额是否正确；第四，确定外币折算差价的会计处理是否正确。

7.检查银行结算票据和印章的保管。首先，审计人员应询问相关人员印章的管理，并查看印章的具体保管人员是否为指定人员；其次，检查票据的保管，包括票据保管地点是否安全、领用登记手续是否完整、已使用票据的存根和作废的票据是否完整等。

8.评价银行存款的内部控制。实施上述程序之后，审计人员根据审计过程中收集的有关证据，并结合其他业务循环审计过程中获取的有关银行支付的内部控制证据，对银行存款的内部控制进行评价。评价的内容包括：（1）银行存款内部控制是否可靠，及其可以依赖的程度；（2）银行存款内部控制的弱点，及由此可能产生的风险；（3）实施银行存款实质性测试时，需要在哪些环节增加审计程序，或在哪些环节减少审计程序；（4）银行存款审计的重点领域。

（三）银行存款的实质性测试

审计人员对被审计单位银行存款的实质性测试程序主要包括以下内容：

1.获取或编制银行存款余额明细表，并与总账核对。审计人员首先应获取一份包括所有银行账户的余额明细表，并与银行存款日记账逐一核对其余额是否相符，然后将加总数与银行存款总账余额核对，确定其是否账账相符。如果两者存在差异，审计人员应查明差异原因，并作相关记录。如果被审计单位没有银行存款明细账余额汇总表，审计人员应自己编制一份。

2.实施分析性程序。审计人员在实质性测试阶段的分析性程序，主要是查找银行存款是否存在错记。如审计人员可以通过实际利息收入与相关银行存款账户余额（可以取其当年余额平均值）的比较，计算出实际利率，然后与市场利率相比较，可以看出银行存款是否存在漏记利息的可能，或者是否存在资金的高息拆借或其他形式的高息存款（如委托理财等）。相反，审计人员也可以针对不同的银行账户，通过计算其平均存款余额与市场利率的乘积，推算是否有漏记的利息。

3.检查银行存单。银行定期存单相对一般存款业务来讲具有业务量少、单笔金额大、余额相对固定等特点。被审计单位为了在一定的期间获取较多的收益，同时为了减少投资风险和容易变现的考虑，会将一定数量的闲置货币资金以定期存单的方式存入银行，以获取比同期活期存款要多的存款利息。审计人员针对该业务的审计主要包括以下方面：

第一，获取或编制定期银行存单明细一览表。该表应该包括的内容见表7-4。该表应包括期初未到期存单、本期新开户并已到期存单和本期新开户但期末未到期存单。期初数可以根据上年审计人员编制的此表中未到期存单填写，当期发生和应计数额应根据日记账和有关明细账填写。

表7-4 银行定期存单明细一览表

序号	定期存单号	开户日期	存款期间	存款本金	利率	到期利息	到期日	本期应计利息	已收到本息	是否质押	质押金额	备注

第二，将该表中"已收到本息"的数据逐笔与相关银行存款日记账核对，确定到期本息确实收回；将"本期应计利息"与应收利息明细账贷方发生额核对，确定

应计利息记录是否完整、是否正确。

第三，检查本期开户且未到期定期存单开户时的有关合同或协议原件，是否存在质押，如果存在质押，应检查质押合同原件以确定质押的性质、内部批准程序是否完备、质押的金额，以及报表中的披露是否适当。

4.函证银行存款余额。对银行存款账户进行函证是审计人员确定银行存款账户余额常用的审计方法。函证的账户应包括当期所有发生业务的存款账户，包括期末余额为零的存款账户和当期已经注销的账户。如果不对被审计单位的银行存款进行函证或只进行部分函证，审计人员应该在审计工作底稿中说明理由。银行询证函的参考格式如下：

银行询证函

编号：

××银行：

　　本公司聘请的××会计师事务所正对本公司××年度财务报表进行审计，按照中国注册会计师审计准则的要求，应当询证本公司与贵行的存款、借款及其他往来事项，下列数额出自本公司账簿及有关会计资料记录，如与贵行记录相符，请在本函下端"信息证明无误"处签章证明；如有不符，请在"信息不符"处列明不符金额及详细资料。有关询证费用可直接从本公司存款账户收取。回函请直接寄至××会计师事务所。

回函地址：　　　　　　　　　　　　　　　邮编：

联系人：　　　　电话：　　　　传真：

截至××年×月×日，本公司与贵行相关的信息列示如下：

1.银行存款

账户名称	银行账户	币种	利率	余额	起止日期	质押、担保或其他使用限制	备注

除以上存款外，本公司并无其他在贵行的存款。

2.银行借款

借款人名称	银行账户	币种	本息余额	借款日期	到期日期	利率	借款条件	备注

除以上借款外，本公司并无其他在贵行的借款。

3. 截至函证日 12 个月内注销的账户

账户名称	银行账号	币种	注销日期

除上述账户外，本公司并无至函证日 12 个月内在贵行注销的账户

4. 委托存款

账户名称	银行账户	借款方	币种	利率	余额	存款起止日	备注

除以上所述，本公司并无其他在贵行的委托存款。

5. 委托贷款

账户名称	银行账户	贷款方	币种	利率	余额	贷款起止日	备注

除以上所述，本公司并无其他在贵行的委托贷款。

6. 担保（如果采用抵押或质押方式提供担保的，应在附注中说明质押物或抵押物情况）

被担保人	担保方式	担保金额	担保期限	担保事由	担保合同编号	备注

除以上所述，本公司并无其他以贵行为受益人的担保。

7. 尚未支付的银行承兑汇票

银行承兑汇票号码	票面金额	出票日	到期日

除以上所述，本公司并无其他由贵行承兑而尚未支付的银行承兑汇票。

8. 已贴现而尚未到期的商业汇票

商业汇票号码	出票人名称	承兑人名称	票面金额	票面利率	出票日	到期日	贴现日	贴现率	贴现净额

除以上所述，本公司并无其他在贵行的已贴现而尚未到期的商业汇票。

9.委托贵行托收的商业汇票

商业汇票号码	承兑人名称	票面金额	出票日	到期日

除以上所述，本公司并无其他由贵行托收的商业汇票。

10.已开具且尚未完成的不可撤销信用证

信用证号码	受益人	信用证金额	到期日	未使用金额

除以上所述，本公司并无其他由贵行开具的、未履行完毕的不可撤销信用证。

11.未完成的外汇买卖合约

类别	合约号码	币种	未履行合约金额	汇率	交收日期
银行卖予公司					
公司卖予银行					

除以上所述，本公司并无其他与贵行之间未完成的外汇买卖合约。

12.存放在银行的有价证券及其他产权文件

有价证券或其他产权文件名称	产权文件编号	数量	金额

除以上所述，本公司并无其他存放于贵行的其他有价证券或其他产权文件。

13.其他重大事项

如信用存款、银行提供的担保等。如果没有，则填"无"。

(公司盖章)　　年　月　日

以下仅供被询证银行使用	
结论： 1.信息证明无误 (银行盖章) 经办人： 年　月　日	2.信息不符，请列明不符的项目及具体内容。本函证未列示的信息，请列出金额及详细资料 (银行盖章) 经办人： 年　月　日

审计人员填写好银行询证函，由被审计单位加盖公章后亲自将询证函寄出，不可交由被审计单位寄出。对未能按时收回的询证函，审计人员应再次发出询证函，或要求被审计单位直接与银行联系。

审计人员对收到的回函，应与相关银行账户核对。如有信息不符情况，应及时查明原因，并作适当的记录和相应的调整。

从询证函的内容中可以看出，审计人员通过银行函证，不仅能够获得被审计单位资产负债表日的银行存款存在的真实性证据，同时还可以获得银行借款和其他与银行往来的多种信息，有助于审计人员了解发现被审计单位未入账的银行存款、借款、未披露的或有负债以及未披露的银行存款的留置权等。

5.取得银行对账单和银行存款余额调节表，并核对。审计人员执行此程序是证实财务报表中列示的银行存款存在的重要程序。银行存款余额调节表通常由被审计单位按照不同银行存款账户分别编制。银行存款余额调节表的格式见表7-5。

表7-5　　　　　　　　　　　**银行存款余额调节表**

开户银行：　　　银行账号：　　　金额单位：　　　币种：

项目	金额	备注
银行对账单余额		
加：项目单位已收，银行尚未入账的金额		
其中：1.		
2.		
减：项目单位已付，银行尚未入账的金额		
其中：1.		
2.		
调节后银行对账单余额		
项目单位银行存款日记账余额		
加：银行已收，项目单位尚未入账的金额		
其中：1.利息收入		
2.		
减：银行已付，项目单位尚未入账的金额		
其中：1.		
2.		
调节后项目单位银行存款日记账余额		

编表人员（签字）：　　　　会计主管（签字）：

对获取的银行存款余额调节表和对账单，审计人员通常作以下测试：

（1）将对账单与银行函证回函核对，确定其余额是否一致。

（2）将对账单的记录与银行存款日记账记录核对，确定其是否一致。

（3）检查调节表中的未达账项的加总是否正确，调节后的银行存款余额与对账单的余额是否一致。

（4）检查未达账项的性质和范围是否合理。

（5）对金额较大的未提现支票、可提现的未提现支票以及审计人员认为重要的未提现支票，应编制清单，注明开票日期和收票人姓名或单位，并追查随后的支付情况。对已过期而未支付的支票应查明原因。

（6）追查资产负债表日后对账单和银行存款日记账的记录，确定是否完整地记录资产负债表日的未达账项，必要时，应检查相应的原始凭证和记账凭证。

6.抽查收支凭证。审计人员应该抽取大额银行收支业务凭证进行检查，尤其注重检查大额的支出业务凭证。检查的内容包括：原始凭证是否齐全、支付的审批手续是否符合被审计单位的授权权限、账务处理是否正确。对于抽查的收支凭证还应与相关的银行存款日记账和明细账核对，以确定账簿记录的及时性、准确性。

7.检查银行存款在报表中的列报是否恰当。审计人员应根据审查的情况，确定银行存款在财务报表中的列报是否适当，尤其需要关注银行存款的抵押、担保或有限制使用情况是否给予充分的说明。

第四节　货币资金审计中对舞弊的考虑

由于货币资金的特殊性，使得货币资金很容易成为被盗取的对象。对于货币资金的舞弊，可以大致分为两大类：一类属于个人或团伙的非法占有，另一类属于被审计单位在报表上作虚假陈述或隐瞒不报。前一种如挪用公款、不当的费用报销等，后一种如受限资金在报表附注中不披露等。

一、被审计单位货币资金舞弊的种类

（一）涉及货币资金侵占的舞弊行为

一般企业中涉及货币资金侵占的主要舞弊行为包括：

1.以虚开票据报账，套取现金

舞弊者通常通过虚假发票（舞弊者会支付一定好处费给虚开票据者），或者以别人持有而无需报账的票据在本企业财务部门报账，从而违规取得现金。

2.虚构职工人数，虚增工资支出，套取现金

舞弊者在工资表中虚构职工人数，将一些实际不存在的人员罗列入工资表中，从而增大工资支出，扣除实发工资，余款为违规套取的现金。

3.通过挂往来账，套取资金

舞弊者将资金汇往与本企业无真实业务往来的其他经济体或个人，在账上作往来款处理，挂预付账款或其他应收款，长期挂而不理，最后以各种理由作坏账处

理，注销所挂账目，从而达到套取资金的目的。

4.收入票据的金额小于实际收款金额，差额被中饱私囊

舞弊者通过不开发票、少开发票、发票各联金额不一致或以白条抵顶发票等手段，使列账的收入票据金额小于实际收款金额，从中侵吞差额公款。此现象通常发生在现金收入业务中，但通过银行结算也不能完全杜绝此种现象。

5.管理人员的不当得利

在实务中通常会发现，企业为了送礼和给好处费，虚构发票内容，如虚开办公用品发票，实为购衣鞋、烟酒等，以表面合法票据掩盖其非法目的；当无法索取表面合法的票据时，甚至以白条作为报账凭证。某些单位主管公私不分，将个人消费充当企业消费，虽有合法票据，但支出纯粹是个人行为。

6.擅自提现

擅自提现主要是由于票据管理混乱，内部控制不严，会计人员或出纳利用工作上的便利，私自签发现金支票，提现后不记账，不留存根，从而将现金占为己有。

7.公款私存

公款私存主要是单位负责人、会计人员或有关业务人员利用收取现金业务或银行存款业务的便利条件，将公款存入私人户头，从而达到侵吞利息，或长期无偿使用，或私分等。

8.伪造或涂改银行单据

银行出纳为了掩盖从银行套取现金等情形，利用经手银行业务凭证之便，对银行对账单进行涂改或伪造。

(二) 涉及货币资金管理与披露的舞弊行为

单位在货币资金披露上的舞弊行为主要表现为以下方面：

1.货币资金受限不披露。被审计单位对外以货币资金担保、质押等受限事项不在报表中适当披露，容易给报表使用者造成误解。

2.募集资金使用不当。上市公司募集资金应按照招股说明书的承诺使用募集资金，不得挪作他用。有些被审计单位，一是不按照要求规定开设专户管理资金，将资金存放在财务公司委托理财等，二是不按照规定用途使用募集资金，但为了规避监管，被审计单位却并不在报表中做详细说明。

3.伪造进账单据掩饰资金来源。这种行为是为了隐瞒银行资金的来源渠道或用途而伪造银行进账凭证。例如，为了将投资收益伪装成主营业务的经营收益，或者是将正常的销售回款伪装成预付款等。

4.货币资金收支发生额与现金流量表明显不符。这种行为主要是隐瞒企业为他人提供资金结算渠道，尤其是涉及外汇结算，以规避资金监管。

二、对货币资金舞弊常用的审计程序

审计人员对可能存在的舞弊行为，都应当给予足够的重视，尤其当被审计单位的内部控制不健全，会计与出纳人员的职责未进行分离时尤其如此。通常审计人员在审计过程中需要扩大审计程序，以确定是否存在重大的舞弊行为。

在设计检查舞弊的审计程序时，审计人员应关注被审计单位内部控制缺陷的性质，以及由此引起的可能发生的舞弊的类型、舞弊潜在的重要性以及最有效的审计程序。

审计人员审查货币资金舞弊时，除了针对货币资金实施实质性测试程序之外，还应该结合其他审计程序：如函证应收账款程序、应收账款注销程序、现金销售业务审计程序、检查销售折让与折扣批准程序、检查物资采购批准程序等。审计人员通常为发现舞弊会采用以下审计程序。

（一）突击盘点库存现金

在对库存现金进行突击盘点时，审计人员主要应注意以下环节：

1.库存现金盘点应在事先不通知被审计单位相关人员的情况下突击进行。避免由于被审计单位相关人员了解到审计人员将要实施库存现金盘点而早有防备，致使库存现金盘点达不到预期效果。

2.实施盘点最佳时间应选择在营业开始（上午上班）前或营业终了（下午下班）后，这样既可避免打扰被审计单位正常的经营业务，又可防止被审计单位对盘点出的问题有这样或那样的解释，影响库存现金盘点预期效果。

3.组织安排库存现金的清点工作前，要求出纳将保险柜外所有单位公款全部放入保险柜，最后封存保险柜。

4.当库存现金存放在单位不同地点的保险柜时，应安排几个盘点小组同时对单位每一存放处的保险柜现金展开盘点，或将每一存放处保险柜先做封存，然后逐一盘点。避免被审计单位在库存现金实际盘点过程中，采取拆东墙补西墙的办法应付盘点或转移资金，致使此次盘点失去原有的作用，达不到预期的审计目标。

盘点过程中，审计人员应对保险柜中的所有库存现金、存单进行逐一登记，尤其关注各种存单上的存款人名称，以防止公款私存等。

（二）银行存款余额调节表的扩大程序

如果审计人员认为被审计单位银行存款余额调节表存在故意错报，就应该扩大余额调节表的测试范围。测试的方法是：

1.获取审计期间的12个月的银行存款余额调节表，对每一项未达账项进行追踪检查，确定是否存在前后期未达账项均为银行未达或均为企业未达。如果存在这种情况，则有可能存在舞弊。例如，上个月银行记入存款利息，银行入账，而企业未入账，下个月会计人员开出支票取出利息，但不记银行账，又出现银行支出记账，企业未入账。第三个月如果没有其他未达账项，则银行存款日记账与银行对账单相符，这样有关人员就会占有取出的利息。

2.检查不同账户的银行存款余额调节表中的未达账项，主要检查不同账户之间的期末转账，是否存在已转出账户被审计单位未入账，而转入账户作为"在途存款"入账或提前记入银行存款日记账。

3.审计人员应确认12月31日银行存款余额调节表上的调节项目均来自11月份银行存款余额调节表和12月份的被审计单位银行存款日记账中记录但未兑付的支

票以及银行对账单中的银行已经收付而被审计单位尚未收付的项目。

4.对12月31日的未达账项，应检查期末后一至两周内的相关账务处理是否正确，是否存在支票退回等情况发生。如果存在，应查明原因。

（三）检查大额定期存单

检查大额定期存单，并检查开户时的资料，同时与银行函证结果进行比较，确定是否存在抵押、担保情况，尤其是外埠存款，一定要取得存款行的回函，确认存款的性质及条件，对其出现的未达账项应逐项核对，并检查期后的会计处理，确定不存在舞弊情况。

对于募集资金应检查存款专户的开设资料，应检查银行账户的支出是否符合招股说明书的规定，对使用的款项是否披露说明等。

（四）抽查支出原始凭证

抽查库存现金或银行存款中的支出凭证，主要是日常报销费用凭证，检查凭证是否齐全、手续是否完备、用途是否符合企业经济利益，是否存在不应发生支出的异常情况。

（五）检查银行单据

如果审计人员认为被审计单位可能存在隐瞒资金来源渠道，编造银行对账单的行为时，审计人员应抽取银行进账单，并检查相应的记账凭证中的原始凭证，如买卖合同、付款人等，确定存款记录与对应的账户关系是否正确。

（六）分析被审计单位的业务性质

分析被审计单位的业务性质，有无货币资金收支明显与企业经营不符的情况存在。例如，没有外贸业务却开设外币账户并发生外币收支，应检查相关的外币收支业务凭证和原始合同，并询问有关人员，以确定是否存在虚假外汇交易；对货币资金收支发生额明显大于经营收支业务的，审计人员应抽查相关业务凭证，并追查业务原始合同，以确定是否存在借用账户行为。

复习思考题

1.简述货币资金与各业务循环之间的关系。

2.涉及货币资金的业务凭证有哪些？有哪些账户？

3.货币资金有哪几种？

4.描述一般企业的货币资金内部控制的内容。

5.描述库存现金的具体内部控制及其测试。

6.描述库存现金盘点的过程及其盘点核对表的编制。

7.描述银行存款的具体内部控制及其测试。

8.银行存款的实质性测试有哪些程序？

9.描述银行询证函的内容。

10.审计人员审核银行对账单与银行存款余额调节表时，应注意核对哪些内容？

11.货币资金在披露上的舞弊主要有哪些？审计人员采用何种审计程序审计？

第八章　对特殊项目的考虑

学习目标

1.掌握舞弊的种类及其风险评估程序；

2.掌握注册会计师对被审计单位遵守法律法规的责任及识别出或怀疑存在违反法律法规行为时的处理；

3.掌握注册会计师沟通的对象及内容；

4.了解利用内部审计工作和专家工作时应当实施的审计程序；

5.了解会计估计、关联方、期初余额等的审计程序。

本章将以注册会计师审计为例，介绍其对特殊项目进行审计时需要考虑的事项，主要是对舞弊、违反法规行为、沟通的对象及其他特殊项目等方面的考虑。

第一节　　财务报表审计中对舞弊的考虑

一、舞弊的含义和种类

（一）舞弊的含义

舞弊，是指被审计单位的管理层、治理层、员工或第三方使用欺骗手段获取不当或非法利益的故意行为。舞弊在现代经济社会中比较普遍。因舞弊给企业和投资者带来损失的案例不计其数。

（二）舞弊的种类

在财务报表审计中，注册会计师关注的是导致财务报表发生重大错误的舞弊，主要包括编制虚假财务报告导致的错报和侵占资产导致的错报。

1.编制虚假财务报告导致的错报

编制虚假财务报告是指为欺骗财务报表使用者而作出的故意错报。管理层编制虚假财务报告可能的方式有：对编制财务报表所依据的会计记录或支持性文件进行操纵，弄虚作假或篡改；在财务报表中错误表达或故意漏记事项、交易或其他重要信息；故意误用与确认、计量、分类或列报有关的会计政策和会计估计。

2.侵占资产导致的错报

侵占资产是指被审计单位的管理层或员工非法占用被审计单位的资产。侵占资产的手段通常有：贪污收到的款项、管理层或员工在购货时收取回扣，将个人费用在单位列支、盗取或挪用单位资产等。

二、治理层、管理层和注册会计师对舞弊所负的责任

（一）治理层、管理层对舞弊所负的责任

被审计单位治理层和管理层对防止或发现舞弊负有主要责任。管理层在治理层

的监督下，高度重视对舞弊的防范和遏制是非常重要的。对舞弊进行防范可以减少舞弊发生的机会；对舞弊进行遏制，即发现和惩罚舞弊行为，能够警示被审计单位人员不要实施舞弊。对舞弊的防范和遏制需要管理层营造诚实守信和合乎道德的文化，并且这一文化能够在治理层的有效监督下得到强化。

治理层的监督包括考虑管理层凌驾于控制之上或对财务报告过程施加其他不当影响的可能性，例如，管理层为了影响分析师对被审计单位业绩和盈利能力的看法而操纵利润。

（二）注册会计师对舞弊所负的责任

注册会计师职业界和社会公众之间对注册会计师对舞弊所负的责任有着不同的看法。当重大的财务报表舞弊案件发生后，社会公众一般会想注册会计师审计财务报表时，为什么没有发现舞弊行为，而注册会计师一般会辩解财务报表审计不是专门的舞弊调查，因此在审计过程中发现所有舞弊是有很大局限性的。由于社会公众和注册会计师职业界的不同观点，势必影响社会公众对注册会计师行业的信心，因此注册会计师行业应当更积极地承担发现舞弊的责任。

注册会计师对舞弊所负的责任分为两个方面：

（1）在按照审计准则的规定执行审计工作时，注册会计师有责任对财务报表整体是否不存在由于舞弊或错误导致的重大错报获取合理保证。

（2）由于审计的固有限制，即使注册会计师按照审计准则的规定恰当计划和执行了审计工作，也不可避免地存在财务报表中的某些重大错报未被发现的风险。

在舞弊导致错报的情况下，固有限制的潜在影响尤其重大。舞弊导致的重大错报未被发现的风险，大于错误导致的重大错报未被发现的风险。其原因是舞弊可能涉及精心策划和蓄意实施以进行隐瞒（如伪造证明或故意漏记交易），或者故意向注册会计师提供虚假陈述。如果涉及串通舞弊，注册会计师可能更加难以发现蓄意隐瞒的企图。甚至可能导致原本虚假的审计证据被注册会计师误认为具有说服力。

注册会计师发现舞弊的能力取决于舞弊者实施舞弊的技巧、舞弊者操纵会计记录的频率和范围、舞弊者操纵的每笔金额的大小、舞弊者在被审计单位的职位级别、串通舞弊的程度等因素。

需要说明的是即使可以识别出实施舞弊的潜在机会，但对于会计估计等判断领域的错报，注册会计师也难以确定这类错报是由于舞弊还是错误导致的。

三、评估舞弊风险的程序

注册会计师需要采用风险导向审计的总体思路对待舞弊。首先识别和评估舞弊风险，然后采取恰当的措施有针对性地予以应对。注册会计师评估舞弊风险的程序有：

（一）询问

1.询问对象

询问程序对于注册会计师获取信息、评估舞弊风险十分有用。注册会计师询问的对象主要有管理层、内部审计人员以及被审计单位内部的其他人员，通过询问确定其是否知悉任何影响被审计单位的舞弊事实、舞弊嫌疑或舞弊指控。

2.询问内容

注册会计师通过询问管理层可以获取有关员工舞弊导致的财务报表重大错报的有用信息。在了解被审计单位及其环境时，注册会计师应当询问管理层的事项有：

（1）管理层对财务报表可能存在由于舞弊导致的重大错报风险的评估，包括评估的性质、范围和频率等；

（2）管理层对舞弊风险的识别和应对过程，包括管理层识别出的或注意到的特定舞弊风险，或可能存在舞弊风险的各类交易、账户余额或披露；

（3）管理层就其对舞弊风险的识别和应对过程向治理层的通报；

（4）管理层就其经营理念和道德观念向员工的通报。

3.获取管理层和治理层声明

注册会计师应当就下列事项向管理层和治理层获取书面声明：

（1）管理层和治理层认可其设计、执行和维护内部控制以防止和发现舞弊的责任；

（2）管理层和治理层已向注册会计师披露了管理层对由于舞弊导致的财务报表重大错报风险的评估结果；

（3）管理层和治理层已向注册会计师披露了已知的涉及管理层、在内部控制中承担重要职责的员工以及其他人员（在舞弊行为导致财务报表出现重大错报的情况下）的舞弊或舞弊嫌疑；

（4）管理层和治理层已向注册会计师披露了从现任和前任员工、分析师、监管机构等方面获知的、影响财务报表的舞弊指控或舞弊嫌疑。

（二）评估舞弊风险因素

注册会计师通过风险评估程序和相关活动获取到了相关信息，应当评估这些信息以确定被审计单位是否存在舞弊风险因素。值得注意的是，存在舞弊风险因素并不代表一定发生了舞弊，但是在舞弊发生时通常存在舞弊风险因素。

舞弊存在时经常伴随着三种情况，即"舞弊三角"：动机，是舞弊发生的首要条件，当舞弊者有了舞弊的动机后才有可能导致舞弊的发生；机会，当舞弊者有舞弊的机会时，舞弊才有可能成功；借口，是舞弊发生的重要条件，只有舞弊者能够对舞弊的行为予以合理化，舞弊者才可能作出舞弊行为。

注册会计师应当运用职业判断，全面考虑被审计单位的规模、复杂程度、所有权结构及所处行业等，以确定舞弊风险因素的相关性和重要程度对重大错报风险评估可能产生的影响。

（三）实施分析程序

注册会计师应当通过分析程序，对财务报表和审计产生影响的金额、比率和趋势进行分析。对识别出的异常或偏离预期的情况，应当重点考虑是否存在由于**舞弊**导致的重大错报风险。

（四）组织项目组进行讨论

项目组成员之间应当就舞弊相关事宜进行讨论，并由项目合伙人确定将哪些事项向未参与讨论的项目组成员通报。项目组内部讨论的重点包括财务报表容易发生由于舞弊导致的重大错报的方面和领域，包括舞弊可能如何发生。在讨论过程中，项目组成员不能以管理层和治理层是正直和诚信的作为前提。

四、识别和评估舞弊导致的重大错报风险

舞弊导致的重大错报风险属于注册会计师特别考虑的重大错报风险（即特别风险），注册会计师应当在识别和评估财务报表层次以及各类交易、账户余额、披露的认定层次的重大错报风险时，识别和评估舞弊导致的重大错报风险。

由于企业编制虚假财务报表时，常用的手段都是多计或少计收入，因此，注册会计师应当基于收入确认存在舞弊风险的假定，评价哪些类型的收入、收入交易或认定导致舞弊风险。如果未将收入确认作为由于舞弊导致的重大错报风险领域，注册会计师应当将具体原因记录于审计工作底稿中。

五、应对舞弊导致的重大错报风险

当识别和评估出舞弊导致的重大错报风险后，注册会计师应当采取适当应对措施，从而将审计风险降低至可以接受的较低水平。

（一）总体应对措施

在针对评估的由于舞弊导致的财务报表层次重大错报风险确定总体应对措施时，注册会计师应当：

（1）在分派和督导项目组成员时，考虑承担重要业务职责的项目组成员所具备的知识、技能和能力，并考虑由于舞弊导致的重大错报风险的评估结果；

（2）评价被审计单位对会计政策（特别是涉及主观计量和复杂交易的会计政策）的选择和运用，是否可能表明管理层通过操纵利润对财务信息作出虚假报告；

（3）在选择审计程序的性质、时间安排和范围时，增加审计程序的不可预见性。

（二）具体应对措施

1.针对由于舞弊导致的认定层次重大错报风险

注册会计师应当设计和实施进一步审计程序、审计程序的性质、时间安排和范围，从而应对舞弊导致的认定层次的重大错报风险。其具体实施程序包括：

（1）改变拟实施审计程序的性质。通过改变拟实施审计程序的性质，以获取更为可靠、相关的审计证据，或获取其他佐证性信息，包括更加重视实地观察或检查，在实施函证程序时改变常规函证内容，询问被审计单位的非财务人员等。

（2）改变执行程序的时间。包括在期末或接近期末实施实质性程序，或针对本期较早时间发生的交易或贯穿于本会计期间的交易或事项实施细节测试。

（3）改变审计程序的范围。包括扩大样本规模、采用更详细的数据实施分析程序等。

2.针对管理层凌驾于控制之上的风险实施的程序

管理层处于实施舞弊的独特地位，其原因是管理层有能力通过凌驾于控制之上操纵会计记录并编制虚假财务报表，而这些控制却看似有效运行。

　　尽管管理层凌驾于控制之上的风险水平因被审计单位而异，但所有被审计单位都存在这种风险。由于管理层凌驾于控制之上的行为发生方式不可预见，这种风险属于由于舞弊导致的重大错报风险，因此也是一种特别风险。

　　无论对管理层凌驾于控制之上的风险评估结果高低，注册会计师都应当设计和实施审计程序，以实现以下目的：

　　（1）测试日常会计核算过程中作出的会计分录以及编制财务报表过程中作出的调整是否适当。

　　①评价管理层在作出会计估计时所作的判断和决策是否反映出管理层的某种偏向（即使判断和决策单独看起来是合理的），从而可能表明存在由于舞弊导致的重大错报风险。如果存在偏向，注册会计师应当从整体上重新评价会计估计。

　　②追溯复核与以前年度财务报表反映的重大会计估计相关的管理层判断和假设。

　　（2）复核会计估计是否存在偏向，并评价产生这种偏向的环境是否表明存在由于舞弊导致的重大错报风险。

　　①向参与财务报告过程的人员询问与处理会计分录和其他调整相关的不恰当或异常的活动；

　　②选择在报告期期末作出的会计分录和其他调整；

　　③考虑是否有必要测试整个会计期间的会计分录和其他调整。

　　（3）对于超出被审计单位正常经营过程的重大交易，或基于对被审计单位及其环境的了解以及在审计过程中获取的其他信息而显得异常的重大交易，评价其商业理由（或缺乏商业理由）是否表明被审计单位从事交易的目的是为了对财务信息作出虚假报告或掩盖侵占资产的行为。

　　六、评价审计证据

　　当注册会计师对财务报表与所了解的被审计单位情况是否一致进行判断时，应当先评价在临近审计结束时实施的分析程序，是否表明存在此前尚未识别的由于舞弊导致的重大错报风险。

　　（一）识别出某项可能由于舞弊导致的错报

　　如果注册会计师识别出某项错误，并有理由认为该项错报可能是由于舞弊导致的，且涉及管理层，特别是涉及较高级别的管理层，无论该项错报是否重大，注册会计师都应当重新评价对由于舞弊导致的重大错报风险的评估结果，以及该结果对旨在应对评估的风险的审计程序的性质、时间安排和范围的影响。

　　由于舞弊孤立发生的可能性很小，因此，注册会计师应当评价该项错报对审计工作其他方面的影响，特别是对管理层声明可靠性的影响。

　　（二）与管理层的沟通

　　如果注册会计师识别出舞弊或获取的信息表明可能存在舞弊，应当及时就此类事项与适当层级的管理层沟通，从而从管理层方面获知防止和发现舞弊事项负有主要责任的人员。例如，当注册会计师发现基层员工挪用公款或者侵占企业其他资产的时候，并且没有证据怀疑该员工上一级管理层参与舞弊，则可以向该员工的管理层通报该舞弊事项，否则，应当向更高级的管理层进行通报。

（三）与治理层的沟通

如果注册会计师确定或怀疑舞弊涉及管理层、在内部控制中承担重要职责的员工以及可能导致财务报表重大错报的其他员工，应当及时就此类事项与治理层沟通。

如果注册会计师怀疑舞弊涉及管理层，应当就怀疑和治理层沟通，并与其讨论为完成审计工作所必需的审计程序的性质、时间安排和范围。

（四）向监管机构和执法机关报告

如果注册会计师识别出舞弊或怀疑存在舞弊，应当确定是否有责任向被审计单位以外的机构报告。尽管注册会计师对客户信息负有的保密义务可能妨碍这种报告，但如果法律法规要求注册会计师履行报告责任，注册会计师应当遵守法律法规的规定。

第二节　财务报表审计中对法律法规的考虑

违反法律法规，是指被审计单位违背除使用的财务报告编制基础以外的现行法律法规的行为。这里包括被审计单位主观有意和无意的违背，但是不包括由治理层、管理层或员工实施的与被审计单位经营活动无关的不当个人行为。不同的法律法规对财务报表的影响差异很大，注册会计师在财务报表审计中需要考虑被审计单位遵守的所有法律法规。

被审计单位需要遵守下列两类不同的法律法规：

（1）通常对决定财务报表中的重大金额和披露有直接影响的法律法规（如税收和企业年金方面的法律法规）。

（2）对决定财务报表中的金额和披露没有直接影响的其他法律法规，但遵守这些法律法规（如遵守经营许可条件、监管机构对偿债能力的规定或环境保护要求）对被审计单位的经营活动、持续经营能力或避免大额罚款至关重要；违反这些法律法规，可能对财务报表产生重大影响。

虽然注册会计师可能通过个人执业经验或对被审计单位相关领域的了解，本着职业怀疑态度，对某项行为是否违反相关法律法规有所怀疑，但是这已经超出了注册会计师的专业胜任能力，因此，在考虑被审计单位是否违反某一项或几项法律法规时，注册会计师应当询问相关专家意见。

一、管理层遵守法律法规的责任

管理层的责任是在治理层的监督下确保被审计单位经营活动符合法律法规的规定。法律法规可能直接规定了使用的财务报告编制基础或影响被审计单位在财务报表中的具体披露，或者规定了被审计单位需要在财务报表中确认的法定权利和义务等。

管理层为了防止和发现违反法律法规行为，管理层执行的政策和程序有：

（一）及时跟踪法律法规的变化

管理层应当建立相应的制度，通过指派专门的部门和人员搜集信息或聘请法律顾问等方式和途径，确保能及时、全面了解适用于本企业及所在行业的相关法律法规的变化，并且应当根据法律法规的要求，制定和修改经营程序，使自身的经营活动符合法律法规的要求。

（二）建立和健全内部控制

内部控制的目标之一就是保证企业遵守相应的法律法规，因此管理层应按照国家有关规定和企业的实际情况，建立和健全适合本企业的内部控制，从而可以合理保证经营活动符合相关法律法规的要求，这是确保企业遵守法律法规非常重要的一步。

（三）制定和落实行为规范

管理层应当在了解相关法律法规要求的基础上，制定符合法律法规要求的行为规范，并且要进行公布，使企业每一名员工得到适当培训，并了解行为规范。员工了解了相应的行为规范，明确知道自己的行为哪些是正确的，哪些可能违反了相关法律法规，这样多数员工都能遵守行为规范，从而就可以保证企业的经营活动合法合规。

（四）监控员工遵守行为规范的情况

被审计单位虽然已经公布并对员工培训了相应的行为规范，但是由于部分员工可能受到利益驱动或其他原因故意或无意地违反相关的行为规范，因此管理层应当采取措施监控行为规范遵守的情况，对于违反行为规范的员工采取恰当的措施给予处分，这样有利于促使全体员工自觉遵守行为规范。

（五）聘请法律顾问

由于管理层专业限制等原因，很可能无法准确地了解和运用适合于本单位的所有相关法律法规，因此，一般情况下都需要聘请法律顾问。

（六）管理相关法律法规文件和记录

对于被审计单位在其所处行业必须遵守的法律法规，管理层有必要对其进行汇编管理。另外，有必要保存被投诉的记录，这样做不仅有利于管理层和员工了解被审计单位某些方面存在的缺陷与不足，还有利于根据投诉记录及其调查结果作出适当的处理，修改经营程序，完善相关的行为规范。

（七）内部审计和法律机构应当履行相应职责

对于设有内部审计机构、审计委员会和法律部门的被审计单位，应当分配适当的权利和责任给这些机构和部门，让这些部门和部门中专业的员工一起帮助管理层履行防止和发现违反法规行为的责任。

二、注册会计师对被审计单位遵守法律法规的考虑

（一）注册会计师的责任

在执行财务报表审计时，注册会计师会考虑适用于被审计单位的法律框架。由于审计的固有限制，即使注册会计师按照审计准则的规定恰当地计划和执行审计工作，也不可避免地存在财务报表中的某些重大错报没有被发现的风险。具体到法律法规，审计的固有限制对注册会计师发现重大错报的能力的潜在影响会加大，主要的固有限制有：法律法规主要与被审计单位经营活动相关，通常不影响财务报表，并且不能被与财务报告相关的信息系统所获取；违反法律法规可能涉及故意隐瞒的行为，如共谋、伪造、故意漏记交易、管理层凌驾于控制之上或故意向注册会计师提供虚假陈述；最终只能由法院认定某行为是否构成违反法律法规。

因此，注册会计师没有责任防止被审计单位违反法律法规行为，也不能期望注册会计师发现被审计单位所有的违反法律法规的行为。但是，在审计过程中，为了对财务报表形成审计意见而实施的其他审计程序，可能使注册会计师识别出或怀疑被审计单位存在违反法律法规行为，注册会计师应当保持职业怀疑态度。

针对被审计单位需要遵守的两类不同法律法规，注册会计师应当承担不同的责任：

（1）针对被审计单位需要遵守的第一类法律法规，注册会计师的责任是就被审计单位遵守这些法律法规的规定获取充分、适当的证据；

（2）针对被审计单位需要遵守的第二类法律法规，注册会计师的责任仅限于实施特定的审计程序，以有助于识别可能对财务报表产生重大影响的违反这些法律法规的行为。

（二）了解法律法规的框架

当注册会计师了解被审计单位及其环境时，应当总体了解下列事项：适用于被审计单位及其所处行业或领域的法律法规框架以及被审计单位如何遵守这些法律法规框架。

为总体了解法律法规框架以及被审计单位如何遵守这些法律法规框架，注册会计师可以采取下列措施：

（1）利用对被审计单位行业状况、监管环境以及其他外部因素的了解；

（2）更新对直接决定财务报表中的报告金额和列报的法律法规的了解；

（3）向管理层询问对被审计单位经营活动预期可能产生至关重要影响的其他法律法规；

（4）向管理层询问被审计单位制定的有关遵守法律法规的政策和程序；

（5）向管理层询问在识别、评价和会计处理诉讼索赔时采用的政策和程序。

（三）直接影响财务报表中的重大金额和披露的法律法规

某些法律法规可能已经完善且与被审计单位财务报表相关。这些法律法规可能与下列事项相关：

（1）财务报表的格式和内容；

（2）特定行业的财务报告问题；

（3）根据政府合同对交易进行的会计处理；

（4）所得税费用或退休金成本的应计或确认。

这些法律法规的某些规定可能与财务报表中的特定认定直接相关（如应交税费的完整性），而其他规定可能与财务报表整体直接相关（如规定的财务报表的种类等）。注册会计师应当针对这些对决定财务报表中的重大金额和披露有直接影响的法律法规，获取被审计单位遵守这些规定的充分、适当的审计证据。

（四）识别违反其他法律法规行为的程序

某些法律法规可能因其对被审计单位的经营活动具有至关重要的影响，需要注册会计师予以特别关注。违反此类法律法规可能导致被审计单位终止业务活动或对其持续经营能力产生疑虑。例如，排出的污水不符合环境保护法的规定，可能面临着停业的后果。同时，存在许多与被审计单位经营活动相关的法律法规，它们并不对财务报表产生影响，也不会被与财务报表相关的信息系统反映。

因此，注册会计师为了识别可能对财务报表产生重大影响的违反其他法律法规的行为，应当执行下列审计程序：

（1）向管理层和治理层（如适用）询问被审计单位是否遵守了这些法律法规；

（2）检查被审计单位与许可证颁发机构或监管机构的往来函件。

（五）实施使注册会计师注意到违反法律法规行为的审计程序

注册会计师可能通过为形成审计意见所实施的审计程序，注意到识别出的或怀疑存在的违反法律法规行为。这些审计程序可能包括：

（1）阅读会议纪要；

（2）向被审计单位管理层、内部或外部法律顾问询问诉讼、索赔及评估情况；

（3）对某类交易、账户余额和披露实施细节测试。

（六）书面声明

由于法律法规对财务报表的影响差异很大，可以要求管理层对其识别出的或怀疑存在的可能对财务报表产生重大影响的违反法律法规行为，作出书面声明，从而提供必要的审计证据。然而，因为书面声明本身并不提供充分、适当的审计证据，所以获取书面声明不影响注册会计师拟获取的其他审计证据的性质和范围。

三、识别出或怀疑存在违反法律法规行为时的处理

（一）实施的审计程序

如果注册会计师发现下列事项或相关信息，可能表明被审计单位存在违反法律法规行为：受到监管机构、政府部门的调查，或者支付罚金或受到处罚；向未指明的服务付款，或向顾问、关联方、员工或政府雇员提供贷款；采购价格显著高于或低于市场价格；负面的媒体评论等。

（1）如果注意到与识别出的或怀疑存在的违反法律法规行为相关信息时，注册会计师应当：

①了解违反法律法规行为的性质及其发生的环境。

②获取进一步的信息，以评价对财务报表可能产生的影响。这种影响主要包括：违反法律法规行为对财务报表产生的潜在财务后果，如受到罚款、处分、赔偿、封存财产、强制停业和诉讼等；潜在财务后果是否需要列报；潜在财务后果是

否严重，以致对财务报表的公允反映产生怀疑或导致财务报表产生误导。

（2）怀疑被审计单位存在违反法律法规行为时的审计程序。如果治理层能够提供额外的审计证据，注册会计师可以与治理层讨论其发现。如果管理层或治理层（如适用）不能向注册会计师提供充分的信息证明被审计单位遵守了法律法规，注册会计师可以考虑向被审计单位内部或外部的法律顾问咨询有关法律法规在具体情况下的运用，包括舞弊的可能性以及对财务报表的影响。如果注册会计师认为向被审计单位法律顾问咨询是适当的或不满意其提供的意见，可以考虑向所在会计师事务所的法律顾问咨询，从而确定被审计单位是否存在违反法律法规行为、可能导致的法律后果（包括舞弊的可能性），以及可能采取的进一步行动。

（3）评价违反法律法规行为对财务报表的影响。注册会计师应当评价违反法律法规行为对财务报表方面可能产生的影响，包括评价被审计单位书面声明可靠性的影响。违反法律法规的行为对财务报表影响的大小，与该行为的实施和隐瞒牵涉的管理人员或员工的级别有着密切的关系，如果被审计单位最高权力机构参与违反法律法规，则会对财务报表产生较大的影响。

如果管理层或治理层没有采取注册会计师认为适合具体情况的补救措施，由于违反法律法规的性质特殊，即使违反法律法规行为对财务报表不重要，注册会计师也可能考虑是否有必要解除业务约定。在决定是否有必要解除业务约定时，注册会计师可以考虑征询相关律师的意见。如果不能解除业务约定，注册会计师可以在审计报告的其他事项段中描述违反法律法规的行为。

（二）与治理层沟通

当注册会计师识别出或怀疑存在违反法律法规的行为时，应当首先与治理层进行沟通。

1.与治理层沟通的总体要求

注册会计师应当与治理层沟通审计过程中注意到的有关违反法律法规的事项，但是明显不重要的事项可以不必沟通。这将有利于注册会计师尽到职业责任，为治理层履行对管理层的监督责任提供有用信息。如果治理层全部成员参与管理被审计单位，注册会计师可以不与其沟通已识别出的或怀疑存在的违反法律法规行为，因为他们已经知悉这些行为。

沟通一般有书面形式和口头形式两种。通常采用书面形式，将书面文件送治理层签收，并将文件副本及签收记录作为审计工作底稿予以保管。如果需要采用口头沟通方式，应形成沟通记录，并提请沟通对象签字确认。

2.违反法律法规行为情节严重时的沟通要求

（1）对故意和重大的违反法律法规行为的沟通要求。"故意"是就违反法律法规行为的性质而言的，"重大"是就违反法律法规行为的情节和后果而言的。判断一项违反法律法规行为是否"故意"或"重大"，除了依据获取的审计证据外，还需要注册会计师运用职业判断。注册会计师一旦发现故意和重大的违反法律法规行为应尽快与治理层沟通，以便治理层及时了解违反法律法规行为的严重性，采取相应措施。

（2）怀疑违反法律法规行为涉及管理层或治理层时的沟通要求。如果怀疑违反法律法规行为涉及管理层或治理层，注册会计师应当向被审计单位审计委员会或监事会等更高层级的机构通报。如果不存在更高层级的机构，或者注册会计师认为被审计单位可能不会对通报作出反应，或者注册会计师不能确定向谁报告，注册会计师应当考虑是否需要向律师征求意见。

（三）出具审计报告

当注册会计师识别出或怀疑存在违反法律法规的行为时，与治理层进行沟通后，应考虑该行为对出具审计报告类型的影响。

1.考虑违反法律法规行为的影响

如果认为违反法律法规行为对财务报表具有重大影响，注册会计师应当要求被审计单位在财务报表中予以恰当反映。如果被审计单位在财务报表中对该违反法律法规行为作出恰当反映，注册会计师应当出具无保留意见的审计报告。如果认为违反法律法规行为对财务报表有重大影响，且未能在财务报表中得到恰当反映，注册会计师应当出具保留意见或否定意见的审计报告。

2.考虑审计范围受到限制的影响

（1）来自被审计单位的限制。如果管理层或治理层阻挠注册会计师，使其无法获取评价是否存在或可能存在对财务报表产生重大影响的违反法律法规行为充分、适当的审计证据，注册会计师应当根据审计范围受到限制的程度，发表保留意见或无法表示意见。

（2）其他条件的限制。如果由于审计范围受到管理层或治理层以外的其他方面的限制而无法确定被审计单位是否存在违反法律法规行为，注册会计师应当评价这一情况对审计意见的影响。

第三节　　审计沟通

注册会计师在接受委托之前和接受委托之后都需要与治理层以及前任注册会计师就一些重大事项进行沟通。

一、注册会计师与治理层的沟通

治理层，是指对被审计单位战略方向以及管理层履行经营管理责任负有监督责任的人员或组织。治理层的责任包括对财务报告过程的监督。在某些被审计单位，治理层可能包括管理层成员。管理层，是指对被审计单位经营活动的执行负有管理责任的人员。在某些被审计单位，管理层包括部分或全部的治理层成员。

不同国家或地区之间，其公司治理结构也呈现出不同的模式和特点。即使在同一个国家或地区之内，由于企业组织形式、规模乃至经济成分的不同，其治理结构也不尽相同。

在公司治理所涉及的机构中，经理的主要职责是经营管理，因此经理及其副总经理和相当于副总经理的职位都属于管理层。董事会的主要职责是制定战略、进行重大决策、聘任经理并对经营管理活动进行监督；监事会的主要职责是对公司财务以及公司董事、经理的行为进行监督。因此，一般认为，董事会和监事会属于治理层。但是，往往不同程度地存在治理层参与管理的情形，例如董事兼任高级管理人员。由于股东大会属于以会议形式存在的公司权力机关，为非常设机构，一般不把它列为注册会计师应予沟通的治理层。但是，如果在有必要与治理层整体进行沟通的情况下，尤其是在公司章程规定对注册会计师的聘任、解聘由股东大会（股东会）决定时，注册会计师可能也需要与股东大会（股东会）进行沟通。

编制财务报表是管理层的责任，治理层应当对财务报表的编制和披露负监督责任。这种监督职责主要有：审核或监督企业的重大会计政策；审核或监督企业财务报告和披露程序；审核或监督与财务报告相关的企业内部控制；组织和领导企业内部审计；审核和批准企业的财务报告和相关信息披露；聘任和解聘负责企业外部审计的注册会计师并与其进行沟通等。

（一）沟通的作用

被审计单位的治理层对财务报表的编制和披露负有监督责任，注册会计师对财务报告编制和监督过程负有审计职责，治理层和注册会计师在这个方面存在着共同的关注点，在履行职责方面存在着很强的互补性，因此注册会计师有必要与治理层保持有效的沟通。

（1）注册会计师和治理层了解与审计有关的背景事项，并建立建设性的工作关系。在建立这种关系时，注册会计师需要保持独立性和客观性；

（2）注册会计师向治理层获取与审计相关的信息，例如，治理层可以帮助注册会计师了解被审计单位及其环境，确定审计证据的适当来源，以及提供有关具体交易或事项的信息；

（3）治理层履行其对财务报告过程的监督责任，从而降低财务报表重大错报风险。

（二）沟通的目标

注册会计师应就与财务报表审计相关且根据职业判断认为与治理层责任相关的重大事项，以适当的方式及时与治理层进行明晰的沟通。沟通的具体目标如下：

（1）就注册会计师与财务报表审计相关的责任、计划的审计范围和时间安排的总体情况，与治理层进行清晰地沟通；

（2）向治理层获取与审计相关的信息；

（3）及时向治理层通报审计中发现的与治理层监督财务报告过程的责任相关的重大事项；

（4）推动注册会计师和治理层之间有效的双向沟通。

（三）沟通的对象

1.确定沟通对象的要求

（1）确定适当的沟通人员。注册会计师应当确定与被审计单位治理结构中的哪些适当人员沟通。不同的被审计单位，适当的沟通对象可能不同。即使是同一家被审计单位，由于组织形式的变化、章程的修改或其他方面的变动，也可能使适当的沟通对象发生变动。

由于沟通事项的不同，适当的沟通对象也会有所不同。针对一些特殊事项，注册会计师应当运用职业判断考虑是否应当与被审计单位治理结构中的其他适当对象进行沟通。例如，如果治理层兼任高级管理职务，注册会计师就不适宜与之沟通有关管理层的胜任能力和诚信问题方面的事项。

（2）确定适当的沟通人员时应当利用的信息。在确定与哪些适当人员沟通特定事项时，注册会计师应当利用在了解被审计单位及其环境时获取的有关治理结构和治理过程的信息。主要的途径有了解被审计单位的法律结构、组织形式，查阅被审计单位的章程、组织结构图，询问被审计单位的相关人员等。

2.与治理层的下设组织或个人沟通

（1）沟通的主要因素。一般情况下，注册会计师没有必要也不可能就全部沟通事项与治理层整体进行沟通。适当的沟通对象往往是治理层的下设组织和人员，如董事会下设的审计委员会，独立董事，监事会，或者被审计单位特别指定的组织和人员等。

注册会计师在决定与治理层某下设组织或个人沟通时，需要考虑下列事项：

①治理层的下设组织与治理层各自的责任。这种责任划分是确定适当沟通对象的直接依据。

②拟沟通事项的性质。对于不同性质的沟通事项，沟通对象可能并不相同。尽管合适的沟通对象可能是治理层下设的某个组织、某些人员，但是，当遇到比较特殊的事项，可能需要适当改变沟通对象。

③相关法律法规的规定。法律法规可能会就治理结构、治理层下设组织和人员的职责作出规定，如有这方面的规定，注册会计师应当安装法律法规的规定确定沟通对象。

④下设组织和人员是否有权就沟通的信息采取行动，以及是否能够提供注册会计师可能需要的进一步信息和解释。对于需要通过与治理层沟通以寻求配合或解决问题的事项，注册会计师应当在合理考虑治理层的职责分工的基础上，选择有利于得到配合、有利于解决问题的适当的沟通对象。

（2）需要与治理层整体沟通的特殊情形。在某些情况下，治理层全部成员参与管理被审计单位，例如，在一家小企业中，仅有的一名业主管理该企业，并且没有其他人负有治理责任。此时，如果就审计准则要求沟通的事项已与负有管理责任的人员沟通，且这些人员同时负有治理责任，注册会计师无需就这些事项再次与负有治理责任的相同人员沟通。不过，注册会计师应当确信与负有管理层责任人员的沟通能够向所有负有治理责任的人员充分传递应予沟通的内容。

（四）沟通的事项

1.注册会计师与财务报表审计相关的责任

注册会计师应当与治理层沟通注册会计师与财务报表审计相关的责任，包括：

（1）注册会计师负责对管理层在治理层监督下编制的财务报表形成和发表意见；

（2）财务报表审计并不减轻管理层或治理层的责任。

注册会计师与财务报表审计相关的责任通常包含在审计业务约定条款的其他适当形式的书面协议中。因此，注册会计师可以通过向治理层提供审计业务约定书或其他适当形式的书面协议副本的方式与治理层进行沟通。

2.计划的审计范围和时间安排

独立制定总体审计策略和具体审计计划（包括获取充分、适当的审计证据所需程序的性质、时间安排和范围）是注册会计师的责任。但是就计划的审计范围和时间进行沟通可以帮助治理层更好地了解注册会计师工作结果，与注册会计师讨论风险问题和重要性的概念，以及识别可能需要注册会计师追加审计程序的领域；帮助注册会计师更好地了解被审计单位及其环境。在与治理层就计划的审计范围和时间安排进行沟通时，要注意防止具体审计程序的性质和时间安排被治理层预见而降低其有效性。

沟通的事项可能包括：

（1）注册会计师拟如何应对由于舞弊或错误导致的特别风险；

（2）注册会计师对与审计相关的内部控制采取的方案；

（3）在审计中对重要性概念的运用；

（4）如果被审计单位设有内部审计，注册会计师拟利用内部审计工作的程度，以及注册会计师和内部审计人员如何以建设性和互补的方式更好地协调和配合工作；

（5）治理层应对会计准则、公司治理实务、交易所上市规则和相关事项变化的措施；

（6）治理层对以前与注册会计师沟通作出的反应。

尽管与治理层的沟通可以帮助注册会计师计划审计的范围和时间安排，但并不改变注册会计师独自承担制定总体审计策略和具体审计计划（包括获取充分、适当的审计证据所需程序的性质、时间安排和范围）的责任。

3.对于审计中发现的重大问题的沟通

（1）注册会计师对被审计单位会计实务重大方面的质量的看法。

财务报告编制基础通常允许被审计单位作出会计估计和有关会计政策和财务报表披露的判断。就会计实务重大方面的质量进行开放性的、建设性的沟通，可能包括评价重大会计实务的可接受性。

会计实务质量方面主要包括被审计单位对于其发生的经营业务活动选用的会计政策、会计估计是否适当，以及财务报表披露总体是否中立、一贯和明晰等。

（2）审计工作中遇到的重大困难。

审计工作中遇到的重大困难可能包括下列事项：

①管理层在提供审计所需信息时出现严重拖延；

②不合理地要求缩短完成审计工作的时间；

③为获取充分、适当的审计证据需要付出的努力远远超过预期；

④无法获取预期的信息；

⑤管理层对注册会计师施加的限制；

⑥管理层不愿意按照要求对被审计单位持续经营能力进行评估，或不愿意延长评估期间。

（3）已与管理层讨论或需要书面沟通的审计中出现的重大事项。

已与管理层讨论或需要书面沟通的重大事项可能包括：

①影响被审计单位的业务环境，以及可能影响重大错报风险的经营计划和战略；

②对管理层就会计或审计问题向其他专业人士进行咨询的关注；

③管理层在首次委托或连续委托注册会计师时，就会计实务、审计准则应用、审计或其他服务费用与注册会计师进行的讨论或书面沟通。

（4）注册会计师的独立性。

注册会计师应当就自身的独立性以及防范措施与治理层进行充分沟通，主要包括对独立性的不利影响，包括因自身利益、自我评价、过度推介、密切关系和外在压力产生的不利影响；法律法规和职业规范规定的防范措施、被审计单位采取的防范措施，以及会计师事务所自身的防范措施。

（五）沟通的过程

注册会计师应当就沟通的形式、时间安排和拟沟通的基本内容与治理层沟通。

1.沟通形式

沟通的形式通常包括结构化的陈述、书面报告以及不太正式的沟通（包括讨论）。一般情况下，对于审计发现的重大事项和注册会计师独立性问题应当以书面报告的形式进行沟通，而且一般采用致治理层的沟通函件的方式进行书面沟通。对于其他事项，注册会计师可以根据具体事项和职业判断选择口头或书面的沟通方式。

2.沟通时间

计划事项的沟通，通常在审计业务的早期阶段进行；审计中遇到的重大困难，如果治理层能够协助注册会计师克服这些困难，或者这些困难可能导致发表非无保留意见，应尽快沟通。如果识别出值得关注的内部控制缺陷，注册会计师应当按照要求进行书面沟通前，尽快向治理层口头沟通。对独立性的不利影响和相关防范措施则需要随时沟通。

3.沟通过程的充分性

注册会计师应当评价其与治理层之间的双向沟通对实现审计目的是否充分。如果认为双向沟通不充分，注册会计师应当评价其对重大错报风险评估以及获取充分、适当的审计证据的能力的影响，并采取适当的措施。主要措施如下：

（1）根据范围受到的限制发表非无保留意见；

（2）就采取不同措施的后果征询法律意见；

（3）与第三方（如监管机构）、被审计单位外部的在治理结构中拥有更高权力的组织或人员（如企业的业主，股东大会中的股东）或公共部门负责的政府部门进行沟通；

（4）在法律法规允许的情况下解除业务约定。

（六）沟通的审计工作底稿

注册会计师应当记录与治理层沟通的重大事项，包括记录那些对于表明形成审计报告的合理基础、证明审计工作的执行遵循了审计准则和其他法律法规要求而言很重要的事项。

如果审计准则要求沟通的事项是以口头形式进行的，注册会计师应当将其包括在审计工作底稿中，并记录沟通的时间和对象；如果审计准则要求沟通的事项是以书面形式进行的，注册会计师应当保存一份沟通文件的副本，作为审计工作底稿的一部分。

如果被审计单位编制的会议纪要是沟通的适当记录，注册会计师可以将其副本作为对口头沟通的记录，并作为审计工作底稿的一部分。如果发现这些记录不能恰当地反映沟通的内容，且有差别的事项比较大，注册会计师一般会另行编制能恰当反映沟通内容的纪要，将其副本连同被审计单位编制的纪要一起送至治理层，提示两者的差别，以免引起不必要的误解。

如果根据业务环境不容易识别出适当的沟通人员，注册会计师还应当记录识别治理结构中的适当沟通人员的过程。记录的内容一般包括从审计单位获取的治理结构和组织结构图、项目组内部就确定沟通对象的讨论、与委托人就沟通对象进行沟通的过程和商定的结果等。它可以记录于注册会计师的工作底稿中，必要时也可以载入业务约定书或记录商定的业务约定条款的其他形式的合约中。

如果治理层全部参与管理，注册会计师还应当记录对沟通的充分性进行考虑的过程，即考虑与负有管理责任人员的沟通能否向所有负有责任的人员充分传递应予沟通内容的过程。

二、前任注册会计师和后任注册会计师的沟通

（一）前任注册会计师和后任注册会计师的含义

1.前任注册会计师

前任注册会计师，是指已对被审计单位上期财务报表进行审计，但被现任注册会计师接替的其他会计师事务所的注册会计师。接受委托但未完成审计工作，已经或可能与委托人解除业务约定的注册会计师，也视为前任注册会计师。

2.后任注册会计师

后任注册会计师，是指正在考虑接受委托或已经接受委托，接替前任注册会计师对被审计单位本期财务报表进行审计的注册会计师。如果被审计单位委托注册会计师对已审计财务报表进行重新审计，正在考虑接受委托或已经接受委托的注册会计师也视为后任注册会计师。

前任注册会计师和后任注册会计师的沟通通常由后任注册会计师主动发起，但需得到被审计单位的同意。前、后任注册会计师沟通可以采用书面或口头的方式。通常情况下，后任注册会计师可以通过向前任注册会计师致函的方式进行询问。如果采用口头方式，应当将沟通的情况记录于工作底稿中。

（二）接受委托前的沟通

1.沟通的目标

在接受委托前，后任注册会计师与前任注册会计师就影响业务承接决策的事项进行必要沟通，以确定是否接受委托。当后任注册会计师与前任注册会计师沟通，得知被审计单位更换会计师事务所的原因后，才能更好地考虑是否接受委托。

2.沟通的前提

后任注册会计师进行主动沟通的前提是得到被审计单位的同意。因此，后任注册会计师应当提请被审计单位以书面方式允许前任注册会计师对其询问作出充分答复。如果被审计单位不同意前任注册会计师作出答复，或限制答复的范围，后任注册会计师应当向被审计单位询问原因，并考虑是否接受委托。这种情况下，被审计单位很可能与前任注册会计师在重大会计、审计问题上存在意见分歧，或被审计单位管理层的诚信存在问题，后任注册会计师应当对此提高警惕，慎重评估潜在的审计风险，并考虑是否接受委托。当这种情况出现时，后任注册会计师一般应当拒绝接受委托，除非可以通过其他方式获知必要的事实，或有充分的证据表明被审计单位财务报表的审计风险水平非常低。

3.沟通的内容

后任注册会计师向前任注册会计师询问的内容应当合理、具体，至少包括：

（1）是否发现被审计单位管理层存在正直和诚信方面的问题；

（2）前任注册会计师与管理层在重大会计、审计等问题上存在的意见分歧；

（3）前任注册会计师向被审计单位治理层通报的管理层舞弊、违反法律法规行为以及值得关注的内部控制缺陷；

（4）前任注册会计师认为导致被审计单位变更会计师事务所的原因。

4.评价沟通结果

在被审计单位允许前任注册会计师对后任注册会计师的询问作出充分答复的情况下，前任注册会计师应当根据所了解的事实，对后任注册会计师的合理询问及时作出充分答复。

在进行必要沟通后，后任注册会计师应当对沟通结果进行评价，以确定是否接受委托。后任注册会计师应当对前任注册会计师提供的信息给予应有的重视，对其进行评价，并与被审计单位提供的信息进行比较。如果两者提供的信息不符，或者两者在会计或审计的重大方面有分歧，在这种情况下，后任注册会计师应慎重考虑是否接受委托。当出现上述情况时，后任注册会计师一般应拒绝接受委托，以抑制被审计单位购买审计意见的企图，并保护前任注册会计师的利益。

（三）接受委托后的沟通

接受委托后，如果需要查阅前任注册会计师的工作底稿，后任注册会计师应当得到被审计单位同意，并与前任注册会计师进行沟通。

1.查阅前任注册会计师工作底稿的前提

当取得被审计单位同意后，后任注册会计师可以与前任注册会计师沟通来查阅其审计工作底稿。审计实务中，在接受审计业务委托前，几乎不可能有前任注册会计师允许后任注册会计师查阅其审计工作底稿的情况。但在接受委托后，前任注册会计师可以考虑允许后任注册会计师查阅其审计工作底稿。如果上期财务报表由前任注册会计师审计，后任注册会计师应当考虑通过查阅前任注册会计师的工作底稿获取有关期初余额的充分、适当的审计证据，并考虑前任注册会计师的独立性和专业胜任能力。

2.查阅工作底稿的内容

前任注册会计师应当自主决定可供后任注册会计师查阅、复印或摘录的工作底稿内容，这些内容通常可能包括有关审计计划、控制测试、审计结论的工作底稿，以及其他具有延续性的对本期审计产生重大影响的会计、审计事项（如有关资产负债表账户的分析和或有事项）的工作底稿。

3.利用工作底稿的责任

查阅前任注册会计师工作底稿获取的信息可能影响后任注册会计师实施审计程序的性质、时间安排和范围，但后任注册会计师应当对自身实施的审计程序和得出的审计结论负责。后任注册会计师不应在审计报告中表明，其审计意见全部或部分地依赖前任注册会计师的审计报告或工作。

（四）发现前任注册会计师审计的财务报表可能存在重大错报时的处理

如果发现前任注册会计师审计的财务报表可能存在重大错报，后任注册会计师应当提请被审计单位告知前任注册会计师。必要时，后任注册会计师可要求被审计单位安排三方会谈。前后任注册会计师应当就任何在已审计财务报表报出后发现的、对已审计财务报表可能存在重大影响的信息进行沟通，以便双方按照有关审计准则作出妥善处理。

如果被审计单位拒绝告知前任注册会计师，或前任注册会计师拒绝参加三方会谈，或后任注册会计师对解决问题的方案不满意，后任注册会计师应当考虑对审计报告的影响或解除业务约定。

第四节　　利用他人的工作

一、利用内部审计的工作

内部审计，是指由被审计单位建立的或由外部机构以服务形式提供的一种评价活动。内部审计的职能包括检查、评价和监督内部控制的恰当性和有效性等。内部审计人员，是执行内部审计活动的人员。内部审计人员可能属于内部审计部门或履行内部审计职责的类似部门。

（一）内部审计的目标

被审计单位的内部审计的目标是由其管理层和治理层确定的，是和企业的目标紧密联系的。不同被审计单位的内部审计目标差异很大，取决于被审计单位的规模和结构以及管理层和治理层的要求。内部审计可能包括下列活动：

（1）内部控制的监督。内部审计可能包括评价控制、监督控制的运行以及对内部控制提出改进建议。

（2）财务信息和经营信息的检查。内部审计可能包括对确认、计量、分类和报告财务信息和经营信息的方法进行评价，并对个别事项进行专门询问，包括对交易、余额及程序实施细节测试。

（3）经营活动的评价。内部审计可能包括对被审计单位的经营活动（包括非财务活动）的经济性、效率性和效果性进行评价。

（4）遵守法律法规情况的评价。内部审计可能包括评价被审计单位对法律法规、其他外部要求以及管理层政策、指令和其他内部要求的遵守情况。内部审计可以对被审计单位在经营过程中遵守相关遵循性标准的情况作出相应的评价，包括评价国家相关法律法规的遵守情况、行业和部门政策的遵守情况、企业经营计划和财务计划的遵守情况、企业经营预算和财务预算的遵守情况、企业制定的各种程序标准的遵守情况、企业签订的各类合同的遵守情况等。

（5）风险管理。内部审计可能有助于被审计单位识别和评估其面临的重大风险，并改进风险管理和控制系统。

（二）内部审计和注册会计师的关系

1.二者的联系

两者用以实现各自目标的某些方式通常是相似的，审计对象也密切相关，甚至存在部分重叠。因此，注册会计师应当考虑内部审计工作的某些方面是否有助于确定审计程序的性质、时间安排和范围，包括了解内部控制所采用的程序、评估财务报表重大错报风险所采用的程序和实质性程序。通过利用内部审计工作的结果，注册会计师可以掌握内部审计发现的、可能对被审计单位财务报表和注册会计师审计产生重大影响的事项。直接影响注册会计师对拟实施审计程序的性质、时间安排和范围作出总体修改。

2.注册会计师的责任

虽然相关内部审计准则要求内部审计机构和人员保持独立性和客观性，但考虑到内部审计是被审计单位的一部分，其独立程度有限，无法达到注册会计师审计所要求的水平。尽管内部审计工作的某些部分可能对注册会计师的工作有所帮助，但注册会计师必须对与财务报表审计有关的所有重大事项独立作出职业判断，不能完全依赖内部审计工作。

（三）确定是否利用以及在多大程度上利用内部审计人员的工作

在被审计单位具有内部审计职能，且注册会计师认为可能与其审计相关的情况下，注册会计师应当确定是否利用以及在多大程度上利用内部审计人员的特定工作；如果利用内部审计人员的特定工作，应确定该项工作是否足以实现审计目的。

（1）在确定内部审计人员的工作是否可能足以实现审计目的时，注册会计师应当评价：

①内部审计的客观性；

②内部审计人员的专业胜任能力；

③内部审计人员在执行工作时是否可能保持应有的职业关注；

④内部审计人员和注册会计师之间是否可能进行有效的沟通。

（2）在确定内部审计人员的工作对注册会计师审计程序的性质、时间安排和范围产生的预期影响时，注册会计师应当考虑：

①内部审计人员已执行或拟执行的特定工作的性质和范围；

②针对特定的某类交易、账户余额和披露，评估的认定层次重大错报风险；

③在评价支持相关认定的审计证据时，内部审计人员的主观程度。

如果利用内部审计人员的特定工作，注册会计师应当就下列事项形成审计工作底稿：针对内部审计人员工作的恰当性进行评价得出的结论；针对内部审计人员的工作实施的审计程序。

二、利用专家的工作

（一）专家的含义

专家，即注册会计师的专家，是指在会计或审计以外的某一领域具有专长的个人或组织，并且其工作被注册会计师利用，以协助注册会计师获取充分、适当的审计证据。专家既可能是会计师事务所内部专家，也可能是会计师事务所外部专家。专长，是指在某一特定领域中拥有的专门技能、知识和经验。

在许多情况下，将会计或审计领域的专长与其他领域的专长予以区分是很容易的。在某些情况下，特别是那些涉及会计或审计专长的新兴领域，将这些领域的专长与其他领域的专长予以区分，需要职业判断。

（二）确定是否利用专家的工作

如果在会计或审计以外的某一领域的专长对获取充分、适当的审计证据是必要的，注册会计师应当确定是否利用专家的工作。

注册会计师在执行下列工作时可能需要利用专家的工作：

（1）了解被审计单位及其环境；

（2）识别和评估重大错报风险；

（3）针对评估的财务报表层次风险，确定并实施总体应对措施；

（4）针对评估的认定层次风险，设计和实施进一步审计程序，包括控制测试和实质性程序；

（5）在对财务报表形成审计意见时，评价已获取的审计证据的充分性和适当性。

（三）审计程序的性质、时间安排和范围

审计程序的性质、时间安排和范围，将随着具体情况的变化而变化。在确定审计程序的性质、时间安排和范围时，注册会计师应当考虑下列事项：

（1）与专家工作相关的事项的性质；

（2）与专家工作相关的事项中存在的重大错报风险；

（3）专家的工作在审计中的重要程度；

（4）注册会计师对专家以前所做工作的了解，以及与之接触的经验；

（5）专家是否需要遵守会计师事务所的质量控制政策和程序。

（四）专家的胜任能力、专业素质和客观性

注册会计师应当评价专家是否具有实现审计目的所必需的胜任能力、专业素质和客观性。在评价外部专家的客观性时，注册会计师应当询问可能对外部专家客观性产生不利影响的利益和关系。

关于专家的胜任能力、专业素质和客观性的信息可能来源于多种不同的渠道，例如：

（1）以前与专家交往的个人经验；

（2）与专家进行的讨论；

（3）与熟悉专家工作的其他注册会计师、其他机构或人员进行的讨论；

（4）对专家的资格、会员身份、执业资格或其他形式的外部认证的了解；

（5）专家发表的论文或出版的书籍；

（6）会计师事务所的质量控制政策和程序。

（五）了解专家的专长领域

注册会计师应当充分了解专家的专长领域，确定专家工作的性质、范围和目标；评价专家的工作是否足以实现审计目的。注册会计师对专家的专长领域的了解可能包括下列方面：

（1）与审计相关的、管理层的专家专长领域的进一步细分信息；

（2）职业准则或其他准则以及法律法规是否适用；

（3）专家使用哪些假设和方法（包括专家使用的模型，如适用），及其在专家的专长领域是否得到普遍认可，对实现财务报告目的是否适当；

（4）专家使用的内外部数据或信息的性质。

（六）与专家达成一致意见

注册会计师应当与专家就下列事项达成一致意见，并根据需要形成书面协议：

（1）专家工作的性质、范围和目标；

（2）注册会计师和专家各自的角色和责任；

（3）注册会计师和专家之间沟通的性质、时间安排和范围，包括专家提供的报告的形式；

（4）对专家遵守保密规定的要求。

（七）评价专家工作的恰当性

注册会计师应当评价专家的工作是否足以实现审计目的，包括：

（1）专家的工作结果或结论的相关性和合理性，以及与其他审计证据的一致性；

（2）如果专家的工作涉及使用重要的假设和方法，这些假设和方法在具体情况下的相关性和合理性；

（3）如果专家的工作涉及使用重要的原始数据，这些原始数据的相关性、完整性和准确性。

如果确定专家的工作不足以实现审计目的，注册会计师应当采取下列措施：就专家拟执行的进一步工作的性质和范围，与专家达成一致意见或根据具体情况，实施追加的审计程序。

第五节　　其他特殊项目的审计

一、会计估计的审计

（一）会计估计的性质

会计估计，是指在缺乏精确计量手段的情况下，采用的某项金额的近似值。会计估计一般包括存在估计不确定性时以公允价值计量的金额，以及其他需要估计的金额。其中，涉及公允价值计量的会计估计简称公允价值会计估计。

经营活动由于具有内在不确定性，某些财务报表项目只能进行估计，因此会计估计通常是被审计单位在不确定情况下作出的，其准确程度取决于管理层对不确定的交易或事项的结果作出的主观判断。由于会计估计的主观性、复杂性和不确定性，管理层作出的会计估计发生重大错报的可能性较大，注册会计师应当按照通过了解被审计单位及其环境识别和评估重大错报风险的规定，确定会计估计的重大错报风险是否属于特别风险。

（二）风险评估程序和相关活动

注册会计师了解被审计单位及其环境时，需要进行分析评估程序和相关活动，作为识别和评估会计估计重大错报风险的基础，需要了解以下事项：

1. 了解适用的财务报告编制基础的要求

了解适用的财务报表编制基础的要求，将有助于注册会计师确定该编制基础是否规定了会计估计的确认条件或计量方法，明确某些允许或要求采用公允价值计量的条件，明确要求作出或允许作出的披露。

2. 了解管理层如何识别是否需要作出会计估计

管理层编制财务报表时需要确定是否有必要对某项交易、事项和情况作出会计估计，以及确定是否已按照适用的财务报告编制基础确认、计量和披露所有必要的会计估计。

注册会计师一般要了解管理层是如何识别是否需要作出会计估计的。注册会计师主要通过询问管理层，就可以了解管理层如何识别需要作出会计估计的情形。询问的内容可以包括：

（1）被审计单位是否在从事可能需要作出会计估计的新型交易；

（2）需要作出会计估计的交易的条款是否已改变；

（3）由于适用的财务报告编制基础的要求或其他规定的变化，与会计估计相关的会计政策是否已经相应变化；

（4）可能要求管理层修改或作出新会计估计的外部监管变化或其他不受管理层控制的变化是否已经发生；

（5）是否已经发生可能需要作出新估计或修改现有估计的新情况或事项。

3. 了解管理层如何作出会计估计

管理层作出会计估计的方法和依据包括：

（1）用以作出会计估计的方法，包括模型（如适用）；

（2）相关控制；

（3）管理层是否利用专家的工作；

（4）会计估计所依据的假设；

（5）用以作出会计估计的方法是否已经发生或应当发生不同于上期的变化，以及变化的原因；

（6）管理层是否评估以及如何评估估计不确定性的影响。

4. 考虑是否有迹象表明存在管理层偏向

管理层偏向，是指管理层在编制和列报财务信息时缺乏中立性。由于某些财务报表项目需要进行估计，管理层有可能通过选择不符合最佳实务做法的会计估计或故意作出不恰当的会计估计对财务报表进行操纵。注册会计师通过综合考虑审计过程中获取的审计证据之后进行职业判断，考虑被审计单位是否存在管理层偏向。

表明可能存在与会计估计相关的管理层偏向迹象的例子：

（1）管理层主观地认为环境已经发生变化，并相应地改变会计估计或估计方法；或者环境已经发生变化，但管理层并未根据变化对会计估计或估计方法作出相应的改变；或者会计估计或估计方法频繁变更，但似乎并非由所处环境的变化所致。

（2）管理层选择或作出重大假设以产生有利于管理层目标的点估计。

（3）会计估计所依赖的假设存在内在的不一致，如对成本费用增长率的预期与收入增长率的预期显著不同。

（4）管理层的主观判断或采用的假设与市场、宏观环境、行业数据或历史信息不一致，从而显示管理层的主观判断或采用的假设带有明显偏向。

（5）以前年度财务报表确认和披露的重大会计估计与后期实际结果之间存在重大差异，并且各项差异的方向一致（例如，各项差异同为增加利润）或者差异的方向与管理层目标一致（例如，管理层当年度的目标是增加利润，或减少税负）。

（6）变更会计估计后被审计单位的财务成果或财务状况将发生显著的变化，例如，扭亏为盈、达到再融资要求等。

（7）选择带有乐观或悲观倾向的点估计。

（8）管理层试图通过对专家的选择以及对专家工作的干涉，从而影响专家对特定会计估计的工作结果，这也可能表明存在管理层偏向。

（三）识别和评估重大错报风险

注册会计师应当根据职业判断确定识别出的具有高度估计不确定性的会计估计是否会导致特别风险。

1.不确定性的估计

与会计估计相关的估计不确定性的程度受下列因素的影响：

（1）会计估计对判断的依赖程度；

（2）会计估计对假设变化的敏感性；

（3）是否存在可以降低估计不确定性的经认可的计量技术（当然，作为输入数据的假设，其主观程度仍可导致估计不确定性）；

（4）预测期的长度和从过去事项得出的数据对预测未来事项的相关性；

（5）是否能够从外部来源获得可靠数据；

（6）会计估计依据可观察到的或不可观察到的输入数据的程度。

2.具有高度估计不确定性的会计估计

可能存在高度估计不确定性的会计估计的例子很多，例如：

（1）高度依赖判断的会计估计，如对未决诉讼的结果或未来现金流量的金额和时间安排的判断，而未决诉讼的结果或未来现金流量的金额和时间安排取决于多年后才能确定结果的不确定事项；

（2）未采用经认可的计量技术计算的会计估计；

（3）注册会计师对上期财务报表中类似会计估计进行复核的结果表明最初会计估计与实际结果之间存在很大差异，在这种情况下管理层作出的会计估计；

（4）采用高度专业化的、由被审计单位自主开发的模型，或在缺乏可观察到的输入数据的情况下作出的公允价值会计估计。

（四）应对评估的重大错报风险

基于评估的重大错报风险，注册会计师应当确定：管理层是否恰当运用与会计估计相关的适用的财务报告编制基础的规定；作出会计估计的方法是否恰当，并得到一贯运用，以及会计估计或作出会计估计的方法不同于上期的变化是否适合于具体情况。

注册会计师应当考虑会计估计的性质，并实施下列一项或多项程序评估会计估计的重大错报风险：

（1）确定截至审计报告日发生的事项是否提供有关会计估计的审计证据。

（2）测试管理层如何作出会计估计以及会计估计所依据的数据。在进行测试时，注册会计师应当评价采用的计量方法在具体情况下是否恰当，以及根据适用的财务报告编制基础确定的计量目标，管理层使用的假设是否合理。

（3）测试与管理层如何作出会计估计相关的控制的运行有效性，并实施恰当的实质性程序。

（4）作出注册会计师的点估计或区间估计，以评价管理层的点估计。

①如果使用有别于管理层的假设或方法，注册会计师应当充分了解管理层的假设或方法，以确定注册会计师在作出点估计或区间估计时已考虑相关变量，并评价与管理层的点估计存在的任何重大差异；

②如果认为使用区间估计是恰当的，注册会计师应当基于可获得的审计证据来缩小区间估计，直至该区间估计范围内的所有结果均可被视为合理。

（五）实施进一步实质性程序以应对特别风险

对导致特别风险的会计估计，除实施准则规定的其他实质性程序外，注册会计师还应当：

（1）评价管理层如何考虑替代性的假设或结果，以及拒绝采纳的原因，或者在管理层没有考虑替代性的假设或结果的情况下，评价管理层在作出会计估计时如何处理估计不确定性；

（2）评价管理层使用的重大假设是否合理；

（3）当管理层实施特定措施的意图和能力与其使用的重大假设的合理性或对适用的财务报告编制基础的恰当应用相关时，评价这些意图和能力。

对导致特别风险的会计估计，注册会计师应当获取充分、适当的审计证据，以确定下列方面是否符合适用的财务报告编制基础的规定：管理层对会计估计在财务报表中予以确认或不予确认的决策；作出会计估计所选择的计量基础。

二、关联方的审计

（一）关联方的含义

一方控制、共同控制另一方或对另一方施加重大影响，以及两方或两方以上同受一方控制、共同控制或重大影响的，构成关联方。控制，是指有权决定一个企业的财务和经营政策，并能据以从该企业的经营活动中获取利益。共同控制，是指按照合同约定对某项经济活动所共有的控制，仅在与该项经济活动相关的重要财务和经营政策有参与决策的权力，但并不能够控制或者与其他方一起共同控制这些政策的制定。

许多关联方交易是在正常经营过程中发生的，与类似的非关联方交易相比，这些关联方交易可能并不具有更高的财务报表重大错报风险。但是，在某些情况下，关联方关系及其交易的性质可能导致关联方交易比非关联方交易具有更高的财务报表重大错报风险。例如：关联方可能通过广泛而复杂的关系和组织结构进行运作，相应增加关联方交易的复杂程度；信息系统可能无法有效识别或汇总被审计单位与关联方之间的交易和未结算项目的金额；关联方交易可能未按照正常的市场交易条款和条件进行。

（二）关联方审计的目标

（1）无论适用的财务报告编制基础是否对关联方作出规定，充分了解关联方关系及其交易，以便能够确认由此产生的、与识别和评估由于舞弊导致的重大错报风险相关的舞弊风险因素（如有）；根据获取的审计证据，就财务报表受到关联方关系及其交易的影响而言，确定财务报表是否实现公允反映。

（2）如果适用的财务报告编制基础对关联方作出规定，获取充分、适当的审计证据，确定关联方关系及其交易是否已按照适用的财务报告编制基础得到恰当识别、会计处理和披露。

但是由于审计的固有限制，即使注册会计师按照审计准则的规定恰当计划和实施了审计工作，也不可避免地存在财务报表中的某些重大错报未被发现的风险。就关联方而言，由于下列原因，审计的固有限制对注册会计师发现重大错报能力的潜在影响会加大：管理层可能未能识别出所有关联方关系及其交易，特别是在适用的财务报告编制基础没有对关联方作出规定时；关联方关系可能为管理层的串通舞弊、隐瞒或操纵行为提供更多机会。

（三）风险评估程序和相关工作

注册会计师应当实施审计准则规定的风险评估程序和相关工作，以获取与识别关联方关系及其交易相关的重大错报风险的信息。项目组进行内部讨论时，应当特别考虑由于关联方关系及其交易导致的舞弊或错误使得财务报表存在重大错报的可能性。

1.了解被审计单位关联方和关联方交易

（1）询问被审计单位管理层。

注册会计师应当向管理层询问下列事项：关联方的名称和特征，包括关联方自上期以来发生的变化；被审计单位和关联方之间关系的性质；被审计单位在本期是否与关联方发生交易，如发生交易的类型、定价政策和目的。

如果适用的财务报表编制基础对关联方作出了规定，管理层为了满足财务报表编制基础的要求，会记录、处理和汇总关联方交易，一般情况下管理层持有关联方的详细清单以及自上期以来关联方发生变化情况的详细清单。在连续审计的情况下，通过向管理层询问，可以为注册会计师提供将其在以前审计中形成的有关关联方的工作记录与管理层提供的信息进行比较的基础。

如果适用的财务报告编制基础没有对关联方作出规定，被审计单位管理层可能就没有关联方和关联方变化的详细清单。在这种情况下，注册会计师对被审计单位关联方名称和特征的询问，可能构成其根据所实施风险评估程序和相关活动的一部分。注册会计师实施这些程序和活动旨在获得下列信息：被审计单位的所有权和治理结构；被审计单位正在实施和计划实施的投资的类型；被审计单位的组织结构和筹资方式。

通过在业务接受或保持过程中对管理层的询问，注册会计师也可以获取有关关联方名称和特征的某些信息。

（2）与关联方关系及其交易相关的控制。

如果管理层建立了下列与关联方关系及其交易相关的控制，注册会计师应当询问管理层和被审计单位内部其他人员，实施其他适当的风险评估程序，以获取对相关控制的了解：

①按照适用的财务报告编制基础，对关联方关系及其交易进行识别、会计处理

和披露；

②授权和批准重大关联方交易和安排；

③授权和批准超出正常经营过程的重大交易和安排。

2.检查记录或文件时保持警觉

某些安排或其他信息可能显示管理层以前未识别或未向注册会计师披露的关联方关系或关联方交易，在审计过程中检查记录或文件时，注册会计师应当对这些安排或其他信息保持警觉。这里的安排是指被审计单位和一方或多方基于建立商业关系、从事某种类型的交易或者提供指定的服务或财务支持等。某些安排可能显示存在管理层以前未识别或未向注册会计师披露的关联方关系或交易，例如：担保和被担保关系；按照超出正常经营过程的交易条款和条件。

（1）检查记录或文件。为确定是否存在管理层以前未识别或未向注册会计师披露的关联方关系或关联方交易，注册会计师应当对某些可能提供有关关联方关系及其交易信息的记录或文件进行检查。这些记录或文件可能是：银行和律师的询证函回函；股东会和治理层会议的纪要；提供给监管机构的信息；与关键管理层或治理层成员签订的合同和协议；内部审计人员的报告；被审计单位向证券监管机构报送的文件（如招股说明书）等。

（2）询问管理层。在实施上述审计程序时，如果识别出被审计单位超出正常经营过程的重大交易，注册会计师应当向管理层询问这些交易的性质以及是否涉及关联方，例如公司重组或收购等。

注册会计师针对超出正常经营过程的重大交易获取进一步的信息，将有助于评价是否存在舞弊风险因素，并能够在适用的财务报告编制基础对关联方作出规定的情况下识别重大错报风险。

（四）识别和评估重大错报风险

注册会计师应当按照审计准则的规定，识别和评估关联方关系及其交易导致的重大错报风险，并确定这些风险是否为特别风险。在确定时，应当将识别出的、超出被审计单位正常经营过程的重大关联方交易导致的风险确定为特别风险。

如果在实施与关联方有关的风险评估程序和相关工作中识别出舞弊风险因素，包括与能够对被审计单位或管理层施加支配性影响的关联方有关的情形，例如关联方否决管理层或治理层作出的重大经营决策、极少进行独立复核和批准涉及关联方（或与关联方关系密切的家庭成员）的交易等，注册会计师应当按照审计准则的规定，在识别和评估由于舞弊导致的重大错报风险时考虑这些信息。

关联方关系及其交易可能导致的重大错报风险：

（1）超出被审计单位正常经营过程的重大关联方交易导致的重大错报风险。

（2）存在具有支配性影响的关联方导致的重大错报风险。管理层由一个或少数几个人支配且缺乏补偿性控制是一项舞弊风险因素，而关联方借助对被审计单位财务和经营政策实施控制和重大影响的能力，通常能够对被审计单位或管理层施加支配性影响。

（3）管理层未能识别出或未向注册会计师披露的关联方关系或重大关联方交易导致的重大错报风险。

（4）管理层认定关联方交易按照等同于公平交易中通行条款执行而可能存在的重大错报风险。

（5）管理层未能按照适用的财务报告编制基础的规定对特定关联方交易进行恰当会计处理和披露导致的重大错报风险。

（五）针对与关联方关系及其交易相关的重大错报风险的应对措施

注册会计师应当按照审计准则的规定，针对评估的与关联方关系及其交易相关的重大错报风险，设计和实施进一步审计程序，以获取充分、适当的审计证据。

如果识别出可能表明存在管理层以前未识别或未向注册会计师披露的关联方关系或关联方交易的安排或信息，注册会计师应当确定相关情况是否能够证实关联方关系或关联方交易的存在。

1.识别出管理层以前未识别出或未向注册会计师披露的关联方关系或重大关联方交易

如果识别出管理层以前未识别出或未向注册会计师披露的关联方关系或重大关联方交易，注册会计师应当：

（1）立即将相关信息向项目组其他成员通报。

（2）在适用的财务报告编制基础对关联方作出规定的情况下，要求管理层识别与新识别出的关联方之间发生的所有交易，以便注册会计师作出进一步评价；询问与关联方关系及其交易相关的控制为何未能识别或披露关联方关系或交易。

（3）对新识别出的关联方或重大关联方交易实施恰当的实质性审计程序。

（4）重新考虑可能存在管理层以前未识别出或未向注册会计师披露的其他关联方或重大关联方交易的风险，如有必要，实施追加的审计程序。

（5）如果管理层不披露关联方关系或交易看似是有意的，因而显示可能存在由于舞弊导致的重大错报风险，评价这一情况对审计的影响。

如果注册会计师确定相关情况能够证实关联方关系或关联方交易的存在，同时认为必要并且可行，注册会计师可以考虑实施的程序的例子包括：

（1）调查重大或非常规交易的交易对方的背景信息，如股权结构、经营范围、法人代表和注册地址。

（2）就交易对方与被审计单位的关系，询问直接参与交易的基层员工。

（3）对存有疑虑的重要客户或供应商进行实地观察或询问。

（4）向被审计单位的重要股东或关键管理人员进行询证。

（5）检查银行对账单和大额资金往来交易。

（6）利用专家的工作，如反舞弊专家。

需要说明的是，由于关联方之间很可能串通舞弊，注册会计师实施上述一项或多项审计程序，并不一定能够证实关联方关系或关联方交易的存在。

2.识别出的超出正常经营过程的重大关联方交易

识别出的超出正常经营过程的重大关联方交易，注册会计师应当：

（1）检查相关合同或协议（如有）；检查相关合同或协议，注册会计师应当评价：交易的商业理由（或缺乏商业理由）是否表明被审计单位从事交易的目的可能是为了对财务信息作出虚假报告或为了隐瞒侵占资产的行为；交易条款是否与管理层的解释一致；关联方交易是否已按照适用的财务报告编制基础得到恰当会计处理和披露。

（2）获取交易已经恰当授权和批准的审计证据。

（六）评价识别出的关联方关系及其交易的会计处理和披露

注册会计师应当评价下列内容以对财务报表形成审计意见：

（1）识别出的关联方关系及其交易是否已按照适用的财务报告编制基础得到恰当会计处理和披露。

（2）关联方关系及其交易是否导致财务报表未实现公允反映。

如果适用的财务报告编制基础对关联方作出规定，注册会计师应当向管理层和治理层（如适用）获取下列管理层声明：已经向注册会计师披露了全部已知的关联方名称和特征、关联方关系及其交易；已经按照适用的财务报告编制基础的规定，对关联方关系及其交易进行了恰当的会计处理和披露。

另外，除非治理层全部成员参与管理被审计单位，注册会计师应当与治理层沟通审计工作中发现的与关联方相关的重大事项。

三、首次接受委托时对期初余额的审计

（一）期初余额审计的含义

1.期初余额

期初余额，是指期初存在的账户余额。期初余额以上期期末余额为基础，反映了以前期间的交易和事项以及上期采用的会计政策的结果。期初余额也包括期初存在的需要披露的事项，如或有事项和承诺事项。

2.期初余额审计

期初余额审计，既包括注册会计师首次接受委托对被审计单位的财务报表进行审计时所涉及的如何审计财务报表期初余额问题，也包括注册会计师执行连续审计业务时所涉及的如何审计财务报表期初余额问题。对于后者注册会计师在当期审计中通常只需关注被审计单位经审计的上期期末余额是否已正确结转至本期，或在适当的情况下已作出重新表述，很少再实施其他专门的审计程序。因此，这里所指的期初余额审计主要针对首次接受委托对被审计单位的财务报表进行审计时所涉及的期初余额审计问题。

（二）期初余额审计的目标

在执行首次审计业务时，注册会计师针对期初余额的目标是，获取充分、适当的审计证据以确定：期初余额是否含有对本期财务报表产生重大影响的错报；期初余额反映的恰当的会计政策是否在本期财务报表中得到一贯运用，或会计政策的变更是否已按照适用的财务报告编制基础作出恰当的会计处理和充分的列报与披露。

(三) 期初余额审计的程序

注册会计师应当阅读最近期间的财务报表和前任注册会计师出具的审计报告（如有），获取与期初余额相关的信息，包括披露。

注册会计师应当通过采取下列措施，获取充分、适当的审计证据，以确定期初余额是否包含对本期财务报表产生重大影响的错报：

1.确定上期期末余额是否已正确结转至本期，或在适当的情况下已作出重新表述

上期期末余额已正确结转至本期，主要是指：上期账户余额计算正确；上期总账余额与各明细账余额合计数或日记账余额合计数相等；上期各总账余额和相应的明细账余额或日记账余额已经分别恰当地过入本期的总账和相应的明细账或日记账。

当企业会计准则和相关会计制度的要求发生变化，或者上期期末余额存在重大的前期差错，如果前期差错累积影响数能够确定，按规定应当采用追溯重述法进行更正，则上期期末余额不应直接结转至本期，而应当作出重新表述。

2.确定期初余额是否反映对恰当会计政策的运用

注册会计师应当分析被审计单位选择的会计政策是否适合本单位，能否符合相关财务报告编制基础的要求，能否提供准确的会计信息；如果被审计单位所选用的会计政策恰当，注册会计师应当审核该会计政策是否一贯执行，有无变更；如果会计政策发生变更，注册会计师应审核其变更理由是否充分，是否按规定予以变更，变更后的会计政策能否提供更可靠、更相关的会计信息。

3.实施一项或多项审计程序

这些程序包括：如果上期财务报表已经审计，查阅前任注册会计师的工作底稿，以获取有关期初余额的审计证据；评价本期实施的审计程序是否提供了有关期初余额的审计证据；实施其他专门的审计程序，以获取有关期初余额的审计证据。

（1）查阅前任注册会计师的工作底稿。

①查阅前任注册会计师工作底稿中的所有重要审计领域；

②考虑前任注册会计师是否已实施相应的审计程序评价资产负债表重要账户期初余额的合理性；

③复核前任注册会计师建议的调整分录和未更正错报汇总表，并评价其对当期审计的影响。

注册会计师能否通过查阅前任注册会计师的审计工作底稿获取有关期初余额的充分、适当的审计证据，在很大程度上依赖于注册会计师对前任注册会计师的独立性和专业胜任能力的判断。如果认为前任注册会计师不具有独立性，或者不具有应有的专业胜任能力，则不应当通过查阅其审计工作底稿获取有关期初余额的充分、适当的审计证据。

（2）评价本期实施的审计程序是否提供了有关期初余额的审计证据。

（3）实施专门的其他审计程序。

（四）审计结论和审计报告

在对期初余额实施审计程序后，注册会计师应当分析已获取的审计证据，区分不同情况形成对被审计单位期初余额的审计结论，在此基础上确定其对本期财务报表出具审计报告的影响。

（1）如果不能获取有关期初余额的充分、适当的审计证据，注册会计师应当对财务报表发表保留意见或无法表示意见。

（2）如果期初余额存在对本期财务报表产生重大影响的错报，且错报的影响未能得到恰当的会计处理或适当的列报与披露，注册会计师应当对财务报表发表保留意见或否定意见。

（3）如果按照适用的财务报告框架，与期初余额相关的会计政策未能在本期得到一贯运用，或者会计政策的变更未能得到恰当的会计处理或适当的列报与披露，注册会计师应当对财务报表发表保留意见或否定意见。

（4）如果前任注册会计师对上期财务报表发表了非无保留意见，并且导致发表非无保留意见的事项对本期财务报表仍然相关和重大，注册会计师应当对本期财务报表发表非无保留意见。

复习思考题

1.针对评估的舞弊导致的重大错报风险，注册会计师的应对措施是什么？

2.注册会计师识别出或怀疑存在违反法律法规行为时的处理是什么？

3.注册会计师与管理层、治理层、前任注册会计师的沟通方式和事项是什么？

4.注册会计师在利用内部审计和专家工作的时候应当注意什么？

5.如何识别和评估与会计估计相关的重大错报风险？

6.如何识别和评估关联方及其交易的重大错报风险？

7.注册会计师在什么情况下需要对期初余额进行审计?期初余额的审计结论对审计报告的影响是什么？

第九章　完成审计工作

学习目标

1.掌握或有事项的审计；

2.掌握期后事项的审计；

3.掌握管理层和注册会计师对持续经营的责任及审计程序；

4.了解书面声明的类别、格式、内容；

5.了解审计人员对基本财务报表所附的信息和年度报告中的其他信息的考虑；

6.掌握审计结果评价的内容。

完成审计工作是审计人员按照业务循环完成财务报表的审计测试和特殊项目审计后，在出具审计报告之前所做的工作，主要包括对或有事项和期后事项的审计、关注或有事项和期后事项对财务报表的影响、考虑被审计单位的持续经营假设的合理性，获取书面声明，考虑基本财务报表所附的信息和年度报告中的其他信息等，在此基础上，对审计结果进行评价，为下一步确定应出具审计报告的意见类型和措辞，编制并致送审计报告做准备。

第一节　　复核或有事项

一、或有事项的含义

或有事项是指过去的交易或事项形成的，其结果须由某些未来事项的发生或不发生才能决定的不确定事项。常见的或有事项主要包括：未决诉讼或仲裁、债务担保、产品质量保证（含产品安全保证）、承诺、亏损合同、重组义务、环境污染整治等。

二、或有事项的审计目标

或有事项的审计目标是就管理层在编制和列报财务报表时对或有事项的会计处理和披露获取充分、适当的审计证据，并就或有事项是否存在重大错报得出结论。同时确定或有事项对审计报告类型的影响。

三、或有事项的审计程序

审计或有事项时，审计人员要关注财务报表反映的或有事项的完整性。由于或有事项的种类不同，审计人员在审计被审计单位的或有事项时，选用的审计程序也各不相同，但是，总结起来，针对或有事项完整性的审计程序通常包括：

1.了解被审计单位与识别或有事项有关的内部控制。

2.审阅截至审计工作完成日被审计单位历次董事会纪要和股东大会会议记录，确定是否存在未决诉讼或仲裁、未决索赔、税务纠纷、债务担保、产品质量保证、财务承诺等方面的记录。

3.向被审计单位有业务往来的银行函证，或检查被审计单位与银行之间的借款协议和往来函件，以查找有关票据贴现、背书、应收账款抵押、票据背书和担保。

4.检查与税务征管机构之间的往来函件和税收结算报告，以确定是否存在税务争议。

5.向被审计单位的法律顾问和律师进行函证，分析被审计单位在审计期间发生的法律费用，以确定是否存在未决诉讼、索赔等事项。

6.向被审计单位管理层获取书面声明，声明其已按照企业会计准则的规定，对全部或有事项作了恰当反映。

审计人员还应当确定或有事项的确认、计量和列报是否符合《企业会计准则第13号——或有事项》的规定。

四、获取律师声明书

注册会计师在审计或有事项等时，往往要向被审计单位的法律顾问或律师进行函证，以获取与财务报表日业已存在的，以及财务报表日至复函日这一时期内存在的期后事项和或有事项等有关的审计证据。被审计单位律师对函证问题的答复和说明，就是律师声明书。

对律师的函证，通常以被审计单位的名义，通过寄发审计询证函的方式实施。律师声明书所用的格式和措辞并没有定式。单位不同或情况不同，律师出具的声明书也不相同。律师询证函和律师询证函复函的参考格式分别列示如下：

律师询证函

××律师事务所并××律师：

本公司已聘请××会计师事务所对本公司年12月31日（以下简称资产负债表日）的资产负债表以及截至资产负债表日的该年度利润表、股东权益变动表和现金流量表进行审计。为配合该项审计，谨请贵律师基于受理本公司委托的工作（诸如常年法律顾问、专项咨询和诉讼代理等），提供下述资料，并函告××会计师事务所：

一、请说明存在于资产负债表日并且自该日起至本函回复日止本公司委托贵律师代理进行的任何未决诉讼。该说明中谨请包含以下内容：

1.案件的简要事实经过与目前的发展进程；

2.在可能范围内，贵律师对于本公司管理层就上述案件所持看法及处理计划（如庭外和解设想）的了解，及您对可能发生结果的意见；

3.在可能范围内，您对损失或收益发生的可能性及金额的估计。

二、请说明存在于资产负债表日并且自该日起至本函回复日止，本公司曾向贵律师咨询的其他诸如未决诉讼、追索债权、被追索债务以及政府有关部门对本公司进行的调查等可能涉及本公司法律责任的事件。

三、请说明截至资产负债表日，本公司与贵律师事务所律师服务费的结算情况（如有可能，请依服务项目区分）。

四、若无上述一、二事项，为节省您宝贵的时间，烦请填写本函背面《律师询证函复函》并签章后，按以下地址，寄往××会计师事务所（地址：××市××路××号；邮编×××××）。

谢谢合作！

××公司（盖章）

公司负责人（签章）

年　月　日

律师询证函复函

××会计师事务所：

本律师于××期间，除向××公司提供一般性法律咨询服务，并未接受委托，代理进行或咨询如律师询证函中一、二项所述之事宜。

另截至　　年　月　日止，该公司

□未积欠本律师事务所任何律师服务费。

□尚有本律师事务所的律师服务费计人民币_____元，未予付清。

_____律师事务所

律师：_____（签章）

年　月　日

注册会计师应根据该律师的职业水准和声誉情况来确定律师声明书的可靠性。如果注册会计师对代理被审计单位重大法律事务的律师并不熟悉，则应查询诸如该律师的职业背景、声誉及其在法律界的地位等情况，并考虑从律师协会获取信息。

如果律师声明书表明或暗示律师拒绝提供信息，或隐瞒信息，注册会计师应将其视为审计范围受到限制。

第二节　复核期后事项

审计人员在审计被审计单位某一会计年度的财务报表时，除了对所审计的会计年度之后发生和发现的事项实施必要的审计程序，还要考虑所审会计年度之后发生和发现的事项和财务报表和审计报告的影响，保证一个会计期间的财务报表的真实性和完整性。

一、期后事项的含义和种类

（一）期后事项的含义

期后事项是指资产负债表日至审计报告日之间发生的事项以及审计报告日发现的事实。

（二）期后事项的种类

财务报表可能受到财务报表日后发生的事项的影响。适用的财务报告编制基础通常专门提及期后事项，将其区分为下列两类：一是对财务报表日已经存在的情况提供证据的事项，即对财务报表日已经存在的情况提供了新的或进一步证据的事项，这类事项影响财务报表金额，需提请被审计单位管理层调整财务报表及与之相关的披露信息；二是对财务报表日后发生的情况提供证据的事项，即表明财务报表日后发生的情况的事项。这类事项虽不影响财务报表金额，但可能影响对财务报表的正确理解，需提请被审计单位管理层在财务报表附注中作适当披露。

1.财务报表日后调整事项

这类事项不但为被审计单位管理层确定财务报表日账户余额提供信息，也为审计人员核实这些余额提供补充证据。如果账户金额重大，应提请被审计单位对本期财务报表及相关的账户金额进行调整。财务报表日后调整事项主要有：

（1）财务报表日后诉讼案件结案，法院判决证实了企业在财务报表日已经存在现时义务，需要调整原先确认的与该诉讼案件相关的预计负债，或确认一项新负债。

（2）财务报表日后取得确凿证据，表明某项资产在财务报表日发生了减值或者需要调整该项资产原先确认的减值金额。

（3）财务报表日后进一步确定了财务报表日前购入资产的成本或售出资产的收入。

（4）财务报表日后发现了财务报表舞弊或差错。

2.财务报表日后非调整事项

这类事项不影响财务报表日财务状况，因此不需要调整被审计单位的本期财务报表。但如果被审计单位的财务报表因此可能受到误解，应当在财务报表附注中予以适当的披露。

（1）财务报表日后发生重大诉讼、仲裁、承诺；

（2）财务报表日后资产价格、税收政策、外汇汇率发生重大变化；

（3）财务报表日后自然灾害导致资产发生重大损失；

（4）财务报表日后发行股票和债券以及其他巨额举债；

（5）财务报表日后资本公积转增资本；

（6）财务报表日后发生巨额亏损；

（7）财务报表日后发生企业合并或处置子公司；

（8）财务报表日后企业利润分配方案中拟分配的以及经审议批准宣告发放的股利或利润。

二、期后事项分段

根据期后事项的上述定义，期后事项可以划分为三个时段：第一个时段是财务报表日后至审计报告日，可以把在这一期间发生的事项称为"第一时段期后事项"；第二个时段是审计报告日后至财务报表报出日，可以把这一期间发生的事项称为"第二时段期后事项"；第三个时段是财务报表报出日后，可以把这一期间发生的事实称为"第三时段期后事项"。具体如图9-1所示。

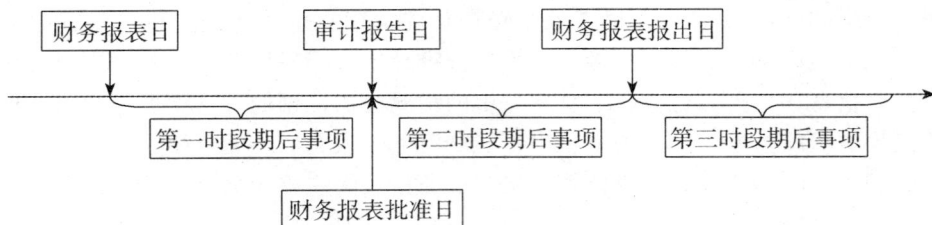

图 9-1　期后事项分段示意图

财务报表日是指财务报表涵盖的最近期间的截止日期；财务报表批准日是指被审计单位董事会或类似机构批准财务报表报出的日期；财务报表报出日是指被审计单位对外披露已审计财务报表的日期。在实务中，审计报告日与财务报表批准日通常是相同的日期。

（一）截至审计报告日发生的期后事项

审计人员应当实施必要的审计程序，获取充分、适当的审计证据，以确定截至审计报告日发生的、需要在财务报表中调整或披露的事项是否均已得到识别。

财务报表日至审计报告日之间发生的期后事项属于第一时段期后事项。对于这一时段的期后事项，审计人员负有主动识别的义务，应当设计专门的审计程序来识别这些期后事项，并根据这些事项的性质判断其对财务报表的影响，进而确定是进行调整还是披露。

审计人员应当尽量在接近审计报告日时，实施旨在识别需要在财务报表中调整或披露事项的审计程序。

（1）复核被审计单位管理层建立的用于确保识别期后事项的程序。

（2）取得并审阅股东大会、董事会和管理层的会计记录以及涉及诉讼的相关文件等，查明识别财务报表日后发生的对本期财务报表产生重大影响的调整事项和非调整事项。

（3）在尽量接近审计报告日时，查阅股东会、董事会及其专门委员会在财务报表日后举行会议的纪要，并在不能获取会议纪要时询问会议讨论的事项。

（4）在尽量接近审计报告日时，查阅最近的中期财务报表、主要财务报表项目、重要合同和会计凭证；如认为必要和适当，还应当查阅预算、现金流量预测及其他相关管理报告。

（5）在尽量接近审计报告日时，查阅被审计单位与客户、供应商、监管部门等的往来信函。

（6）在尽量接近审计报告日时，向被审计单位律师或法律顾问询问有关诉讼和索赔事项。

（7）在尽量接近审计报告日时，向管理层询问是否发生可能影响财务报表的期后事项。

（二）截至财务报表报出日前发现的事实

对于这一时段的期后事项，由于审计人员针对审计业务已经结束，要识别可能存在的期后事项比较困难，因为无法承担主动识别这一时段期后事项的审计责任。

但是，在这一时段，管理层有责任将发现的可能影响财务报表的事实告知审计人员。如果审计人员知悉可能对财务报表产生重大影响的事实，审计人员应当考虑是否需要修改财务报表，并与管理层讨论，同时根据具体情况采取适当措施。

1.管理层修改财务报表时的处理

如果管理层修改了财务报表，审计人员应当根据具体情况实施必要的审计程序，以验证管理层根据期后事项所作出的财务报表调整或披露是否符合企业会计准则和相关会计制度的规定，并根据修改后的财务报表出具新的审计报告和索取新的书面声明书。新的审计报告日期不应早于董事会或类似机构批准修改后的财务报表日期。

2.管理层没有修改财务报表时的处理

审计人员认为应当修改财务报表而管理层没有修改，在审计报告未提交时，审计人员应当按照审计准则的规定，出具保留意见或否定意见的审计报告；如果审计报告已经提交，审计人员应当采取必要的补救措施。

（三）财务报表报出日后发现的事实

对于这一阶段的期后事项，审计人员没有义务针对财务报表作出查询。但是如果知悉在审计报告日已经存在、可能导致修改审计报告的事实，审计人员应当考虑是否需要修改财务报表，并与管理层讨论，并根据具体情况采取适当的措施。

1.管理层修改财务报表时的处理

审计人员应当采取如下必要的措施：

（1）实施必要的审计程序。例如，查阅法院判决文件、复核会计处理或披露事项，确定管理层对财务报表的修改是否恰当。

（2）复核管理层采取的措施能否确保所有收到原财务报表和审计报告的人士了解这一情况。

（3）针对修改后的财务报表出具新的审计报告。新的审计报告应当增加强调事项段，提请财务报表使用者注意财务报表附注中对修改原财务报表原因的详细说明，以及审计人员出具的原审计报告。审计人员应当将用以识别期后事项的审计程序延伸至新的审计报告日，以避免重大遗漏。

2.管理层未采取任何行动时的处理

如果管理层没有采取任何行动确保所有收到原财务报表和审计报告的人士了解这一情况，审计人员应当采取措施防止财务报表使用者信赖该审计报告。

第三节　　考虑持续经营

持续经营假设是指被审计单位在编制财务报表时，假定其经营活动在可预见的将来会继续下去，不拟也不必终止经营或破产清算，可以在正常的经营过程中变现资产、清偿债务。持续经营假设是会计确认和计量的四项基本假定之一，对财务报表的编制和审计关系重大。是否以持续经营假设为基础编制财务报表，将对会计确认、计量和列报产生很大影响。例如，对于固定资产，企业在持续经营假设基础上，以历史成本计价，并在预计使用年限内对该项资产计提折旧，通过此方式，可将资产的成本分摊到不同期间的费用中去，据以核算各个期间的损益，如果这一假设不再成立，该项资产应以清算价格计价。本节将主要以注册会计师审计时对持续经营的考虑进行阐述。

通用目的财务报表是在持续经营基础上编制的，除非管理层计划将被审计单位予以清算或终止经营，或者除此之外没有其他现实可行的选择。特殊目的财务报表可以根据需要按照（或不按照）以持续经营为基础的财务报告编制基础编制。

一、管理层的责任和注册会计师的责任

（一）管理层的责任

某些适用的财务报告编制基础明确要求管理层对持续经营能力作出评估，并规定了与此相关的需要考虑的事项和作出的披露。相关法律法规也可能对管理层评估持续经营能力的责任和相关财务报表披露作出具体规定。

由于持续经营假设是编制财务报表的基本原则，因此即使一些财务报告编制基础没有明确要求管理层对持续经营能力作出评估，管理层也需要在编制财务报表时评估持续经营能力。

管理层对持续经营能力的评估涉及在特定时点对事项或情况的未来结果作出判断，这些事项或情况的未来结果具有固有不确定性。下列因素与管理层的判断相关：

1.某一事项或情况或其结果出现的时点距离管理层作出评估的时点越远，与事项或情况的结果相关的不确定性程度将显著增加。因此，明确要求管理层对持续经营能力作出评估的大多数财务报告编制基础可能规定了管理层应当考虑所有可获得信息的期间。

2.被审计单位的规模和复杂程度、经营活动的性质和状况以及被审计单位受外部因素影响的程度，将影响对事项或情况的结果作出的判断。

3.对未来的所有判断都以作出判断时可获得的信息为基础。管理层作出的判断在当时情况下可能是合理的，但之后发生的事项可能导致事项或情况的结果与作出的判断不一致。

（二）注册会计师的责任

注册会计师的责任是，就管理层在编制和列报财务报表时运用持续经营假设的适当性获取充分、适当的审计证据，并就持续经营能力是否存在重大不确定性得出结论。

即使编制财务报表时采用的财务报告编制基础没有明确要求管理层对持续经营能力作出专门评估，注册会计师的这种责任仍然存在。

二、风险评估程序和相关活动

注册会计师在按照规定实施风险评估程序时，应当考虑是否存在可能导致对被审计单位持续经营能力产生重大疑虑的事项或情况，并确定管理层是否已对被审计单位持续经营能力作出初步评估。

如果管理层已对持续经营能力作出初步评估，注册会计师应当与管理层进行讨论，并确定管理层是否已识别出单独或汇总起来可能导致对被审计单位持续经营能力产生重大疑虑的事项或情况；如果管理层已识别出这些事项或情况，注册会计师应当与其讨论应对计划；如果管理层未对持续经营能力作出初步评估，注册会计师应当与管理层讨论其拟运用持续经营假设的基础，询问管理层是否存在单独或汇总起来可能导致对被审计单位持续经营能力产生重大疑虑的事项或情况。

在计划审计工作和实施风险评估程序时，注册会计师应当考虑是否存在可能导致对持续经营能力产生重大疑虑的事项或情况及相关的经营风险，评价管理层对持续经营能力作出的评估，并考虑已识别的事项或情况对重大错报风险评估的影响。

被审计单位在财务、经营以及其他方面存在的某些事项或情况可能导致经营风险，这些事项或情况单独或连同其他事项或情况可能导致对持续经营假设产生重大疑虑。

三、评价管理层对持续经营能力的评估

管理层应当定期对其持续经营能力作出分析和判断，确定以持续经营假设为基础编制财务报表的适当性。管理层对被审计单位持续经营能力的评估，是注册会计师考虑管理层运用持续经营假设的一个关键部分。注册会计师应当评价管理层对持续经营能力作出的评估。

（一）管理层评估涵盖的期间

在评价管理层对被审计单位持续经营能力作出的评估时，注册会计师的评价期间应当与管理层按照适用的财务报告编制基础或法律法规（如果法律法规要求的期间更长）的规定作出评估的涵盖期间相同。

大多数明确要求管理层作出评估的财务报告编制基础都详细规定了管理层需要在多长期间考虑所有可获得的信息。持续经营假设是指被审计单位在编制财务报表时，假定其经营活动在可预见的将来会继续下去，而可预见的将来通常是指财务报表日后十二个月。因此，管理层对持续经营能力的合理评估期间应是自财务报表日起的下一个会计期间。如果管理层评估持续经营能力涵盖的期间短于自财务报表日起的十二个月，注册会计师应当提请管理层将其至少延长至自财务报表日起的十二个月。

（二）管理层的评估、支持性分析和注册会计师的评价

注册会计师没有责任纠正管理层缺乏分析的错误。在某些情况下，管理层缺乏详细分析以支持其评估，可能不妨碍注册会计师确定管理层运用持续经营假设是否适合具体情况。例如，如果被审计单位具有盈利经营的记录并很容易获得财务支持，管理层可能不需要进行详细分析就能作出评估。在这种情况下，如果其他审计程序足以使注册会计师认为管理层在编制财务报表时运用的持续经营假设适合具体情况，注册会计师可能无需实施详细的评价程序，就可以对管理层评估的适当性得

出结论。

在其他情况下，注册会计师评价管理层对被审计单位持续经营能力所作的评估，可能包括评价管理层作出评估时遵循的程序、评估依据的假设、管理层的未来应对计划以及管理层的计划在当前情况下是否可行。

在评价管理层作出的评估时，注册会计师应当考虑管理层作出评估的过程、依据的假设以及应对计划。注册会计师应当考虑管理层作出的评估是否已考虑所有相关信息，其中包括注册会计师实施审计程序获取的信息。

管理层的评估所遵循的程序包括对可能导致对其持续经营能力产生重大疑虑的事项或情况的识别、对相关事项或情况结果的预测、对拟采取改善措施的考虑和计划以及最终的结论。在考虑管理层的评估程序时，注册会计师应当关注管理层是如何识别可能导致对其持续经营能力产生重大疑虑的事项或情况的，所识别的事项或情况是否完整，是否已对注册会计师在实施审计程序过程中发现的所有相关信息进行了充分考虑。

在考虑管理层作出的评估所依据的假设时，注册会计师应当考虑管理层对相关事项或情况结果的预测所依据的假设是否合理，并特别关注具有以下几类特征的假设：（1）对预测性信息具有重大影响的假设；（2）特别敏感的或容易发生变动的假设；（3）与历史趋势不一致的假设。注册会计师应当基于对被审计单位的了解，比较以前年度的预测与实际结果、本期的预测和截至目前的实际结果。如果发现某些因素的影响尚未反映在相关预测中，注册会计师应当与管理层讨论这些因素，必要时，要求管理层对相关预测所依据的假设作出修正。

四、超出管理层评估期间的事项或情况

如果被审计单位存在着已知的事项或情况，超出管理层评估期间发生的，可能会导致注册会计师对管理层编制财务报表时运用持续经营假设的适当性产生怀疑。这时，注册会计师应当对存在这些事项或情况的可能性保持警觉。一般情况下，只有持续经营事项的迹象达到重大时，注册会计师才需要考虑采取进一步措施。需要注意的是，注册会计师没有责任实施除了询问以外的其他任何审计程序，以识别超出管理层评估期间并可能导致对被审计单位持续经营能力产生重大疑虑的事项或情况。

五、识别出事项或情况时实施追加的审计程序

如果识别出可能导致对持续经营能力产生重大疑虑的事项或情况，注册会计师应当通过实施追加的审计程序（包括考虑缓解因素）获取充分、适当的审计证据，以确定是否存在重大不确定性。

这些程序应当包括：

1.如果管理层尚未对被审计单位持续经营能力作出评估，提请其进行评估。

如果管理层没有对持续经营能力作出初步评估，注册会计师应当与管理层讨论运用持续经营假设的理由，询问是否存在导致对持续经营能力产生重大疑虑的事项或情况，并提请管理层对持续经营能力作出评估。

2.评价管理层与经营能力评估相关的未来应对计划，这些计划的结果是否可能改善目前的状况，以及管理层的计划对于具体情况是否可行。

评价管理层未来应对计划。管理层的应对计划可能包括管理层变卖资产、对外借款、重组债务、削减或延缓开支或者获得新的资本。

3.如果被审计单位已编制现金流量预测，且对预测的分析是评价管理层未来应对计划时考虑的事项或情况的未来结果的重要因素，评价用于编制预测的基础数据的可靠性，并确定预测所基于的假设是否具有充分的支持。

此外，注册会计师还可能：将最近若干期间的预测性财务信息与实际结果相比较；将本期预测性财务信息与截至目前的实际结果相比较。

如果管理层的假设包括第三方通过放弃贷款优先求偿权、承诺保持或提供补充资金或担保等方式向被审计单位提供持续的支持，且这种支持对于被审计单位的持续经营能力很重要，注册会计师可能需要考虑要求该第三方提供书面确认（包括条款和条件），并获得有关该第三方有能力提供这种支持的证据。

4.考虑自管理层作出评估后是否存在其他可获得的事实或信息。

5.要求管理层和治理层（如适用）提供有关未来应对计划及其可行性的书面声明。

如果合理预期不存在其他充分、适当的审计证据，注册会计师应当就对财务报表有重大影响的事项向管理层和治理层（如适用）获取书面声明。

由于管理层就持续经营能力而提出的应对计划和其他缓解措施通常基于假设基础之上，注册会计师在进行评价时，取得的审计证据多为说服性而非结论性的，因此，注册会计师应当向管理层获取有关应对计划的书面声明。

此外，尽管被审计单位当前可能是盈利的，但一些特殊的事项或情况可能导致被审计单位发生重大损失。为避免诸如诉讼事项可能发生的巨额赔偿支出，管理层将会考虑主动寻求破产保护。在这种情况下，获取管理层和治理层（如适用）声明是非常有必要的。注册会计师可以要求管理层和治理层（如适用）作出如下声明："在财务报表日起的十二个月内，管理层和治理层（如适用）没有申请破产保护的计划。"

六、审计结论和报告

注册会计师应当根据获取的审计证据，运用职业判断，确定是否存在与事项或情况相关的重大不确定性（这些事项或情况单独或汇总起来可能导致对被审计单位持续经营能力产生重大疑虑）并考虑对审计意见的影响。

如果注册会计师根据职业判断认为，鉴于不确定性潜在影响的重要程度和发生的可能性，为了使财务报表实现公允反映，有必要适当披露该不确定性的性质和影响，则表明存在重大不确定性。

（一）被审计单位运用持续经营假设适当但存在重大不确定性

如果认为运用持续经营假设适合具体情况，但存在重大不确定性，注册会计师应当确定：

1.财务报表是否已充分描述可能导致对持续经营能力产生重大疑虑的主要事项或情况，以及管理层针对这些事项或情况的应对计划。

2.财务报表是否已清楚披露可能导致对持续经营能力产生重大疑虑的事项或情况存在重大不确定性，并由此导致被审计单位可能无法在正常的经营过程中变现资产和清偿债务。

[强调事项]

如果财务报表已作出充分披露，注册会计师应当发表无保留意见，并在审计报告中增加强调事项段，强调可能导致对持续经营能力产生重大疑虑的事项或情况存在重大不确定性的事实，提醒财务报表使用者关注财务报表附注中对有关事项的披露。例如：

"我们提醒财务报表使用者关注，如财务报表附注×所述，截至20×1年12月31日，该公司当年发生净亏损×元，在20×1年12月31日，该公司流动负债高于资产总额×元。这些情况连同附注×所示的其他事项，表明存在可能导致对该公司持续经营能力产生重大疑虑的重大不确定性。本段内容不影响已发表的审计意见。"

[导致无法表示意见的事项]

当存在多项对财务报表整体具有重要影响的重大不确定性时，在极少数情况下，注册会计师可能认为发表无法表示意见而非增加强调事项段是适当的。原因在于，当被审计单位存在多项可能导致对其持续经营能力产生重大疑虑的事项或情况存在重大不确定性时，如果注册会计师难以判断财务报表的编制基础是否适合继续采用持续经营假设，应将其视为对审计范围构成重大限制，注册会计师应当考虑出具无法表示意见的审计报告，而不是在意见段之后增加强调事项段。例如：

"ABC公司已连续三个会计年度发生巨额亏损，主要财务指标显示其财务状况严重恶化，巨额逾期债务无法偿还，且存在巨额对外担保。截至审计报告日，ABC公司管理层在其书面评价中表示已开始采取包括债务重组、资产置换在内的多项措施；但由于该等措施正处于实施初期，我们无法获取充分、适当的审计证据以确证其能否有效改善ABC公司的持续经营能力，因此，无法判断ABC公司继续按照持续经营假设编制20×1年度财务报表是否适当。

由于前段所述事项的重要性，我们无法获取充分、适当的审计证据以为发表审计意见提供基础，因此，我们不对ABC公司财务报表发表审计意见。"

[导致保留意见的事项]

如果财务报表未作出充分披露，注册会计师应当恰当发表保留意见或否定意见。注册会计师应当在审计报告中说明，存在可能导致对被审计单位持续经营能力产生重大疑虑的重大不确定性。以下是注册会计师发表保留意见时相关段落的举例：

"该公司融资协议期满，且未偿付余额将于20×1年3月19日到期。该公司未能重新商定协议或获取替代性融资。这种情况表明存在可能导致对该公司持续经营能力产生重大疑虑的重大不确定性。因此，该公司可能无法在正常经营过程中变现资产、清偿债务。财务报表（及其附注）并未对这一事实作出全面披露。

我们认为，除前段所述事项产生的影响外，财务报表在所有重大方面按照企业会计准则的规定编制，公允反映了该公司20×0年12月31日的财务状况以及20×0年度的经营成果和现金流量。"

[导致否定意见的事项]

以下是注册会计师发表否定意见时相关段落的举例：

"该公司融资协议期满，且未偿付余额于20×0年12月31日到期。该公司未能重新商定协议或获取替代性融资，正在考虑申请破产。这些情况表明存在可能导致对该公司持续经营能力产生重大疑虑的重大不确定性，因此，该公司可能无法在正常经营过程中变现资产、清偿债务。财务报表（及其附注）并未披露这一事实。

我们认为，由于前段所述事项的重要性，财务报表没有在所有重大方面按照企业会计准则的规定编制，未能公允反映该公司20×0年12月31日的财务状况以及20×0年度的经营成果和现金流量。"

（二）运用持续经营假设不适当

如果财务报表按照持续经营基础编制，而注册会计师运用职业判断认为管理层在编制财务报表时运用持续经营假设是不适当的，则无论财务报表中对管理层运用持续经营假设的不适当性是否作出披露，注册会计师均应发表否定意见。

如果在具体情况下运用持续经营假设是不适当的，但管理层被要求或自愿选择编制财务报表，则可以采用替代基础（如清算基础）编制财务报表。注册会计师可以对财务报表进行审计，前提是注册会计师确定替代基础在具体情况下是可接受的编制基础。如果财务报表对此作出了充分披露，注册会计师可以发表无保留意见，但也可能认为在审计报告中增加强调事项段是适当或必要的，以提醒财务报表使用者注意替代基础及其使用理由。

（三）严重拖延对财务报表的批准

如果管理层或治理层在财务报表日后严重拖延对财务报表的批准，注册会计师应当询问拖延的原因。如果认为拖延可能涉及与持续经营评估相关的事项或情况，注册会计师有必要实施前述识别出可能导致对持续经营能力产生重大疑虑的事项或情况时追加的审计程序，并就存在的重大不确定性考虑对审计结论的影响。

第四节　　书面声明

一、书面声明的含义

书面声明，是指管理层向注册会计师提供的书面陈述，用以确认某些事项或支持其他审计证据。书面声明不包括财务报表及其认定，以及支持性账簿和相关记录。在本节中单独提及管理层时，应当理解为管理层和治理层（如适用）。管理层负责按照适用的财务报告编制基础编制财务报表并使其实现公允反映。书面声明是注册会计师在财务报表审计中需要获取的必要信息，是审计证据的重要来源。如果管理层修改声明的内容或不提供注册会计师要求的声明，可能使注册会计师警觉存在重大问题的可能性。而且，在很多情况下，要求管理层提供书面声明而非口头声明，可以促使管理层更加认真地考虑声明所涉及的事项，从而提高声明的质量。

二、书面声明的类别

书面声明一般包括两部分，一部分是针对管理层责任的声明，另一部分是支持与财务报表或者一项或多项具体认定相关的声明。

（一）针对管理层责任的声明

针对财务报表的编制，注册会计师应当要求管理层提供书面声明，确认其根据审计业务约定条款，履行了按照适用的财务报告编制基础编制财务报表并使其实现公允反映（如适用）的责任。

针对提供的信息和交易的完整性，注册会计师应当要求管理层就下列事项提供书面声明：按照审计业务约定条款，已向注册会计师提供所有相关信息，并允许注册会计师不受限制地接触所有相关信息以及被审计单位内部人员和其他相关人员；所有交易均已记录并反映在财务报表中。

如果未从管理层获取其确认已履行的责任，注册会计师在审计过程中获取的有关管理层已履行这些责任的其他审计证据是不充分的。这是因为，仅凭其他审计证据不能判断管理层是否在认可并理解其责任的基础上，编制和列报财务报表并向注册会计师提供了相关信息。例如，如果未向管理层询问其是否提供了审计业务约定条款中要求提供的所有相关信息，也没有获得管理层的确认，注册会计师就不能认为管理层已提供了这些信息。

上述书面声明，基于管理层认可并理解在审计业务约定条款中提及的管理层的责任，注册会计师要求管理层通过声明确认其已履行这些责任。注册会计师可能还要求管理层在书面声明中再次确认其对自身责任的认可与理解。当存在下列情况时，这种确认尤为适当：

1.代表被审计单位签订审计业务约定条款的人员不再承担相关责任；

2.审计业务约定条款是在以前年度签订的；

3.有迹象表明管理层误解了其责任；

4.情况的改变需要管理层再次确认其责任。

（二）支持与财务报表或者一项或多项具体认定相关的声明

除针对管理层的声明和其他审计准则要求的书面声明外，如果注册会计师认为有必要获取一项或多项其他书面声明，以支持与财务报表或者一项或多项具体认定相关的其他审计证据，注册会计师应当要求管理层提供这些书面声明。

1.关于财务报表的额外书面声明

除了针对财务报表的编制，注册会计师应当要求管理层提供基本书面声明以确认其履行了责任外，注册会计师可能认为有必要获取有关财务报表的其他书面声明。其他书面声明可能是对基本书面声明的补充，但不构成其组成部分。其他书面声明可能包括针对下列事项作出的声明：会计政策的选择和运用是否适当；是否按照适用的财务报告编制基础对资产、负债、资产的所有权或控制权、资产的留置权或其他物权、抵押资产和可能影响财务报表的法律法规及合同进行了确认、计量、列报或披露。

2. 与向注册会计师提供信息有关的额外书面声明

除了针对管理层提供的信息和交易的完整性的书面声明外，注册会计师可能认为有必要要求管理层提供书面声明，确认其已将注意到的所有内部控制缺陷向注册会计师通报。

3. 关于特定认定的书面声明

在获取有关管理层的判断和意图的证据时，或在对判断和意图进行评价时，注册会计师可能考虑下列一项或多项事项：被审计单位以前对声明的意图的实际实施情况；被审计单位选取特定措施的理由；被审计单位实施特定措施的能力；是否存在审计过程中已获取的、可能与管理层判断或意图不一致的任何其他信息。

三、书面声明的日期和涵盖期间

书面声明的日期应当尽量接近对财务报表出具审计报告的日期，但不得在审计报告日后。书面声明应当涵盖审计报告针对的所有财务报表和期间。

由于书面声明是必要的审计证据，在管理层签署书面声明前，注册会计师不能发表审计意见，也不能签署审计报告。而且，由于注册会计师关注截至审计报告日发生的、可能需要在财务报表中作出相应调整或披露的事项，书面声明的日期应当尽量接近对财务报表出具审计报告的日期，但不得在其之后。

在某些情况下，注册会计师在审计过程中获取有关财务报表特定认定的书面声明可能是适当的。此时，可能有必要要求管理层更新书面声明。管理层有时需要再次确认以前期间作出的书面声明是否依然适当，因此，书面声明需要涵盖审计报告中提及的所有期间。注册会计师和管理层可能认可某种形式的书面声明，以更新以前期间所作的书面声明。更新后的书面声明需要表明，以前期间所作的声明是否发生了变化，以及发生了什么变化（如有）。

四、书面声明的形式

书面声明应当以声明书的形式致送注册会计师。在某些国家或地区，法律法规可能要求管理层对自身责任作出公开的书面陈述。尽管这种陈述是向财务报表使用者或相关机构提供的，但注册会计师可能认为，它是部分或全部书面声明的一种适当形式。因此，这种陈述所涵盖的相关事项不必包括在声明书中。下面列示了一种声明书的范例。

（致注册会计师）：　　　　　　　　　声明书

本声明书是针对你们审计 ABC 公司截至 20×1 年 12 月 31 日的年度财务报表而提供的。审计的目的是对财务报表发表意见，以确定财务报表是否在所有重大方面已按照企业会计准则的规定编制，并实现公允反映。

尽我们所知，并在作出了必要的查询和了解后，我们确认：

一、财务报表

1.我们已履行[插入日期]签署的审计业务约定书中提及的责任，即根据企业会计准则的规定编制财务报表，并对财务报表进行公允反映。

2.在作出会计估计时使用的重大假设（包括与公允价值计量相关的假设）是合理的。

3.已按照企业会计准则的规定对关联方关系及其交易作出了恰当的会计处理和披露。

4.根据企业会计准则的规定，所有需要调整或披露的资产负债表日后事项都已得到调整或披露。

5.未更正错报，无论是单独还是汇总起来，对财务报表整体的影响均不重大。未更正错报汇总表附在本声明书后。

6.[插入注册会计师可能认为适当的其他任何事项]。

二、提供的信息

7.我们已向你们提供下列工作条件：

（1）允许接触我们注意到的、与财务报表编制相关的所有信息（如记录、文件和其他事项）；

（2）提供你们基于审计目的要求我们提供的其他信息；

（3）允许在获取审计证据时不受限制地接触你们认为必要的本公司内部人员和其他相关人员。

8.所有交易均已记录并反映在财务报表中。

9.我们已向你们披露了由于舞弊可能导致的财务报表重大错报风险的评估结果。

10.我们已向你们披露了我们注意到的、可能影响本公司的与舞弊或舞弊嫌疑相关的所有信息，这些信息涉及本公司的：

（1）管理层；

（2）在内部控制中承担重要职责的员工；

（3）其他人员（在舞弊行为导致财务报表重大错报的情况下）。

11.我们已向你们披露了从现任和前任员工、分析师、监管机构等方面获知的、影响财务报表的舞弊指控或舞弊嫌疑的所有信息。

12.我们已向你们披露了所有已知的、在编制财务报表时应当考虑其影响的违反或涉嫌违反法律法规的行为。

13.我们已向你们披露了我们注意到的关联方的名称和特征、所有关联方关系及其交易。

14.[插入注册会计师可能认为必要的其他任何事项]。

附：未更正错报汇总表。

ABC公司   ABC公司管理层

(盖章)   （签名并盖章）

中国××市   二〇××二年×月×日

第五节　　考虑基本财务报表所附的信息和年度报告中的其他信息

在审计业务没有提出专门要求的情况下，审计意见不涵盖其他信息，审计人员没有专门责任确定其他信息是否得到适当陈述，审计意见也不需要涵盖其他信息。

但被审计单位根据有关法规或惯例在年度报告、招股说明书等含有已审计财务报表的文件中披露的信息，除经审计人员审计的财务报表以外，可能还包括其他财务信息或非财务信息。由于已审计财务报表与其他信息之间可能存在的重大不一致将损害已审计财务报表的可信性，审计人员需要阅读其他信息。

一、其他信息的含义

其他信息，是指根据法律法规的规定或惯例，在含有已审计财务报表的文件中包含的除已审计财务报表和审计报告以外的财务信息和非财务信息。例如，管理层或治理层的经营报告、财务数据摘要、高级管理人员的姓名等都会包含其他信息。

需要注意的是其他信息是根据法律法规的规定或惯例而披露的，并且是相对于已审计财务报表而言的，其他信息包括财务信息和非财务信息。

二、审计责任

审计人员没有专门责任确定其他信息是否得到适当陈述。审计人员的责任只是对财务报表发表审计意见，工作重点即财务报表，但是为了降低审计风险，需要对含有已审计财务报表的文件中的其他信息予以关注。

如果审计人员识别出其他信息与财务报表的不一致可能为财务报表审计提供新的线索，审计人员可以就此实施追加审计程序；或由于其他信息与财务报表的不一致可能导致财务报表使用者对财务报表产生怀疑，进而影响到已审计财务报表的可信赖程度。

审计人员应当提请被审计单位作出适当安排，以便在审计报告日前获取其他信息。如果在审计报告日前无法获取所有其他信息，审计人员应当在审计报告日后尽早阅读其他信息以识别重大不一致。

三、重大不一致

(一)含义

不一致，是指其他信息与已审计财务报表中的信息相矛盾。重大不一致可能导致审计人员对依据以前获取的审计证据得出的审计结论产生怀疑，甚至对形成审计意见的基础产生怀疑。

其他信息有时会出现与已审计财务报表不一致的情况。但是这里强调的不是所有不一致的情况，而是重大的不一致。一项不一致是否重大，取决于特定环境下对不一致涉及的金额和性质的判断。审计人员需要遵循审计重要性原则，根据具体情况和审计经验加以判断。

　　审计人员在审计中常见的不一致事项主要可分为以下三类：一是其他信息中的数据和文字表述与已审计财务报表相关信息不一致；二是其他信息中的项目与已审计财务报表相关项目的编制基础不一致；三是其他信息中对数据影响的解释与已审计财务报表相关和数据不一致。

（二）识别出不一致时的处理

　　在阅读其他信息时，如果识别出重大不一致，审计人员应当确定已审计财务报表或其他信息是否需要作出修改。

　　1.在审计报告日前识别重大不一致时

　　（1）需要修改已审计财务报表而管理层拒绝修改时。如果在审计报告日前获取的其他信息中识别出重大不一致，并且需要对已审计财务报表作出修改，但管理层拒绝作出修改，审计人员应当按照审计准则的规定在审计报告中发表非无保留意见。

　　如果该事项对财务报表虽影响重大，但不至于出具否定意见的审计报告，审计人员应当出具保留意见的审计报告，将这些对审计意见有较大影响的事项在审计报告中明确提出，并说明其理由，指出该事项对被审计单位财务报表可能产生的影响；如果需要修改已审计财务报表而管理层拒绝修改，并且该事项对财务报表影响程度超出一定范围，以致财务报表不符合会计准则和相关会计制度的规定，不能在所有重大方面公允地反映被审计单位的财务状况、经营成果和现金流量，审计人员就不能发表保留意见，而只能发表否定意见。

　　（2）需要修改其他信息而管理层拒绝修改时。如果在审计报告日前获取的其他信息中识别出重大不一致，并且需要对其他信息作出修改，但管理层拒绝作出修改，除非治理层的所有成员参与管理被审计单位，审计人员应当就该事项与治理层进行沟通。

　　此外，审计人员还应当采取下列措施之一：在审计报告中增加其他事项段，说明重大不一致；拒绝提交审计报告；解除业务约定。

　　当然，除了在审计报告中增加其他事项段外，审计人员也可以采取拒绝提交审计报告或解除业务约定等其他适当措施。这类措施一般适用于其他信息中存在的未修改的不一致事项十分重大，审计人员出具审计报告或继续执行业务可能会面临巨大风险的情形。选择采取不出具审计报告或解除业务约定等措施之前，审计人员应当考虑审计、业务约定书规定的自身所应承担的义务和责任，必要时可以征询专家的意见。

　　2.在审计报告日后识别重大不一致时

　　当在审计报告日前无法获取所有其他信息时，审计人员应当在审计报告日后尽早阅读其他信息以识别重大不一致。但由于其他信息的准备未必与财务报表审计工作同步进行、同时完成，审计人员有时未必能在审计报告日获取全部其他信息。因此，如果在审计报告日前无法获取全部其他信息，审计人员应当在审计报告日后尽早阅读其他信息以识别重大不一致，并进而确定是否需要修改已审计财务报表或其他信息。

（1）需要修改已审计财务报表时。如果在审计报告日后获取的其他信息中识别出重大不一致，并且需要对已审计财务报表作出修改，审计人员应当区分在不同的时间段识别的事实，即审计报告日后至财务报表报出日前识别的事实和财务报表报出后识别的事实，采取相应的措施。

（2）需要修改其他信息且管理层同意修改时。如果在审计报告日后获取的其他信息中识别出重大不一致，并且需要对其他信息作出修改，同时管理层同意修改，审计人员应当根据具体情况实施必要的程序。审计人员实施的程序可能包括评价管理层采取的措施，以确保收到之前公布的财务报表、审计报告和其他信息的人员均被告知作出的修改。

（3）需要修改其他信息而管理层拒绝修改时。如果在审计报告日后获取的其他信息中识别出重大不一致，并且需要对其他信息作出修改，但管理层拒绝作出修改，除非治理层的所有成员参与管理被审计单位，审计人员应当将对其他信息的疑虑告知治理层，并采取适当的进一步措施，包括征询法律意见。

四、对事实的重大错报

（一）含义

对事实的错报，是指在其他信息中，对与已审计财务报表所反映事项不相关的信息作出的不正确陈述或列报。对事实的重大错报可能损害含有已审计财务报表的文件的可信性。

对事实的重大错报是其他信息所反映的事项与财务报表所反映的事项不相关，或者被审计单位对其他信息作出了不正确的陈述或列报。其他信息所反映的事项与财务报表所反映的事项可能相关，也可能不相关。如果相关，审计人员应当关注两者是否相互矛盾，即不一致；如果不相关，审计人员则应当注意其他信息所反映的事项是否存在对事实的重大错报。

审计人员对重大不一致是通过阅读其他信息去寻找、发现的，而对于对事实的重大错报，则只不过是在为发现重大不一致而阅读其他信息的过程中可能注意到的。因此，就审计人员对重大不一致和对事实的重大错报的关注责任而言，要求程度有明显区别。对于后者，只要求审计人员注意明显的对事实的重大错报。

（二）注意到其他信息存在对事实的重大错报时的处理

在阅读其他信息以识别重大不一致时，如果注意到明显的对事实的重大错报，审计人员应当与管理层讨论该事项。由于其他信息是由管理层负责披露的，管理层对其他信息内容的了解与认识通常应当比较全面、深入。就此事与管理层进行讨论，有助于审计人员分析、判断其他信息是否确实存在着对事实的重大错报。

第六节   评价审计结果

一、评价审计中的重大发现

重大发现涉及会计政策的选择、运用和一贯性的重大事项，包括相关的信息披露。这些信息披露包含但不限于说明复杂的或是不常见的交易活动、会计估计和包含管理层假设在内的不确定性。

在审计完成阶段，项目合伙人和审计项目组考虑的重大发现和事项的例子包括：

（1）中期复核中的重大发现及其对审计方法的相关影响；

（2）涉及会计政策的选择、运用和一贯性的重大事项，包括相关的披露；

（3）就特别审计目标识别的重大风险，对审计策略和计划的审计程序所作的重大修正；

（4）在与管理层和其他人员讨论重大发现和事项时得到的信息；

（5）与审计人员的最终审计结论相矛盾或不一致的信息。

对已记录的审计程序进行评估，可能全部或部分地揭示出以下事项：

（1）为了实现计划的审计目标，是否有必要对重要性进行修订；

（2）对审计策略和计划的审计程序的重大修正，包括对审计目标的重大错报风险评估水平的重要变动；

（3）对审计方法有重要影响的与财务报告相关的值得关注的内部控制的缺陷和其他弱点；

（4）财务报表中存在的重大错报或漏报，包括相关披露和其他审计调整；

（5）项目组成员内部，或项目组与项目质量控制复核人员或提供咨询的其他人员之间，就重大会计和审计事项达成最终结论所存在的意见分歧；

（6）在实施审计程序时遭遇重大困难的情形；

（7）向事务所内部有经验的专业人士或外部专业顾问咨询；

（8）与管理层或其他人员就重大发现以及与审计人员的最终审计结论相矛盾或不一致的信息进行讨论。

审计人员在审计计划阶段对重要性的判断，与其在评估审计差异时对重要性的判断是不同的。如果在审计完成阶段确定的修订后的重要性水平远远低于在计划阶段确定的重要性水平，审计人员应重新评估已经获得的审计证据的充分性和适当性。重要性的任何变化都要求审计人员重新评估重大错报上限和审计策略。

如果审计项目组内部、项目组与被咨询者之间以及项目合伙人与项目质量控制复核人员之间存在意见分歧，审计项目组应当遵循事务所的政策和程序予以妥善处理。

二、汇总审计差异

审计差异内容按是否需要调整账户记录可分为核算错误和重分类错误。核算错误是因企业对经济业务进行了不正确的会计核算而引起的错误，用审计重要性原则来衡量每一项核算错误，又可把这些核算错误区分为建议调整的不符事项和不建议调整的不符事项（即未调整不符事项）；重分类错误是因企业未按企业会计准则列报财务报表而引起的错误，如企业在应收账款项目中反映的预收账款等。

　　无论是建议调整的不符事项、重分类错误，还是未调整不符事项，在审计工作底稿中通常都是以会计分录的形式反映。由于审计中发现的错误往往不止一两项，为便于审计项目的各项负责人综合判断、分析和决定，也为了便于有效编制试算平衡表和代编经审计的财务报表，通常需要将这些建议调整的不符事项、重分类错误以及未调整不符事项分别汇总至"账项调整分录汇总表"、"重分类调整分录汇总表"与"未更正错报汇总表"。这三种汇总表的参考格式见表9-1、表9-2和表9-3。

表9-1　　　　　　　　　　　　　账项调整分录汇总表

序号	内容及说明	索引号	调整内容				影响利润表 +(-)	影响资产负债表 +(-)
			借方项目	借方金额	贷方项目	贷方金额		

与被审计单位的沟通：

参加人员：

被审计单位：

审计项目组：

被审计单位的意见：

结论：

是否同意上述审计调整：

被审计单位授权代表签字：　　　　　　　　　　日期：

表9-2　　　　　　　　　　　　　重分类调整分录汇总表

序号	内容及说明	索引号	调整项目和金额			
			借方项目	借方金额	贷方项目	贷方金额

与被审计单位的沟通：

参加人员：

被审计单位：

审计项目组：

被审计单位的意见：

结论：

是否同意上述审计调整：

被审计单位授权代表签字： 日期：

表9-3 未更正错报汇总表

序号	内容及说明	索引号	未调整内容				备注
			借方项目	借方金额	贷方项目	贷方金额	

未更正错报的影响：

项目	金 额	百分比	计划百分比
1.总资产			
2.净资产			
3.销售收入			
4.费用总额			
5.毛利			
6.净利润			

结论：

被审计单位授权代表签字： 日期：

三、编制试算平衡表

试算平衡表是审计人员在被审计单位提供未审财务报表的基础上，考虑调整分录、重分类分录等内容以确定已审数与报表披露数的表式。有关资产负债表和利润表的试算平衡表的参考格式见表9-4、表9-5。针对表中项目需要说明几点：

（1）试算平衡表中的"期末未审数"和"审计前金额"列，应根据被审计单位提供的未审计财务报表填列。

（2）试算平衡表中的"账项调整"和"调整金额"列，应根据经被审计单位同意的"账项调整分录汇总表"填列。

（3）试算平衡表中的"重分类调整"列，应根据经被审计单位同意的"重分类调整分录汇总表"填列。

（4）在编制完试算平衡表后，应注意很对相应的勾稽关系。例如，资产负债表试算平衡表左边的"期末未审数"列合计数、"期末审定数"列合计数应分别等于其右边相应各列合计数；资产负债表试算平衡表左边的"账项调整"列中的借方合计数与贷方合计数之差应等于右边的"账项调整"列中的贷方合计数与借方合计数之差；资产负债表试算平衡表左边的"重分类调整"列中的借方合计数与贷方合计数之差等于右边的"重分类调整"列中的贷方合计数与借方合计数之差等。

表9-4　　　　　　　　　　　　资产负债表试算平衡表

被审计单位：＿＿＿＿＿＿＿＿＿＿＿　　索引号：＿＿＿＿＿＿＿＿＿＿＿

项目：＿＿＿＿＿＿＿＿＿＿＿＿　　财务报表截止日/期间：＿＿＿＿＿＿

编制：＿＿＿＿＿＿＿＿＿＿＿＿　　复核：＿＿＿＿＿＿＿＿＿＿＿＿

日期：＿＿＿＿＿＿＿＿＿＿＿＿　　日期：＿＿＿＿＿＿＿＿＿＿＿＿

项目	期末未审数	账项调整		重分类调整		期末审定数	项目	期末未审数	账项调整		重分类调整		期末审定数
		借方	贷方	借方	贷方				借方	贷方	借方	贷方	
货币资金							短期借款						
交易性金融资产							交易性金融负债						
应收票据							应付票据						
应收账款							应付账款						
预付款项							预收款项						
应收利息							应付职工薪酬						
应收股利							应交税费						
其他应收款							应付利息						
存货							应付股利						
一年内到期的非流动资产							其他应付款						
其他流动资产							一年内到期的非流动负债						
可供出售金融资产							其他流动负债						
持有至到期投资							长期借款						
长期应收款							应付债券						
长期股权投资							长期应付款						
投资性房地产							专项应付款						
固定资产							预计负债						
在建工程							递延所得税负债						
工程物资							其他非流动负债						
固定资产清理							实收资本(股本)						
无形资产							资本公积						
开发支出							盈余公积						
商誉							未分配利润						
长期待摊费用													
递延所得税资产													
其他非流动资产													
合计							合计						

表 9-5　　　　　　　　　　　　　利润表试算平衡表

被审计单位:＿＿＿＿＿＿＿＿＿＿＿　　　索引号:＿＿＿＿＿＿＿＿＿＿＿

项目:＿＿＿＿＿＿＿＿＿＿＿　　　　财务报表截止日/期间:＿＿＿＿＿＿＿

编制:＿＿＿＿＿＿＿＿＿＿＿　　　　复核:＿＿＿＿＿＿＿＿＿＿＿

日期:＿＿＿＿＿＿＿＿＿＿＿　　　　日期:＿＿＿＿＿＿＿＿＿＿＿

项　目	审计前金额	调整金额		审定金额
		借方	贷方	
一、营业收入				
减：营业成本				
营业税金及附加				
销售费用				
管理费用				
财务费用				
资产减值损失				
加：公允价值变动收益				
投资收益				
二、营业利润				
加：营业外收入				
减：营业外支出				
三、利润总额				
减：所得税费用				
四、净利润				

四、复核审计工作底稿和财务报表

(一) 对财务报表总体合理性实施分析程序

在审计结束或临近结束时，审计人员运用分析程序的目的是确定经审计调整后的财务报表整体是否与对被审计单位的了解一致，是否具有合理性。审计人员应当围绕这一目的运用分析程序。

在运用分析程序进行总体复核时，如果识别出以前未识别的重大错报风险，审计人员应当重新考虑对全部或部分各类交易、账户余额、披露评估的风险是否恰当，并在此基础上重新评价之前计划的审计程序是否充分，是否有必要追加审计程序。

(二) 评价审计结果

审计人员评价审计结果，主要是为了确定审计意见的类型以及在整个审计工作中是否遵循了审计准则。为此，审计人员必须完成两项工作：一是对重要性和审计风险进行最终的评价；二是对被审计单位已审计财务报表形成审计意见并草拟审计报告。

1.对重要性和审计风险进行最终的评价。

这是审计人员决定发表何种类型审计意见的必要过程。该过程可通过以下两个步骤来完成：

（1）确定可能的错报金额。可能的错报金额包括已经识别的具体错报和推断误差。

（2）根据财务报表层次的重要性水平，确定可能的错报金额的汇总数（即可能错报总额）对整个财务报表的影响程度。应当注意的是：

①这里的"财务报表层次的重要性水平"是指审计计划阶段确定的重要性水平，如果该重要性水平在审计过程中已作过修正，则应当按修正后的财务报表层次重要性水平进行比较。

②这里的可能错报总额一般是指各财务报表项目可能的错报金额的汇总数，但也可能包括上一期间的任何未更正可能错报对本期财务报表的影响。上一期间的未更正可能错报与本期未更正可能错报累计起来，可能会导致本期财务报表产生重大错报。因此，审计人员估计本期的可能错报总额时，应当包括上一期间的未更正可能错报。

审计人员在审计计划阶段已确定了审计风险的可接受水平。随着可能错报总额的增加，财务报表可能被严重错报的风险也会增加。如果审计人员得出结论，审计风险处在一个可接受的水平，则可以直接提出审计结果所支持的意见；如果审计人员认为审计风险不能接受，则应追加审计测试或者说服被审计单位作必要调整，以便将重要错报的风险降低到可接受的水平；否则，审计人员应慎重考虑该审计风险对审计报告的影响。

2.对被审计单位已审计财务报表形成审计意见并草拟审计报告。

在审计过程中，要实施各种测试。这些测试通常是由参与本次审计工作的审计项目组成员来执行的，而每个成员所执行的测试可能只限于某几个领域或账项，所以，在每个业务循环或报表项目的测试都完成之后，审计项目经理应汇总所有成员的审计结果。

在完成审计工作阶段，为了对财务报表整体发表适当的意见，必须将这些分散的审计结果加以汇总和评价，综合考虑在审计过程中收集到的全部证据。负责该审计项目的合伙人对这些工作负有最终责任。在有些情况下，这些工作可以先由审计项目经理初步完成，然后再逐级交给部门经理和项目合伙人认真复核。

在对审计意见形成最后决定之前，会计师事务所通常要与被审计单位召开沟通会。在沟通会上，审计人员可口头报告本次审计所发现的问题，并说明建议被审计单位作必要调整或表外披露的理由。当然，管理层也可以在会上申辩其立场。最后，通常会对需要被审计单位作出的改变达成协议。如达成了协议，审计人员一般即可签发标准审计报告；否则，审计人员则可能不得不发表其他类型的审计意见。审计人员的审计意见是通过审计报告来反映的，下一章将介绍不同类型的审计报告。

3.复核审计工作底稿。

会计师事务所应当建立完善的审计工作底稿分级复核制度。如前所述，对审计工作底稿的复核可分为两个层次：项目组内部复核和独立的项目质量控制复核。

（1）项目组内部复核。项目组内部复核又分为两个层次：项目负责经理的现场复核和项目合伙人的复核。

①项目负责经理的现场复核。由项目负责经理对工作底稿的复核属于第一级复核。该级复核通常在审计现场完成，以便及时发现和解决问题，争取审计工作的主动。

②项目合伙人的复核。项目合伙人对审计工作底稿实施复核是项目组内部最高级别的复核。该复核既是对项目负责经理复核的再监督，也是对重要审计事项的把关。

（2）独立的项目质量控制复核。项目质量控制复核是指在出具报告前，对项目组作出的重大判断和在准备报告时形成的结论作出客观评价的过程。项目质量控制复核也称独立复核。

对审计工作底稿进行独立复核有如下意义：

一是对审计工作结果实施最后质量控制。审计工作的高质量，在于形成审计意见的正确性。审计人员在审计工作中将工作结果和工作过程中的各种情况记录于审计工作底稿中，并据此形成审计意见。若形成的审计意见与工作结果存在矛盾，审计人员的工作就会失去有效性。对签发审计报告前的审计工作底稿进行独立复核，是对审计工作结果实施的最后质量控制，能避免对重大审计问题的遗留或对具体审计工作理解不透彻等情况，从而形成与审计工作结果相一致的审计意见。

二是确认审计工作已达到会计师事务所的工作标准。会计师事务所对开展各项审计工作，都应有明确、统一的标准。但在执行过程中，会计师事务所内不同审计人员的工作质量会有差异，有的甚至可能背离统一的工作标准。因此，必须进行独立复核，严格保持整体审计工作质量的一致性，确认该审计工作已达到会计师事务所的工作标准。

三是消除妨碍审计人员判断的偏见。在审计工作中，常常需要审计人员对各种问题作出专业判断。审计人员可能期望在整个审计过程中保持客观性，但如有大量问题需要解决而又经过长时间的审计，就容易丧失正确的观察能力和判断能力，对一些问题作出不符合事实的审计结论。而进行独立复核，可以消除妨碍审计人员正确判断的偏见，作出符合事实的审计结论。

表9-6是业务执行复核工作核对表的一个范例，供参考。

表9-6　　　　　　　　　　业务执行复核工作核对表

一、项目负责经理复核

复核事项	是/否/不适用	备注
1.是否已复核已完成的审计计划，以及导致对审计计划作出重大修改的事项？		
2.是否已复核重要的财务报表项目？		
3.是否已复核特殊交易或事项，包括债务重组、关联方交易、非货币性交易、或有事项、期后事项、持续经营能力等？		
4.是否已复核重要会计政策、会计估计的变更？		
5.是否已复核重大事项概要？		
6.是否已复核建议调整事项？		
7.是否已复核书面声明书、股东大会、董事会相关会议纪要，与客户的沟通记录及重要会谈记录，律师询证函复函？		
8.是否已复核审计总结？		
9.是否已复核已审计财务报表和拟出具的审计报告？		
10.实施上述复核后，是否可以确定下列事项： （1）审计工作底稿提供了充分、适当的记录，作为审计报告的基础； （2）已按照审计准则的规定执行了审计工作； （3）对重大错报风险的评估及采取的应对措施是恰当的，针对存在特别风险的审计领域，设计并实施了针对性的审计程序，且得出了恰当的审计结论； （4）作出的重大判断恰当合理； （5）提出的建议调整事项恰当，相关调整分录正确； （6）未更正错报无论是单独还是汇总起来对财务报表整体均不具有重大影响； （7）已审计财务报表的编制符合企业会计准则的规定，在所有重大方面公允反映了被审计单位的财务状况、经营成果和现金流量； （8）拟出具的审计报告措辞恰当，已按照审计准则的规定发表了恰当的审计意见。		

签字：_____　　日期：_____

二、项目合伙人复核

复核事项	是/否/不适用	备注
1.是否已复核已完成的审计计划，以及导致对审计计划作出重大修改的事项？		
2.是否已复核重大事项概要？		
3.是否已复核存在特别风险的审计领域，以及项目组采取的应对措施？		
4.是否已复核项目组作出的重大判断？		
5.是否已复核建议调整事项？		
6.是否已复核书面声明书、股东大会、董事会相关会议纪要，与客户的沟通记录及重要会议记录，律师询证函复函？		
7.是否已复核审计总结？		
8.是否已复核已审计财务报表和拟出具的审计报告？		
9.实施上述复核后，是否可以确定？		
（1）对项目负责经理实施的复核结果满意；		
（2）对重大错报风险的评估及采取的应对措施是恰当的，针对存在特别风险的审计领域，设计并实施了针对性的审计程序，且得出了恰当的审计结论；		
（3）项目组作出的重大判断恰当合理；		
（4）提出的建议调整事项恰当合理，未更正错报无论是单独还是汇总起来对财务报表整体均不具有重大影响；		
（5）已审计财务报表的编制符合企业会计准则的规定，在所有重大方面公允反映了被审计单位的财务状况、经营成果和现金流量；		
（6）拟出具的审计报告措辞恰当，已按照审计准则的规定发表了恰当的审计意见。		

签字：_____　　　日期：_____

三、项目质量控制复核

复核事项 　　（由独立的项目质量控制复核人员进行复核，项目质量控制复核适用于上市公司财务报表审计或会计师事务所按有关规定确定的其他类型审计业务）	是/否/不适用	备注
1.项目质量控制复核之前进行的复核是否均已得到满意的执行？		
2.是否已复核项目组针对本业务对本所独立性作出的评价，并认为该评价是恰当的？		
3.是否已复核项目组在审计过程中识别的特别风险以及采取的应对措施，包括项目组对舞弊风险的评估及采取的应对措施，认为项目组作出的判断和应对措施是恰当的？		
4.是否已复核项目组作出的判断，包括关于重要性和特别风险的判断，认为这些判断恰当合理？		
5.是否确定项目组已就存在的意见分歧、其他疑难问题或争议事项进行适当咨询，且咨询得出的结论是恰当的？		
6.是否已复核审计过程中识别的已更正和未更正错报的重要程度及处理情况？		
7.是否已复核项目组与管理层和治理层沟通的记录以及拟与其沟通的事项，对沟通情况表示满意？		
8.是否认为所复核的审计工作底稿反映了项目组针对重大判断执行的工作能够支持得出的结论？		
9.是否已复核已审计财务报表和拟出具的审计报告，认为已审计财务报表符合企业会计准则的规定，拟出具的审计报告已按照审计准则的规定发表了恰当的审计意见？		

　　签字：＿＿＿＿＿＿＿＿＿＿＿＿＿＿　　日期：＿＿＿＿＿＿＿＿＿＿＿＿

五、评价独立性和道德问题

注册会计师评价审计结果时还需要评价独立性和道德等方面的问题。审计准则要求项目合伙人应当考虑项目组成员是否遵守职业道德规范，在整个审计过程中对项目组成员违反职业道德规范的迹象保持警惕，并就审计业务的独立性是否得到遵守形成结论。为此，项目合伙人应该：

（1）从会计师事务所或网络事务所获取相关信息，以识别、评价对独立性产生不利影响的情形。

（2）评价已识别的违反会计师事务所独立性政策和程序的情况，以确定是否对审计业务的独立性产生不利影响。

（3）采取适当的防护措施以消除对独立性产生的不利影响，或将其降至可接受的水平。对未能解决的事项，项目合伙人应当立即向事务所报告，以便事务所采取适当的行动。

（4）记录与独立性有关的结论，以及事务所内部支持这一结论的相关讨论情况。

在签署审计报告前，项目合伙人应当确信，审计过程中产生的所有独立性和道德问题已经完全得到解决，并与《中国注册会计师审计准则第1121号——对财务报表审计实施的质量控制》和《中国注册会计师职业道德守则》的独立性要求一致。

复习思考题

1. 或有事项的审计程序有哪些？

2. 什么是期后事项？期后事项分为哪两种类型？

3. 审计人员应如何处理审计报告日前后识别的期后事项？

4. 持续经营假设的审计结果对注册会计师出具审计报告有何影响？

5. 什么是书面声明？它对注册会计师搜集审计证据、发表审计意见有何影响？

6. 当审计人员发现财务报表所附的信息和年度报告中的其他信息存在重大不一致的时候应当如何处理？

7. 签发审计报告前应当如何评价审计结果？

第十章　审计报告

学习目标

1.掌握审计报告的概念；

2.了解审计报告的基本要素；

3.掌握非标准审计报告的概念和类型；

4.掌握比较信息的含义及其在审计报告中的处理；

5.掌握其他信息的内涵及注册会计师对于其他信息的责任。

审计报告是审计人员完成审计工作的最终产品，是对被审计单位财务报表发表审计意见的书面文件，是审计人员履行审计责任的书面证明，审计报告具有法律效力。所以，如何编写审计报告，表达审计意见，是审计人员履行审计责任的关键（本章所述审计报告主要以注册会计师审计为例说明）。

第一节　标准无保留意见审计报告

一、审计报告概念及特征

审计报告是指注册会计师根据中国注册会计师审计准则的规定，在实施审计工作的基础上对被审计单位财务报表发表审计意见的书面文件。审计报告是注册会计师在完成审计工作后向委托人提交的最终产品。审计报告的形成通常具有以下特征：

（一）注册会计师按照中国注册会计师审计准则的规定执行审计工作

审计准则是用以规范注册会计师执行审计业务的标准，包括一般原则与责任、风险评估与应对、审计证据、利用其他主体的工作、审计结论与报告以及特殊领域审计等六个方面的内容。审计准则涵盖了注册会计师执行审计业务的始终。

（二）注册会计师只有在实施了审计工作的基础上才能出具审计报告

注册会计师应当实施风险评估程序，以此作为评估财务报表层次和认定层次重大错报风险的基础。风险评估程序本身并不足以为发表审计意见提供充分、适当的审计证据，注册会计师还应当实施进一步审计程序，包括实施控制测试（必要时或决定测试时）和实质性程序。注册会计师通过实施上述审计程序，获取充分、适当的审计证据，得出合理的审计结论，作为形成审计意见的基础。

（三）注册会计师通过对财务报表发表意见履行业务约定书约定的责任

财务报表审计的目标是注册会计师通过执行审计工作，对财务报表的合法性和公允性发表审计意见。被审财务报表是按照通用目的编制基础编制的财务报表，包括相关附注（相关附注通常包括重要会计政策概要和其他解释性信息）。在实施审计工作的基础上，注册会计师需要对财务报表形成审计意见，并向委托人提交审计报告。

（四）注册会计师应当以书面形式出具审计报告

审计报告具有特定的要素和格式，注册会计师只有以书面形式出具报告，才能清楚表达对财务报表发表的审计意见。注册会计师签发的审计报告，具有鉴证、保护和证明三方面的作用。

二、标准无保留意见审计报告的形成

审计报告可以分为两大类型：标准审计报告和非标准审计报告。标准审计报告是指注册会计师出具的不附加说明段、强调事项段或任何修饰性用语的无保留意见的审计报告，即标准无保留意见审计报告，非标准审计报告将在下节阐述。

注册会计师应当评价根据审计证据得出的结论，以作为对财务报表形成审计意见的基础。在确定对财务报表形成标准无保留意见与否时，注册会计师应当根据已获取的审计证据，评价是否已就财务报表整体不存在由于舞弊或错误导致的重大错报获取了合理保证。为此，注册会计师应当考虑：

（一）评价是否已获取充分、适当的审计证据

按照《中国注册会计师审计准则第1231号——针对评估的重大错报风险采取的应对措施》的规定，是否已获取充分、适当的审计证据。

（二）评价审计中识别出的错报

按照《中国注册会计师审计准则第1251号——评价审计过程中识别出的错报》的规定，未更正错报单独或汇总起来是否构成重大错报。

（三）评价财务报表是否在所有重大方面按照适用的财务报告编制基础编制

注册会计师应当评价财务报表是否在所有重大方面按照适用的财务报告编制基础编制。在评价时，注册会计师应当考虑被审计单位会计实务的质量，包括表明管理层的判断可能出现偏向的迹象。

（四）依据适用的财务报告编制基础特别评价一些内容

注册会计师应当依据适用的财务报告编制基础特别评价一些内容。特别评价内容包括：

（1）财务报表是否充分披露了选择和运用的重要会计政策；

（2）选择和运用的会计政策是否符合适用的财务报告编制基础，并适合于被审计单位的具体情况；

（3）管理层作出的会计估计是否合理；

（4）财务报表列报的信息是否具有相关性、可靠性、可比性和可理解性；

（5）财务报表是否作出充分披露，使财务报表预期使用者能够理解重大交易和事项对财务报表所传递的信息的影响；

（6）财务报表使用的术语（包括每一财务报表的标题）是否适当。

（五）评价财务报表是否实现公允反映

在评价财务报表是否实现公允反映时，注册会计师应当考虑下列内容：

（1）财务报表的整体列报、结构和内容是否合理；

（2）财务报表（包括相关附注）是否公允地反映了相关交易和事项。

（六）评价财务报表是否恰当提及或说明适用的财务报告编制基础

注册会计师应当评价财务报表是否恰当提及或说明适用的财务报告编制基础。

注册会计师对以上各方面评价之后，如果认为财务报表在所有重大方面按照适用的财务报告编制基础编制并实现公允反映，注册会计师应当发表标准无保留意见。

三、标准无保留意见审计报告的要素及格式

（一）标准无保留意见审计报告的要素

审计报告的要素是指审计报告的组成部分，一般地，审计报告要素有：标题、收件人、引言段、管理层对财务报表的责任段、注册会计师的责任段、审计意见段、注册会计师的签名和盖章以及会计师事务所的名称、地址及盖章、审计报告日期，这也构成标准无保留意见审计报告的要素。

1.标题

标准无保留意见审计报告的标题一般统一规范为"审计报告"。

考虑到这一标题已广为社会公众所接受，因此，我国注册会计师出具的审计报告中标题没有包含"独立"两个字，但注册会计师在执行财务报表审计业务时，应当遵守独立性的要求。

2.收件人

标准无保留意见审计报告的收件人是指注册会计师按照业务约定书的要求报送审计报告的对象，一般是指审计业务的委托人。审计报告应当载明收件人的全称。

注册会计师应当与委托人在业务约定书中约定报送审计报告的对象，以防止在此问题上发生分歧或审计报告被委托人滥用。针对整套通用目的财务报表出具的审计报告，审计报告的报送对象通常为被审计单位的全体股东或董事会。

收件人表述举例如下："ABC股份有限公司全体股东"，或"ABC股份有限公司董事会"，或"ABC股份有限公司全体股东及董事会"。

3.引言段

标准无保留意见审计报告的引言段一般需要说明被审计单位的名称和财务报表已经过审计，通常包括下列内容：

（1）指出被审计单位的名称；

（2）说明财务报表已经审计；

（3）指出构成整套财务报表的每一财务报表的名称；

（4）提及财务报表附注，包括重要会计政策概要和其他解释性信息；

（5）指明构成整套财务报表的每一财务报表的日期或涵盖的期间。

引言段举例如下：

"我们审计了后附的ABC股份有限公司（以下简称ABC公司）财务报表，包括

2014年12月31日的资产负债表，2014年度的利润表、股东权益变动表和现金流量表以及财务报表附注。"

4.管理层对财务报表的责任段

标准无保留意见审计报告应当包含标题为"管理层对财务报表的责任"的段落。管理层对财务报表的责任段应当说明，编制财务报表是管理层的责任。这种责任包括：

（1）按照适用的财务报告编制基础编制财务报表，并使其实现公允反映；

（2）设计、执行和维护必要的内部控制，以使财务报表不存在由于舞弊或错误导致的重大错报。

在审计报告中指明管理层的责任，有利于区分管理层和注册会计师的责任，降低财务报表使用者误解注册会计师责任的可能性。

管理层对财务报表的责任段举例如下：

"按照企业会计准则和《××会计制度》的规定编制财务报表是ABC公司管理层的责任，这种责任包括：（1）按照适用的财务报告编制基础编制财务报表，并使其实现公允反映；（2）设计、执行和维护必要的内部控制，以使财务报表不存在由于舞弊或错误导致的重大错报。"

5.注册会计师的责任段

标准无保留意见审计报告应当包含标题为"注册会计师的责任"的段落。在标准无保留意见审计报告的注册会计师责任段中应当说明下列内容：

（1）注册会计师的责任是在执行审计工作的基础上对财务报表发表审计意见。

（2）注册会计师按照中国注册会计师审计准则的规定执行了审计工作。中国注册会计师审计准则要求注册会计师遵守中国注册会计师职业道德守则，计划和执行审计工作以对财务报表是否不存在重大错报获取合理保证。

（3）审计工作涉及实施审计程序，以获取有关财务报表金额和披露的审计证据。选择的审计程序取决于注册会计师的判断，包括对由于舞弊或错误导致的财务报表重大错报风险的评估。在进行风险评估时，注册会计师考虑与财务报表编制和公允列报相关的内部控制，以设计恰当的审计程序，但目的并非对内部控制的有效性发表意见。审计工作还包括评价管理层选用会计政策的恰当性和作出会计估计的合理性，以及评价财务报表的总体列报。

（4）注册会计师相信获取的审计证据是充分、适当的，为其发表审计意见提供了基础。

如果结合财务报表审计对内部控制的有效性发表意见，注册会计师应当删除第（3）项中"但目的并非对内部控制的有效性发表意见"的措辞。

理解注册会计师的责任段内容时，应当注意以下几点：

第一段内容阐明注册会计师的责任、注册会计师执行审计业务的标准以及审计准则对注册会计师提出的核心要求。同时向财务报表使用者说明，注册会计师应当计划和实施审计工作以对财务报表是否不存在重大错报获取合理保证。不存在重大错报是指注册会计师认为已审计的财务报表不存在影响财务报表使用者决策的错报。合理保证是指注册会计师通过不断修正的、系统的执业过程，获取充分、适当的审计证据，对财务报表整体发表审计意见，提供的是一种高水平但非绝对的保证。

第二段内容阐明注册会计师执行审计工作的主要过程，包括运用职业判断实施风险评估程序，控制测试（必要时或决定测试时）以及实质性程序。同时向财务报表使用者说明，注册会计师的审计是建立在风险导向审计基础上的。在进行风险评估时，注册会计师考虑与财务报表编制和公允列报相关的内部控制，以设计恰当的审计程序，但目的并非对内部控制的有效性发表意见。因此，审计报告对内部控制不提供任何保证。

第三段内容阐明注册会计师通过实施审计工作，获取了充分、适当的审计证据，具备了发表审计意见的基础。

注册会计师的责任段举例如下：

"我们的责任是在实施审计工作的基础上对财务报表发表审计意见。我们按照中国注册会计师审计准则的规定执行了审计工作。中国注册会计师审计准则要求我们遵守职业道德规范，计划和实施审计工作以对财务报表是否不存在重大错报获取合理保证。

审计工作涉及实施审计程序，以获取有关财务报表金额和披露的审计证据。选择的审计程序取决于注册会计师的判断，包括对由于舞弊或错误导致的财务报表重大错报风险的评估。在进行风险评估时，我们考虑与财务报表编制和公允列报相关的内部控制，以设计恰当的审计程序，但目的并非对内部控制的有效性发表意见。审计工作还包括评价管理层选用会计政策的恰当性和作出会计估计的合理性，以及评价财务报表的总体列报。

我们相信，我们获取的审计证据是充分、适当的，为发表审计意见提供了基础。"

6.审计意见段

标准无保留意见审计报告应当包含标题为"审计意见"的段落。财务报表审计的目标是注册会计师通过执行审计工作，对财务报表在所有重大方面是否按照适用的财务报告编制基础（如企业会计准则等）编制并实现公允反映发表审计意见。因此，当注册会计师完成审计工作，获取了充分、适当的审计证据，应当就上述内容对财务报表发表审计意见。

注册会计师如果认为财务报表符合下列所有条件，应当出具无保留意见的审计报告：（1）财务报表已经按照适用的会计准则和相关会计制度的规定编制，在所有重大方面公允反映了被审计单位的财务状况、经营成果和现金流量；（2）注册会计师已经按照中国注册会计师审计准则的规定计划和实施审计工作，在审计过程中未受到限制。

当出具标准无保留意见的审计报告时，注册会计师应当以"我们认为"作为意见段的开头，并使用"在所有重大方面"、"公允反映"等术语。

标准无保留意见审计报告意味着注册会计师通过实施审计工作，认为被审计单位财务报表的编制符合合法性和公允性的要求，合理保证财务报表不存在重大错报。标准无保留意见审计报告的意见段举例如下：

"我们认为，ABC公司财务报表在所有重大方面按照企业会计准则和《××会计制度》的规定编制，公允反映了ABC公司2014年12月31日的财务状况以及2014年度的经营成果和现金流量。"

7.注册会计师的签名和盖章

审计报告应当由注册会计师签名并盖章。注册会计师在标准无保留意见审计报告上签名并盖章，有利于明确法律责任。《财政部关于注册会计师在审计报告上签名盖章有关问题的通知》明确规定：会计师事务所应当建立健全全面质量控制政策与程序以及各审计项目的质量控制程序，严格按照有关规定和本通知的要求在审计报告上签名盖章；审计报告应当由两名具备相关业务资格的注册会计师签名盖章并经会计师事务所盖章方为有效。合伙会计师事务所出具的审计报告，应当由一名对审计项目负最终复核责任的合伙人和一名负责该项目的注册会计师签名盖章。有限责任会计师事务所出具的审计报告，应当由会计师事务所主任会计师或其授权的副主任会计师和一名负责该项目的注册会计师签名盖章。

8.会计师事务所的名称、地址和盖章

审计报告应当载明会计师事务所的名称和地址，并加盖会计师事务所公章。

根据《中华人民共和国注册会计师法》的规定，注册会计师承办业务，由其所在的会计师事务所统一受理并与委托人签订委托合同。因此，标准无保留意见审计报告除了应由注册会计师签名并盖章外，还应载明会计师事务所的名称和地址，并加盖会计师事务所公章。

9.审计报告日期

审计报告应当注明报告日期。审计报告的日期不应早于注册会计师获取充分、适当的审计证据，并在此基础上对财务报表形成审计意见的日期。注册会计师在确定审计报告日期时，应当确信已获取下列两方面的审计证据：

（1）构成整套财务报表的所有报表（包括相关附注）已编制完成；

（2）被审计单位的董事会、管理层或类似机构已经认可其对财务报表负责。

审计报告的日期非常重要。注册会计师对不同时段的资产负债表日后事项有着不同的责任，而审计报告的日期是划分时段的关键时点。在实务中，注册会计师在正式签署审计报告前，通常把审计报告草稿和已审计财务报表草稿一同提交给管理层。如果管理层批准并签署已审计财务报表，注册会计师即可签署审计报告。注册会计师签署审计报告的日期通常与管理层签署已审计财务报表的日期为同一天，或晚于管理层签署已审计财务报表的日期。在审计报告日期晚于管理层签署已审计财务报表日期时，注册会计师应当获取自管理层声明书日到审计报告日期之间的进一步审计证据，如补充的管理层声明书。

（二）标准无保留意见审计报告的格式

标准无保留意见审计报告的参考格式如下：

审计报告

ABC 股份有限公司全体股东：

我们审计了后附的 ABC 股份有限公司（以下简称 ABC 公司）财务报表，包括 2014 年 12 月 31 日的资产负债表，2014 年度的利润表、股东权益变动表和现金流量表以及财务报表附注。

一、管理层对财务报表的责任

按照企业会计准则和《××会计制度》的规定编制财务报表是 ABC 公司管理层的责任。这种责任包括：（1）按照适用的财务报告编制基础编制财务报表，并使其实现公允反映；（2）设计、执行和维护必要的内部控制，以使财务报表不存在由于舞弊或错误导致的重大错报。

二、注册会计师的责任

我们的责任是在实施审计工作的基础上对财务报表发表审计意见。我们按照中国注册会计师审计准则的规定执行了审计工作。中国注册会计师审计准则要求我们遵守职业道德规范，计划和实施审计工作以对财务报表是否不存在重大错报获取合理保证。

审计工作涉及实施审计程序，以获取有关财务报表金额和披露的审计证据。选择的审计程序取决于注册会计师的判断，包括对由于舞弊或错误导致的财务报表重大错报风险的评估。在进行风险评估时，我们考虑与财务报表编制和公允列报相关的内部控制，以设计恰当的审计程序，但目的并非对内部控制的有效性发表意见。审计工作还包括评价管理层选用会计政策的恰当性和作出会计估计的合理性，以及评价财务报表的总体列报。

我们相信，我们获取的审计证据是充分、适当的，为发表审计意见提供了基础。

三、审计意见

我们认为，ABC 公司财务报表在所有重大方面按照企业会计准则和《××会计制度》的规定编制，公允反映了 ABC 公司 2014 年 12 月 31 日的财务状况以及 2014 年度的经营成果和现金流量。

<table>
<tr><td>××会计师事务所</td><td>中国注册会计师：×××（签名并盖章）</td></tr>
<tr><td>（盖章）</td><td>中国注册会计师：×××（签名并盖章）</td></tr>
<tr><td>中国××市</td><td>二○一五年三月二十日</td></tr>
</table>

第二节　　非标准审计报告

非标准审计报告，是指标准审计报告以外的其他审计报告，包括带强调事项段或其他事项段的无保留意见的审计报告和非无保留意见的审计报告。非无保留意见的审计报告包括保留意见的审计报告、否定意见的审计报告和无法表示意见的审计报告。

一、带强调事项段或其他事项段的无保留意见审计报告

如果认为必要，注册会计师可以在审计报告中提供以下补充信息，以提醒使用者关注：①尽管已在财务报表中列报或披露，但对使用者理解财务报至关重要的事项；②未在财务报表中列报或披露，但与使用者理解审计工作、注册会计师的责任或审计报告相关的事项。

（一）强调事项段和其他事项段的内涵

1.强调事项段

强调事项段是指审计报告中含有的用于提及已在财务报表中恰当列报或披露，同时根据注册会计师的职业判断对财务报表使用者理解财务报表至关重要的事项的一个段落。在审计过程中，如果注册会计师认为有必要提醒财务报表使用者关注已在财务报表中列报或披露，且根据职业判断认为对财务报表使用者理解财务报表至关重要的事项，注册会计师在已获取充分、适当的审计证据证明该事项在财务报表中不存在重大错报的条件下，应当在审计报告中增加强调事项段。强调事项段应当仅提及已在财务报表中列报或披露的信息。

2.其他事项段

其他事项段，是指审计报告中含有的一个段落，该段落提及未在财务报表中列报或披露的事项，根据注册会计师的职业判断，该事项与财务报表使用者理解审计工作、注册会计师的责任或审计报告相关。

对于未在财务报表中列报或披露，但根据职业判断认为与财务报表使用者理解审计工作、注册会计师的责任或审计报告相关且未被法律法规禁止的事项，如果认为有必要沟通，注册会计师应当在审计报告中增加其他事项段，并使用"其他事项"或其他适当标题。注册会计师应当将其他事项段紧接在审计意见段和强调事项段（如有）之后。如果其他事项段的内容与其他报告责任部分相关，这一段落也可以置于审计报告的其他位置。

需要指出的是，如果拟在审计报告中增加强调事项段或其他事项段，注册会计师应当就该事项和拟使用的措辞与治理层沟通。

（二）审计报告中增加强调事项段的情形

强调事项应当同时符合以下两个条件：一是可能对财务报表产生重大影响，但被审计单位进行了恰当的会计处理，且在财务报表中作出充分披露；二是不影响注册会计师发表的审计意见。在出现以下情形时，注册会计师可以考虑增加强调事项段：

1.对持续经营能力产生重大疑虑

当被审计单位存在可能导致对持续经营能力产生重大疑虑的事项或情况但不影响已发表的审计意见时，注册会计师应当在审计意见段之后增加强调事项段对此予以强调。注册会计师针对被审计单位持续经营能力增加强调事项段时，应当遵守

《中国注册会计师审计准则第1324号——持续经营》的相关要求。如果注册会计师认为运用持续经营假设适合具体情况，但存在重大不确定性，注册会计师应当确定：①财务报表是否已充分描述可能导致对持续经营能力产生重大疑虑的主要事项或情况，以及管理层针对这些事项或情况的应对计划；②财务报表是否已清楚披露可能导致对持续经营能力产生重大疑虑的事项或情况存在重大不确定性，并由此导致被审计单位可能无法在正常的经营过程中变现资产和清偿债务。

如果财务报表已对对持续经营能力产生重大疑虑的主要事项或情况作出充分披露，注册会计师应当出具无保留意见的审计报告，并在审计报告中增加强调事项段，以强调可能导致对持续经营能力产生重大疑虑的事项或情况存在重大不确定性的事实，并提醒财务报表使用者关注财务报表附注中对上述事项的披露。

2.存在期后事项

如果存在期后事项，注册会计师应遵守《中国注册会计师审计准则第1332号——期后事项》的相关要求。在审计报告日后至财务报表报出日前，如果注册会计师知悉了某事实，且若在审计报告日知悉该期后事项可能导致修改审计报告，注册会计师应当与管理层和治理层（如适用）讨论该期后事项，确定财务报表是否需要修改。如果管理层修改财务报表，注册会计师应当根据具体情况对有关修改实施必要的审计程序。

在有关法律法规或适用的财务报告编制基础未禁止的情况下，如果管理层对财务报表的修改仅限于反映导致修改的期后事项的影响，被审计单位的董事会、管理层或类似机构也仅对有关修改进行批准，注册会计师可以将对该期后事项的审计程序延伸至新的审计报告日。在这种情况下，注册会计师选择出具新的或经修改的审计报告，并应当在新的或经修改的审计报告中增加强调事项段或其他事项段，说明注册会计师对期后事项实施的审计程序仅限于财务报表相关附注所述的修改，提醒财务报表使用者关注财务报表附注中有关修改原财务报表的详细原因和注册会计师提供的原审计报告。

除此之外，注册会计师对特殊目的财务报表出具的审计报告也应增加强调事项段，该强调事项段应置于适当的标题下，以提醒审计报告使用者关注财务报表按照特殊目的编制基础编制，因此，财务报表可能不适用于其他目的，该内容具体将在第十三章第一节中阐述，在此不再赘述。

（三）带强调事项段的无保留意见审计报告的要素

带强调事项段的无保留意见审计报告的要素除包括标准审计报告的要素外，还应包含强调事项段。出具带强调事项段的无保留意见审计报告时，注册会计师应当将强调事项段紧接在审计意见段之后，使用"强调事项"或其他适当标题，明确提及被强调事项以及相关披露的位置，以便信息使用者能够在财务报表中找到对该事项的详细描述，提醒他们关注额外披露，并应指出审计意见没有因该强调事项而改变。

二、非无保留意见的审计报告

前已述及，非无保留意见的审计报告包括保留意见的审计报告、否定意见的审计报告和无法表示意见的审计报告。《中国注册会计师审计准则第1502号——在审计报告中发表非无保留意见》第七条规定，当存在下列情形之一时，注册会计师应当在审计报告中发表非无保留意见：①根据获取的审计证据，得出财务报表整体存在重大错报的结论；②无法获取充分、适当的审计证据，不能得出财务报表整体不存在重大错报的结论。

（一）非无保留意见审计报告中的说明段

如果对财务报表发表非无保留意见，除在审计报告中包含《中国注册会计师审计准则第1501号——对财务报表形成审计意见和出具审计报告》规定的审计报告要素外，注册会计师还应当直接在审计意见段之前增加一个说明段，并使用恰当的标题，如"导致保留意见的事项"、"导致否定意见的事项"或"导致无法表示意见的事项"，以说明导致发表非无保留意见的事项。

1.因不同类型重大错报而导致的非无保留意见审计报告中的说明段

（1）与具体金额（包括定量披露）相关的重大错报。如果财务报表中存在与具体金额（包括定量披露）相关的重大错报，注册会计师应当在导致非无保留意见的事项段中说明并量化该错报的财务影响。如果无法量化财务影响，注册会计师应当在导致非无保留意见的事项段中说明这一情况。

（2）与叙述性披露相关的重大错报。如果财务报表中存在与叙述性披露相关的重大错报，注册会计师应当在导致非无保留意见的事项段中解释该错报错在何处。

（3）与应披露而未披露信息相关的重大错报。如果财务报表中存在与应披露而未披露信息相关的重大错报，注册会计师应当与治理层讨论未披露信息的情况，同时在导致非无保留意见的事项段中描述未披露信息的性质。如果可行并且已针对未披露信息获取了充分、适当的审计证据，注册会计师应在导致非无保留意见的事项段中包含对未披露信息的披露，除非法律禁止。

2.因无法获取充分、适当的审计证据而导致的非无保留意见审计报告中的说明段

如果注册会计师因无法获取充分、适当的审计证据而导致出具非无保留意见的审计报告，注册会计师应在意见段之前增加说明段，说明无法获取审计证据的原因。

（二）确定非无保留意见审计报告的类型

非无保留意见的审计报告包括保留意见的审计报告、否定意见的审计报告和无法表示意见的审计报告。不同类型的非无保留审计报告，其确定条件不同。

注册会计师确定恰当的非无保留意见类型，取决于下列事项：①导致非无保留意见的事项的性质，是财务报表存在重大错报，还是在无法获取充分、适当的审计证据的情况下，财务报表可能存在重大错报；②注册会计师就导致非无保留意见的事项对财务报表产生或可能产生影响的广泛性作出的判断。广泛性是描述错报影响的术语，用以说明错报对财务报表的影响，或者由于无法获取充分、适当的审计证据而未发现的错报（如存在）对财务报表可能产生的影响。根据注册会计师的判

断，对财务报表的影响具有广泛性的情形包括三种情形：其一，不限于对财务报表的特定要素、账户或项目产生影响；其二，虽然仅对财务报表的特定要素、账户或项目产生影响，但这些要素、账户或项目是或可能是财务报表的主要组成部分；其三，当与披露相关时，产生的影响对财务报表使用者理解财务报表至关重要。

在发表非无保留意见时，注册会计师应当对审计意见段使用恰当的标题，如"保留意见"、"否定意见"或"无法表示意见"。

1. 保留意见的审计报告

当存在下列情形之一时，注册会计师应当发表保留意见：

（1）发现的错报单独或累计起来对财务报表影响重大但不具有广泛性。在获取充分、适当的审计证据后，如果注册会计师认为错报单独或累计起来对财务报表影响重大但不具有广泛性，则可以发表保留意见。

（2）无法获取充分、适当的审计证据可能对财务报表产生的影响重大但不具有广泛性。在承接审计业务后，如果注册会计师注意到被审计单位管理层对审计范围施加了限制，注册会计师应当要求管理层消除这些限制。如果管理层拒绝消除这些限制，除非治理层全部成员参与管理被审计单位，注册会计师应当就此事项与治理层沟通，并确定能否实施替代程序以获取充分、适当的审计证据。如果无法获取充分、适当的审计证据，且注册会计师认为未发现的错报（如存在）可能对财务报表产生的影响重大但不具有广泛性，注册会计师应当发表保留意见。

当由于财务报表存在重大错报而发表保留意见时，注册会计师应当根据适用的财务报告编制基础在审计意见段中说明：注册会计师认为，除了导致保留意见的事项段所述事项产生的影响外，财务报表在所有重大方面按照适用的财务报告编制基础编制，并实现公允反映。而当因无法获取充分、适当的审计证据而导致发表保留意见时，注册会计师应当在审计意见段中使用"除……可能产生的影响外"等措辞。

2. 否定意见的审计报告

在获取充分、适当的审计证据后，如果注册会计师认为错报单独或累计起来对财务报表的影响重大且具有广泛性，则应当出具否定意见的审计报告。

《中国注册会计师审计准则第1502号——在审计报告中发表非无保留意见》第二十五条规定，当发表否定意见时，注册会计师应当根据适用的财务报告框架在审计意见段中说明：注册会计师认为，由于导致否定意见的事项段所述事项的重要性，财务报表没有在所有重大方面按照适用的财务报告编制基础编制，未能实现公允反映。

3. 无法表示意见的审计报告

《中国注册会计师审计准则第1502号——在审计报告中发表非无保留意见》第十条规定，如果注册会计师无法获取充分、适当的审计证据以作为形成审计意见的基础，但认为未发现的错报（如存在）对财务报表可能产生的影响重大且具有广泛性，应当出具无法表示意见的审计报告。

在承接审计业务后，如果注册会计师因审计范围受到限制而无法获取充分、适当的审计证据，且注册会计师认为未发现的错报（如存在）可能对财务报表产生的影响重大且具有广泛性，注册会计师应当在可行时解除业务约定（除非法律法规禁止）。如果在出具审计报告之前解除业务约定被禁止或不可行，注册会计师则应发表无法表示意见。

在极其特殊的情况下，可能存在多个不确定事项。尽管注册会计师对每个单独的不确定事项获取了充分、适当的审计证据，但由于不确定事项之间可能存在相互影响，以及可能对财务报表产生累积影响，注册会计师不可能对财务报表形成审计意见。在这种情况下，注册会计师应当发表无法表示意见。

无法表示意见不同于否定意见，它仅适用于注册会计师在审计过程中审计范围严重受限。当由于审计范围的严重限制而无法获取充分、适当的审计证据因此而出具无法表示意见的审计报告时，注册会计师应当删除注册会计师的责任段，并在意见段中使用"由于审计范围受到限制可能产生的影响非常重大和广泛，我们无法对上述财务报表发表意见"等术语。

三、非标准审计报告的参考格式

各类非标准审计报告的参考格式如下：

1.带强调事项段的无保留意见审计报告参考格式

审计报告

ABC股份有限公司全体股东：

我们审计了后附的ABC股份有限公司（以下简称ABC公司）财务报表，包括2014年12月31日的资产负债表，2014年度的利润表、股东权益变动表和现金流量表以及财务报表附注。

一、管理层对财务报表的责任

按照企业会计准则和《××会计制度》的规定编制财务报表是ABC公司管理层的责任。这种责任包括：（1）按照适用的财务报告编制基础编制财务报表，并使其实现公允反映；（2）设计、执行和维护必要的内部控制，以使财务报表不存在由于舞弊或错误导致的重大错报。

二、注册会计师的责任

我们的责任是在实施审计工作的基础上对财务报表发表审计意见。我们按照中国注册会计师审计准则的规定执行了审计工作。中国注册会计师审计准则要求我们遵守职业道德规范，计划和实施审计工作以对财务报表是否不存在重大错报获取合理保证。

审计工作涉及实施审计程序，以获取有关财务报表金额和披露的审计证据。选择的审计程序取决于注册会计师的判断，包括对由于舞弊或错误导致的财务报表重大错报风险的评估。在进行风险评估时，我们考虑与财务报表编制和公允列报相关的内部控制，以设计恰当的审计程序，但目的并非对内部控制的有效性发表意见。审计工作还包括评价管理层选用会计政策的恰当性和作出会计估计的合理性，以及评价财务报表的总体列报。

我们相信，我们获取的审计证据是充分、适当的，为发表审计意见提供了基础。

三、审计意见

我们认为，ABC公司财务报表在所有重大方面按照企业会计准则和《××会计制度》的规定编制，公允反映了ABC公司2014年12月31日的财务状况以及2014年度的经营成果和现金流量。

四、强调事项

我们提醒财务报表使用者关注，如财务报表附注15所述，ABC公司在2014年发生亏损2 000万元，在2014年12月31日，流动负债高于流动资产总额5 000万元。ABC公司已在财务报表附注15充分披露了拟采取的改善措施，但其持续经营能力仍然存在重大不确定性。本段内容不影响已发表的审计意见。

××会计师事务所	中国注册会计师：×××（签名并盖章）
（盖章）	中国注册会计师：×××（签名并盖章）
中国××市	二〇一五年三月二十日

2.保留意见审计报告的参考格式（审计范围受到限制）

审计报告

ABC股份有限公司全体股东：

我们审计了后附的ABC股份有限公司（以下简称ABC公司）财务报表，包括2014年12月31日的资产负债表，2014年度的利润表、股东权益变动表和现金流量表以及财务报表附注。

一、管理层对财务报表的责任

按照企业会计准则和《××会计制度》的规定编制财务报表是ABC公司管理层的责任。这种责任包括：（1）按照适用的财务报告编制基础编制财务报表，并使其实现公允反映；（2）设计、执行和维护必要的内部控制，以使财务报表不存在由于舞弊或错误导致的重大错报。

二、注册会计师的责任

我们的责任是在实施审计工作的基础上对财务报表发表审计意见。除本报告"三、导致保留意见的事项"所述事项外，我们按照中国注册会计师审计准则的规定执行了审计工作。中国注册会计师审计准则要求我们遵守职业道德规范，计划和实施审计工作以对财务报表是否不存在重大错报获取合理保证。

审计工作涉及实施审计程序，以获取有关财务报表金额和披露的审计证据。选择的审计程序取决于注册会计师的判断，包括对由于舞弊或错误导致的财务报表重大错报风险的评估。在进行风险评估时，我们考虑与财务报表编制和公允列报相关的内部控制，以设计恰当的审计程序，但目的并非对内部控制的有效性发表意见。审计工作还包括评价管理层选用会计政策的恰当性和作出会计估计的合理性，以及评价财务报表的总体列报。

我们相信，我们获取的审计证据是充分、适当的，为发表审计意见提供了基础。

三、导致保留意见的事项

ABC公司2014年12月31日的应收账款余额2 000万元，占资产总额的0.3%。由于ABC公司未能提供债务人地址，我们无法实施函证以及其他审计程序，以获取充分、适当的审计证据。

四、保留意见

我们认为，除了前段所述未能实施函证可能产生的影响外，ABC公司财务报表在所有重大方面按照企业会计准则和《××会计制度》的规定编制，公允反映了ABC公司2014年12月31日的财务状况以及2014年度的经营成果和现金流量。

××会计师事务所	中国注册会计师：×××（签名并盖章）
（盖章）	中国注册会计师：×××（签名并盖章）
中国××市	二〇一五年三月二十日

3.否定意见审计报告的参考格式

审计报告

ABC股份有限公司全体股东：

我们审计了后附的ABC股份有限公司（以下简称ABC公司）财务报表，包括2014年12月31日的资产负债表，2014年度的利润表、股东权益变动表和现金流量表以及财务报表附注。

一、管理层对财务报表的责任

按照企业会计准则和《××会计制度》的规定编制财务报表是ABC公司管理层的责任。这种责任包括：（1）按照适用的财务报告编制基础编制财务报表，并使其实现公允反映；（2）设计、执行和维护必要的内部控制，以使财务报表不存在由于舞弊或错误导致的重大错报。

二、注册会计师的责任

我们的责任是在实施审计工作的基础上对财务报表发表审计意见。我们按照中国注册会计师审计准则的规定执行了审计工作。中国注册会计师审计准则要求我们遵守职业道德规范，计划和实施审计工作以对财务报表是否不存在重大错报获取合理保证。

审计工作涉及实施审计程序，以获取有关财务报表金额和披露的审计证据。选择的审计程序取决于注册会计师的判断，包括对由于舞弊或错误导致的财务报表重大错报风险的评估。在进行风险评估时，我们考虑与财务报表编制和公允列报相关的内部控制，以设计恰当的审计程序，但目的并非对内部控制的有效性发表意见。审计工作还包括评价管理层选用会计政策的恰当性和作出会计估计的合理性，以及评价财务报表的总体列报。

我们相信，我们获取的审计证据是充分、适当的，为发表审计意见提供了基础。

三、导致否定意见的事项

如财务报表附注20所述，ABC公司的长期股权投资未按企业会计准则的规定采用权益法核算。如果按权益法核算，ABC公司的长期投资账面价值将减少2 000万元，净利润将减少2 000万元，从而导致ABC公司由盈利500万元变为亏损1 500万元。

四、否定意见

我们认为，由于受到前段所述事项的重大影响，ABC公司财务报表没有在所有重大方面按照企业会计准则和《××会计制度》的规定编制，未能公允反映ABC公司2014年12月31日的财务状况以及2014年度的经营成果和现金流量。

　　　　　××会计师事务所　　　中国注册会计师：×××（签名并盖章）

　　　　　（盖章）　　　　　　　中国注册会计师：×××（签名并盖章）

　　　　　中国××市　　　　　　　　　　　　二○一五年三月二十日

4.无法表示意见审计报告的参考格式

审计报告

ABC股份有限公司全体股东：

我们接受委托，审计后附的ABC股份有限公司（以下简称ABC公司）财务报表，包括2014年12月31日的资产负债表，2014年度的利润表、股东权益变动表和现金流量表以及财务报表附注。

一、管理层对财务报表的责任

按照企业会计准则和《××会计制度》的规定编制财务报表是ABC公司管理层的责任。这种责任包括：（1）按照适用的财务报告编制基础编制财务报表，并使其实现公允反映；（2）设计、执行和维护必要的内部控制，以使财务报表不存在由于舞弊或错误导致的重大错报。

二、导致无法表示意见的事项

ABC公司未对2014年12月31日的存货进行盘点，金额为7 800万元，占期末资产总额的40%。我们无法实施存货监盘，也无法实施替代审计程序，以对期末存货的数量和状况获取充分、适当的审计证据。

三、无法表示意见

由于上述审计范围受到限制可能产生的影响非常重大和广泛，我们无法对ABC公司财务报表发表意见。

　　　　　××会计师事务所　　　中国注册会计师：×××（签名并盖章）

　　　　　（盖章）　　　　　　　中国注册会计师：×××（签名并盖章）

　　　　　中国××市　　　　　　　　　　　　二○一五年三月二十日

第三节　　比较信息及含有已审计财务报表的文件中的其他信息

注册会计师在进行财务报表审计时，应考虑比较信息及含有已审计财务报表中的其他信息对审计意见的影响。

一、比较信息

比较信息是当期财务报表的不可缺少的组成部分。财务报表使用者为了确定在一段时期内被审计单位财务状况和经营成果的变化趋势，需要了解涉及一个或多个以前会计期间的比较信息。适应此需求，我国多项具体会计准则和现行的其他相关法律法规对比较信息的披露作了明确规定。与此相适应，注册会计师在对财务报表发表审计意见时，也应当考虑比较信息对审计意见的影响。

（一）比较信息的含义

《中国注册会计师审计准则第1511号——比较信息：对应数据和比较财务报表》第五条规定，比较信息是指包含于财务报表中的、符合适用的财务报告编制基础的、与一个或多个以前期间相关的金额和披露。若要理解比较信息，必须首先明了作为比较信息组成部分的对应数据和比较财务报表这两个概念。

（1）对应数据——属于比较信息，是指作为本期财务报表组成部分的上期（前期）金额和相关披露，这些金额和披露只能和与本期相关的金额和披露（本期数据）联系起来阅读。对应数据列报的详细程度主要取决于其与本期数据的相关程度。

（2）比较财务报表——属于比较信息，是指为了与本期财务报表相比较而包含的上期（前期）金额和相关披露。比较财务报表包含信息的详细程度与本期财务报表包含信息的详细程度相似。如果上期金额和相关披露已经审计，则将在审计意见中提及。

其中，上期金额主要是指表中列示的与本期数对应的上期数，以及在附注中列示的报表项目上期数的明细资料等。相关披露主要是指附注中的文字描述或说明，如财务报表的编制基础，遵循企业会计准则的声明，重要会计政策、会计估计的说明，会计政策、会计估计变更以及差错更正的说明，以及需要披露的关联方关系及其交易等其他重要事项。需要指出的是，如果比较信息包括一期以上的金额和相关披露，定义中所称"上期"应理解为"以前数期"。

作为本期财务报表组成部分的上期金额和相关披露的比较信息，其本身并不构成完整的财务报表，而应当与本期相关的金额和披露联系起来阅读。从比较信息的含义出发，可以看出比较信息具有以下特征：

1.比较信息是本期财务报表的组成部分

一般地，财务报表除提供本期财务信息之外，还需要提供涉及一个或多个以前期间的比较信息，以帮助财务报表使用者判断被审计单位在一定时期内财务状况和经营成果的变化趋势。为了更好地满足财务报表使用人进行趋势分析的需要，一份完整的财务报表至少应当由若干会计期间的财务信息构成，缺少了比较信息，财务报表就失去了完整性。因此，比较数据是本期财务报表的重要组成部分。

2.比较信息符合适用的财务报告编制基础

比较信息的编报应符合适用的财务报告编制基础，财务报表中列报的比较信息的性质取决于适用的会计准则和相关会计制度的规定。

3.比较信息应与本期数据联系起来阅读

为了确保财务信息具备符合规定的质量特性，财务报表需要同时列示比较信息（上期金额和相关披露）及本期数据（本期金额和相关披露），但比较信息并不能构成独立的财务报表。列示比较信息的目的，是为了增加财务报表的信息量，便于财务报表的使用者分析判断被审计单位财务状况和经营成果的变化趋势，因此，比较信息本身并不构成完整的财务报表，而应与本期数据联系起来阅读。

（二）比较信息的审计实施

注册会计师应当获取充分、适当的审计证据，以确定比较数据的编制是否符合适用的会计准则和相关会计制度的规定。注册会计师对比较数据的审计责任，比较信息的审计实施应从以下几方面考虑：

1.比较信息的审计目标

作为财务报表组成部分的比较信息，注册会计师对其审计的目标主要在于获取充分、适当的审计证据，以确定在财务报表中包含的比较信息是否在所有重大方面按照适用的财务报告编制基础有关比较信息的要求进行列报，并按照注册会计师的报告责任出具审计报告。

2.比较信息审计程序的范围

注册会计师针对比较信息的审计程序范围通常限于确定财务报表中是否包括适用的财务报告编制基础要求的比较信息以及比较信息是否得到恰当分类，其审计程序的范围明显小于针对本期数据所实施的审计程序范围。

3.比较信息审计程序的实施

为达到对比较信息的审计目标，获取充分、适当的审计证据，以确定被审计单位是否在所有重大方面按照适用的财务报告编制基础的要求列报有关比较信息，注册会计师应当对比较信息的相关事项进行评价，即注册会计师应当实施以下两个方面的审计程序：

（1）评价比较信息与上期财务报表列报的金额和相关披露是否一致，如果必要，比较信息是否已经重述。本期财务报表中的比较信息来源于上期财务报表中的本期数据。因此，有必要将比较信息与上期财务报表列报的金额和相关披露进行核对，以确定二者是否一致。

如果比较信息与上期财务报表列报的金额和相关披露不一致时，注册会计师检查的内容通常包括：①出现不一致是否因会计准则和会计制度变化引起，或是否符合法律法规规定；②金额是否作出适当调整，包括报表项目的重分类和归集，附注中前期对应数的调整等；③是否已在附注中充分披露对比较信息作出调整的原因和性质，以及比较数据中受影响的项目名称和更正金额；④如果发现对比较信息的调整缺乏合理依据，应当提请管理层对比较信息作出更正，并视更正情况出具适当意见类型的审计报告。

（2）评价在比较信息中反映的会计政策与本期采用的会计政策是否一致，如果会计政策已发生变更，这些变更是否得到恰当处理并得到充分列报和披露。根据企业会计准则的规定，企业采用的会计政策，在每一会计期间和前后各期应当保持一致，不得随意变更。因此，注册会计师需要检查比较信息采用的会计政策与本期数据采用的会计政策是否一致。但企业会计准则并非绝对不允许企业变更会计政策。当法律、行政法规或者国家统一的会计制度等要求变更会计政策，或者会计政策变更能够提供更可靠、更相关的会计信息时，企业可以变更会计政策，但注册会计师应确定会计政策的变更是否得到恰当处理并得到充分列报和披露。

当被审计单位变更会计政策时，注册会计师检查的内容通常包括：①会计政策变更是否符合会计准则和会计制度的规定；②会计政策变更是否经过被审计单位有权限机构的批准；③会计政策变更的会计处理是否恰当，如是否对比较数据进行了适当的调整；④会计政策变更，包括会计政策变更的性质、内容和原因，比较数据中受影响的项目名称和调整金额，无法进行追溯调整的事实和原因是否已充分披露。

4.首次接受委托时对比较信息的审计要求

当上期财务报表已由前任注册会计师审计或未经审计时，注册会计师应当评价比较数据是否正确列报和适当分类，并按照《中国注册会计师审计准则第1331号——首次接受委托时对期初余额的审计》的规定实施审计程序，获取充分、适当的审计证据。

5.比较信息存在重大错报时的审计要求

在实施本期审计时，如果注意到比较信息可能存在重大错报，注册会计师应当根据重大错报的性质、影响程度和范围等实际情况，有针对性地追加实施必要的审计程序，获取充分、适当的审计证据，以确定是否存在重大错报。具体应考虑：

如果上期财务报表已经审计，注册会计师还应遵守《中国注册会计师审计准则第1332号——期后事项》的相关规定。如果上期财务报表已经得到更正，注册会计师应当确定比较信息与更正后的财务报表是否一致。

注册会计师应按照《中国注册会计师审计准则第1341号——书面声明》的规定，获取与审计意见中提及的所有期间相关的书面声明。对于管理层作出的、更正上期财务报表中影响比较信息重大错报的任何重述，注册会计师还应当获取特定书面声明。

（三）比较信息在审计报告中的处理

由于审计意见是针对包括比较信息在内的本期财务报表整体发表的，因此，注册会计师通常无需在审计报告中特别提及比较信息。但是，在出现特定情形时，注册会计师应当在审计报告中提及比较信息。

1.对应数据在审计报告中的处理

如果出现以下情形，应在审计报告中提及对应数据：

（1）导致上期财务报表非无保留意见的事项仍未解决，则应在本期财务报表审计报告的事项段中提及对应数据。如果以前针对上期财务报表发表了保留意见、无法表示意见或否定意见，且导致非无保留意见的事项仍未解决，注册会计师应当对本期财务报表发表非无保留意见。在审计报告的导致非无保留意见的事项段中，注册会计师应当分下列两种情况予以处理：①如果未解决事项对本期数据的影响或可能的影响是重大的，注册会计师应当在导致非无保留意见事项段中同时提及本期数据和对应数据；②如果未解决事项对本期数据的影响或可能的影响不重大，注册会计师应当说明，由于未解决事项对本期数据和对应数据之间可比性的影响或可能的影响，因此发表了非无保留意见。

（2）如果注册会计师已经获取上期财务报表存在重大错报的审计证据，而以前对该财务报表发表了无保留意见，且对应数据未经适当重述或恰当披露，注册会计师应当就包括在财务报表中的对应数据，在审计报告中对本期财务报表发表保留意见或否定意见。

（3）如果上期财务报表已由前任注册会计师审计，注册会计师在审计报告中可以提及前任注册会计师对对应数据出具的审计报告。当注册会计师决定提及时，应当在审计报告的其他事项段中说明：①上期财务报表已由前任注册会计师审计；②前任注册会计师发表的意见的类型（如果是非无保留意见，还应当说明发表非无保留意见的理由）；③前任注册会计师出具的审计报告的日期。

（4）如果上期财务报表未经审计，注册会计师应当在审计报告的其他事项段中说明对应数据未经审计。但这种说明并不减轻注册会计师获取充分、适当的审计证据，以确定期初余额不含有对本期财务报表产生重大影错报的责任。

2.比较财务报表在审计报告中的处理

如果出现以下情形，应在审计报告中提及比较财务报表：

（1）如果上期财务报表已由前任注册会计师审计，除非前任注册会计师对上期财务报表出具的审计报告与财务报表一同对外提供，注册会计师除对本期财务报表发表意见外，还应当在其他事项段中说明：①上期财务报表已由前任注册会计师审计；②前任注册会计师发表的意见的类型（如果是非无保留意见，还应当说明发表非无保留意见的理由）；③前任注册会计师出具审计报告的日期。

（2）如果上期财务报表未经审计，注册会计师应当在其他事项段中说明比较财务报表未经审计。但这种说明并不减轻注册会计师获取充分、适当的审计证据，以确定期初余额不含有对本期财务报表产生重大影响的错报的责任。

（3）当因本期审计而对上期财务报表发表审计意见时，如果对上期财务报表发表的意见与以前发表的意见不同，注册会计师应当按照《中国注册会计师审计准则第1503号——在审计报告中增加强调事项段和其他事项段》的规定，在其他事项段中披露导致不同意见的实质性原因。

需要指出的，如果注册会计师认为存在影响上期财务报表的重大错报，而前任注册会计师以前出具了无保留意见的审计报告，则注册会计师应当就此与适当层级的管理层沟通并促其更正，同时告知前任注册会计师。如果上期财务报表已经更正，且前任注册会计师同意对更正后的上期财务报表出具新的审计报告，注册会计师应当仅对本期财务报表出具审计报告。

（四）包含比较信息的审计报告参考格式

在此，仅以未解决事项导致对本期数据发表非无保留意见情形下的审计报告为例：

审计报告

ABC 股份有限公司全体股东：

我们审计了后附的 ABC 股份有限公司（以下简称 ABC 公司）财务报表，包括 2014 年 12 月 31 日的资产负债表，2014 年度的利润表、股东权益变动表和现金流量表以及财务报表附注。

一、管理层对财务报表的责任

按照企业会计准则和《××会计制度》的规定编制财务报表是 ABC 公司管理层的责任。这种责任包括：（1）按照适用的财务报告编制基础编制财务报表，并使其实现公允反映；（2）设计、执行和维护必要的内部控制，以使财务报表不存在由于舞弊或错误导致的重大错报。

二、注册会计师的责任

我们的责任是在实施审计工作的基础上对财务报表发表审计意见。除本报告"三、导致保留意见的事项"所述事项外，我们按照中国注册会计师审计准则的规定执行了审计工作。中国注册会计师审计准则要求我们遵守职业道德规范，计划和实施审计工作以对财务报表是否不存在重大错报获取合理保证。

审计工作涉及实施审计程序，以获取有关财务报表金额和披露的审计证据。选择的审计程序取决于注册会计师的判断，包括对由于舞弊或错误导致的财务报表重大错报风险的评估。在进行风险评估时，我们考虑与财务报表编制和公允列报相关的内部控制，以设计恰当的审计程序，但目的并非对内部控制的有效性发表意见。审计工作还包括评价管理层选用会计政策的恰当性和作出会计估计的合理性，以及评价财务报表的总体列报。

我们相信，我们获取的审计证据是充分、适当的，为发表审计意见提供了基础。

三、导致保留意见的事项

由于我们在 2013 年度中接受审计委托，未能对 2013 年初的存货实施监盘，也无法实施替代审计程序，因期初存货影响经营成果，我们不能确定是否应对 2013 年度的经营成果和期初留存收益作出必要的调整，因此，我们对 2013 年度财务报表出具了保留意见的审计报告。

四、审计意见

我们认为，除了我们未能监盘 2013 年初的存货并确定是否应对 2013 年度的经营成果和期初留存收益作出必要的调整，而对 2014 年度财务报表中的比较信息可能产生的影响外，ABC公司财务报表在所有重大方面按照企业会计准则和《××会计制度》的规定编制，公允反映了ABC公司2014年12月31日的财务状况以及2014年度的经营成果和现金流量。

　　　　　　　　　　××会计师事务所　　　中国注册会计师：×××（签名并盖章）
　　　　　　　　　　（盖章）　　　　　　　中国注册会计师：×××（签名并盖章）
　　　　　　　　　　中国××市　　　　　　二〇一五年三月二十日

二、含有已审计财务报表的文件中的其他信息

　　财务报表审计的目标是注册会计师通过对财务报表进行审计，获取充分、适当的审计证据，对被审计单位的财务报表发表审计意见。但被审计单位依法在年度报告、招股说明书等含有已审计财务报表的文件中披露的信息，除经注册会计师审计的财务报表外，可能还包括其他财务信息或非财务信息。如果其他信息与已审计财务报表存在重大不一致，或者其他信息存在对事实的重大错报，将会影响财务报表使用人对已审计财务报表的信赖程度。因此，注册会计师对其他信息应予以必要的关注。

（一）其他信息的内涵

　　其他信息是指根据法律法规的规定或惯例，在含有已审计财务报表的文件中包含的除已审计财务报表和审计报告以外的财务信息和非财务信息。其他信息主要包括：①被审计单位管理层或治理层的经营报告；②财务数据摘要；③员工情况数据；④计划的资本性支出；⑤财务比率；⑥董事和高级管理人员的姓名；⑦择要列示的季度数据。

（二）注册会计师对于其他信息的责任

　　《中国注册会计师审计准则第1521号——注册会计师对含有已审计财务报表的文件中的其他信息的责任》第二条指出：注册会计师没有专门责任确定其他信息是否得到适当陈述。审计的目标决定了注册会计师实施审计的责任在于对其发表的审计意见负责，因此，注册会计师审计工作的重心应当紧紧围绕被审计单位的财务报表。在审计业务没有提出专门要求的情况下，审计意见不涵盖其他信息。然而，由于已审计财务报表与其他信息之间可能存在的重大不一致将损害已审计财务报表的可信性，注册会计师需要阅读其他信息，但注册会计师没有专门责任确定其他信息是否得到适当陈述。

（三）重大不一致

　　《中国注册会计师审计准则第1521号——注册会计师对含有已审计财务报表的文件中的其他信息的责任》第五条指出：不一致是指其他信息与已审计财务报表中的信息相矛盾。重大不一致可能会导致注册会计师对依据以前获取的审计证据得出的审计结论产生怀疑，甚至对形成审计意见的基础产生怀疑。

　　注册会计师应当尽早阅读其他信息，以识别其是否与已审计财务报表存在重大不一致。如果识别出重大不一致，注册会计师应当采取一定的措施进行处理：

1.审计报告日前识别出重大不一致时的处理

注册会计师应当与管理层或治理层作出适当安排，以便在审计报告日前获取其他信息。如果注册会计师在审计报告日前从获得的其他信息中识别出与已审计财务报表存在重大不一致，则需确定已审计财务报表或其他信息是否需要作出修改。如果注册会计师确定需要提请被审计单位修改已审计财务报表或其他信息，但遭到被审计单位拒绝，则应采取措施如下：

（1）被审计单位拒绝修改已审计财务报表时的措施。如果注册会计师在审计报告日前获取的其他信息中识别出重大不一致，并且确定需要对已审计财务报表作出修改，但管理层拒绝作出修改，那么其应当按照《中国注册会计师审计准则第1502号——在审计报告中发表非无保留意见》的规定，在审计报告中发表非无保留意见。如果该事项对财务报表虽影响重大，但不至于出具否定意见的审计报告，注册会计师应当出具保留意见的审计报告，将这些对审计意见有较大影响的事项在审计报告中明确指出，并说明其理由，指出该事项对被审计单位财务报表可能产生的影响；如果需要修改已审计财务报表而管理层拒绝修改，并且该事项对财务报表的影响程度超出一定范围，以致财务报表在所有重大方面不符合会计准则和相关会计制度的规定，不能公允地反映被审计单位的财务状况、经营成果和现金流量，注册会计师就不能发表保留意见，而只能发表否定意见。

（2）被审计单位拒绝修改其他信息时的措施。如果注册会计师在审计报告日前获取的其他信息中识别出重大不一致，并且确定需要对其他信息作出修改，但管理层拒绝作出修改，除非治理层的所有成员参与管理被审计单位，注册会计师应当就该事项与治理层进行沟通。此外，注册会计师还应当采取如下措施之一：①按照《中国注册会计师审计准则第1503号——在审计报告中增加强调事项段和其他事项段》的规定，在审计报告中增加其他事项段，说明重大不一致；②拒绝提交审计报告；③解除业务约定。

如果注册会计师对其他信息与已审计财务报表之间确实存在重大不一致的原因进行分析，确定需要修改的是其他信息而非已审计财务报表，但却遭到管理层的拒绝时，注册会计师可以考虑发表带强调事项段的无保留意见，即在审计报告意见段之后增加强调事项段，对其他信息与已审计财务报表存在重大不一致的事项作出说明；如果其他信息中存在的未修改的不一致事项十分重大，注册会计师出具审计报告或继续执行业务可能会面临巨大风险，这种情况下，注册会计师可以考虑拒绝提交审计报告或解除业务约定。

2.审计报告日后识别出重大不一致时的处理

如果注册会计师在审计报告日前无法获取所有其他信息，注册会计师应当在审计报告日后尽早阅读其他信息。如果注册会计师在审计报告日后从获得的其他信息中识别出与已审计财务报表存在重大不一致，则应采取措施如下：

（1）遵守《中国注册会计师审计准则第1332号——期后事项》的相关规定。如果注册会计师在审计报告日后获取的其他信息中识别出重大不一致，并且确定需要对已审计财务报表作出修改，注册会计师应当遵守《中国注册会计师审计准则第1332号——期后事项》的相关规定。

（2）在管理层同意修改其他信息的基础上实施必要的程序。如果注册会计师在审计报告日后获取的其他信息中识别出重大不一致，并且确定需要对其他信息作出修改，同时管理层同意修改，注册会计师应当根据具体情况实施必要的程序。

（3）将对其他信息的疑虑告知治理层并采取进一步措施。如果注册会计师在审计报告日后获取的其他信息中识别出重大不一致，并且确定需要对其他信息作出修改，但管理层拒绝作出修改，除非治理层的所有成员参与管理被审计单位，注册会计师应当将对其他信息的疑虑告知治理层，并采取适当的进一步措施。

（四）对事实的重大错报

对事实的错报是指在其他信息中，对与已审计财务报表所反映事项不相关的信息作出的不正确陈述或列报。对事实的重大错报可能损害含有已审计财务报表的文件的可信性。

如果注册会计师在阅读其他信息时，如果注册到其他信息可能含有对事实的重大错报，则注册会计师应采取以下措施：

1.与管理层讨论该重大错报

注册会计师在阅读其他信息以识别重大不一致时，如果注意到明显的对事实的重大错报，注册会计师应当与管理层讨论该事项。

2.提请管理层咨询被审计单位的法律顾问等有资格的第三方意见

如果注册会计师与被审计单位管理层讨论后仍然认为存在明显的对事实的重大错报，注册会计师应当提请管理层咨询被审计单位的法律顾问等有资格的第三方的意见。注册会计师应当考虑管理层收到的咨询意见。

3.将对其他信息的疑虑告知治理层并采取进一步措施

如果注册会计师认为在其他信息中存在对事实的重大错报，但管理层拒绝作出修改，除非治理层的所有成员参与管理被审计单位，注册会计师应当将对其他信息的疑虑告知治理层，并采取适当的进一步措施。

无论是在出具审计报告前，还是在出具审计报告后，注册会计师都应当关注含有已审计财务报表的文件中的其他信息，以发现其他信息与已审计财务报表之间存在的重大不一致或对事实的重大错报，提请被审计单位修改已审计财务报表或所披露的其他信息，甚至修改审计意见，以保证审计意见的合理性，保证所披露信息的真实、完整，达到降低审计风险，保证审计质量的目的。

复习思考题

1.什么是标准审计报告?它的构成要素包括哪些?

2.什么是非标准审计报告?它包括哪些类型?

3.什么是强调事项段?审计报告中什么情形下增加强调事项段?

4.非无保留意见的审计报告包括哪几种类型?各审计意见类型所需具备的条件有哪些?

5.否定意见与无法表示意见的审计报告的区别体现在哪些方面?

6.什么是比较信息?它有何特征?

第十一章　其他相关业务

学习目标

1.掌握特殊目的审计的概念；

2.了解对按照特殊目的编制基础编制的财务报表进行审计时需作出的特殊考虑；

3.了解验资的概念和验资程序；

4.掌握财务报表审阅的概念和保证程度；

5.掌握预测性财务信息审核的概念和保证程度。

在注册会计师提供的专业服务中，除常见的财务报表审计服务外，还包括特殊目的审计、验资、审阅和其他鉴证业务等。本章就注册会计师提供的除财务报表审计以外的其他与财务报表相关的业务作初步介绍。

第一节　　特殊目的审计

特殊目的审计是指注册会计师接受委托，对按照特殊目的编制基础编制的财务报表、财务报表的组成部分、简要财务报表提供的财务信息进行审计并出具审计报告。

一、对按照特殊目的编制基础编制的财务报表进行审计

在对按照特殊目的编制基础编制的财务报表进行审计前，首先应明确特殊目的编制基础编制的财务报表是整套特殊目的财务报表，包括相关附注。而特殊目的编制基础则是指用以满足财务报表特定使用者财务信息需求的财务报告编制基础，包括公允列报、编制基础和遵循性编制基础。适用的财务报告编制基础的规定决定了财务报表的形式和内容以及整套财务报表的构成。

对按照特殊目的编制基础编制的财务报表进行审计时，需要运用审计准则恰当处理与业务的承接、业务的计划和执行以及对财务报表形成审计意见并出具报告相关的特殊考虑。

（一）承接业务时的考虑

注册会计师在考虑应否承接业务时，应当按照《中国注册会计师审计准则第1111号——就审计业务约定条款达成一致意见》的规定，确定管理层编制财务报表时采用的财务报告编制基础的可接受性。

在特殊目的财务报表审计中，注册会计师具体应了解以下三个方面：①财务报表的编制目的；②财务报表预期使用者；③管理层为确定财务报告编制基础在具体情况下的可接受性所采取的措施。

（二）计划和执行审计工作时的考虑

注册会计师应当按照审计工作总体目标和基本要求的规定，遵守与审计相关的所有审计准则，计划和执行特殊目的财务报表审计，并应确定在运用审计准则时是否需要根据业务的具体情况作出特殊考虑。如注册会计师应当按照《中国注册会计师审计准则第1211号——通过了解被审计单位及其环境识别和评估重大错报风险》的规定，了解被审计单位会计政策选择和运用的情况。在财务报表按照合同条款编制的情况下，注册会计师应当了解被审计单位管理层在编制的财务报表中对合同作出的所有重要解释。但是，如果采用其他合理解释将导致财务报表中列报的信息产生重大差异，则管理层对合同作出的解释就是重要的。

（三）形成审计意见和出具报告时的考虑

对特殊目的财务报表形成审计意见并出具报告时，注册会计师应遵守《中国注册会计师审计准则第1501号——对财务报表形成审计意见和出具审计报告》中关于审计报告格式和内容的规定。但同时，特殊目的的财务报表审计报告的格式和内容也有一定的特殊之处。具体体现在：

1.格式上的特殊性

特殊目的财务报表审计报告应增加强调事项段，以提醒审计报告使用者关注财务报表按照特殊目的编制基础编制。同时，注册会计师还应将强调事项段置于适当的标题下。

2.内容上的特殊性

（1）关于特殊编制目的的说明。特殊目的的财务报表审计报告应说明财务报表的编制目的，并在必要时说明财务报表预期使用者，或者提及含有这些信息的特殊目的财务报表附注。

（2）关于管理层对财务报表的责任的特殊说明。如果管理层在编制特殊目的财务报表时可以选择财务报告编制基础，在说明管理层对财务报表的责任时，应提及管理层负责确定适用的财务报告编制基础在具体情况下的可接受性。

二、对单一财务报表和财务报表特定要素进行审计

在对单一财务报表和财务报表特定要素进行审计前，首先应明确财务报表特定要素（即特定要素）是财务报表特定的要素、账户或项目。单一财务报表或财务报表特定要素，是指包括相关附注在内的单一财务报表或财务报表特定要素。相关附注通常包含重要会计政策概要以及与财务报表或要素相关的其他解释性信息。

对单一财务报表和财务报表特定要素进行审计与对按照特殊目的编制基础编制的财务报表进行审计时相同，也应恰当处理与业务的承接、业务的计划和执行、对单一财务报表和财务报表特定要素形成审计意见并出具审计报告相关的特殊考虑。

（一）承接业务时的考虑

在承接单一财务报表或财务报表特定要素审计业务时，无论注册会计师是否同时接受委托审计整套财务报表，注册会计师都应确定按照审计准则对单一财务报表或财务报表特定要素进行审计是否可行。具体应从两方面考虑：一方面应考虑管理

层在编制财务报表时采用的财务报告编制基础的可接受性，即确定采用财务报告编制基础是否能够提供充分的披露或列报，以使财务报表预期使用者能够理解单一财务报表或财务报表特定要素所传递的信息以及重大交易和事项对单一财务报表或财务报表特定要素所传递的信息的影响。另一方面应考虑审计意见的预期形式是否适合单一财务报表或财务报表特定要素审计的具体情况。

（二）计划和执行审计工作时的考虑

注册会计师在计划和执行单一财务报表或财务报表特定要素的审计工作时，应当根据业务的具体情况，遵守与审计工作相关的所有审计准则。

（三）形成审计意见和出具报告时的考虑

当注册会计师对单一财务报表或财务报表特定要素形成审计意见和出具审计报告时，应当根据业务的具体情况，遵守《中国注册会计师审计准则第1501号——对财务报表形成审计意见和出具审计报告》的相关规定。如果接受业务委托对单一财务报表或财务报表特定要素出具审计报告，并同时接受业务委托对整套财务报表进行审计，注册会计师应当针对每项业务分别发表审计意见。具体应注意考虑以下几种情况：

1. 考虑管理层是否清楚区分单一财务报表或财务报表特定要素与整套财务报表的列报

已审计的单一财务报表或财务报表特定要素可能连同已审计的整套财务报表一同公布。如果注册会计师认为管理层对单一财务报表或财务报表特定要素的列报与整套财务报表没有作出清楚的区分，注册会计师应当要求管理层纠正这种情况。只有当注册会计师认为管理层进行了清楚的区分，注册会计师才应当对单一财务报表或财务报表特定要素发表审计意见，并出具审计报告。

2. 考虑整套财务报表审计意见对单一财务报表或财务报表特定要素审计意见的影响

（1）对整套财务报表出具非无保留意见、包含强调事项段或其他事项段的审计报告的影响。如果对整套财务报表出具非无保留意见的审计报告，或出具包含强调事项段或其他事项段的审计报告，注册会计师应当确定对单一财务报表或财务报表特定要素出具的审计报告可能因此受到的影响。相应地，如果认为适当，注册会计师应当对单一财务报表或财务报表特定要素出具非无保留意见的审计报告，或者出具包含强调事项段或其他事项段的审计报告。

（2）对整套财务报表出具否定意见或无法表示意见的审计报告的影响。如果认为有必要对整套财务报表整体发表否定意见或无法表示意见，按照《中国注册会计师审计准则第1502号——在审计报告中发表非无保留意见》的规定，注册会计师不应在同一审计报告中对构成整套财务报表组成部分的单一财务报表或财务报表特定要素发表无保留意见。因为在同一审计报告中包含的无保留意见，将与对整套财务报表整体发表的否定意见或无法表示意见相矛盾。但如果对该整套财务报表中的特定要素单独审计同时满足下列条件时，注册会计师则可以认为对特定要素发表无保留意见适当：①法律法规并未禁止注册会计师对该特定要素发表无保留意见；②注册会计师对特定要素出具的无保留意见审计报告，并不与包含否定意见或无法表示意见的审计报告一同公布；③特定要素并不构成整套财务报表的主要部分。

三、对简要财务报表进行审计

在对简要财务报表进行审计前，首先应明确简要财务报表的概念。简要财务报表是来源于财务报表但详细程度低于财务报表的历史财务信息。简要财务报表对被审计单位某一特定日期的经济资源或义务或某一会计期间的经济资源或义务变化情况提供了与财务报表一致的结构性表述。

在对简要财务报表进行审计时，注册会计师不仅应确定承接对简要财务报表出具报告的业务是否适当，而且应在评价根据审计证据得出的结论的基础上对简要财务报表形成审计意见，并通过书面报告的形式清楚地表达审计意见，说明其形成基础。

（一）承接业务

简要财务报表审计业务的承接必须建立在财务报表审计业务承接的基础上。只有当注册会计师已接受业务委托按照审计准则的规定执行财务报表审计，并且财务报表是简要财务报表的来源时，才可以按照准则的规定承接对简要财务报表出具报告的业务。

在承接简要财务报表审计业务之前，注册会计师不仅应确定编制简要财务报表采用的标准是否可接受，而且应就管理层认可并理解其责任与管理层达成一致意见，同时与管理层就拟对简要财务报表发表意见的形式达成一致意见。如果认为管理层采用的标准不可接受或未能就管理层认可并理解其责任与管理层达成一致意见，注册会计师不应承接对简要财务报表出具报告的业务，法律法规另有规定的除外。

（二）实施审计程序

注册会计师在计划和执行简要财务报表审计工作时，应当考虑实施下列程序及其可能认为必要的其他程序，作为对简要财务报表形成审计意见的基础：①评价简要财务报表是否充分披露其简化的性质，并指出作为其来源的已审计财务报表；②当简要财务报表未与已审计财务报表附在一起时，评价简要财务报表是否清楚地说明已审计财务报表的获取渠道；如果法律法规规定已审计财务报表无需提供给简要财务报表的预期使用者，并且为编制简要财务报表制定了标准，评价简要财务报表是否清楚地说明了相关法律法规；③评价简要财务报表是否充分披露了采用的标准；④将简要财务报表与已审计财务报表中的相关信息进行比较，以确定两者是否一致，或能否依据已审计财务报表中的相关信息重新计算得出简要财务报表；⑤评价简要财务报表是否按照采用的标准编制；⑥根据简要财务报表的目的，评价简要财务报表是否包含必要的信息，并在适当的层次进行了汇总，以使其在具体情况下不产生误导；⑦评价简要财务报表的预期使用者能否比较方便地获取已审计财务报表，除非法律法规规定已审计财务报表无需提供给简要财务报表的预期使用者，并且为编制简要财务报表制定了标准。

（三）形成审计意见和出具报告

1.形成审计意见和出具报告时的考虑

当注册会计师对简要财务报表形成审计意见和出具报告时，应作如下考虑：

（1）考虑对审计报告分发或使用的限制或提醒阅读者关注编制基础。如果已审计财务报表出具的审计报告存在分发或使用的限制，或对已审计财务报表出具的审计报告提醒财务报表使用者关注已审计财务报表按照特殊目的编制基础编制，注册会计师应当在对简要财务报表出具的审计报告中包含相同的限制或提醒说明。

（2）考虑比较信息的省略对简要财务报表审计报告的影响。如果已审计财务报表包含比较信息而简要财务报表未包含，注册会计师应当根据业务的具体情况确定这种省略是否合理。注册会计师应当确定不合理的省略对针对简要财务报表出具的审计报告的影响。

（3）考虑与简要财务报表一同列报的未审计的补充信息。注册会计师应当评价与简要财务报表一同列报的未审计补充信息是否清楚地与简要财务报表予以区分。如果认为被审计单位未清楚地将未审计的补充信息与简要财务报表予以区分，注册会计师应当要求管理层改变对未审计的补充信息的列报方式。如果管理层拒绝改变，注册会计师应当在对简要财务报表出具的审计报告中说明本报告未涵盖该补充信息。

（4）考虑含有简要财务报表的文件中的其他信息。注册会计师应当阅读含有简要财务报表及其审计报告的文件中的其他信息，以识别其是否与简要财务报表存在重大不一致。如果在阅读其他信息时识别出重大不一致，注册会计师应当就此与管理层进行讨论并确定简要财务报表或其他信息是否需要作出修改。

（5）考虑与注册会计师相关联。如果注意到被审计单位计划在含有简要财务报表的文件中说明注册会计师已对简要财务报表出具报告，但被审计单位并未计划在文件中包含该报告，注册会计师应当要求管理层将该报告包含在文件中。如果管理层拒绝，注册会计师应当确定并采取其他适当的措施，以防止管理层在文件中将注册会计师与简要财务报表不适当地相关联。

2.简要财务报表审计报告

简要财务报表审计报告是注册会计师对简要财务报表出具的审计报告。其应当包括下列要素：

（1）标题。审计报告的标题应当统一规范为"对简要财务报表出具的审计报告"。

（2）收件人。审计报告应当按照审计业务约定条款的要求载明收件人。如果对简要财务报表出具的审计报告的收件人不同于已审计财务报表的审计报告的收件人，注册会计师应当评价使用不同收件人名称的适当性。

（3）引言段。引言段应当指出注册会计师出具审计报告所针对的简要财务报表，指出已审计财务报表，提及对已审计财务报表出具的审计报告和报告日期，说明简要财务报表和已审计财务报表均未反映在已审计财务报表的审计报告日后发生的事项的影响，指出简要财务报表未包含编制财务报表时所采用的财务报告编制基础要求披露的全部事项。

（4）管理层对简要财务报表的责任段。管理层对简要财务报表的责任段应当说明，按照采用的标准编制简要财务报表是管理层的责任。

（5）注册会计师的责任段。注册会计师的责任段应当说明，注册会计师的责任是在实施本准则规定的程序的基础上对简要财务报表发表审计意见。

（6）审计意见段。审计意见段应当清楚地表达对简要财务报表的意见。

（7）注册会计师的签名和盖章。

（8）会计师事务所的名称、地址和盖章。

（9）报告日期。简要财务报表的审计报告日期不应早于注册会计师已获取充分、适当的证据并在此基础上形成审计意见的日期以及已审计财务报表的审计报告日。

如果对已审计财务报表出具的审计报告包含保留意见、强调事项段或其他事项段，但注册会计师确信，简要财务报表按照采用的标准在所有重大方面与已审计财务报表保持一致或公允概括了已审计财务报表，对简要财务报表出具的审计报告除上述九个要素外，还应当：①在引言段中说明对已审计财务报表出具的审计报告包含保留意见、强调事项段或其他事项段；②在审计意见段中描述对已审计财务报表发表保留意见的依据，对已审计财务报表出具的审计报告中的保留意见、强调事项段或其他事项段以及由此对简要财务报表的影响（如有）。

如果对已审计财务报表发表了否定意见或无法表示意见，对简要财务报表出具的审计报告除上述九个要素之外，还应当：①在引言段中说明对已审计财务报表发表了否定意见或无法表示意见；②在审计意见段中描述发表否定意见或无法表示意见的依据；③在审计意见段中说明由于对已审计财务报表发表否定意见或无法表示意见，因此，对简要财务报表发表意见是不适当的。

如果简要财务报表没有按照采用的标准在所有重大方面与已审计财务报表保持一致或公允概括已审计财务报表，而管理层又不同意作出必要的修改，注册会计师应当对简要财务报表发表否定意见。

需要特别指出的是，在对简要财务报表表达审计意见时，如果认为对简要财务报表发表无保留意见是恰当的，除非法律法规另有规定，注册会计师应当使用下列措辞之一："按照[××标准]（具体指出采用的标准），简要财务报表在所有重大方面与已审计财务报表保持了一致。"或"按照[××标准]（具体指出采用的标准），简要财务报表公允概括了已审计财务报表。"如果法律法规规定了对简要财务报表发表意见的措辞，并且与前述措辞存在差异，注册会计师应当实施前述程序及其他必要的进一步程序，以使注册会计师能够发表符合规定的意见。同时，注册会计师应评价简要财务报表的使用者是否可能误解注册会计师对简要财务报表发表的审计意见，如果可能出现误解，评价对简要财务报表出具的审计报告中的补充解释能否减轻可能出现的误解。如果注册会计师认为对简要财务报表出具的审计报告中的补充解释不能减轻可能出现的误解，注册会计师不应承接该业务，除非法律法规另有规定。

第二节　　验资

一、验资概述

《中国注册会计师审计准则第1602号——验资》第三条指出："验资是指注册会计师依法接受委托，对被审验单位注册资本的实收情况或注册资本及实收资本的变更情况进行审验并出具验资报告。"验资分为设立验资和变更验资。

验资是注册会计师的一项重要的法定业务。早在1983年发布的《中华人民共和国中外合资经营企业法实施条例》中就已明确规定了中外双方投入的资本，须经中国注册会计师进行验证并出具验资报告。之后颁布的工商企业登记管理的有关规定以及《中华人民共和国公司法》、《中华人民共和国中外合资经营企业法》、《中华人民共和国中外合作经营企业法》、《中华人民共和国外资企业法》、《公司登记管理条例》等法律、法规对此均有涉及。《中华人民共和国注册会计师法》明确将验资业务列为注册会计师的法定业务之一。这些法律、法规、条例的颁布实施，对于规范验资业务、保证验资业务的质量起到了十分重要的作用。

二、验资程序

验资程序是指注册会计师从接受验资委托开始到实施必要的验资步骤，取得充分适当的验资证据，分析、评价验资结果并出具验资报告为止的整个验资业务工作过程。该过程包括验资计划阶段、验资实施阶段和验资报告阶段。

（一）验资计划阶段

《独立审计实务公告第1号——验资》第七条规定："注册会计师应当在了解被审验单位基本情况，考虑自身能力和能否保持独立性，初步评估验资风险后，确定是否接受委托。如接受委托，会计师事务所应当与委托人签订验资业务约定书。"同时，注册会计师在执行验资业务时，应当编制验资计划，对验资工作作出合理安排。

1.了解被审验单位的基本情况

由于虚假出资、抽逃出资的现象屡见不鲜，注册会计师必须增强验资风险意识，在接受委托前谨慎从事，了解委托业务是否存在潜在重大风险。为此，注册会计师应当与委托人、被审验单位管理层进行沟通，实地察看被审验单位的住所和主要经营场所，初步了解被审验单位的基本情况，具体包括：

（1）被审验单位的名称、性质、所处行业、规模、组织结构和人员情况等；

（2）验资的目的、范围、验资报告的用途等；

（3）出资方式、出资时间；

（4）是否按会计制度建立了验资所应有的会计账目。

对于设立验资中的非首期验资或变更验资，还应了解被审验单位以往的验资和审计情况。必要时，注册会计师应当查阅前任注册会计师的验资工作底稿。注册会计师通过上述调查研究，应判断是否属于正常委托，有无特殊要求，会计师事务所是否有能力承接此项业务。

2.考虑自身能力和独立性

注册会计师应当根据所了解的被审验单位基本情况和验资的类型、委托目的、审验范围及时间要求等，经过分析判断，确定是否有能力承接该项业务，并考虑能否保持独立性。

3.初步评估验资风险

验资风险主要从以下两个方面进行评估：一方面应评估被审验单位管理层的正直性以及所提供验资资料的真实性与完整性；另一方面应对注册会计师的专业胜任能力和职业道德水平作出评估。根据这两个方面的评估判断验资风险的高低。如果验资风险很大，那么注册会计师应当拒绝接受委托。

4.与委托人进行沟通

注册会计师应当就验资类型、委托目的、双方责任、审验范围、出具验资报告的时间要求、验资收费、验资报告的用途等主要事项与委托人沟通，并达成一致意见。

5.签订验资业务约定书

如果接受委托，会计师事务所应与委托人签订验资业务约定书。验资业务约定书应明确以下几个方面：确认委托、受托关系的成立；明确验资的目的与范围；明确双方的责任与义务；明确验资报告的用途和使用责任。验资业务约定书经双方签字盖章后生效。

6.编制验资计划

会计师事务所接受客户委托签订业务委托书后，事务所应组织有胜任能力的验资工作小组，及时编制验资计划，对验资工作作出合理安排。

验资计划也包括总体验资计划和具体验资计划。总体验资计划是对验资业务总体作出的计划安排，主要包括：验资类型、委托目的和审验范围；以往的验资和审计情况；重点审验领域；验资风险评估；对专家工作的利用；验资工作进度及时间、收费预算；验资小组组成及人员分工。具体验资计划是对各审验项目的计划安排，主要包括审验目标、审验程序、执行人及执行日期、验资工作底稿的索引号等内容。具体验资计划通过编制各审验项目的审验程序表完成。

（二）验资实施阶段

验资实施阶段是注册会计师执行整个验资业务的关键性阶段。它是指从注册会计师与被审验单位联系外勤工作开始、到取证工作结束为止的全过程。取证和审验是验资实施阶段的工作重点。注册会计师应当实施必要的验资程序，取得充分适当的验资证据，并将验资业务的执行过程形成验资工作底稿。

1.进一步了解被审验单位的情况

注册会计师验资时，应当根据情况获取有关的文件、资料，并对其进行适当的审验，形成验资证据。获取的文件、资料通常包括：被审验单位的设立申请报告、可行性报告等；被审验单位的合同、协议、章程等；投资者的法人资格或身份证明；投资者的营业执照及财务报表资料等；投入货币资金、实物资产、无形资产的单据证明等；注册资本实收或变更情况明细表。

验资证据是注册会计师在验资过程中采用各种方法获取的验证依据，是支持注册会计师验资意见的基础。因此，必须重视取证工作，并保证证据的真实性和合法性。

2.审计与验资相关的会计账目

对于依法建立会计账簿而尚未建立的被审验单位，注册会计师应在审验以前，提请其建立必要的会计账簿。注册会计师应按照国家财务会计制度的规定，重点审计与被投入资本相关的会计处理，确认其真实性、准确性和完整性。坚持验资时作必要的审计，目的在于保证执业质量，减少验资风险。

3.完善验资工作底稿

注册会计师在验资工作中，自接受委托、了解被审验单位的基本情况开始，对各个项目的验证情况、问题处理过程和结论都应形成书面记录，形成依据充分、内容全面、条理分明、记录完整、数字清晰、逻辑严密、结论明确的审计工作底稿，为形成验资意见打下良好的基础。

（三）验资报告阶段

验资报告是注册会计师实施验资程序后发表审验意见的书面文件，是承担验资风险与法律责任的根据。验资报告阶段是验资工作的总结阶段，此阶段的主要工作包括：分析验资工作底稿，开成初步的验资意见；起草验资报告；将报告送审稿和有关的工作底稿送交事务所业务负责人审核；出具验资报告，提交委托单位。①

三、验资报告

（一）验资报告概念及特征

验资报告是指注册会计师在完成审验工作以后对被审验单位注册资本的实收与变更情况发表审验意见的一种特殊的审计报告。注册会计师应当在实施了必要的验资程序，取得充分适当的验资证据，分析评价验资结论后，形成验资意见，出具验资报告。

《验资公告》第二十四条规定："验资报告具有法定证明效力，供被审验单位申请设立登记或变更登记及据以向出资者签发出资证明时使用。委托人、被审验单位及其他第三者因使用验资报告不当所造成的后果，与注册会计师及其所在的会计师事务所无关。"这表明，验资报告的证明效力仅限于约定用途范围以内。另外值得一提的是，验资报告具有时效性和合理保证性的特征。

（二）验资报告的要素

1.标题

标题统一规范为"验资报告"。

---

① 张继勋.审计学[M].北京：清华大学出版社，2008：327.

2.收件人

收件人为验资业务的委托人，应载明委托人的全称。对拟设立的企业，应当以企业登记机关预先核准的名称并加"筹"作为委托人的全称。

3.范围段

范围段应当说明审验范围、出资者及被审验单位的责任、注册会计师的责任、审验依据、已实施的主要审验程序等。

4.意见段

意见段应明确注册会计师的验资意见。注册会计师在发表审验意见时，应说明已验证的被审验单位注册资本的实收或变更情况。

对于设立验资，注册会计师应在意见段中说明被审验单位注册资本金额、出资期限等，并说明截至特定日期被审验单位已收到全体出资者缴纳的注册资本情况、各种出资方式的出资金额等。

对于变更验资，注册会计师应在意见段中说明已验证的被审验单位注册资本和实收资本的变更情况。如原注册资本及实收资本金额、增资或减资的依据、增资或减资金额、截至特定日期被审验单位的注册资本及变更后的注册资本金额等情况。

5.说明段

说明段应当说明验资报告的用途、使用责任及注册会计师认为应当说明的其他重要事项。

6.注册会计师签章

验资报告应由两名注册会计师签名盖章。

7.会计师事务所的名称、地址及签章

验资报告应载明会计师事务所的名称及地址，并加盖会计师事务所公章。

8.报告日期

验资报告日期是指注册会计师完成外勤审验工作的日期。验资报告日期不应早于被审验单位确认和签署注册资本实收情况明细表或注册资本变更情况明细表的日期。

9.附件

验资报告的附件主要应包括已验证的注册资本实收情况明细表或注册资本变更情况明细表、验资事项说明以及应提交的其他必要附件。

（三）验资报告的参考格式

设立验资报告参考格式如下（附录1602-4适用于拟设立有限责任公司股东一次全部出资）：

验资报告

××有限责任公司（筹）：

我们接受委托，审验了贵公司（筹）截至××年×月×日申请设立登记的注册资本实收情况。按照法律法规以及协议、章程的要求出资，提供真实、合法、完整的验资资料，保护资产的安全、完整是全体股东及贵公司（筹）的责任。我们的责任是对贵公司（筹）注册资本的实收情况发表审验意见。我们的审验是依据《中国注册会计师审计准则第1602号——验资》进行的。在审验过程中，我们结合贵公司（筹）的实际情况，实施了检查等必要的审验程序。

　　根据协议、章程的规定，贵公司（筹）申请登记的注册资本为人民币××元，由全体股东于××年×月×日之前一次缴足。经我们审验，截至××年×月×日，贵公司（筹）已收到全体股东缴纳的注册资本（实收资本），合计人民币××元（大写）。各股东以货币出资××元，实物出资××元。

　　[如果存在需要说明的重大事项增加说明段]

　　……

　　本验资报告供贵公司（筹）申请办理设立登记及据以向全体股东签发出资证明时使用，不应被视为对贵公司（筹）验资报告日后资本保全、偿债能力和持续经营能力等的保证。因使用不当造成的后果，与执行本验资业务的注册会计师及本会计师事务所无关。

　　附件：1.注册资本实收情况明细表

　　　　　2.验资事项说明

　　　　　　　××会计师事务所　　　中国注册会计师：×××（签名并盖章）
　　　　　　　　（盖章）　　　　　　　（主任会计师/副主任会计师）
　　　　　　　中国××市　　　　　　中国注册会计师：×××（签名并盖章）
　　　　　　　　　　　　　　　　　　　　　　　　　　　年　月　日

附件1

注册资本实收情况明细表

截至　　年　月　日

被审验单位名称：　　　　　　　　　　　　　　　　货币单位：

股东名称	认缴注册资本		实际出资情况						实收资本			
	金额	出资比例	货币	实物	知识产权	土地使用权	其他	合计	金额	占注册资本总额比例	其中：货币出资	
											金额	占注册资本总额比例
合计												

附件 2

验资事项说明

一、基本情况

××公司（筹）（以下简称贵公司）系由××（以下简称甲方）和××（以下简称乙方）共同出资组建的有限责任公司，于××年×月×日取得××[公司登记机关]核发的××号《企业名称预先核准通知书》，正在申请办理设立登记。（如果该公司在设立登记前须经审批，还需说明审批情况）

二、申请的注册资本及出资规定

根据协议、章程的规定，贵公司申请登记的注册资本为人民币××元，由全体股东于××年×月×日之前一次缴足。其中：甲方认缴人民币××元，占注册资本的×%，出资方式为货币××元，实物（机器设备）××元；乙方认缴人民币××元，占注册资本的×%，出资方式为货币。

三、审验结果

截至××年×月×日，贵公司已收到甲方、乙方缴纳的注册资本（实收资本）合计人民币××元。

（一）甲方实际缴纳出资额人民币××元。其中：货币出资××元，于××年×月×日缴存××公司（筹）在××银行开立的人民币临时存款账户××账号内；于××年×月×日投入机器设备××[名称、数量等]，评估价值为××元，全体股东确认的价值为××元。

××资产评估有限公司已对甲方出资的机器设备进行了评估，并出具了[文号]资产评估报告。

甲方已与贵公司于××年×月×日就出资的机器设备办理了财产交接手续。

（二）乙方实际缴纳出资额人民币××元。其中：货币出资××元，于××年×月×日缴存××公司（筹）在××银行开立的人民币临时存款账户××账号。

[如果股东的实际出资金额超过其认缴的注册资本金额，应当说明超过部分的处理情况]

（三）全体股东的货币出资金额合计××元，占注册资本总额的×%。

四、其他事项

第三节   审阅和其他鉴证业务

注册会计师提供的其他相关业务中，除了特殊目的审计业务、验资外，还包括审阅和其他鉴证业务，在此主要阐述财务报表审阅及预测性财务信息的审核。

一、财务报表审阅

财务报表审阅，是指CPA接受委托，主要通过实施询问和分析程序为主的审阅程序，获取充分、适当的证据，对财务报表提供有限保证。财务报表审阅的目标是注册会计师在实施审阅程序的基础上，说明是否注意到某些事项，使其相信财务报表没有按照适用的会计准则和相关会计制度的规定编制，未能在所有重大方面公允反映被审阅单位的财务状况、经营成果和现金流量。

（一）财务报表审阅的保证程度

为实现财务报表审阅目标，注册会计师根据财务报表审阅准则和职业判断实施的恰当的审阅程序。《中国注册会计师审阅准则第2101号——财务报表审阅》第八条规定，由于实施审阅程序不能提供在财务报表审计中要求的所有证据，审阅业务对所审阅的财务报表不存在重大错报提供有限保证，注册会计师应当以消极方式提出结论。审阅程序以询问和分析程序为主，通常只有在有理由相信财务报表可能存在重大错报的情况下，注册会计师才会实施追加的或更为广泛的程序。由于审阅程序有限，注册会计师通过实施审阅程序，通常不能获取足以支持较高程度保证（即合理保证）的证据，而只能获取支持有限保证的证据。为了表明保证程度低于合理保证，有限保证应当以消极方式表达审阅结论。

（二）财务报表审阅与财务报表审计的区别

财务报表审阅和财务报表审计都是对历史财务信息的鉴证，都属于鉴证业务。作为鉴证业务，都要求注册会计师保持独立性，但两者又存在一定的区别。

1.目标不同

财务报表审计的目标是注册会计师对财务报表是否在所有重大方面合法公允发表审计意见，而财务报表审阅的目标则是注册会计师对财务报表是否未能在所有重大方面合法公允发表审阅意见。

2.保证程度不同

在财务报表审阅业务中，注册会计师提供的保证水平低于在财务报表审计业务中提供的保证水平。财务报表审阅提供的保证程度为有限保证，而财务报表审计提供的保证为合理保证。

3.执业标准不同

财务报表审计根据《中国注册会计师审计准则》实施，而财务报表审阅根据《中国注册会计师审阅准则第2101号——财务报表审阅》的要求实施。

审计是指对报表在所有重大方面都具有合法性和公允性提供合理保证。

审阅是指对报表在具有合法性和公允性提供有限保证。

4.承担法律责任与否不同

财务报表审计要出具正规的审计意见，事务所对其所出具的报告要承担法律责任。财务报表审阅则只是发表一下意见，其所出具的内容仅供参考，不会必然承担法律责任。

（三）财务报表审阅的实施

财务报表审阅的实施包括以下几个步骤：

1.签订审阅业务约定书

《中国注册会计师审阅准则第2101号——财务报表审阅》第九条规定，注册会计师应当与被审阅单位就业务约定条款达成一致意见，并签订业务约定书。业务约定书应当包括下列内容：

（1）审阅业务的目标；

（2）管理层对财务报表的责任；

（3）审阅范围；

（4）注册会计师不受限制地接触审阅业务所要求的记录、文件和其他信息；

（5）预期提交的报告样本；

（6）说明不能依赖财务报表审阅揭示错误、舞弊和违反法规行为；

（7）说明没有实施审计，因此注册会计师不发表审计意见，不能满足法律法规或第三方对审计的要求。

一份完整的业务约定书还应当包含其他内容，例如，签约双方的名称、业务收费金额及支付方式、出具报告的时间要求、报告的使用责任、业务约定书的有效期间、违约责任、签约日期、双方法定代表人（或其授权人）的签名盖章等。另外，在某些情况下，注册会计师还可以与委托人约定，审阅报告仅限于特定使用者或者特定方面使用，或者仅用于特定用途。此时，应当在业务约定书和审阅报告中对该项分发和使用限制予以明确说明。

2.制订审阅计划

注册会计师应当制订充分的审计计划，合理计划审阅工作，以有效执行审阅业务。

审阅计划由总体审阅策略和具体审阅计划两部分构成。总体审阅策略用以确定审阅的范围、时间和方向，并指导制订具体审阅计划。具体审阅计划比总体审阅策略更加详细，包括为获取充分、适当的审阅证据以将审阅风险降至可接受的水平，项目组拟实施的审阅程序的性质、时间和范围等。

计划审阅工作对注册会计师顺利完成审阅工作和控制审阅风险具有重要意义。充分的审阅计划有助于注册会计师关注重点审阅领域、及时发现和解决潜在的问题及恰当地组织和管理审阅工作，以使审阅工作更加有效。同时充分的审阅计划还可以帮助注册会计师对项目组成员进行恰当的分工和监督指导，并复核其工作，还有助于协调其他注册会计师和专家的工作。

在计划审阅工作时，注册会计师应当了解被审阅单位及其环境，或更新以前了解的内容，包括考虑被审阅单位的组织结构、会计信息系统、经营管理情况以及资产、负债、收入和费用的性质等。对上述情况了解，使注册会计师能够有针对性地进行询问和设计适当的程序，并对作出的答复与获取的其他信息作出评价。

3.实施审阅程序

（1）确定审阅程序的性质、时间和范围应考虑的因素。《中国注册会计师审阅准则第2101号——财务报表审阅》第十三条规定，在确定审阅程序的性质、时间和范围时，注册会计师应当运用职业判断，并考虑下列因素：①以前期间执行财务报表审计或审阅所了解的情况；②对被审阅单位及其环境的了解；③会计信息系统；④管理层的判断对特定项目的影响程度；⑤各类交易和账户余额的重要性。

（2）实施审阅程序以获取审阅证据。审阅程序的实施主要包含以下几个步骤：

①了解被审阅单位及其环境；②询问被审阅单位采用的会计准则和相关会计制度、行业惯例；③询问被审阅单位对交易和事项的确认、计量、记录和报告的程序；④询问财务报表中所有重要的认定；⑤实施分析程序，以识别异常关系和异常项目；⑥询问股东会、董事会以及其他类似机构决定采取的可能对财务报表产生影响的措施；⑦阅读财务报表，以考虑是否遵循指明的编制基础；⑧获取其他注册会计师对被审阅单位组成部分财务报表出具的审计报告或审阅报告。

除此之外，注册会计师应当向负责财务会计事项的人员询问下列事项：①所有交易是否均已记录；②财务报表是否按照指明的编制基础编制；③被审阅单位业务活动、会计政策和行业惯例的变化；④在了解被审阅单位及其环境以及在获取其他注册会计师对被审阅单位组成部分财务报表出具的审计报告或审阅报告时所发现的问题。必要时，应获取管理层声明。同时，注册会计师应当询问在资产负债表日后发生的、可能需要在财务报表中调整或披露的期后事项。注册会计师没有责任实施程序以识别审阅报告日后发生的事项。

4.记录审阅工作

《中国注册会计师审阅准则第2101号——财务报表审阅》第十九条规定，注册会计师应当记录为审阅报告提供证据的重大事项，以及按照本准则的规定执行审阅业务的证据。

某一事项是否属于重大事项，需要注册会计师根据具体情况作出判断。除重大事项外，注册会计师还应当记录按照本准则的要求签订业务约定书、制订审阅计划、实施审阅程序以获取审阅证据、形成审阅结论、出具审阅报告的过程。

5.出具审阅报告

在实施审阅程序后，注册会计师通常可以获取大量审阅证据。对于这些审阅证据，注册会计师应当运用职业判断进行分析和评价，在此基础上形成审阅结论，按业务约定书约定的时间出具审阅报告。

（四）财务报表审阅报告

财务报表审阅报告应当清楚地表达有限保证的结论。注册会计师应根据已实施的工作，评估在审阅过程中获知的信息是否表明财务报表没有按照适用的会计准则和相关会计制度的规定编制，未能在所有重大方面公允反映被审阅单位的财务状况、经营成果和现金流量，以此作为其表达有限保证的基础。

1.审阅报告的要素

（1）标题。审阅报告的标题应当统一规范为"审阅报告"。

（2）收件人。收件人是审阅报告的致送对象。本准则第二十四条规定，审阅报告的收件人应当为审阅业务的委托人。审阅报告应当载明收件人的全称。

（3）引言段。《中国注册会计师审阅准则第2101号——财务报表审阅》第二十五条规定，审阅报告的引言段应当说明下列内容：

①所审阅财务报表的名称。审阅报告的引言段应当指明所审阅财务报表的名称。例如，某一时点的资产负债表、某一期间的利润表和现金流量表，以及相关的

财务报表附注等。需要注意的是，审阅报告中提及的所审阅财务报表的名称、日期或涵盖的期间应与报告后所附的经过管理层批准报出的财务报表一致。

②管理层的责任和注册会计师的责任。注册会计师应当在审阅报告引言段中说明："这些财务报表的编制是××公司管理层的责任，我们的责任是在实施审阅工作的基础上对这些财务报表出具审阅报告。"

需要注意的是，如果无法对所审阅财务报表提供任何保证，则应当删除本段中对注册会计师责任的表述。

（4）范围段。审阅报告的范围段应当说明审阅的性质，包括：审阅业务所依据的准则；审阅主要限于询问和实施分析程序，提供的保证程度低于审计；没有实施审计，因而不发表审计意见。

范围段中应当清楚说明财务报表审阅业务与审计业务的差异。由于财务报表审阅的范围一般限于实施询问和分析程序，提供的保证程度与审计相比较低，注册会计师有必要在审阅报告中予以说明，以提示委托人和审阅报告的其他使用者，避免不恰当地使用或者依赖审阅报告。需要注意的是，如果无法对财务报表提供任何保证，在审阅报告中应当删除本段内容。

（5）结论段。审阅报告的结论段是表述注册会计师所形成的审阅结论的段落。结论段中应当说明：根据注册会计师的审阅，是否注意到某些事项，使注册会计师相信财务报表没有按照适用的会计准则和相关会计制度的规定编制，未能在所有重大方面公允反映被审阅单位的财务状况、经营成果和现金流量。这与审阅业务的目标相对应。

（6）注册会计师的签名和盖章。

（7）会计师事务所的名称、地址及盖章。

（8）报告日期。审阅报告应当注明报告日期。审阅报告的日期是指注册会计师完成审阅工作的日期，不应早于管理层批准财务报表的日期。

2.审阅报告的类型

（1）无保留结论的审阅报告。注册会计师对所审阅财务报表提出无保留结论，应当同时满足以下条件：

①注册会计师没有注意到任何事项使其相信财务报表没有按照适用的会计准则和相关会计制度的规定编制，未能在所有重大方面公允反映被审阅单位的财务状况、经营成果和现金流量；

②注册会计师已经按照本准则的规定计划和实施审阅工作，在审阅过程中未受到限制。

（2）保留结论的审阅报告。注册会计师对所审阅财务报表提出保留结论适用于以下两种情况：

①注册会计师注意到某些事项使其相信财务报表没有按照适用的会计准则和相关会计制度的规定编制，未能在所有重大方面公允反映被审阅单位的财务状况、经营成果和现金流量。这些事项虽然影响重大，但其影响尚未达到"非常重大和广

泛"的程度，尚不足以导致注册会计师提出否定结论。

②注册会计师的审阅存在重大的范围限制。该范围限制虽然影响重大，但其影响尚未达到"非常重大和广泛"的程度，尚不足以导致注册会计师无法提供任何保证。

在提出保留结论的情况下，审阅报告的结论段中需使用"除了上述……所造成的影响外"等术语。

（3）否定结论的审阅报告。如果注册会计师注意到某些事项使其相信财务报表没有按照适用的会计准则和相关会计制度的规定编制，未能在所有重大方面公允反映被审阅单位的财务状况、经营成果和现金流量，且这些事项对财务报表的影响非常重大和广泛，以至于注册会计师认为仅提出保留结论不足以揭示财务报表的误导性或错报的严重程度，注册会计师应当对财务报表提出否定结论，即财务报表没有按照适用的会计准则和相关会计制度的规定编制，未能在所有重大方面公允反映被审阅单位的财务状况、经营成果和现金流量。

在提出否定结论时，注册会计师应使用"由于受到前段所述事项的重大影响"、"财务报表未能按照企业会计准则和《××会计制度》的规定编制"等术语。

（4）无法提供任何保证的审阅报告。如果存在重大的范围限制，且该范围限制的影响非常重大和广泛，以至于注册会计师认为不能提供任何程度的保证时，不应提供任何保证。

在无法提供任何保证的审阅报告中，注册会计师应当删除引言段中对于注册会计师责任的表述，删除范围段，在说明段中说明审阅范围受限的情况，并在结论段中使用"由于受到前段所述事项的重大影响"、"我们无法对财务报表提供任何保证"等术语。

二、预测性财务信息的审核

（一）预测性财务信息审核相关概念

预测性财务信息审核之前，须明了几个相关概念。《中国注册会计师其他鉴证业务准则第3111号——预测性财务信息的审核》（2006）第二条规定，预测性财务信息是指被审核单位依据对未来可能发生的事项或采取的行动的假设而编制的财务信息。它表现为预测、规划或两者的结合，可能包括财务报表或财务报表的一项或多项要素。若要理解该概念，则需了解以下几个概念：

（1）最佳估计假设，是指截至编制预测性财务信息日，管理层对预期未来发生的事项和采取的行动作出的假设。

（2）推测性假设，是指管理层对未来事项和采取的行动作出的假设，该事项或行动预期在未来未必发生。

（3）预测，是指管理层在最佳估计假设的基础上编制的预测性财务信息。

（4）规划，是指管理层基于推测性假设，或同时基于推测性假设和最佳估计假设编制的预测性财务信息。

（二）预测性财务信息审核的保证程度

在预测性财务信息审核业务中，管理层负责编制预测性财务信息，包括识别和披露预测性财务信息依据的假设。而注册会计师接受委托对预测性财务信息实施审核并出具报告，以增强该信息的可信赖程度。《中国注册会计师其他鉴证业务准则第3111号——预测性财务信息的审核》（2006）第五条规定，注册会计师不应对预测性财务信息的结果能否实现发表意见。当对管理层采用的假设的合理性发表意见时，注册会计师仅提供有限保证。

（三）预测性财务信息审核的实施

预测性财务信息审核的实施包括以下几个步骤：

1.接受业务委托

在承接预测性财务信息审核业务前，注册会计师应当考虑下列因素：

（1）信息的预定用途；

（2）信息是广为分发还是有限分发；

（3）假设的性质，即假设是最佳估计假设还是推测性假设；

（4）信息中包含的要素；

（5）信息涵盖的期间，预测性财务信息涵盖的期间不应超过管理层可作出合理假设的期间。注册会计师可以从经营周期、假设的可靠程度、使用者的需求方面考虑预测性财务信息涵盖的期间是否合理。

注册会计师应当与委托人就业务约定条款达成一致意见，并签订业务约定书。如果假设明显不切实际，或认为预测性财务信息并不适合预定用途，注册会计师应当拒绝接受委托，或解除业务约定。

2.了解被审核单位情况

注册会计师应当充分了解被审核单位情况，以评价管理层是否识别出编制预测性财务信息所要求的全部重要假设。注册会计师还应当通过考虑下列事项，熟悉被审核单位编制预测性财务信息的过程：

（1）与编制预测性财务信息相关的内部控制，以及负责编制预测性财务信息人员的专业技能和经验；

（2）支持管理层作出假设的文件的性质；

（3）运用统计、数学方法及计算机辅助技术的程度；

（4）形成和运用假设时使用的方法；

（5）以前期间编制预测性财务信息的准确性，及其与实际情况出现重大差异的原因。

注册会计师应当了解被审核单位的历史财务信息，以评价预测性财务信息与历史财务信息的编制基础是否一致，并为考虑管理层假设提供历史基准。同时应确定相关历史财务信息是否已经审计或审阅，是否选用了恰当的会计政策。如果对上期历史财务信息出具了非标准审计报告或非标准审阅报告，或被审核单位尚处于营业初期，注册会计师应当考虑各项相关的事实及其对预测性财务信息审核的影响，以此判断被审核单位编制预测性财务信息时依赖历史财务信息的程度是否合理。

3.实施预测性财务信息审核程序

（1）确定预测性财务信息审核程序的性质、时间和范围应考虑的因素。在执行预测性财务信息审核业务时，注册会计师应当就下列事项获取充分、适当的证据：①管理层编制预测性财务信息所依据的最佳估计假设并非不合理；②在依据推测性假设的情况下，推测性假设与信息的编制目的是相适应的；③预测性财务信息是在假设的基础上恰当编制的；④预测性财务信息已恰当列报，所有重大假设已充分披露，包括说明采用的是推测性假设还是最佳估计假设；⑤预测性财务信息的编制基础与历史财务报表一致，并选用了恰当的会计政策。

注册会计师若要获取证据，则须先确定审核程序的性质、时间和范围。《中国注册会计师其他鉴证业务准则第3111号——预测性财务信息的审核》第十五条规定，在确定审核程序的性质、时间和范围时，注册会计师应当考虑下列因素：①重大错报的可能性；②以前期间执行业务所了解的情况；③管理层编制预测性财务信息的能力；④预测性财务信息受管理层判断影响的程度；⑤基础数据的恰当性和可靠性。

（2）实施预测性财务信息审核程序以获取证据。注册会计师应实施如下程序以获取预测性财务信息审核证据：

①获取管理层声明书。注册会计师应当就下列事项向管理层获取书面声明：预测性财务信息的预定用途；管理层作出的重大假设的完整性；管理层认可对预测性财务信息的责任。

②检查评估支持管理层作出最佳估计假设的证据的来源和可靠性并确定使用推测性假设时的所有重要影响是否已得到考虑。就最佳估计假设的检查评估而言，注册会计师可以从内部或外部来源获取支持这些假设的充分、适当的证据，包括根据历史财务信息考虑这些假设，以及评价这些假设是否依据被审核单位有能力实现的计划。就推测性假设的评估而言，注册会计师应当确定这些假设的所有重要影响是否已得到考虑。注册会计师不需对推测性假设获取支持性的证据，但应当确定这些假设与编制预测性财务信息的目的相适应，并且没有理由相信这些假设明显不切合实际。

③检查数据计算准确性和内在一致性。注册会计师应通过检查数据计算准确性和内在一致性等，确定预测性财务信息是否依据管理层确定的假设恰当编制。

④比较联系预测性财务信息审计要素与其他要素。当接受委托审核预测性财务信息的一项或多项要素时，注册会计师应当考虑该要素与财务信息其他要素之间的关联关系。当预测性财务信息包括本期部分历史信息时，注册会计师应当考虑对历史信息需要实施的程序的范围。

⑤评价预测性财务信息的列报。注册会计师在评价预测性财务信息的列报（包括披露）时，除考虑相关法律法规的具体要求外，还应当考虑预测性财务信息的列报是否提供有用信息且不会产生误导，预测性财务信息的附注中是否清楚地披露会

计政策，是否充分披露所依据的假设，是否明确区分最佳估计假设和推测性假设等内容。

4.出具预测性财务信息审核报告

在实施预测性财务信息审核程序后，注册会计师可以获取大量证据。注册会计师对这些证据加以分析和评价，在此基础上形成对预测性财务信息的审核意见并按照业务约定书约定的时间出具预测性财务信息审核报告。

（四）预测性财务信息审核报告

1.审核报告的要素

注册会计师对预测性财务信息出具的审核报告应当包括下列内容：

（1）标题。标题一般统一规范为"审核报告"。

（2）收件人。收件人是注册会计师致送审核报告的对象。一般为审核业务约定书中的委托人，也可能是审核业务约定书中指明的其他致送对象。审核报告应当载明收件人的全称。

（3）指出所审核的预测性财务信息，即对预测性财务信息作出的界定与描述。应特别注意的是，审核报告中提及的预测性财务信息的各项识别特征（如报表或者所涉及项目的名称、日期、涵盖期间等）应与后附的管理层签署的预测性财务信息一致。

（4）提及审核预测性财务信息时依据的准则。

（5）说明管理层对预测性财务信息（包括编制该信息所依据的假设）负责。

（6）适当时，提及预测性财务信息的使用目的和分发限制，指明预测性财务信息仅限于已经明确识别的特定主体使用，或者仅限用于在业务约定书中明确的用途。

（7）以消极方式说明假设是否为预测性财务信息提供合理基础。

（8）对预测性财务信息是否依据假设恰当编制，并按照适用的会计准则和相关会计制度的规定进行列报发表意见。意见类型包括无保留意见审核报告、保留意见审核报告、否定意见审核报告及无法表示意见审核报告。

（9）对预测性财务信息的可实现程度作出适当警示。典型的措辞如："由于预期事项通常并非如预期那样发生，并且变动可能重大，实际结果可能与预测性财务信息存在差异。"该警示表明注册会计师不对该预测性财务信息未来的可实现程度作出保证。

（10）注册会计师的签名及盖章。

（11）会计师事务所的名称、地址及盖章。

（12）报告日期。报告日期应为完成审核工作的日期。报告日期不应早于被审核单位管理层批准和签署预测性财务信息的日期。

2.审核报告应表明观点并给出警示

审核报告中应当说明：

（1）支持假设不能为预测性财务信息提供合理基础的证据是否存在。根据对支持假设的证据的检查，注册会计师是否注意到任何事项，导致其认为这些假设不能为预测性财务信息提供合理基础。

（2）预测性财务信息是否依据支持假设恰当编制。对预测性财务信息是否依据这些假设恰当编制，并按照适用的会计准则和相关会计制度的规定进行列报发表意见。

（3）对于实际结果的说明。由于预期事项通常并非如预期那样发生，并且变动可能重大，实际结果可能与预测性财务信息存在差异；同样，当预测性财务信息以区间形式表述时，对实际结果是否处于该区间内不提供任何保证。

（4）预测性财务信息仅用于特定目的。在审核规划的情况下，编制预测性财务信息是为了特定目的（列明具体目的）。在编制过程中运用了一整套假设，包括有关未来事项和管理层行动的推测性假设，而这些事项和行动预期在未来未必发生。因此，提醒信息使用者注意，预测性财务信息不得用于该特定目的以外的其他目的。

3.几种特殊情况的处理

（1）预测性财务信息的列报不恰当时的处理。如果认为预测性财务信息的列报不恰当，注册会计师应当对预测性财务信息出具保留或否定意见的审核报告，或解除业务约定。

（2）假设不能为预测性财务信息提供合理基础时的处理。如果认为一项或者多项重大假设不能为依据最佳估计假设编制的预测性财务信息提供合理基础，或在给定的推测性假设下，一项或者多项重大假设不能为依据推测性假设编制的预测性财务信息提供合理基础，注册会计师应当对预测性财务信息出具否定意见的审核报告，或解除业务约定。

（3）审核范围受到限制时的处理。如果审核范围受到限制，导致无法实施必要的审核程序，注册会计师应当解除业务约定，或出具无法表示意见的审核报告，并在报告中说明审核范围受到限制的情况。

4.预测性财务信息审核报告参考格式

（1）无保留意见审核报告（以预测为基础）

审核报告

ABC股份有限公司：

我们审核了后附的ABC股份有限公司（以下简称ABC公司）编制的预测（列明预测涵盖的期间和预测的名称）。我们的审核依据是《中国注册会计师其他鉴证业务准则第3111号——预测性财务信息的审核》。ABC公司管理层对该预测及其所依据的各项假设负责。这些假设已在附注×中披露。

根据我们对支持这些假设的证据的审核，我们没有注意到任何事项使我们认为这些假设没有为预测提供合理基础。而且，我们认为，该预测是在这些假设的基础上恰当编制的，并按照××编制基础的规定进行了列报。

由于预期事项通常并非如预期那样发生，并且变动可能重大，实际结果可能与预测性财务信息存在差异。

××会计师事务所　　　　中国注册会计师：×××（签名并盖章）

（盖章）　　　　　　　　中国注册会计师：×××（签名并盖章）

中国××市　　　　　　联单　　　　　二○×二年×月×日

（2）无保留意见审核报告（以规划为基础）

审核报告

ABC股份有限公司：

　　我们审核了后附的ABC股份有限公司（以下简称ABC公司）编制的规划（列明规划涵盖的期间和规划的名称）。我们的审核依据是《中国注册会计师其他鉴证业务准则第3111号——预测性财务信息的审核》。ABC公司管理层对该规划及其所依据的各项假设负责。这些假设已在附注×中披露。

　　ABC公司编制规划是为了××目的。由于ABC公司尚处于营业初期，在编制规划时运用了一整套假设，包括有关未来事项和管理层行动的推测性假设，而这些事项和行动预期在未来未必发生。因此，我们提醒信息使用者注意，该规划不得用于××目的以外的其他目的。

　　根据我们对支持这些假设的证据的审核，在推测性假设（列明推测性假设）成立的前提下，我们没有注意到任何事项使我们认为这些假设没有为规划提供合理基础。我们认为，该规划是在这些假设的基础上恰当编制的，并按照××编制基础的规定进行了列报。

　　即使在推测性假设中所涉及的事项发生，但由于预期事项通常并非如预期那样发生，并且变动可能重大，因此实际结果仍然可能与预测性财务信息存在差异。

××会计师事务所　　　　中国注册会计师：×××（签名并盖章）

（盖章）　　　　　　　　中国注册会计师：×××（签名并盖章）

中国××市　　　　　　　　　　　二○×二年×月×日

复习思考题

　　1.什么是特殊目的审计？

　　2.对按照特殊目的编制基础编制的财务报表进行审计时，注册会计师应作何特殊考虑？

　　3.什么是验资？

　　4.简述验资的程序。

　　5.什么是财务报表审阅？与财务报表审计有何区别？

　　6.什么是预测性财务信息审核？其保证程度如何？

主要参考文献

[1]中国注册会计师协会.审计[M].北京：经济科学出版社，2014.

[2]刘明辉.审计[M].大连：东北财经大学出版社，2011.

[3]中国注册会计师协会.中国注册会计师执业准则2010[M].北京：经济科学出版社，2010.

[4]卞毓宁.审计学原理与实务[M].北京：清华大学出版社，2010.

[5]叶忠明，阮滢.审计学[M].北京：首都经济贸易大学出版社，2010.

[6]阿伦斯ＡＡ，等.审计学：一种整合方法[M].谢盛纹，译.14版.北京：中国人民大学出版社，2013.

[7]刘明辉.高级审计研究[M].2版大连：东北财经大学出版社，2013.

[8]孙晶.审计基础与实务[M].北京：中国人民大学出版社，2009.

[9]黄良杰.审计[M].北京：清华大学出版社，2009.

[10]林丽文.企业会计报表审计方法与实务[M].北京：中国市场出版社，2008.

[11]张继勋.审计学[M].北京：清华大学出版社，2008.

[12]奥赖利ＶＭ，等.蒙哥马利审计学[M].刘霄仑，等，译.英文12版.14版北京：中信出版社，2007.

[13]王振林，等.货币资金审计[M].北京：中国时代经济出版社，2004.

[14]惠廷顿，帕尼.审计与其他保证服务[M].萧英达，等，译.北京：机械工业出版社，2003.

[15]李若山，等.审计学——案例与教学[M].北京：经济科学出版社，2000.

[16]李若山.审计案例[M].沈阳：辽宁人民出版社，1998.

[17]项俊波，等.审计史[M].北京：中国审计出版社，1990.